COMMENTARII DE BELLO GALLICO

갈리아 원정기
—
제1판 1쇄 2012년 1월 20일
제1판 5쇄 2023년 2월 10일
—
지은이-카이사르
옮긴이-천병희
펴낸이-강규순
—
펴낸곳-도서출판 숲
등록번호-제406-2004-000118호
주소-경기도 파주시 돌곶이길 108-22
전화-(031)944-3139 팩스-(031)944-3039
E-mail-book_soop@naver.com
—
ⓒ 천병희, 2012. Printed in Seoul, Korea
ISBN 978-89-91290-44-0 93900
값 27,000원
—
디자인-씨디자인

COMMENTARII DE BELLO GALLICO
GAIUS IULIUS CAESAR

갈리아 원정기

카이사르 지음 | 천병희 옮김

옮긴이 서문

I. 카이사르의 생애

카이사르는 기원전 100년 7월 12일 로마의 귀족가문인 율리아가(gens Iulia)에서 태어났다. 율리아가는 로마의 건국 시조 아이네아스(Aeneas)의 아들 아스카니우스(Ascanius), 일명 이울루스(Iulus)까지 거슬러 올라가는 유서 깊은 가문이었지만, 그가 태어났을 때는 별로 두각을 나타내지 못했다. 그는 민중파를 대표하는 마리우스(Marius)와 원로원 귀족파의 이익을 대변하는 술라(Sulla) 사이의 내전기에 소년시절을 보냈는데, 고모가 마리우스와 결혼하자 민중파의 편에 서게 되고, 기원전 83년 자신도 마리우스파인 킨나(Cinna)의 딸 코르넬리아(Cornelia)와 결혼한다.

내전에서 승리한 술라가 이혼할 것을 요구하자 카이사르는 자진하여 망명생활을 택한다. 기원전 78년 술라가 죽은 뒤 로마로 돌아온 카이사르는 변호사와 웅변가 생활을 한다. 그는 원로원 귀족들을 기소하여 세인의 관심을 끌려 했지만 성공을 거두지 못하자, 기원전 77년 웅변술을 공부하려고 그리스의 로도스(Rhodos) 섬으로 항해하던 중 해적들에게 붙잡혔다가 몸값을 주고 풀려난 뒤 이들 해적 무리를 소탕한다.

기원전 73년 로마로 돌아와 원로원 의원이 된 카이사르는 민중의 환심을 사기 위해 돈을 물 쓰듯 하고 곡식을 나눠주다가 큰 빚을 지는데, 돈은 주로 추방자의 재산을 몰수해 거부가 된 크랏수스(Crassus)에게서 빌린다. 카이사르는 기원전 68년에는 재정관이 되고 65년에는 조영관이 되었으며, 이때 공공건물과 공공경기에 거액을 투자한다. 이 무렵 원로원 귀족 중심의 로마 공화정을 전복하려는 이른바 카틸리나(Catilina)의 음모가 적발되어 로마의 국론이 분열되는데, 카이사르는 음모에 가담하지는 않았다 해도 알고는 있었던 것으로 여겨진다.

기원전 62년 법정관을 지낸 뒤에는 '저쪽 히스파니아'(지금의 에스파냐 북서부 지방)의 총독으로 부임한다. 카이사르는 그곳 남서부에 살던 루시타니족(Lusitani)과의 전쟁에서 몇 차례 이긴 뒤 거액을 모아 로마로 돌아와서는 그동안에 진 빚을 갚는다. 그리고 몇 차례 혁혁한 전공을 세워 기원전 60년 마흔 살의 나이로 당시 로마에서 영향력이 막강하던 폼페이유스(Pompeius)와 크랏수스와 더불어 이른바 '제1차 삼두정치'의 주역이 되며, 이듬해인 기원전 59년에는 집정관으로 선출된다. 집정관으로 재직할 때 그는 농지법을 개정해 폼페이유스의 고참병 1만 4천 명과 무산대중의 일부를 농촌에 정착시키는데, 이는 그락쿠스(Gracchus) 형제의 개혁정책을 계승한 것이다.

기원전 58년 카이사르는 전직 집정관 자격으로 '이쪽 갈리아'(지금의 북부 이탈리아)와 일뤼리쿰(Illyricum 지금의 달마티아)과 '저쪽 갈리아'(지금의 남부 프랑스)의 총독으로 부임한다. 다음 9년 동안 카이사르는 명령을 받거나 공적인 지원을 받지 않고 나머지 갈리아 지역을 정복한다. 이로써 로마는 서유럽에 관심을 기울이게 되고, 갈리아는 로마화하며, 민족 이동이 수백 년 동안 제지당함으로써 게르만족과 로마제국의 영역이 확정된다. 기원전 56년 루카(Luca)에서 삼두정치가 갱신되며, 폼페이우스와 크랏수스는 기원전 55년 집정관이 되고, 카이사르의 갈리아 외 총독 임기는 5년 더 연장된다.

그러나 기원전 53년 크랏수스가 파르티아(Parthia) 원정 도중 전사하고, 카이사르의 딸로 폼페이우스와 결혼한 율리아(Iulia)가 전해에 출산 도중 사망하면서 카이사르와 폼페이우스의 관계는 점점 소원해진다. 그 사이 로마에서 여러 차례 소요사태가 발생하자 원로원 귀족파는 폼페이우스를 단독 집정관으로 선출한다. 기원전 49년에 총독 임기가 만료되는 카이사르는 사인(私人)으로서 정적들에게 소추당하는 일을 피하기 위해 기원전 48년도 집정관으로 선출되기를 원하지만, 그가 군대를 거느린 상태에서 집정관이 되기 전에 원로원은 그를 소환하려 한다. 카이사르가 군대를 11월 13일까지 해산하게 하자고 집정관 마르켈루스가 제안하자, 폼페이우스는 처음에는 망설이다가 결국 카이사르의 정적들과 손을 맞잡는다.

기원전 49년 1월 7일 원로원은 이때 이미 '이쪽 갈리아'와 이탈리아의 경계선인 루비코(Rubico 지금의 루비콘) 강가에 와 있던 카이사르에게 군대를 해산할 것을 명령한다. 그럼에도 카이사르가 1월 10일 군대를 이끌고 강을 건너자 내전이 벌어진다. 공화정 수호를 위해 전쟁 수행의 전권을 원로원에게서 위임받은 폼페이우스가 허를 찔려 그리스로 도주하자, 카이사르는 민중의 전폭적인 지원을 받으며 3개월 안에 이탈리아를 대부분 손에 넣는다. 이어서 그는 에스파냐와 마실리아(Massilia 지금의 마르세유)를 점령한 뒤 로마에서 독재관이 되고, 기원전 48년도 집정관으로 선출된다.

기원전 48년 폼페이우스를 쫓아 그리스의 에페이로스(Epeiros) 지방으로 건너간 카이사르는 처음에는 고전하지만, 그리스 텟살리아 지방의 파르살로스(Pharsalos) 시 근처에서 절반밖에 안 되는 병력으로 폼페이유스의 대군에 결정적인 승리를 거둔다. 카이사르가 파르살로스에서 승리했다는 소식이 로마에 전해지자 그는 1년 임기의 독재관으로 임명된다. 도주한 폼페이유스는 이집트에서 살해당한다. 그를 쫓아 이집트로 간 카이사르는 자신의 정부가 된 클레오파트라(Cleopatra)를 이집트 왕위에 앉히지만 그 때문에 이른바 '알렉산드리아 전쟁'이라 불리는 힘겨운 전투를 치르게 되고, 폼페이유스의 군대에게 재집결할 시간을 준다.

기원전 47년 카이사르는 로마로 귀환하기 전에 시리아와 흑해 남안의 폰투스(Pontus) 지방으로 출동하여 로마군을 집요하게 괴롭히던 미트리다테스(Mithridates)의 아들로 폰투스 왕인 파르나케스(Pharnaces)의 군대를 젤라(Zela) 시 근처에서 격파한다. 그는 자신이 이 전투에서 얼마나 신속히 이겼는지 자랑하기 위해 "나는 왔노라. 보았노라. 이겼노라"라는 말을 지어내기까지 한다. 로마로 돌아간 카이사르는 세 번째로 독재관에 임명되었으나, 그해가 다 가기 전에 아프리카로 건너가 기원전 46년 탑수스(Thapsus)에서 폼페이유스파, 즉 공화정 지지파를 격파하고, 기원전 45년에는 에스파냐에서 폼페이유스 아들들의 군대를 격파한다. 로마로 돌아간 그는 다시 10년 임기의 독재관이 되고 미루었던 네 번의 승리에 대한 개선식을 한번에 올린다.

사실상 로마의 독재자가 된 카이사르는 역법(曆法)을 현실에 맞게 개정하는 등 필요한 개혁을 많이 단행했지만, 그런 개혁들도 카이사르의 통치를 로마적 전통의 단절로 간주하는 원로원 귀족들의 저항을 무마하지는 못했다. 그리하여 기원전 44년 3월 15일 카이사르는 원로원 회의장에서 그를 미워하던 캇시우스(Cassius)와 브루투스(Marcus Iunius Brutus)가 이끄는 암살자 집단이 휘두르는 칼에 난자당하여 생을 마감한다.

2. 카이사르의 군대

카이사르가 갈리아 총독으로 부임했을 때 '저쪽 갈리아'에는 1개 군단(legio)밖에 없었다. 카이사르는 즉시 '이쪽 갈리아'에서 3개 군단을 차출하고, 이어서 다른 부대를 모집함으로써 나중에는 10개 군단을 거느리게 된다.

1개 군단은 정원이 6천 명이지만, 실제로는 3천 5백 명을 밑돌 때도 많았다고 한다. 1개 군단은 10개 코호르스(cohors '대대'로 번역)로, 1개 코호르스는 3개 마니풀루스(manipulus '중대'로 번역)로, 1개 마니풀루스는 2개 켄투리아(centuria 60~80명)로 구성된다. 로마의 군단 병사들은 17~46세의 중무장한 로마 시민들이며 근무 연한은 약 18년이다.

로마군은 장군이 지휘하고, 원로원이 임명한 부관(副官 legatus)들이 장군을 보좌한다. 부대의 지휘관으로는 트리부누스 밀리툼(tribunus militum '연대장'으로 번역)이 각 군단에 6명씩 있고, 군단마다 켄투리오(centurio '백인대장'으로 번역)가 60명씩 있는데, 트리부누스 밀리툼은 다수의 코호르스를, 켄투리오는 각각 1개 켄투리아를 지휘한다.

병사들은 대개 무릎까지 내려오는 투니카(tunica)라는 셔츠와 사굼(sagum)이라는 모직 외투를 입으며 반장화를 신는다. 방어용 무기는 너비 약 75센티미터, 높이 약 1미터의 방패와 무쇠 투구 그리고 철판을 댄 가죽 흉갑이다. 공격용 무기는 길이 2미터쯤 되는 투창과 길이가 75센티미터쯤 되는 검(劍)인데, 검은 양쪽으로 날이 있을 뿐 아니라 끝이 뾰족해서 치는 데도 찌르는 데도 적합하다.

병사들은 하루에 1,250그램의 밀을 알곡 형태로 지급받아 직접 빻아 조리해 먹었는데 대개 2주 치를 미리 받았다. 맷돌, 막사, 무기 발사대, 비축 물자, 쇳덩이, 각종 수리용 도구, 목재 따위의 무거운 짐은 짐 나르는 가축이나 짐수레로 운반했다. 무거운 짐을 운반하기 위해 군단마다 약 6백 필의 말과 노새가 필요했다. 식량, 식기, 방책(防柵)에 쓸 말뚝, 삽, 톱 따위의 무거운 짐을 짐수레로 운반할 수 없을 때는 몸소 운반해야 했다.

하루 행군 거리는 15킬로미터쯤 되고, 필요할 때는 약 25킬로미터를 강행군했다. 행군이 끝나면 나무와 물과 꼴을 구하기 쉬운 경사진 언덕에 진지를 구축했는데, 대개 네모꼴인 진지는 각 변의 길이가 225미터쯤 된다. 각 변에 진문(陣門)이 하나씩 있으며 적군 쪽으로 난 진문이 주된 진문(porta praetoria)이다. 진지 중앙에는 장군의 막사가 있고, 그 앞에는 부대원들의 회의장과 연단(演壇)이 있다. 진지 둘레에는 해자를 파고 남은 흙으로 방벽을 쌓았으며, 그 위에 방책을 둘러 적의 공격에 대비했다.

전투가 벌어지면 부대는 전열을 갖추는데, 각 군단의 4개 코호르스가 첫째 전열을, 3개 코호르스가 둘째 전열을, 나머지 3개 코호르스가 셋째 전열을 이루었다. 신호가 떨어지면 대오를 지어 처음에는 완보(緩步)로, 나중에는 속보로 행군했다. 병사들은 먼저 투창을 던지다가 적군과 격돌하면 검을 빼들고 싸웠다.

적군을 포위공격할 때는 이동식 방호벽 뒤에 숨어 각종 공성 장비들을 앞으로 밀고 나갔는데, 그중 목재로 만들어진 바퀴 달린 공성탑은 여러 층으로 이루어져 있고 때로는 무기 발사대를 갖추었으며, 맨 아래 층에는 대개 적의 성문을 파괴하기 위한 철퇴(鐵槌)가 장착되어 있었다.

겨울이 되면 군단 병사들은 비교적 큰 도시들에 구축된 진지에서 월동하며, 로마에서의 투표에 참가할 수 있도록 휴가를 얻기도 했다. 카이사르는 기병대와 정찰부대 그리고 우호적인 부족과 개인들의 보고와 조언을 통해 적군의 동정을 효과적으로 파악했다. 그는 또한 급사(急使)를 보내 150킬로미터 이상 떨어져 있는 곳까지 하루 만에 소식을 전할 수 있는 파발을 운영했던 것으로 보인다.

카이사르는 출동하기 전에 철저히 준비를 하고, 지형을 살펴두고, 보급로를 확보하는 등 사령관으로서 발군의 실력을 발휘했다. 또한 병사들에게 급료를 후하게 지급하고, 병사들의 외적·내적 상태를 잘 살펴 희생을 최소화하며, 원정의 목적지로 몸소 그들을 인솔했다. 카이사르가 병사들의 업적을 후하게 포상하자, 병사들은 그가 보는 앞에서 사력을 다해 싸웠다. 또한 카이사르는 신속히 상황을 파악하고 신속히 대처했으며, 병사들은 그의 결정에 신속히 따라주었다.

3. 갈리아와 로마

로마의 제5대 왕 타르퀴니우스 프리스쿠스(Tarquinius Priscus 기원전 616~579년)의 재위 때 켈트족의 왕 암비가투스(Ambigatus)가 남쪽으로 보낸 한 무리의 켈트족이 지금의 롬바르디아 지방을 차지하고 밀라노를 건설한다. 그 뒤 알프스 산맥과 포(Po) 강 사이의 전 지역을 차지한 켈트족은 에트루리아 지방을 점령하더니 기원전 390년에는 로마를 초토화한다. 그러나 카르타고와의 제1차 포이니 전쟁이 끝난 뒤 북부 이탈리아를 점령한 로마인들은 기원전 123년 알프스 산맥 서쪽의 최초 로마 식민시인 아콰이 섹스티아이(Aquae Sextiae 지금의 프랑스 엑상프로방스 Aix-en-Provence)를 창건하고 나중에 로마의 속주(屬州 provincia)가 된 남부 갈리아의 주인이 된다.

기원전 60년경 헬베티이족이 새 주거지를 찾아 이주하려 하면서 그때까지 조용하던 켈트족 거주 갈리아에 불안감이 감돈다. 당시 켈트족은 아리오비스투스가 이끄는 게르만족에게 심한 핍박을 받았지만, 로마는 이에 개입하지 않고 오히려 그에게 '로마 국민의 친구'라는 칭호까지 내린다.

켈트족은 기골이 장대하고 대개 금발이었으며, 남자들은 장발에 콧수염을 길렀다. 그들은 지금의 프랑스, 스위스, 영국 남부, 아일랜드, 벨기에 등지에 살았다. 갈리아는 농업과 목축업이 고도로 발달하여, 그곳 주민들은 빵과 고기를 배불리 먹고 음료수로 맥주를 마셨다. 켈트족은 짚이나 널빤지로 지붕을 인 네모난 목조 가옥에서 살았는데, 대개 언덕 위의 요새도시(oppidum)에 집단으로 거주했다. 켈트족은 손재주가 뛰어났고, 육상과 수상 교통이 발달했으며, 원거리 무역도 번창했다.

그러나 그들은 정치적으로는 잘 조직되어 있지 않았다. 가장 중요한 구성단위는 부족으로, 기원전 100년경까지는 왕이 다스렸지만 그 뒤에는 대개 원로원이 통치했다. 권력은 대지주들이 독점하고, 무방비 상태인 민중은 조세와 빚에 시달렸다. 켈트족은 민족의식 같은 것이 없지는 않았지만, 부족끼리 소규모 전쟁이 끊이지 않았다. 일시적이나마 켈트족 부족들을 통합할 수 있었던 인물은 베르킹게토릭스뿐이었다.

켈트족은 장검을 휘둘렀으나 쉽게 휘어졌다. 그들은 투창도 사용했으며, 직사각형 나무에 가죽을 입혀 방패로 썼다. 켈트족은 용감한 전사들이기는 해도 전략적 단위 같은 것이 없어서, 잘 훈련받은 로마군의 적수가 못 되었다.

카이사르는 기원전 58년 '이쪽 갈리아'와 일뤼리쿰과 '저쪽 갈리아'의 5년 임기 총독으로 부임하면서 '이쪽 갈리아'에 주둔 중인 5개 군단의 지휘권을 인수한다. 그러나 갈리아를 정복하라는 명령을 받지는 않았으며, 로마의 권익이 침해당하면 속주의 경계를 넘어서라도 개입하라는 지시를 받은 것으로 보인다.

그러나 당시 로마인들은 로마 문화가 가장 우수한 만큼 자신들이 세계평화를 이룩할 권리가 있다는 믿음을 갖고 있던 터라 카이사르의 갈리아 정복을 당연한 일로 받아들였다. 그의 승전을 기념하여 원로원이 감사제를 개최하기로 여러 차례 결의했다는 사실이 이를 입증해준다.

카이사르도 자기는 항복한 자들에게 남다른 아량을 베풀었노라고 기회 있을 때마다 자화자찬한다. 하지만 카이사르의 갈리아 정복 때 군복무 능력이 있는 갈리아 인구의 약 3분의 1이 죽고 헤아릴 수 없이 많은 주민들이 노예로 끌려간 것으로 추산된다. 따라서 카이사르가 갈리아 원정 때 보인 태도가 당시의 관행에 어긋나는 것은 아니라 해도, 오늘날의 시각에서는 무비판적으로 칭찬할 일은 아닌 듯하다.

그렇다 하더라도 카이사르의 갈리아 정복은 서양 역사의 흐름에 큰 영향을 끼친다. 로마의 북쪽 국경 문제가 해결되고, 대서양과 라인 강 지역이 안정되면서 그리스-로마 문화가 지중해 세계 밖으로까지 전파되었기 때문이다. 그런 의미에서 카이사르의 갈리아 원정은 알렉산드로스의 동방 정복 못지않게 문화사적으로 의미가 있다고 하겠다.

4. 저술가로서의 카이사르

카이사르가 쓴 저서 가운데 현재 온전하게 남아 있는 것은 『갈리아 원정기』(commentarii de bello Gallico) 8권 중 처음 7권과 『내전기』(commentarii de bello civili) 3권이 전부이다. 『갈리아 원정기』 제8권은 카이사르의 막료인 히르티우스가 쓴 것이다. 『내전기』의 속편 가운데 『알렉산드리아 전쟁기』(bellum Alexandrinum)는 역시 히르티우스가 쓴 것으로 추측되지만, 『아프리카 전쟁기』(bellum Africum)와 『히스파니아 전쟁기』(bellum Hispaniense)는 누가 썼는지 알 수 없다.

기원전 52년 가을에서 51년 봄 사이에 집필된 것으로 보이는 『갈리아 원정기』에 카이사르는 'commentarius'라는 특이한 이름을 붙였는데, 이는 공식적인 보고서와 역사서 집필을 위한 초고(草稿)의 중간 형태로 자신의 기술(記述)이 사실(史實)에 근거한 것임을 강조하기 위해서인 듯하다. 그 밖에 카이사르가 자신에 관하여 '카이사르는……' '카이사르가……' '카이사르의……' 등 3인칭으로 말하는 것도, 전쟁의 경과와 관련해 되도록 생소한 단어를 피하면서 간단명료하게 기술하는 것도, 독자들에게 자신이 사실을 말하고 있다는 인상을 주려는 의도인 것 같다.

카이사르는 현재 남아 있는 자신의 저서들에서 모두 2천7백 단어밖에 사용하지 않았다고 한다. 특히 카이사르는 '말하다' 따위의 동사 뒤에 접속사+(주어+)정동사 대신 대격+부정사(accusativus cum infinitivo)와 간접화법을 즐겨 쓰는데, 그런 문장 구성은 대개 접속사+주어+정동사를 사용하는 현대어로 옮기기가 쉽지 않지만 라틴어로서는 간결미와 함축미가 넘친다. 그래서 그의 『갈리아 원정기』는 라틴어 산문을 공부하는 사람들에게 필독서가 된 것이다.

그런 의미에서 키케로는 수사학에 관한 자신의 저서 『브루투스』(Brutus 262)에서 카이사르의 저서들에, "그것들은 수사학적 장식을 모두 벗어버린 매력 넘치는 나체상(裸體像)과 같다. 어리석은 사람들은 카이사르가 제공하는 사료를 더 아름답게 꾸밀 수 있을 것이라고 생각하지만, 현명한 사람들은 그 사료들을 토대로 글을 쓰기를 삼간다. 역사서에는 명료함과 간결함보다 더한 즐거움이 없기 때문이다"라는 취지의 말로 찬사를 아끼지 않았다. 그 밖에도 카이사르의 『갈리아 원정기』에 찬사를 보낸 작가는 한둘이 아니지만, 그의 정적이었던 공화정 옹호자들은 카이사르가 자신의 사사로운 이익이 아니라 로마의 공익을 위해 싸운다는 인상을 주고자 필요에 따라 사실을 수없이 왜곡하고 있다고 보았다. 그들에게 카이사르는 능력이 탁월한 위대한 영웅이라기보다는 자신의 목적을 위해서라면 수단과 방법을 가리지 않는 위선적인 야심가에 지나지 않았기 때문이다.

5. 카이사르에 대한 후세의 평가

그에 대한 이런 견해 차이는 고대부터 중세를 거쳐 현대에 이르기까지 이어지고 있다. 카이사르의 행위를 긍정적으로 평가한 이들로는 단테, 마키아벨리, 나폴레옹 1세와 3세 등이 있고, 부정적으로 평가한 이들로는 몽테스키외, 루소, 바이런 등이 있다. 제2차 세계대전 동안 프랑스 작가들은 카이사르의 적대자 베르킹게토릭스를 프랑스 저항운동의 상징으로 간주했으며, 따라서 카이사르는 그들에게 제국주의적 침략자 히틀러와 같은 존재였다.[1]

군사적 전문지식이 더 이상 정치 엘리트의 필수조건이 아닌 세계에 살고 있는 오늘날, 사람들은 모름지기 자신의 역량을 믿고 어려움을 자기 힘으로 하나씩 차근차근 극복해나가야지 전쟁 영웅이 구세주처럼 나타나 일시에 모든 문제를 해결해주기를 바라는 것은 위험천만한 발상이다. 예를 들면 제1차 세계대전 후 독일에서 당장 효과가 나타나지 않더라도 민주적인 바이마르 헌법을 받아들여 차근차근 개혁을 해나갔더라면 히틀러 같은 전쟁광이 나타나 위기에 처한 독일을 구한답시고 독일뿐 아니라 전 세계를 파국으로 몰아넣지는 않았을 것이다. 그래서 영웅이 필요한 시대는 불행한 시대라는 말이 생겨났을 것이다. 국가의 주권이 국민에게 있는 우리 시대에도 영웅이 꼭 필요하다면, 전쟁 영웅들보다는 고통받는 다수를 위해 헌신적으로 봉사했던 슈바이처라든가 테레사 수녀, 언제나 소비자의 이익을 최우선으로 생각했던 IT 천재 스티브 잡스 같은 인물들 중에서 찾는 것이 훨씬 유익할 것이다.

---

1 카이사르에 대한 평가의 역사에 관해서는 Fr. Gundolf, *Caesar—Geschichte seines Ruhms*(카이사르—그의 명성의 역사. 1929년 런던에서 J. W. Hartmann에 의해 *The mantle of Caesar*라는 제목으로 영역됨) Berlin 1925 참조.

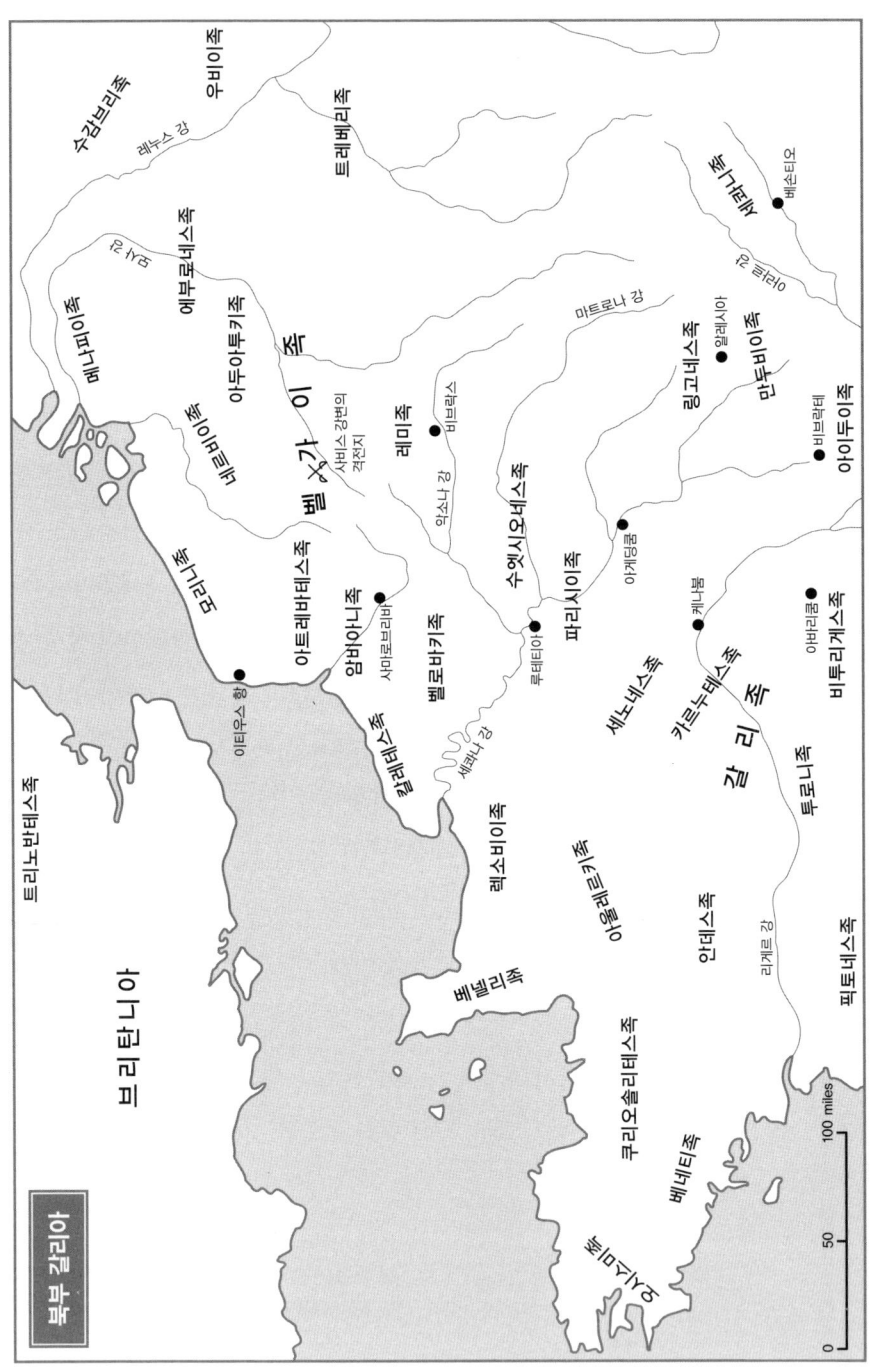

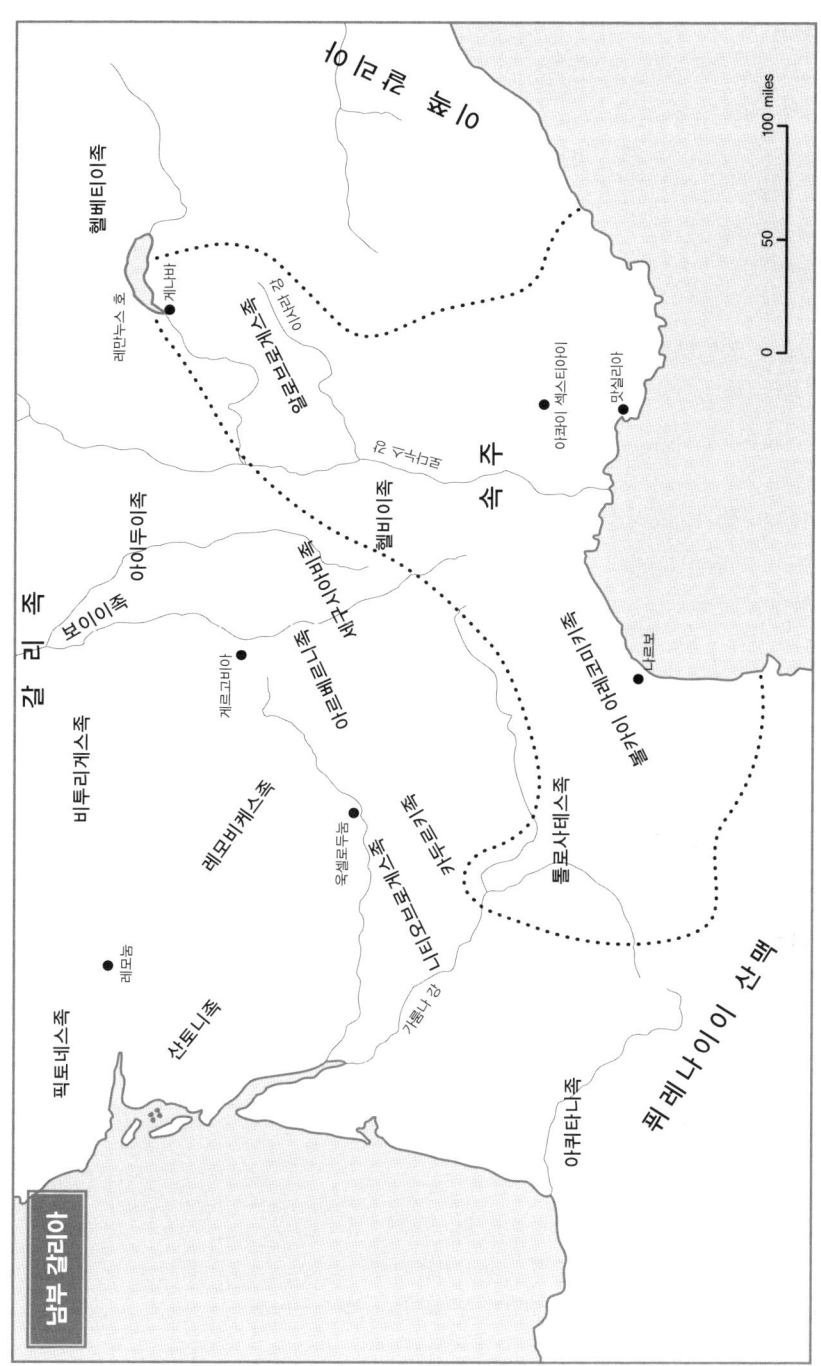

차례

옮긴이 서문 ·· 005
일러두기 ··· 020

[제1권] 침입자들을 격퇴하다 ·· 021
헬베티이족을 격퇴하다(기원전 58년)
아리오비스투스를 갈리아에서 쫓아내다(기원전 58년)

[제2권] 벨가이족의 정복 ·· 067
벨가이족 동맹의 와해(기원전 57년)
벨가이족 부족들을 각개격파하다(기원전 57년)

[제3권] 첫 번째 반란 ·· 091
알프스에서의 작전 실패(기원전 57년)
대서양 연안 전투(기원전 56년)
아퀴타니아에서 이기다(기원전 56년)
모리니족과의 전투에서 결정적인 승리를 거두지 못하다(기원전 56년)

[제4권] 게르마니아와 브리탄니아 원정 ··· 113
우시페테스족과 텡크테리족을 도륙하다(기원전 55년)
첫 번째 라인 강 도하(기원전 55년)
첫 번째 브리탄니아 원정(기원전 55년)

[제5권] 두 번째 반란 ·· 139
두 번째 브리탄니아 원정(기원전 54년)
사비누스의 부대가 에부로네스족에게 대패하다(기원전 54년)
네르비이족이 키케로의 월동 진지를 공격하다(기원전 54년)
갈리아의 북부와 중부 지방에서 반란이 잇따르다(기원전 54~53년)

[제6권] **라인 강 근처에서 작전을 펼치다** ·············· 181

트레베리족을 격퇴하다(기원전 53년)

두 번째 라인 강 도하(기원전 53년)

갈리족의 관습과 제도

게르마니족의 관습과 제도

에부로네스족의 나라를 초토화하다(기원전 53년)

[제7권] **베르킹게토릭스의 반란** ·············· 213

서막(기원전 52년)

아바리쿰의 포위와 함락(기원전 52년)

게르고비아에서 로마군이 패하다(기원전 52년)

베르킹게토릭스가 야전(野戰)에서 패하다(기원전 52년)

알레시아의 포위와 함락(기원전 52년)

[제8권] **마지막 반란** ·············· 279

히르티우스의 머리말

비투리게스족, 카르누테스족, 벨로바키족의 반란(기원전 52~51년)

마지막 교전: 욱셀로두눔의 함락(기원전 51년)

내란의 먹구름이 드리우다

[**부록**]

로마의 주화와 도량형 ·············· 316

로마군 편제 ·············· 317

로마의 통치구조 ·············· 318

율리우스 카이사르 연보 ·············· 325

참고문헌 ·············· 327

찾아보기 ·············· 329

지도 ·············· 348

일러두기

1. 이 책의 대본은 C. Iuli Caesaris, *commentarii de bello Gallico*, edited by R. du Pontet, Oxford 1900(Oxford Classical Texts)의 라틴어 텍스트이다. 주석은 Bristol Classical Press에서 나온 C. Ewan(1권 2009), E. C. Kennedy(2권 2003), H. E. Gould & J. L. Whiteley(3권 2004), D. A. S. John(4권 20~36 & 5권 8~23 2002), R. C. Carrington(5권 ²2001), E. C. Kennedy(6권 2003), J. L. Whiteley(7권 2001)의 것을 참고하였다. 현대어 번역 중에서는 C. Hammond(Oxford World's Classics 2008), S. A. Handford(Penguin Books 1982), H. J. Edwards(Loeb Classical Library ²2006)의 영어 번역본과 O. Schönberger(Artemis & Winkler ⁷2009), G. Dorminger(Artemis Verlag ⁷1981), M. Deissmann(Philipp Reclam 2008)의 독일어 번역본을 참고하였다.
2. 고유명사는 프랑스어나 영어 이름으로 고쳐 읽지 않고 고전 라틴어 발음대로 읽었으며, 주석과 찾아보기에서 현재 이름을 밝혔다. 고전 라틴어 발음에 관하여 여기서 몇 가지만 언급하자면, 이중모음(diphthong) ae는 '아이'로, 예컨대 Caesar는 카이사르로 읽었다. i는 단어의 맨 앞에 있고 그 뒤에 모음이 따를 경우 또는 두 모음 사이에 있을 경우 영어의 y처럼, 예컨대 Iulius는 율리우스로, Pompeius는 폼페이유스로 읽었다. 그리고 같은 자음이 중복될 경우 둘 다 읽었다. 모음에 두 개 이상의 자음이 따를 때 그 모음은 영어나 독일어에서는 대체로 짧은 음절이 되는 것과 달리 라틴어에서는 긴 음절이 되는데, 긴 음절이 되자면 뒤따르는 자음들을 반드시 다 읽어주어야 하기 때문이다. 예컨대 Britannia는 브리탄니아로, Crassus는 크랏수스로 읽었다.
3. 설명이 필요하다고 생각되는 곳에는 각주를 달았다.
4. 대조하거나 참고하기에 편리하도록 장수와 절수를 표시했다.
5. 본문 뒤에 '찾아보기'를 달아 정확한 라틴어 이름을 쉽게 찾을 수 있게 했다.
6. '차례'는 Handford의 것을 참고했다.

제1권
침입자들을 격퇴하다

헬베티이족을 격퇴하다(기원전 58년)

I (1) 갈리아[1]는 전체가 세 지역으로 나뉜다. 그중 한 지역에는 벨가이족[2]이, 다른 지역에는 아퀴타니족[3]이, 세 번째 지역에는 그들 자신의 말로는 켈타이족[4]이라 부르지만 우리 말[5]로는 갈리족이라고 부르는 자들이 살고 있다. (2) 이들은 서로 말과 관습과 법이 모두 다르다. 갈리족은 가룸나 강을 경계로 아퀴타니족과, 마트로나 강과 세콰나[6] 강을 경계로 벨가이족과 떨어져 있다. (3) 이 세 부족 가운데 벨가이족이 가장 용감하다. 그들은 로마 속주(屬州)[7]의 문명과 문화에서 가장 멀리 떨어져 있고, 사람의 마음을 유약하게 만드는 사치품을 수입하는 상인들이 그들을 찾는 경우가 극히 드문 데다, 레누스[8] 강 건너편에 사는 게르마니족[9]과 가장 가까이 접해 있어 이들과 늘 교전을 치르기 때문이다. (4) 같은 이유에서 갈리족 중에서는 헬베티이족[10]이 가장 용감하다. 그들은 자신들의 영토에서 게르마니족을 물리치거나 또는 적의 영토로 쳐들어가 거의 날마다 게르마니족과 교전을 벌이기 때문이다. (5) 이들 세 지역 가운데 갈리족이 차지하고 있는 지역은 로다누스[11] 강에서 시작해 가룸나 강, 대

서양, 벨가이족의 영토와 맞닿아 있고, 세콰니족[12]과 헬베티이족의 영토 쪽으로는 레누스 강에 맞닿아 있으며, 북쪽으로 뻗어 있다. (6) 벨가이족의 영토는 갈리아 땅의 가장 먼 변경에서 시작해 레누스 강의 하류에 이르며, 북동쪽을 향하고 있다. (7) 아퀴타니아는 가룸나 강에서 시작해 퓌레나이이 산맥[13]과 히스파니아[14]에 가까운 대서양에 이르며, 북서쪽을 향하고 있다.

2 (1) 헬베티이족 가운데 가장 명망이 높고 부유한 사람은 오르게토릭스

---

1 여기서 갈리아는 알프스 이쪽의 갈리아(Gallia cisalpina 이하 '이쪽 갈리아'), 즉 지금의 북이탈리아와, 알프스 저쪽의 갈리아(Gallia transalpina 이하 '저쪽 갈리아'), 즉 알프스, 라인 강, 피레네 산맥, 대서양 사이의 지역 전체를 말한다.
2 지금의 마른(Marne) 강과 센(Seine) 강과 라인 강 사이에 살던 게르만족과 켈트족의 혼혈 종족. 기원전 2세기에 갈리아 지방으로 이동하고 기원전 1세기에 영국 본토로 건너갔다.
3 지금의 프랑스 남서부 가론(Garonne) 강과 피레네 산맥 사이의 아키텐(Aquitaine 라/Aquitania)에 살던 종족으로, 일부는 켈트계이고 일부는 이베리아계이다.
4 켈트족. 이들은 원래 다뉴브 강 상류의 계곡에 살다가 서쪽으로 이동하여 갈리아, 영국, 에스파냐 북부에 정착하고 일부는 이탈리아, 그리스, 소아시아로 이주했다. 그중 소아시아의 켈트족은 갈라타이족(Galatae), 그들이 정착한 지역은 갈라티아(Galatia)라고 불렸다.
5 라틴어.
6 가룸나와 마트로나와 세콰나는 각각 지금의 가론, 마른, 센 강이다.
7 '속주'(provincia)란 지금의 프랑스 남부에 있던 갈리아 나르보넨시스(Gallia Narbonensis).
8 라인 강.
9 라인 강, 다뉴브 강, 비스툴라(Vistula) 강, 발트 해–북해 사이에 살던 여러 부족에게 붙여진 명칭이다.
10 지금의 스위스에 살던 켈트족.
11 지금의 론(Rhône) 강.
12 손(Saône) 강과 라인 강과 쥐라(Jura) 산맥 사이에 살던 동(東)켈트족.
13 피레네 산맥.
14 지금의 에스파냐.

였다. 마르쿠스 멧살라와 마르쿠스 피소가 집정관[15]이었을 때[16] 그는 왕이 되고 싶은 욕심에서 귀족들과 음모를 꾸미고는 재물을 모두 챙겨 갖고 집단이주하도록 부족민들을 설득했다. (2) 그는 그들이 남달리 용감한 만큼 손쉽게 갈리아 전역을 지배할 수 있을 것이라고 했다. (3) 헬베티이족의 영토는 사방이 자연 장애물로 둘러싸여 있어서 오르게토릭스는 그들을 그만큼 더 쉽게 설득할 수 있었다. 그들의 영토는 한쪽은 그들의 땅을 게르마니족과 갈라놓는 매우 넓고 깊은 레누스 강에 의해, 다른 쪽은 세콰니족과 헬베티이족 사이에 있는 높다란 유라 산맥[17]에 의해, 또 다른 쪽은 레만누스 호수[18]와, 헬베티이족을 로마 속주와 갈라놓는 로다누스 강에 의해 둘러싸여 있으니 말이다. (4) 이러한 장애물 탓에 그들은 마음대로 이동할 수도 없었고, 이웃나라들을 쉽게 공격할 수도 없었다. 호전적인 헬베티이족으로서는 이 점이 큰 불만이었다. (5) 그들은 자신들의 인구와 전사로서의 명성과 무용에 견주면 남북의 길이가 240밀레 팟수스[19]이고 동서의 폭이 180밀레 팟수스에 불과한 자신들의 영토가 너무 좁다고 느꼈다.

3 (1) 그렇게 생각해오던 차에 오르게토릭스가 부추기자, 헬베티이족은 짐 나르는 가축과 짐수레를 가능한 한 많이 사들이고, 여행을 위해 충분한 식량을 확보하고자 되도록 씨를 많이 뿌리고, 이웃나라들과 친선을 도모하는 등 이주하는 데 필요한 준비를 서두르기로 했다. (2) 그들은 이러한 준비를 끝내는 데 2년이면 충분하다고 보고 3년째 되는 해에는 출발하기로 법으로 정했다. (3) 이주를 책임지고 추진할 사람으로 오르게토릭스가 선출되었다. (4) 그는 또 갈리족 국가들에 사절로 가겠다고 자청했다. 그리고 여행 도중 카스티쿠스라는 세콰니족에게 전에 그의 아버지가 행사하던 왕권을 장악하라고 설득했는데, 여러 해 동안 세콰니

족의 왕이었던 그의 아버지 카타만탈로이디스는 로마 원로원에 의해 '로마 국민의 친구'[20]라는 칭호를 받은 인물이었다. (5) 오르게토릭스는 또 둠노릭스라는 아이두이족[21]에게도 그렇게 하라고 설득하며 그에게 딸을 아내로 주었는데, 둠노릭스는 당시 아이두이족 내에서 막강한 영향력을 행사하며 부족민 사이에 큰 인기를 누리던 디비키아쿠스의 아우였다. (6) 오르게토릭스는 둠노릭스와 카스티쿠스에게 갈리족 중에서 의심할 여지없이 가장 강력한 부족인 헬베티이족의 통치권을 자신이 장악하려고 하는 만큼 그들이 쉽게 목적을 달성할 수 있을 것이라고 장담하면서, 자신의 부와 군대를 이용해 그들이 왕위에 오르도록 도와주겠노라고 약속했다. (7) 그의 주장은 설득력이 있었다. 그래서 세 사람은 서로 신의를 지키기로 맹세했으며, 자신들이 왕이 되면 가장 강력하고 가장 결연한 세 부족을 등에 업고 갈리아 전역을 지배할 수 있을 것으로 기대했다.

---

15 집정관(consul)은 로마 공화정 시대의 최고 관리로 군 통수권을 행사했다. 기원전 509년 왕정이 폐지되면서 동등한 권한을 가진 두 명의 집정관이 왕의 명령권(imperium), 즉 군 통수권과 사법권을 물려받았다. 그들은 매년 켄투리아 민회(comitia Centuriata)에서 두 명씩 선출되었는데, 기원전 4세기 중엽부터는 두 명 가운데 한 명은 반드시 평민 출신이어야 했다. 감찰관 같은 새로운 관직이 생기면서 집정관의 권한은 점점 축소됐지만, 원로원을 소집하여 주재할 권한과 통수권만은 그대로 유지했다.

16 기원전 61년.

17 지금의 쥐라 산맥.

18 지금의 제네바 호수.

19 밀레 팟수스(mille passus)란 언제나 로마의 마일을 말하는데, 1밀레 팟수스는 1.5킬로미터쯤 되고 1팟수스는 1.5미터쯤 된다. mille는 '1천', passus는 보폭(步幅)이라는 뜻이다. 여기서 '보폭'이란 이중 보폭을 말한다.

20 populi Romani amicus.

21 중부 갈리아에 살던 켈트족.

4 (1) 이 음모는 밀고자들에 의해 헬베티이족에게 누설되었다. 그러자 그들은 관습에 따라 오르게토릭스가 포박된 채 해명하게 했다. 유죄로 드러나면 그 벌로 산 채로 화장당하게 되어 있었다. (2) 그래서 재판받기로 되어 있던 날 오르게토릭스는 사방에서 가신(家臣)들을 법정으로 불러 모았는데 그 수가 1만 명쯤 되었다. 그는 또 자신의 수많은 피보호자와 채무 노예들도 모두 불러 모았다. 그들의 도움으로 그는 재판을 피해 달아났다. (3) 그래서 그의 도주에 분개한 그의 부족민들이 무력으로 자신들의 권리를 관철하려 하고, 관리들이 주변 농촌지역에서 많은 사람들을 불러 모으자 오르게토릭스가 죽었다. (4) 그는 헬베티이족이 믿고 있듯이 아마도 자살한 것 같다.

5 (1) 그가 죽은 뒤에도 헬베티이족은 전에 결정한 대로 이주 계획을 계속 추진했다. (2) 드디어 준비가 끝났다고 생각되자 그들은 12개쯤 되는 자신들의 모든 도시와 4백 개쯤 되는 마을과 개인 소유의 다른 건물들에 불을 질렀다. (3) 그들은 곡식도 가져갈 것 말고는 모두 불태워버렸는데, 고향으로 돌아올 수 있다는 희망이 사라져야만 그만큼 더 기꺼이 온갖 위험을 무릅쓸 것이기 때문이었다. 그들은 각자 석 달 치 식량을 미리 빻아 가지고 집을 나서라고 명령했다. (4) 헬베티이족은 이웃에 사는 라우리키족, 툴링기족, 라토비키족[22]에게도 자신들처럼 성채와 마을을 불태우고 나서 함께 떠나자고 설득했다. 그들은 또 보이이족[23]도 자신들의 동맹군으로 기꺼이 받아들였는데, 이들은 레누스 강 건너편에 살다가 노리쿰 땅으로 건너가 노레이아[24]를 공격한 적이 있었다.

6 (1) 헬베티이족이 고향을 떠날 수 있는 길은 두 가지밖에 없었다. 그중 하나는 유라 산맥과 로다누스 강 사이에 있는 세콰니족의 영토를 지나

가는 길인데, 이 길은 좁고 험해서 마차들이 일렬종대로만 통과할 수 있는 데다 그 위로 높은 산이 우뚝 솟아 있어서 소수의 인원으로도 통행을 막을 수 있었다. (2) 로마의 속주를 지나가는 다른 길은 훨씬 빠르고 쉬웠다. 헬베티이족의 영토와 얼마 전 로마에 정복당한 알로브로게스족[25]의 영토 사이를 흐르는 로다누스 강에는 걸어서 건널 수 있는 곳이 군데군데 있었기 때문이다. (3) 알로브로게스족의 변경도시로 헬베티이족의 국경에서 가장 가까운 곳이 게나바[26]인데, 이 도시는 헬베티이족의 나라와 다리 하나로 연결되어 있었다. 헬베티이족은 알로브로게스족이 아직도 로마인들을 좋아하지 않는 것 같아 자신들이 그들의 나라를 통과할 수 있도록 설득하거나, 힘으로 강요할 수 있을 것이라고 생각했다. (4) 출발 준비가 완료되자 헬베티이족은 모두들 로다누스 강변에 집결할 날짜를 정했다. 그날은 루키우스 피소와 아울루스 가비니우스가 집정관이던 해[27]의 3월 28일이었다.

22 라우리키족은 지금의 스위스 바젤(Basel) 시 부근에 살던 켈트족. 툴링기족은 라인 강 상류 동쪽에 살던 켈트족(?). 라토비키족은 지금의 오스트리아/스위스 국경지대에 살던 켈트족.
23 보이이족은 용감하고 활동적인 켈트족으로 처음에 중부 갈리아 지방에서 부족으로 성장한 뒤 계속 이동하여 일부는 기원전 390년경 북이탈리아에 정착하고, 일부는 동쪽으로 이동하여 보헤미아(Bohemia)라는 이름의 원조가 되었다. 이들은 지금의 루마니아에 살던 다키족(Daci)에게 밀려 헬베티이족과 합류했다.
24 노리쿰은 지금의 오스트리아로 나중에 로마의 속주가 된다. 노레이아는 남부 오스트리아 케른텐(Kärnten) 지방의 도시로, 지금의 노이마르크트(Neumarkt).
25 프랑스의 론 강과 이제르(Isère) 강 사이에 살던 켈트족. 기원전 61년 로마에 반기를 들다가 제압되었다.
26 지금의 제네바.
27 기원전 58년.

7 (1) 카이사르는 헬베티이족이 로마의 속주를 통과하려 한다는 소식을 접하고 서둘러 로마를 출발하여[28] 최대한 빨리 '알페스'[29] 저쪽의 갈리아로 가서 게나바에 도착했다. (2) 알페스 저쪽의 갈리아에는 1개 군단[30] 밖에 없어서 그는 속주 전체에 가능하면 많은 병력을 징집하라고 명령했고, 게나바의 다리를 끊게 했다. (3) 그가 도착했다는 것을 알고 헬베티이족은 부족민 중에서 가장 가문이 좋은 자들을 그에게 사절단으로 보내며, 남메이유스와 베루클로이티우스가 이끄는 이 사절단이 자기들은 다른 길이 없어서 속주를 통과하려는 것뿐이지 해코지할 의도는 전혀 없다고 해명하게 했다. 그러면서 그들은 그의 양해를 구했다. (4) 카이사르는 집정관 루키우스 캇시우스가 살해당하고 그의 군대가 헬베티이족에게 패해 '멍에'[31] 밑을 통과해야 했던 일을 기억하고는 그들의 청을 들어주지 않기로 작정했다. 그는 또 적의를 품은 이들에게 속주를 통과하는 것을 허용하면 불의한 짓이나 나쁜 짓을 삼갈 것이라고 믿지 않았다. (5) 그러나 카이사르는 징집한 병력을 한데 모을 시간을 벌기 위해 사절단에게 생각할 시간을 달라며, 그러기를 원한다면 4월 13일에 다시 오라고 했다.

8 (1) 그사이 카이사르는 자신이 데려온 군단 병력과 속주에서 징집한 병력을 동원해 로다누스 강으로 흘러드는 레만누스 호수에서 세콰니족의 영토와 헬베티이족의 영토의 경계를 이루는 유라 산맥에 이르기까지 로다누스 강을 따라 길이 19밀레 팟수스, 높이 16페스[32]의 방책(防柵)을 구축하고 그와 나란히 해자도 팠다. (2) 작업이 끝나자 그는 일정한 간격마다 수비대를 배치하고 전초기지들을 강화했다. 만일 헬베티이족이 자신의 허락 없이 통과하려 할 때 더 쉽게 저지하기 위해서였다. (3) 헬베티이족의 사절단과 합의한 날짜가 다가와 사절단이 돌아오자 카이사르는

로마 국민의 관습과 선례에 따라 자기로서는 어느 누구에게도 속주를 통과하는 것을 허락할 수 없노라고 말하면서, 그들이 무력을 행사하려 할 때 이를 제지할 것임을 분명히 했다. (4) 계획이 물거품으로 돌아가자 헬베티이족은 더러는 여러 척의 배를 묶어 배다리를 만들거나 수많은 뗏목을 만들어, 또 더러는 로다누스 강의 가장 얕은 여울을 건너 때로는 낮에, 더 자주는 밤에 건너가려 했다. 그러나 그들은 방책에 막히고 수비대가 몰려와 무기를 던지고 쏘아대는 바람에 그런 시도를 그만두어야 했다.

9 (1) 이제 헬베티이족에게 남은 것은 세콰니족의 영토를 통과하는 길밖에 없었다. 그러나 이 길은 좁아서 세콰니족의 동의 없이는 이용할 수 없있다. (2) 헬베티이족은 자력으로 세콰니족의 동의를 얻는 데 실패하자

---

28 카이사르는 약간의 병력과 참모진만 이끌고 출발한 것 같다. 속주에 이미 1개 군단이 있었고, 아드리아 해 북안의 도시 아퀼레이아(Aquileia)에도 3개 군단이 주둔하고 있었기 때문이다(1권 10장 참조).

29 알프스.

30 로마 군단(legio)의 병력 수는 6천 명쯤 된다. 1개 군단은 10개 코호르스(cohors 이하 '대대'로 번역)로, 1개 코호르는 3개 마니풀루스(manipulus 이하 '중대'로 번역)로, 1개 마니풀루스는 백인대장(centurio)이 지휘하는 2개 켄투리아(centuria)로 나뉜다. 이상은 켄투리아의 병력 수가 1백 명일 때 이야기이고 실제 병력 수는 그보다 훨씬 적은 편이었다. 이를테면 켄투리아의 병력 수가 80명이라면 1개 군단 병력은 4천8백 명이 될 텐데, 사실은 그보다 더 적은 경우도 많았다.

31 여기서 '멍에'란 두 개의 투창을 수직으로 세우고 그 위에 다른 투창을 수평으로 고정해서 만든 야트막한 문을 말하며, 로마 시대에는 전투에 패한 군대가 항복의 표시로 머리를 숙이고 그 밑을 통과해야만 했다. 기원전 107년 루키우스 캇시우스는 헬베티이족의 지파로 지금의 취리히 근처에 살던 티구리니족(Tigurini)에게 패해 그런 굴욕을 당했다.

32 1페스(pes)는 약 30센티미터이다.

아이두이족인 둠노릭스에게 사절단을 보냈는데, 그의 중재로 목적을 달성하기 위해서였다. (3) 둠노릭스는 인기가 좋은 데다 후하게 선심을 쓴 덕분에 세콰니족 사이에서 막강한 영향력을 행사했으며, 헬베티이족인 오르게토릭스의 딸과 결혼한 까닭에 헬베티이족에게 호의적이었다. 그는 왕이 되고 싶은 욕심에서 정치적 변혁을 지지했고, 되도록 많은 나라들이 자기에게 신세를 지게 하려 했다. (4) 그래서 그는 중재를 맡아 세콰니족에게 헬베티이족이 그들의 영토를 통과할 수 있게 해달라고 요청했으며, 양쪽이 인질을 교환하도록 주선했다. 그래서 세콰니족은 헬베티이족이 통과하는 것을 방해하지 않겠다고 약속했고, 헬베티이족은 나쁜 짓이나 불의한 짓을 하지 않고 통과하겠다고 서약했다.

10 (1) 카이사르는 헬베티이족이 세콰니족과 아이두이족의 나라를 지나 산토니족[33]의 영토로 들어가려 한다는 보고를 받았다. 산토니족의 영토는 속주에 있는 나라인 톨로사테스족[34]의 나라에서 그리 멀지 않았다. (2) 그렇게 되면 로마 국민에게 적대적인 호전적 부족이 완전 무방비상태인 주요 곡창지대 근처에 정착하게 되어 속주에 중대 위협이 될 것이라고 그는 확신했다. (3) 그래서 카이사르는 앞서 구축한 요새를 부관(副官)[35] 티투스 라비에누스에게 맡기고 자신은 되도록 속히 이탈리아[36]로 갔다. 그리고 그곳에서 2개 군단을 징집하는 한편 아퀼레야에서 겨울을 나고 있던 3개 군단을 더 동원하여 이들 5개 군단을 이끌고 지름길로 해서 알페스 산을 지나 저쪽 갈리아로 돌아갔다. (4) 그곳에서는 케우트로네스족,[37] 그라이오켈리족,[38] 카투리게스족[39]이 고지를 점령하고 카이사르 군대의 행군을 제지하려 했다. (5) 그러나 그는 몇 차례 교전 끝에 그들을 격퇴하고 나서 이쪽 갈리아의 맨 서쪽 도시인 오켈룸을 출발한 지 7일 만에 속주에 있는 보콘티이족[40]의 영토로 들어갔다. 그곳에서 그는

군대를 인솔해 알로브로게스족의 나라를 거쳐 세구시아비족⁴¹의 나라로 계속 행군했는데, 이들은 속주 경계 밖의 부족 가운데 로다누스 강에 가장 가까이 살고 있다.

11 (1) 이 무렵 헬베티이족은 자신들의 군대를 좁은 길들과 세콰니족의 영토를 통과시킨 다음 아이두이족의 나라에 이르러 그곳을 약탈하고 있었다. (2) 아이두이족은 헬베티이족으로부터 자신들의 생명과 재산을 지킬 수 없자 카이사르에게 사절단을 보내 도움을 요청했다. (3) 그들이 말하기를, 자기들은 로마 국민에게 늘 충성을 다한 만큼 로마군이 보는 앞에서 자기들의 나라가 약탈당하고 자식들이 노예로 끌려가고 도시들이 함락되도록 내버려둔다는 것은 부당한 처사라고 했다. (4) 동시에 아이두이족의 우방이자 친족인 암바르리족⁴²도 자신들의 나라가 약탈당하고 있으며 적의 공격에서 자신들의 도시들을 지키느라 고전하고 있다고 카이사르에게 보고했다. (5) 로다누스 강 건너편에 마을들과 사유지를 갖고 있던 알로브로게스족도 카이사르에게 피난 와서 자기들에게는 헐

---

33 가론 강 북쪽 비스케(Biscay) 만 어귀에 살던 강력한 서(西)켈트족.
34 가론 강변의 톨로사(Tolosa 지금의 Toulouse 시) 근처에 살던 켈트족.
35 legatus. 원로원에 의해 임명되었다.
36 북이탈리아.
37 로마에 적대적인 알프스 켈트족으로, 지금의 사부아(Savoie) 지방에 살았다.
38 지금의 몽스니(Montcenis) 시 인근에 살았으며, 로마에 적대적인 켈트계(系) 고산족.
39 로마에 적대적인 리구리아(Liguria)계 고산족.
40 속주 동부에 살던 켈트계 고산족. 갈리아 나르보넨시스 북쪽 브리앙송(Briançon) 시 근처에 살았다.
41 지금의 리옹(Lyon) 시 북서쪽 중부 갈리아에 살던 부족.
42 손 강 동쪽 중부 갈리아에 살던 켈트족으로, 아이두이족과 친족 간이었다.

벗은 땅 말고는 남은 것이 아무것도 없다고 보고했다. (6) 이런 일들이 벌어지자 카이사르는 헬베티이족이 로마 동맹국들의 재산을 모두 약탈하고 산토니족의 영토에 쳐들어올 때까지 기다리지 않기로 결정했다.

12 (1) 아라르[43]라는 강이 있는데, 이 강은 아이두이족과 세콰니족의 영토 사이를 지나서, 눈으로 보고는 어느 쪽으로 흐르는지 말할 수 없을 만큼 매우 느리게 로다누스 강으로 흘러든다. 헬베티이족은 뗏목과 배들을 함께 묶어 이 강을 건넜다. (2) 카이사르는 정찰병들에게서 헬베티이족이 자기들 군대의 4분의 3은 벌써 도하(渡河)시키고 4분의 1 정도가 아라르 강의 이쪽 강둑에 남아 있다는 보고를 받고 자정 조금 지나[44] 3개 군단을 이끌고 진지를 떠나서 아직 강을 건너지 못한 그들의 병력이 있는 곳으로 향했다. (3) 그는 무거운 짐을 운반하던 그들을 불의에 공격하여 다수를 죽였다. 나머지는 달아나 가까운 숲에 숨었다. (4) 헬베티이족의 나라는 전체가 4개 지역[45]으로 나뉘는데, 이들은 살던 지역의 이름을 따서 티구리니족이라고 불렀다. (5) 우리 아버지 때 티구리니족은 독자적으로 고향을 떠나 집정관 루키우스 캇시우스를 죽이고 그의 군대가 '멍에' 밑을 지나가게 했다. (6) 그리하여 우연에 의해서든 불사신들의 계획에 의해서든 전에 로마 국민에게 치욕스러운 패배를 안겼던 헬베티이족의 이 지파가 맨 먼저 벌을 받았던 것이다. (7) 그리하여 카이사르는 국가적인 원한뿐 아니라 개인적인 원한도 풀었다. 그의 장인 루키우스 피소의 할아버지로 부관이었던 또 다른 루키우스 피소도 같은 전투에서 캇시우스와 마찬가지로 티구리니족의 손에 죽었으니 말이다.

13 (1) 전투가 끝난 뒤 카이사르는 헬베티이족의 남은 군대를 추격하려고 아라르 강에 다리를 놓게 하고는 군대를 이끌고 강을 건넜다. (2) 헬베티

이족은 그가 갑자기 도착하자 크게 당황했고, 자신들은 20일이나 걸려 어렵사리 강을 건넜는데 그는 단 하루 만에 강을 건넜다는 사실을 알고는 그에게 사절단을 보냈다. 사절단의 수장(首長)은 캇시우스와의 전투에서 헬베티이족을 지휘했던 디비코였다. (3) 그는 카이사르에게 다음과 같이 말했다. 로마 국민이 헬베티이족과 화평하게 지내기를 바란다면, 헬베티이족은 카이사르가 정해주는 곳으로 가서 그가 원하는 곳에 정착할 것이다. (4) 그러나 카이사르가 계속해서 헬베티이족과 싸우기를 원한다면 그는 로마 국민의 지난번 참패와 헬베티이족의 오랜 용맹을 상기해야 할 것이다. (5) 카이사르는 동포들이 이미 강을 건너 도우러 갈 수 없을 때 헬베티이족의 한 지파를 기습했던 것이다. 그러니 그는 자신의 용맹을 과신해서도 안 될 것이며, 헬베티이족을 우습게보아서도 안 될 것이다. (6) 헬베티이족은 용감하게 싸우고, 기만이나 술책에 의지하지 말라고 아버지들과 선조들에게서 배웠다. (7) 그러니 카이사르는 양쪽이 회담하고 있는 이 장소가 로마 국민이 대참사를 당하고 로마군이 궤멸되어 후세에 명소(名所)가 되는 일이 없도록 해야 할 것이다.

14 (1) 카이사르는 사절단에게 다음과 같이 대답했다. 카이사르는 사절단이 언급한 과거사를 잊지 않고 있으며, 그러기에 조금도 망설이지 않고 싸울 것이다. 그는 지난번 패배가 로마 국민의 과오에 기인한 것이 아닌 만큼 더욱 분개하고 있다. (2) 당시 로마군이 스스로 나쁜 짓을 했다고

---

43 지금의 손 강.
44 로마군은 일몰에서 일출까지의 시간을 길이가 같은 네 야경(夜警 vigilia)으로 나누는데, 세 번째 야경은 자정 직후에 시작된다. '자정 조금 지나'로 번역한다.
45 pagus. 여기서는 오늘날 스위스 연방의 주(州 canton)를 말한다.

생각했다면 어렵지 않게 대비책을 세울 수 있었을 것이다. 로마군은 남들을 두려워할 만한 짓을 하나도 저지르지 않았다고 확신하고는 까닭 없이 남을 두려워하는 것은 적절하지 못하다고 생각했기에 기습을 당한 것이다. (3) 설사 카이사르가 이 묵은 원한을 잊으려 한다 해도 최근의 불법행위들, 말하자면 헬베티이족이 그의 뜻을 어기고 억지로 속주를 통과하려 했던 일과 그들이 아이두이족과 암바르리족과 알로브로게스족을 공격했던 일을 어찌 잊을 수 있겠는가? (4) 그들이 자신들의 승리에 기고만장하는 것도, 그들이 나쁜 짓을 저지르고도 그토록 오랫동안[46] 벌 받지 않은 것에 놀라는 것도 그 귀결점[47]은 동일하다. (5) 불사신들은 대개 그 죄를 벌주려 하는 자들이 일시적으로 성공하게 하고 오랫동안 응징을 받지 않게 해주곤 하는데, 그것은 운명이 바뀌었을 때 그들이 고통을 더 심하게 느끼게 하려는 것이다. (6) 하지만 그 모든 것에도 불구하고 만약 헬베티이족이 약속을 지키겠다는 징표로 인질을 잡히겠다면, 그리고 그들이 아이두이족과 알로브로게스족에게 이들과 이들의 동맹국들에 입힌 피해를 보상하겠다면, 카이사르는 그들과 화해할 것이다. (7) 디비코가 대답하기를, 헬베티이족에게는 인질을 잡히기보다는 잡는 것이 조상 전래의 관습이며, 그 점은 로마 국민이 잘 알 것이라고 했다. 그렇게 대답하고 그는 그곳을 떠났다.

15 (1) 이튿날 헬베티이족은 진지를 옮겼다. 그래서 카이사르는 속주 전역과 아이두이족과 그들의 동맹국들에서 차출한 약 4천 명의 기병대를 먼저 내보내 헬베티이족의 이동 방향을 살피게 했다. (2) 그러나 헬베티이족의 후위를 너무 열심히 추격하던 그의 기병대는 불리한 지형에서 헬베티이족의 기병대와 교전을 벌이다가 몇 명이 전사했다. (3) 헬베티이족은 이번 전투에서 단지 5백 명의 기병대로 그토록 많은 적군을 물리친

것에 고무되어 몇 번이나 대담하게 멈추어 서서 자신들의 후위대로 로마군을 공격하기 시작했다. (4) 카이사르는 자신의 대원들이 그들과 싸우지 못하게 했으며, 당장에는 적군이 약탈하고 노략질하고 유린하지 못하게 하는 것으로 만족했다. (5) 그리하여 적군의 후위대와 로마군의 전위대가 5~6밀레 팟수스가 넘지 않는 간격을 유지하면서 양군은 15일쯤 행군했다.

16 (1) 그 사이 카이사르는 아이두이족에게 그들의 정부가 약속한 군량을 제공하라고 날마다 재촉했다. (2) 앞서 말했듯이 갈리아 지방은 북쪽에 자리 잡고 있어서 날씨가 추운 까닭에 들판의 곡식이 아직 익지 않았고, 가축의 먹이조차 충분하지 않았기 때문이다. (3) 게다가 그는 아라르 강을 거슬러 배로 운반해둔 군량을 이용할 수 없었으니, 헬베티이족이 행군의 방향을 바꿔 강에서 벗어나 있었고, 그는 그들과의 접촉이 끊기는 것을 원치 않았기 때문이다. (4) 아이두이족은 차일피일 미루며 그에게 곡식을 모으고 있다거나, 곡식을 운반하는 중이라거나, 곡식이 도착하기 직전이라고 핑계를 댔다. (5) 카이사르는 너무 오래 미룬다고 생각하고 있던 차에 예하 부대들에 군량을 배급해야 할 날이 다가오자 자신의 진지에 와 있던 아이두이족의 지도자들을 불러 모았다. 그중에는 디비키아쿠스와, 아이두이족이 '판관'[48]이라 부르는 최고위 공직자 리스쿠스도 포함되어 있었는데, 이 공직자는 1년 임기로 선출되며 동포들에 대한 생사여탈권을 쥐고 있다. (6) 카이사르는 적군이 바로 가까이에 있고

46　거의 50년 동안.
47　이제 드디어 카이사르가 그들을 응징할 때가 되었다는 뜻이다.
48　켈트어로 Vergobret.

군량을 사오거나 들판에서 가져올 수도 없는 이런 어려운 때에 도움을 주지 않는다고 그들을 엄중히 질책했다. 또한 그는 이번에 자기가 출정한 이유는 무엇보다도 그들이 요청했기 때문이라며 그들의 배신행위를 더 엄히 꾸짖었다.

17 (1) 그러자 마침내 리스쿠스가 카이사르의 말에 고무되어 그때까지 숨기고 있던 사실을 털어놓았다. 그의 말에 따르면 민중에게 지대한 영향력을 행사하는 사람들이 있는데, 사적인 영역에서는 이들이 공직자보다 더 유력하다고 했다. (2) 바로 이들이 음흉하고 사악한 발언으로 민중에게 겁을 주어 제공하기로 되어 있는 군량을 모으지 못하게 하고 있다며, (3) 아이두이족이 기왕에 갈리아의 패자(覇者)가 되지 못할 바에는 로마인들보다는 갈리족의 명령에 따르는 편이 더 유리하며, (4) 만약 로마인들이 헬베티이족에게 이기면 남은 갈리족과 마찬가지로 틀림없이 아이두이족에게서도 자유를 빼앗을 것이라는 게 그자들의 주장이라고 했다. (5) 리스쿠스는 또 그자들이 로마군의 작전과 진지 내에서의 일거수일투족을 적군에게 고자질해도 자기한테는 이를 막을 힘이 없다고 했다. (6) 게다가 이런 중대한 사안을 자기가 어쩔 수 없이 카이사르에게 보고했으므로 이제 자기는 큰 위험에 빠졌다며, 그런 까닭에 되도록 오랫동안 침묵을 지켰던 것이라고 했다.

18 (1) 카이사르는 리스쿠스가 말한 것이 디비키아쿠스의 아우 둠노릭스일 거라고 직감으로 느꼈다. 하지만 그는 이 문제를 공개적으로 논의하고 싶지 않아 서둘러 회의를 파하고 리스쿠스에게는 남아 있으라고 했다. (2) 단둘이 남자 카이사르는 그에게 회의석상에서 한 말에 관해 물었다. 그러자 그는 더 솔직히 자신만만하게 대답했다. 카이사르는 이 문제에

관해 다른 사람들에게도 몰래 물어본 결과 그의 보고가 사실이라는 것을 알았다. (3) 그가 말한 것은 대담무쌍하고, 선심을 베푼 까닭에 민중에게 큰 영향력을 행사하며, 정변(政變)을 갈구하는 둠노릭스 바로 그 사람이었다. 둠노릭스는 여러 해 동안 아이두이족의 관세와 모든 세금의 징수권을 싼값에 사들였는데, 그가 값을 제시하면 아무도 그에게 맞서 값을 제시하지 않았기 때문이다. (4) 그렇게 그는 재산을 늘렸고 뇌물로 쓸 엄청난 재원을 확보했다. (5) 그는 언제나 자비로 상당 규모의 기병대를 유지하며 자신을 호위하게 했다. (6) 자국에서뿐 아니라 이웃나라들에서도 그의 세력은 막강했다. 그는 자신의 세력을 공고히 하기 위해 어머니를 비투리게스족[49]의 유력한 귀족에게 재혼시켰고, (7) 자신은 헬베티이족 여인과 결혼했으며, 자신의 배다른 누이와 친족 여인들을 다른 나라 남자들에게 시집보냈다. (8) 그런 인연으로 그는 헬베티이족의 든든한 지지자가 되었다. 그는 또 카이사르와 로마인들을 미워할 나름의 까닭이 있었으니, 그들이 도착하면서 그의 세력은 약화된 반면 그의 형 디비키아쿠스는 이전의 영향력 있고 존경받는 지위를 되찾았기 때문이다. (9) 만약 로마군에 재앙이 닥치면 그는 자신이 헬베티이족의 도움으로 왕권을 장악할 가망이 있지만, 만약 로마군이 갈리아를 정복하면 자신은 왕이 되기는커녕 현재의 영향력마저 유지하기 어렵다고 확신했다. (10) 카이사르는 또 심문을 통해 며칠 전 기병전에서 패한 것과 관련하여, 둠노릭스와 그의 기병대(그는 아이두이족이 카이사르를 도우라고 보낸 기병대를 지휘했다)가 먼저 퇴각하기 시작하자, 그들의 퇴각으로 나머지 기병대까지 큰 혼란에 빠졌다는 사실도 알았다.

---

49 중부 갈리아, 지금의 루아르(Loire) 강 만곡부에 살던 켈트족.

19 (1) 카이사르는 이 모든 사실을 알게 되었고, 이런 혐의들을 입증할 명백한 증거들도 확보했다. 말하자면 둠노릭스는 헬베티이족이 세콰니족의 영토를 통과하게 해주고 양쪽이 인질을 교환하게 했으면서도 카이사르나 아이두이족 정부의 허가를 받기는커녕 어느 쪽에도 알리지 않았으며, 그래서 그는 아이두이족 관리에 의해 고발되어 있었다. 그래서 카이사르는 둠노릭스를 몸소 처벌하거나 아니면 그를 처벌하도록 아이두이족에게 명할 수 있는 충분한 이유가 있다고 생각했다. (2) 하지만 그러자니 한 가지 마음에 걸리는 점이 있었으니, 카이사르는 둠노릭스의 형 디비키아쿠스가 로마의 이익의 열렬한 옹호자이며 자신에게는 아주 좋은 친구이며 더없이 충성심이 강하고 마음이 올곧고 절제력 있는 사람임을 알고 있던 터라, 둠노릭스를 처벌함으로써 디비키아쿠스의 반감을 사지 않을까 두려웠던 것이다. (3) 그래서 카이사르는 어떤 조치를 취하기 전에 디비키아쿠스를 불러오게 한 다음 통상적인 통역관들을 내보내고, 갈리아 속주의 요인으로서 자신이 전적으로 신임하는 절친한 친구인 가이우스 발레리우스 프로킬루스의 도움을 받아 그와 이야기를 주고받았다. (4) 카이사르는 디비키아쿠스에게 회의 때 자신도 둠노릭스에 관해 들었던 것을 상기시키는 동시에 여러 사람과의 사적인 면담에서 둠노릭스에 관해 들었던 것을 전하면서, (5) 자신이 몸소 둠노릭스를 신문하고 판결을 내리거나 그렇게 하도록 아이두이족의 정부에 요구하더라도 불쾌하게 여기지 말고 양해해달라고 간곡히 부탁했다.

20 (1) 디비키아쿠스는 눈물범벅이 되어 카이사르를 끌어안으며 자기 아우를 중벌에 처하지 말아달라고 간청하기 시작했다. (2) 그는 그 모든 것이 사실임을 알고 있으며, 세상에 자기만큼 괴로운 사람도 없을 것이라고 했다. 그가 그의 나라와 갈리아의 다른 나라에서 막강한 영향력을 행사

할 때 나이가 어려 거의 아무런 영향력을 행사하지 못하던 그의 아우 둠노릭스는 형인 그의 도움으로 출세했건만, (3) 그런 아우가 이제는 자신의 재력과 권세를 이용해 형인 그의 영향력을 약화시킬 뿐 아니라 그를 거의 파멸시키고 있기 때문이라고 했다. 그렇다 해도 둠노릭스는 그의 아우이고, 그는 여론을 의식하지 않을 수 없다고 했다. (4) 말하자면 만약 카이사르가 그의 아우를 엄벌에 처한다면, 그가 카이사르와 절친한 사이인 만큼 모두들 그가 원해서 그리 된 일이라고 믿을 것이며, 그렇게 되면 갈리아 전체가 그에게 등을 돌릴 것이라고 했다. (5) 그가 눈물을 흘리며 계속 간청하자 카이사르는 그의 손을 잡고 위로하며 이제 알았으니 그만 애원하라고 했다. 그러면서 그는 자기는 디비키아쿠스를 존중하는 만큼 그의 아우가 로마의 국익을 해친 것을 용서하고 자신의 분노를 억제하겠다고 말했다. (6) 그러고 나서 카이사르는 둠노릭스를 소환해 그의 형 디비키아쿠스가 보는 앞에서 자기가 그의 태도에 불만을 느끼는 이유를 말하고, 자신이 보고받은 것과 그의 부족이 그에게 제기한 혐의를 말해주었다. 그는 둠노릭스에게 앞으로는 의심받을 짓일랑 하지 말라고 경고하며, 그의 형 얼굴을 봐서 지난 일을 불문에 부치는 것이라고 덧붙였다. 그러나 카이사르는 둠노릭스가 무슨 짓을 하고 있으며, 누구와 말을 주고받는지 알기 위해 그에게 사람을 붙였다.

21 (1) 바로 그날 카이사르는 정찰병들한테서 적군이 로마군의 진지에서 8밀레 팟수스 떨어진 산기슭에 진을 치고 있다는 보고를 받았다. 그러자 그는 대원들을 보내 그 산을 정찰하여, 뒤쪽으로 돌아갈 경우 산에 오르는 길이 어떻게 생겼는지 알아오게 했는데, (2) 그쪽으로는 오르기가 쉽다는 보고를 받았다. 한밤중이 지나자마자 카이사르는 자신의 법정관급(級) 부관[50]인 티투스 라비에누스에게 자기 계획을 설명하고는 그곳 지

형을 정찰한 대원들을 길라잡이 삼아 2개 군단을 이끌고 가서 산 정상에 오르라고 명령했다. (3) 그리고 그 자신은 꼭두새벽[51]에 모든 기병대를 앞세우고 적군이 지나갔던 것과 같은 길로 적군을 향해 빠르게 행군했다. (4) 루키우스 술라[52]의 군대에서, 나중에는 마르쿠스 크랏수스[53]의 군대에서 복무한 바 있는 노련한 군인으로 명성이 자자하던 푸블리우스 콘시디우스가 정찰병들을 이끌고 앞장섰다.

22 (1) 동틀 무렵 라비에누스는 산 정상을 점령했고, 카이사르는 적진에서 1천5백 팟수스도 떨어져 있지 않았다. 그가 나중에 포로들에게서 들은 바에 따르면 적군은 그가 도착한 것도, 라비에누스가 도착한 것도 눈치 채지 못했다고 한다. (2) 그때 콘시디우스가 카이사르에게 말을 타고 달려와서 보고하기를, 그가 라비에누스를 파견해 점령하게 한 산의 정상은 적군의 수중에 있다고 했으며, 갈리족의 무구와 기장(旗章)을 보고 그런 줄 알았다고 했다. (3) 그래서 카이사르는 자신의 부대를 가까이 있는 산 쪽으로 물리고 전열을 갖추었다. 그는 라비에누스에게 자신의 부대가 적진 가까이 나타날 때까지 적과 교전을 벌이지 말라고 지시했는데, 사방에서 동시에 적군을 공격하기 위해서였다. 그래서 라비에누스는 일단 산꼭대기를 점령한 다음 아군의 주력부대가 나타나기를 기다리며 교전을 피했다. (4) 그날 늦게야 카이사르는 정찰병들을 통해 산은 아군 수중에 있고, 헬베티이족은 진지를 옮겼으며, 콘시디우스는 겁에 질려 보지도 않은 것을 봤다고 보고했다는 사실을 알았다. (5) 그날 해가 질 때까지 카이사르는 평소 간격을 유지하며 적군을 뒤쫓다가 적진에서 3밀레 팟수스 떨어진 곳에 진을 쳤다.

23 (1) 이튿날 이제 부대원들에게 군량을 배급해야 할 날이 이틀밖에 남지

않았는데 아이두이족의 가장 크고 가장 부유한 도시인 비브락테가 18밀레 팟수스밖에 떨어져 있지 않아, 카이사르는 지금이야말로 식량 보급 문제를 해결해야 할 때라고 생각했다. 그래서 헬베티이족을 뒤쫓던 그는 방향을 바꿔 급히 비브락테로 향했다. (2) 적군은 카이사르의 갈리아 기병대 대장인 루키우스 아이밀리우스의 탈주한 노예들을 통해 이런 사실을 알았다. (3) 그러자 헬베티이족은 무엇보다도 전날 로마군이 유리한 위치를 차지하고도 공격하지 않은 점으로 미루어 로마군이 겁이 나서 자신들에게서 도망치는 것이라고 생각했거나, 아니면 로마군의 보급로를 차단할 자신이 있다고 생각했던 것 같다. 아무튼 그들은 계획을 변경해 진로를 바꾸더니 아군의 후위를 추격하며 괴롭히기 시작했다.

24 (1) 이것을 본 카이사르는 자신의 부대를 가까이 있는 언덕으로 물리고 기병대를 내보내 적의 공격을 막게 했다. (2) 그사이 그는 고참병들로 구성된 자신의 4개 군단을 산허리에 3열로 정렬시켰다. (3) 그러나 최근에 이쪽 갈리아에서 징집한 2개 군단과 모든 지원부대는 산 정상에 배치해 산 전체를 자신의 대원들로 가득 채웠다. 한편 그는 병사들의 짐을 한곳에 쌓아두게 한 다음 위쪽에 배치된 고참병들을 시켜 그 주위에 참호를

---

50 legatus pro praetor. 법정관(praetor)은 로마 공화정 때 집정관(consul) 다음으로 높은 관리이다. 티투스 라비에누스는 카이사르가 이탈리아에 가 있는 겨울 동안 군대를 지휘했고, 속주의 총독 노릇도 했다.
51 제4야경 시, 즉 새벽 3~6시.
52 술라(Lucius Cornelius Sulla 기원전 138년경~78년)는 기원전 82~80년에 독재관(dictator)을 지낸 로마의 장군으로 귀족들의 이익을 대변했다.
53 크랏수스(Marcus Licinius Crassus 기원전 115~53년)는 카이사르, 폼페이유스와 더불어 제1차 삼두정치의 주역이었던 로마의 재력가이자 장군이며, 스파르타쿠스의 노예반란을 진압했다.

파게 했다. (4) 헬베티이족은 짐수레를 모두 끌고 뒤따라오더니 자기들의 짐을 한곳에 쌓아두었다. 그런 다음 한데 뭉쳐 로마군의 기병대를 물리치고 나서 방진(方陣)을 이루어 로마군의 선두대열을 향해 진격했다.

25 (1) 카이사르는 자신의 군마들을 비롯해 모든 군마를 보이지 않는 곳으로 내보냄으로써, 모두가 위험을 똑같이 감수하고 어느 누구도 도망칠 기회를 노리지 못하게 하고는, 대원들을 격려한 다음 교전을 벌였다. (2) 그의 대원들이 높은 곳에서 창을 던져대자 적군의 방진이 쉽게 무너졌고, 적군의 방진이 무너지자 그의 대원들이 검(劍)을 빼들고 공격했다. (3) 갈리족은 때로는 하나의 창에 서로 포개진 여러 개의 방패가 뚫려 함께 꿰어지는 바람에 싸우는 데 지장을 많이 받았다. 로마군이 던진 창끝이 휘는 바람에 그들은 창을 뽑아낼 수도 없었고, 그래서 왼손이 방해받다 보니 제대로 싸울 수가 없었다. (4) 그리하여 많은 갈리족이 한동안 왼팔을 세게 흔들어보다가 방패를 던져버리고 무방비 상태로 싸우는 쪽을 택했다. (5) 결국 그들은 부상을 입고 기진맥진하며 1밀레 팟수스쯤 떨어진 산 쪽으로 퇴각하기 시작했다. (6) 그들은 산에 도달했다. 그래서 아군이 그들을 추격하고 있을 때, 약 1만 5천 명의 병력으로 적군의 후위를 이루며 낙오자들을 보호해주던 보이이족과 툴링기족이 갑자기 아군의 노출된 날개[54]를 향해 진격해오더니 포위공격했다. 그러자 산 쪽으로 퇴각했던 헬베티이족이 다시 진격해오더니 공격을 재개했다. (7) 그래서 로마군은 방향을 틀어 두 패로 나뉘어 진격했는데, 1열과 2열은 아군에게 이미 패해 물러갔던 헬베티이족을 상대하고 3열은 새로운 공격을 막기 위해서였다.

26 (1) 두 전선에서는 장시간 격렬한 전투가 벌어졌다. 갈리족이 더 이상 로

마군의 공격을 막아낼 수 없자, 헬베티이족은 다시 산 쪽으로 퇴각하기 시작했고, 보이이족과 툴링기족은 자신들의 짐과 짐수레가 있는 곳으로 향했다. (2) 전투는 오후 1시[55]쯤부터 저녁 무렵까지 계속되었는데 전투가 진행되는 동안 적군은 단 한 명도 등을 돌려 달아나는 모습을 보이지 않았다. (3) 그들의 짐 옆에서는 밤늦게까지 전투가 계속되었다. 적군은 짐수레들로 방벽을 구축하고 로마군이 다가가면 유리한 위치에서 무기를 날려보냈기 때문이다. (4) 장시간의 전투 끝에 아군은 그들의 짐을 손에 넣고 진지를 점령했다. 그곳에서 오르게토릭스의 딸과 아들 한 명을 생포했다. (5) 약 13만 명의 헬베티이족이 이 전투에서 살아남아 밤새도록 행군했다. 그들은 낮에도 밤에도 쉬지 않고 행군하여 사흘 뒤 링고네스족[56]의 영토에 도착했다. 아군은 그 사흘 동안 부상자들을 보살피고 전사자들을 매장하느라 그들을 추격할 수 없었다. (6) 그러나 카이사르는 전령들 편에 링고네스족에게 서찰을 보내 군량이나 다른 생필품을 대줌으로써 헬베티이족을 돕지 말라고 경고하면서, 그러지 않으면 그들도 헬베티이족과 마찬가지로 적군으로 취급하겠다고 했다. 그리고 사흘 뒤 그는 전군을 이끌고 추격을 시작했다.

27 (1) 헬베티이족은 모든 물자가 달리자 카이사르에게 사절단을 보내 항복하겠다는 뜻을 전했다. (2) 이들은 행군 중인 그를 만나자 부복(俯伏)하고는 화의(和議)를 받아들여달라고 눈물로 호소했다. 그는 헬베티이

---

54 오른쪽 날개. 싸울 때 방패를 왼팔로 들기 때문이다.
55 원전에는 제7시. 로마인들은 일출에서 일몰까지를 12시간으로 나누었는데, 계절에 따라 조금씩 차이가 있지만 제7시는 오후 1시경에 해당한다.
56 중부 갈리아의 부족.

족에게 자기가 도착할 때까지 지금 머물고 있는 곳에 그대로 머물라고 명령했다. 그들은 그가 시키는 대로 했다. (3) 그곳에 도착하자 그는 그들에게 인질을 잡히고, 무구와 그들에게로 탈주한 노예들을 넘기라고 요구했다. (4) 헬베티이족이 인질과 무구와 노예들을 찾아내어 한곳에 모으는 사이 밤이 되자, 베르비게누스[57]라는 주(州)의 주민 약 6천 명이 초저녁에 헬베티이족의 진영을 떠나 레누스 강과 게르마니아 땅으로 향했다. 아마도 그들은 무구를 넘겨주고 나면 자신들이 도륙당하지 않을까 겁이 났거나, 아니면 포로 수가 너무 많아 자신들이 도주해도 드러나거나 눈에 띄지 않을 테니 안전하게 도주할 수 있으리라고 믿었던 것 같다.

28 (1) 이 사실을 알게 된 카이사르는 포로들이 그 영토를 통과하려는 부족들에게 도망자들을 추격해 잡아오라고 명령하며, 그러지 않으면 책임을 추궁하겠다고 으름장을 놓았다. (2) 도망자들이 붙잡혀오자 그는 그들을 적으로 간주했고,[58] 나머지 모두에 대해서는 인질과 무구와 탈주자들을 넘겨받은 뒤 항복을 받아들였다. (3) 카이사르는 헬베티이족과 툴링기족과 라토비키족에게 그들이 떠나온 나라들로 돌아가라고 명령했다. 그는 또 그들의 고향에는 농작물이 모두 망가져 먹고살 것이 아무것도 없는지라 알로브로게스족더러 그들에게 식량을 대주라고 지시했으며, 헬베티이족에게는 그들이 불태워버린 도시와 마을들을 재건하라고 명령했다. (4) 그가 그런 명령을 내린 주된 까닭은, 만약 그들이 버리고 온 땅을 무인지경으로 방치할 경우 레누스 강 건너편에 사는 게르마니족이 그 땅의 비옥함에 끌려 헬베티이족의 나라로 이주해와서 갈리아의 로마 속주와 알로브로게스족의 가까운 이웃이 될 우려가 있었기 때문이다. (5) 카이사르는 또 아이두이족의 요청에 따라 용맹무쌍하기로 이름난 보이이족이 아이두이족의 나라에 정착하는 것을 허락했다. 아이두이족

은 그들에게 농토를 주었고, 나중에는 그들에게 자신들과 동등한 권리와 자유를 인정했다.

29 (1) 헬베티이족의 진지에서 그라이키아[59] 문자로 씌어진 문서 몇 건이 발견되어 카이사르에게 전달되었다. 거기에는 고향을 떠난 이주민의 수와 무기를 들 수 있는 자들이 기록되어 있었고, 어린아이와 노인과 여자들의 명단도 따로 있었다. (2) 이들을 다 합하자 헬베티이족은 26만 3천 명이고, 툴링기족은 3만 6천 명이고, 라토비키족은 1만 4천 명이고, 라우리키족은 2만 3천 명이며, 보이이족은 3만 2천 명이었다. (3) 이들 가운데 약 9만 2천 명이 무기를 들 수 있었다. 전체 인원은 약 36만 8천 명이었다. 카이사르의 명령에 따라 귀향한 자들의 인구를 조사해보니 그 수는 11만 명이었다.

아리오비스투스를 갈리아에서 쫓아내다(기원전 58년)

30 (1) 헬베티이족과의 전쟁이 끝나자 거의 모든 갈리아 나라의 지도자들이 사절로 와서 카이사르를 축하했다. (2) 그들이 말하기를, 자신들은 카이사르가 헬베티이족과 싸우는 이유는 이들이 전에 로마 국민에게 행한 불법행위를 응징하기 위해서였다는 것을 알고 있지만, 그 결과는 로마 국민 못지않게 갈리아 땅에도 큰 이익이 되었다고 했다. (3) 말하자면 헬베티이족이 최대의 번영을 누릴 때 고향을 떠난 것은 갈리아 전체에 전쟁을 일으켜 갈리아의 패자가 되고, 그리하여 넓은 갈리아 땅 전체에서 가

---

57 헬베티이족의 4개 연방 주(州) 가운데 하나.
58 여기서는 처형했다는 뜻인 것 같다.
59 그리스.

장 기름지고 편리하다고 생각되는 곳에 정착하여 다른 나라들을 공물을 바치는 속국으로 만들기 위해서였다고 했다. (4) 사절들은 카이사르에게 날짜를 정해 갈리아 전체 회의를 열 수 있도록 허락해달라며, 모두가 찬성할 경우 그에게 청원하고 싶은 것이 몇 가지 있다고 했다. (5) 카이사르가 허락하자 그들은 회의 날짜를 정했고, 공동의 결의에 따라 지명된 사람들 말고는 아무도 회의 내용을 발설하지 않기로 맹세했다.

31 (1) 회의가 열렸다가 파하자 전에 왔던 갈리아 나라들의 지도자들이 카이사르에게 돌아와서 그들의 이익뿐 아니라 나라 전체의 이익에 관한 문제로 카이사르와 비밀리에 면담을 하고 싶다고 청원했다. (2) 면담이 허용되자 그들은 모두 눈물을 흘리며 카이사르 앞에 부복했다. 그들이 말하기를, 자기들은 원하는 것을 이루는 것 못지않게 자기들이 한 말이 누설되지 않기를 바란다며, 일단 누설되면 가장 잔인한 벌을 받을 것이 예상되기 때문이라고 했다. (3) 아이두이족인 디비키아쿠스가 그들의 대변인 역을 맡았다. 그에 따르면 갈리아 전체는 두 파(派)로 나뉘는데, 한 파에서는 아이두이족이, 다른 파에서는 아르베르니족[60]이 주도권을 장악하고 있다고 했다. (4) 두 부족은 주도권을 놓고 여러 해 동안 격전을 벌이다가 아르베르니족과 세콰니족이 약간의 게르마니족 용병을 고용했다고 했다. (5) 처음에는 약 1만 5천 명의 게르마니족 용병이 레누스 강을 건너왔으나, 나중에 이 사나운 야만족이 갈리족의 농경지와 문화와 풍요로운 생활을 좋아하게 되면서 더 많은 사람이 강을 건너왔고, 이제는 갈리아 땅에 그들이 12만 명이나 와 있다고 했다. (6) 아이두이족과 그들의 피보호 부족들이 몇 차례 게르마니족과 싸웠으나 참패당해 귀족들과 의회 의원들과 기사들을 다 잃었다고 했다. (7) 전에는 자신들의 용기와 로마 국민과의 우호관계에 힘입어 갈리아에서 주도권을 행사하던

아이두이족도 이런 처참한 전쟁들로 기가 꺾여 자신들의 가장 탁월한 시민들을 세콰니족에게 인질로 보내지 않을 수 없었고, 인질들의 반환을 요구하지 않을뿐더러 로마 국민에게 도움을 청하지 않을 것이며 세콰니족의 통치와 권력에 이의 없이 복종하겠다는 서약으로 자승자박하지 않을 수 없었다고 했다. (8) 디비키아쿠스가 말하기를, 아이두이족의 전체 부족민 가운데 자기만이 그런 서약을 하거나 자식들을 인질로 보내는 것에 응하지 않았다고 했다. (9) 그리하여 그만이 서약을 하고 인질을 잡힘으로써 묶이는 처지가 되지 않은 까닭에 나라를 탈출해 로마로 가서 원로원에 도움을 청했다고 했다. (10) 그러나 패배한 아이두이족보다 이긴 세콰니족이 더 험한 꼴을 보았다고 그는 말을 이었다. 왜냐하면 게르마니족의 왕 아리오비스투스가 그들의 나라에 정착하여 갈리아 전체에서 가장 좋은 땅인 그들의 영토를 3분의 1이나 차지하고 있기 때문이라고 했다. 그런 그자가 이제는 몇 달 전에 자기를 도우러 왔던 2만 4천 명의 하루데스족[61]을 위해 정착할 땅을 마련해야 한다며 세콰니족에게 다른 3분의 1을 비워달라고 요구하고 있다고 했다. (11) 몇 년 안에 갈리족은 모두 나라에서 쫓겨나고, 모든 게르마니족이 레누스 강을 건너 이주해올 것이라고 했다. 무엇보다도 갈리아 땅과 게르마니아 땅은, 또는 양쪽의 생활수준은 비교가 안 되기 때문이라고 했다. (12) 아리오비스투스는 아드마게토브리가[62]에서 갈리족 연합군에게 한 번 이기고는 오만하고 잔인한 폭군 행세를 하며 모든 요인의 자식들을 인질로 요구하더니 무슨 일이든 자기 뜻대로, 자기 마음대로 되지 않으면 본때를

---

60 지금의 오베르뉴(Auvergne) 지방에 살던 켈트족.
61 다뉴브 강 상류의 게르만족.
62 세콰니족의 영토에 있던 도시로, 그 위치는 알 수 없다.

보이느라 인질들에게 온갖 고문을 한다고 했다. (13) 아리오비스투스는 성마르고 무모한 야만인이라 더 이상 그의 폭정을 참고 견딘다는 것은 불가능하다고 했다. (14) 따라서 카이사르와 로마 국민이 도와주지 않는다면, 전 갈리족은 어떤 운명을 당해도 헬베티이족이 그랬듯이 고향을 떠나 게르마니족에게서 멀리 떨어진 다른 거처를 찾을 수밖에 없다고 했다. (15) 만일 그의 이 말이 아리오비스투스의 귀에 들어간다면 그자는 틀림없이 자기 수중에 있는 인질들을 극형에 처할 것이라고 했다. (16) 그러나 카이사르라면 자신의 위신이나 최근의 승리나 로마인들의 명성에 힘입어 그자가 더 많은 게르마니족이 강을 건너오게 하는 것을 막고, 그자의 불법행위로부터 전 갈리족을 지킬 수 있을 것이라고 했다.

32 (1) 디비키아쿠스가 말을 마치자 그 자리에 있던 사람들이 모두 눈물을 쏟으며 카이사르에게 도움을 청하기 시작했다. (2) 그러나 카이사르가 보아하니 일동 가운데 세콰니족의 사절단만이 남들처럼 행동하지 않고 고개를 숙인 채 침통하게 바닥을 응시하고 있었다. 카이사르가 이상하게 여겨 까닭을 물어도, (3) 그들은 아무 대답도 하지 않고 계속 침통하게 침묵만 지켰다. 그가 재삼재사 물어도 그들이 입을 열지 않자 이번에도 아이두이족인 디비키아쿠스가 대답하기를, (4) 세콰니족은 어느 누구보다도 불행하고 불운하다며 그들만이 은밀하게라도 불평을 늘어놓거나 도움을 청할 수 없기 때문이라고 했다. 그도 그럴 것이, 아리오비스투스가 없는 자리에서도 그들은 마치 그자가 면전에 있는 양 그자의 잔인함을 두려워할 수밖에 없는데, 그것은 남들은 그자의 손이 닿지 않는 곳으로 도망이라도 칠 수 있지만 (5) 세콰니족은 그자를 자신들의 국경 안으로 받아들였고, 그들의 도시가 모두 그자의 수중에 있는 만큼 그자가 어떠한 잔혹행위를 해도 참을 수밖에 없기 때문이라고 했다.

33 (1) 이런 사실을 알게 된 카이사르는 갈리족을 안심시키며 이 문제를 해결하겠다고 약속했으며, 자신이 전에 아리오비스투스에게 베푼 호의와 명망에 힘입어 그자가 더는 그런 불법행위를 하지 못하게 할 수 있을 것으로 자신했다. (2) 그렇게 말하고 나서 그는 회의를 파했다. 카이사르는 장고 끝에 이 문제는 자신이 해결해야 하며, 어떻게든 자신이 개입하지 않으면 안 된다고 확신했다. 무엇보다도 원로원이 거듭해서 로마 국민의 '형제이자 동족'이라 부르던 아이두이족이 지금 게르마니족의 지배를 받는 노예가 되고, 그들이 잡힌 인질들이 아리오비스투스와 세콰니족의 수중에 있다는 것은 로마 국민의 위대한 힘을 고려할 때 그 자신에게도 로마 국가에도 더할 나위 없는 불명예라고 생각했다. (3) 그 밖에 그는 만약 게르마니족이 레누스 강을 건너 떼를 지어 갈리아로 몰려오는 버릇을 차츰차츰 들이게 되면 로마 국민에게 위협이 될 것으로 보았다. (4) 이 사나운 야만족이 갈리아 전역을 일단 점령하고 나면 전에[63] 킴브리족[64]과 테우토니족[65]이 그랬듯이 로마의 속주로 쳐들어와서는, 거기에서 이탈리아로 들어오고 싶은 유혹을 뿌리칠 수 없을 것이라는 것이 그의 생각이었다. 세콰니족의 나라에서 로다누스 강만 건너면 로마의 속주이기 때문이다. 이런 위험을 가능한 한 서둘러 막아야 한다고 그는 생각했다. (5) 게다가 아리오비스투스의 오만방자함은 참을 수 없을 정도였다.

34 (1) 그래서 카이사르는 아리오비스투스에게 사절단을 보내 양쪽 모두에

---

63 기원전 109~101년.
64 유틀란트 반도 북부에 살던 게르만족.
65 유틀란트 반도 서안에 살던 게르만족.

게 중차대한 국사를 논의하고 싶으니 양쪽의 중간쯤에 회담 장소를 정하도록 요구하기로 결정했다. (2) 아리오비스투스가 사절단에게 대답하기를, 자기가 카이사르에게 원하는 것이 있다면 자기가 카이사르에게 갔을 테니, 자기에게 원하는 것이 있다면 카이사르가 자기에게 와야 할 것이라고 했다. (3) 또한 자기는 카이사르가 지배하는 갈리아 땅에 군대도 없이 들어가는 모험은 하고 싶지 않으며, 군대를 집결시키자면 군량 보급에 큰 어려움이 따른다고 덧붙였다. (4) 끝으로, 그는 정복자의 권리에 따라 그의 것이 된 갈리아 땅에 카이사르나 로마 국민이 도대체 무슨 볼일이 있는지 이해가 안 된다고 했다.

35 (1) 이런 답변을 전해 들은 카이사르는 그에게 다시 사절단을 보내 다음과 같이 전하게 했다. (2) 카이사르가 집정관이었을 때[66] 아리오비스투스는 카이사르와 로마 국민에게 후한 대접을 받아 원로원에 의해 왕이자 친구로 선포되었다. 그런데 그가 카이사르와 로마 국민에게 감사의 뜻을 전하는 방법은 양쪽이 만나서 공동의 관심사를 논의하자는 요청을 무시하는 것이었다. 그래서 카이사르는 그에게 다음과 같은 최후통첩을 보낸다. (3) 첫째, 그는 더 이상 대규모 인원을 레누스 강을 건너 갈리아로 데려와서는 안 된다. 둘째, 그는 자신이 붙잡고 있는 아이두이족 인질들을 되돌려주고, 세콰니족도 그들이 붙잡고 있는 인질들을 아이두이족에게 되돌려주도록 허용해야 한다. 그는 아이두이족을 억압하거나 그들 또는 그들의 동맹국들을 공격해서는 안 된다. (4) 이런 조건들이 충족되면 카이사르와 로마 국민은 그와 마음에서 우러난 우호관계를 지속적으로 유지할 것이다. 그러나 마르쿠스 멧살라와 마르쿠스 피소가 집정관이었을 때,[67] 갈리아 속주를 다스리는 자는 누구든 아이두이족과 로마의 다른 동맹국들을 보호하기 위해 국익에 부합하는 것이면 무엇이든

할 수 있다고 원로원이 결의한 만큼, 이런 조건들이 충족되지 않으면 카이사르는 아이두이족에 대한 부당행위를 좌시하지 않을 것이다.

36 (1) 이에 대해 아리오비스투스는 다음과 같이 답변했다. 정복자가 피정복자를 마음대로 지배하는 것은 누구나 다 인정하는 전쟁의 관습이다. (2) 로마 국민도 피정복자를 제3자의 지시가 아니라 자신들의 판단에 따라 지배하는 데 익숙해 있다. 아리오비스투스가 로마 국민이 어떻게 권리를 행사해야 할지 지시하지 않았다면, 그들이 그의 권리 행사를 방해하는 것은 옳지 못하다. (3) 아이두이족이 그에게 공물을 바치는 속국이 된 것은 그들이 명운을 걸고 싸우다가 싸움에 졌기 때문이다. (4) 카이사르는 그에게 큰 잘못을 저지르고 있다. 카이사르가 갈리아에 옴으로써 그의 이런 세수(稅收)가 줄어들게 생겼기 때문이다. (5) 아리오비스투스는 아이두이족에게 인질들을 돌려주지 않을 테지만, 그들이 조약을 준수하고 해마다 공물을 바친다면 그들이나 그들의 동맹국들을 공격하지 않을 것이다. 그들이 그렇게 하지 않는다면 '로마 국민의 형제들'이라는 칭호도 그들에게 아무 도움이 되지 못할 것이다. (6) 아이두이족에 대한 부당행위를 좌시하지 않겠다는 카이사르의 위협과 관련해 말하자면, 일찍이 아리오비스투스와 싸워 망하지 않은 자는 아무도 없다. (7) 카이사르는 원하는 때에 언제든 공격할 수 있다. 그때는 그도 게르마니족의 용기가 어떤 것인지 알게 될 것이다. 게르마니족은 패배를 모르고, 무기를 다루는 솜씨가 탁월하며, 14년 동안 지붕 아래 들어가본 적이 없다.

---

66 기원전 59년.
67 기원전 61년.

37 (1) 이 전언이 카이사르에게 보고되었을 때 아이두이족과 트레베리족[68]이 보낸 사절단이 도착했다. (2) 아이두이족은 최근에 갈리아로 건너온 하루데스족이 자신들의 영토를 약탈하고 있으며, 아리오비스투스에게 인질들을 잡혀도 그들이 고이 물러가게 해주지 않는다고 하소연했다. (3) 트레베리족은 수에비족[69]의 1백 개 집단이 레누스 강변에 정착하더니 나수아와 킴베리우스 형제의 지휘 아래 강을 건너려 한다고 하소연했다. (4) 카이사르는 이런 보고를 받고 몹시 혼란스러웠으나, 수에비족의 이 새로운 집단이 아리오비스투스의 기존 군대와 합세할 경우 그들을 막아내기가 더 어려워질 테니 신속하게 선제대응하기로 결정했다. (5) 그래서 그는 되도록 빨리 군량을 조달할 수 있게 해놓고, 아리오비스투스를 향해 전속력으로 행군했다.

38 (1) 카이사르가 사흘 동안 행군했을 때 아리오비스투스가 세콰니족의 수도인 베손티오[70]를 점령하기 위해 전군을 이끌고 그곳으로 향하고 있으며, 그가 국경을 넘은 지가 벌써 사흘이 지났다는 보고가 들어왔다. (2) 카이사르는 무슨 일이 있어도 이 도시가 함락되는 것을 막아야 한다는 것을 알았다. (3) 그곳에는 온갖 전쟁 물자가 넉넉히 비축되어 있었기 때문이다. (4) 또 그곳의 지형은 자연 요새를 이루고 있어 전쟁을 오래 끌기에 안성맞춤이었다. 무엇보다 두비스[71] 강이 마치 컴퍼스로 잰 듯이 도시 전체를 에워싸고 있기 때문이다. (5) 강물이 흐르지 않는 유일한 지점은 너비가 1천6백 페스에 불과한데 높은 언덕으로 가로막혀 있고, 언덕의 지맥들은 양쪽으로 강변까지 뻗어 있다. (6) 이 언덕은 성벽으로 둘러싸여 요새를 이루며 도시와 연결되어 있다. (7) 카이사르는 밤낮을 가리지 않고 강행군하여 그 도시를 점령한 다음 수비대를 배치했다.

39 (1) 카이사르는 며칠 동안 베손티오에 머무르며 군량과 보급품을 비축했는데, 그사이 전군이 갑작스러운 두려움에 사로잡혀 모두들 사기가 땅에 떨어졌다. 병사들이 갈리족과 그곳 상인들에게 물어보고는 게르마니족이 기골이 장대하고 용맹무쌍하며 무기를 능숙하게 다룬다는 말을 들었던 것이다. 그중 더러는 자기들이 게르마니족과 전장에서 만났을 때 때로는 그들의 얼굴 모습과 강렬한 눈빛조차 견딜 수 없었다고 주장했다. (2) 이런 공포심은 먼저 연대장[72]들, 동맹군의 지휘관들, 카이사르의 친구가 되려고 전쟁 경험도 별로 없이 로마에서 따라온 사람들 사이에 일기 시작했다. (3) 그들은 대부분 이런저런 급한 볼일이 생겼다며 카이사르에게 진지를 떠나는 것을 허락해달라고 간청했다. 더러는 창피해서 비겁한 기색을 보이지 않으려고 뒤에 남았다. (4) 그러나 이들도 감정은 억세하지 못해 때로는 눈물을 흘리곤 했다. 그들은 자신들의 막사에 틀어박혀 신세타령을 하거나 친구끼리 모여 그들 모두에게 닥친 위험을 슬퍼했다. (5) 온 진지에서는 모두들 유서에 서명한 뒤 봉인하고 있었다. 이들 겁에 질린 자들의 푸념에 군단 병사들, 백인대장들, 기병 장교들처럼 전쟁 경험이 많은 자들도 차츰 영향을 받았다. (6) 그들 중 더러는 남들보다 덜 비겁해 보이려고 애쓰며, 자기들이 두려워하는 것은 적군이 아니라, 자기들이 통과해야 하는 행군로가 좁고 자신들과 아리오비스투스 사이에 놓인 숲이 광대하기 때문이라거나, 또는 군량이 원활하게 보급될 수 있을지 염려스럽기 때문이라고 했다. (7) 심지어 카이

68 라인 강 서쪽, 지금의 벨기에 동남부와 룩셈부르크에 살던 켈트계와 게르만계의 혼혈 부족.
69 게르만족의 지파.
70 지금의 브장송(Besançon).
71 지금의 두(Doubs) 강.
72 tribunus militum. 1개 군단에 6명씩 있었는데, 카이사르가 직접 임명한 것 같다.

제1권 53

사르에게 설사 그가 진지를 출발하여 행군하라는 명령을 내려도 병사들이 복종하지 않을 것이며, 겁에 질려서 군기(軍旗) 들기를 거부할 것이라고 말하는 자들도 있었다.

40 (1) 이러한 상황을 알게 되자 카이사르는 군사회의를 열어 각급 백인대장들을 소집한 뒤, 무엇보다도 자기가 그들을 어느 방향으로 어떤 의도로 인솔하는지 묻거나 추정하는 것을 그들이 자신들의 업무로 여기고 있는 것을 엄하게 질책했다. (2) 카이사르가 집정관이었을 때 아리오비스투스는 로마 국민과 우호관계를 맺으려고 열심히 노력했거늘, 누가 무슨 까닭에서 그가 지각없이 자신의 의무를 저버리려 한다는 결론을 내리는가? (3) 카이사르는 아리오비스투스가 일단 자신이 제시한 조건들을 이해하고 그 조건들이 공정하다고 생각하게 되면 자신과 로마 국민이 제시한 호의를 거절하지 못할 것으로 확신한다. (4) 그리고 설사 아리오비스투스가 광기 어린 충동에 이끌려 전쟁을 시작한다 해도 그들이 두려워할 게 무엇이며, 왜 그들은 자신들의 용기와 카이사르의 능력에 자신감을 갖지 못하는가? (5) 그들은 가이유스 마리우스가 킴브리족과 테우토니족에게 이겨 군대 전체가 지휘관 못지않은 명성을 얻었던 아버지 때에도 이미 이번 적으로 인한 위험을 경험한 바 있다. 그들은 더 근래에도 이탈리아에서 노예반란[73]이 일어나 같은 경험을 한 적이 있는데, 이때 노예들은 어느 정도는 로마인 주인들인 그들에게서 전수받은 경험과 훈련 덕을 보았다. (6) 이로 미루어 불굴의 용기가 얼마나 중요한지 알 수 있다. 한동안 로마인들은 무장도 하지 않은 노예들을 까닭 없이 두려워했으나, 나중에는 노예들이 무장한 것에 그치지 않고 승승장구할 때도 그들에게 이겼으니 말이다. (7) 게다가 이들 게르마니족은 헬베티이족과 가끔 교전을 벌여 헬베티이족의 나라에서뿐 아니라 그들 자신의

나라에서조차 종종 패했는데, 그러한 헬베티이족도 우리 군대의 적수가 되지 못했다. (8) 누군가 갈리족이 게르마니족에게 패해 달아난 것이 마음에 걸린다면, 그들이 어떤 상황에서 패했는지 면밀히 살펴보아야 할 것이다. 그러면 갈리족이 오랜 전쟁으로 몹시 지쳐 있었으며, 아리오비스투스는 몇 달 동안 늪지로 둘러싸인 진지에 숨어 갈리족에게 자기를 공격할 기회를 주지 않다가 갈리족이 그와 싸운다는 것은 불가능하다고 보고 뿔뿔이 흩어졌을 때 갑자기 그들을 공격했으며, 따라서 그의 승리는 그의 군대의 용기보다는 교활한 작전 때문이었음을 알게 될 것이다. (9) 그런 작전은 서투른 야만족에게는 써먹을 수 있어도, 그런 작전으로 우리 군대를 이길 수 있으리라고는 아리오비스투스도 기대하지 않을 것이다. (10) 자신의 두려움을 감추려고 군량 보급이 어렵다느니 행군로가 좁아 염려스럽다느니 핑계를 대는 자들은 주제넘은 짓을 하는 것이며, 그들은 분명 자신들의 지휘관의 의무감을 의심하거나 지휘관에게 지시하려는 것이다. (11) 그런 일들은 카이사르가 알아서 처리할 것이다. 군량은 세콰니족과 레우키족[74]과 링고네스족이 대주고 있고, 들판의 곡식도 벌써 여물었으며, 행군로에 관해 말하자면 곧 그들 자신이 결정하게 될 것이다. (12) 병사들이 명령에 복종하지도 군기를 들지도 않을 것이라는 주장에 대해 그는 조금도 염려하지 않는다며, 지난날 군대가 복종을 거부한 것은 그들의 장군이 전투에 패해 운이 따르지 않는 사람으로 간주되거나 범죄를 저지르거나 탐욕스러운 자로 드러날 때뿐이라는 것을 잘 알고 있다. 카이사르가 결백하다는 것은 그의 전 생애를 통해 입증되었고, 그가 운이 좋은 사람이라는 것은 헬베티이족과의 전쟁

---

73 기원전 73~71년 스파르타쿠스의 노예반란을 말한다.
74 지금의 모젤(Moselle) 강 상류에 살던 켈트족.

에서 밝혀졌다. (13) 그래서 그는 훗날로 미룰 수도 있는 계획을 당장 실행에 옮겨, 그들의 마음속에 명예심이나 의무감이 두려움보다 더 강한지 되도록 빨리 확인하기 위해 내일 꼭두새벽에 진지를 옮길 것이다. (14) 설사 따르는 자가 아무도 없다 해도 카이사르는 제10군단만 이끌고서라도 출발할 것인즉, 그는 제10군단의 충성심을 믿어 의심치 않으며, 앞으로 그들을 자신의 호위대로 삼겠다고 했다. (15) 카이사르는 제10군단에 각별한 호감을 품고 있었으며, 그들의 용기를 아주 높이 샀다.

41 (1) 그의 연설이 끝나자 모든 대원의 태도가 극적으로 변하며 사기충천했고 전의를 불태웠다. (2) 맨 먼저 제10군단 대원들이 자신들을 높이 평가해주어 고맙다는 뜻을 연대장들을 통해 카이사르에게 전하면서, 자기들은 언제든 출동할 준비가 되어 있다고 알려왔다. (3) 그러자 다른 군단의 대원들도 연대장들과 고참 백인대장들을 움직여, 자기들은 의심을 품거나 두려움을 느낀 적도 없고, 작전 계획 세우는 것을 지휘관의 소관이 아니라 자기들 소관으로 여긴 적도 없다고 카이사르에게 해명하게 했다. (4) 카이사르는 그들의 사과를 받아들였다. 그리고 그가 어떤 갈리족보다 더 신뢰하는 디비키아쿠스가 50밀레 팟수스 이상을 우회하기는 해도 군대가 탁 트인 지역을 행군할 수 있는 길을 찾아내자, 카이사르가 말한 대로 꼭두새벽에 행군이 시작되었다. (5) 쉬지 않고 행군한 지 7일째 되는 날, 정찰병들은 아리오비스투스의 군대가 아군으로부터 24밀레 팟수스밖에 떨어지지 않은 곳에 있다고 보고했다.

42 (1) 아리오비스투스는 카이사르가 가까이 왔다는 것을 알고 그에게 사절단을 보내 그가 기왕 가까이 왔으니 자기는 그가 전에 제안했던 회담에 응하겠다는 뜻을 전하게 했는데, 이제는 회담에 응해도 위험하지 않

으리라고 생각했던 것 같다. (2) 카이사르는 전에 자기가 제의한 것을 거절하던 그가 이번에는 자진하여 제의하는 것을 보니 이제는 정신을 차렸구나 싶어 그의 제의를 거절하지 않았다. (3) 나아가 카이사르는 자신과 로마 국민이 그에게 베푼 호의를 생각해서라도 그가 자신의 요구사항을 알기만 하면 고집을 꺾을 것이라는 기대에 부풀어 있었다. 그때부터 닷새째 되는 날로 회담 날짜가 정해졌다. (4) 그사이 사절단이 양쪽 진영을 오갔는데, 아리오비스투스는 자신이 복병에 포위될까 두려우니 카이사르는 보병을 한 명도 회담장에 데려오지 말라며 양쪽 모두 기병대를 대동하기를 요구했고, 그렇지 않으면 자기는 회담장에 나가지 않겠다고 했다. (5) 카이사르는 그런 구실로 회담이 결렬되는 것도 원하지 않았지만 자신의 안전을 갈리아 기병대에 맡기는 모험도 하고 싶지 않았기 때문에, 갈리족을 모두 말에서 내리게 하고 대신 자신이 가장 신뢰하는 제10군단 병사들을 말에 태우는 것이 상책이며, 그렇게 하면 만일의 경우 가장 믿음직한 친구들의 호위를 받을 수 있을 것이라고 생각했다. (6) 그의 명령이 이행되는 사이 제10군단의 한 병사가 재치 있는 발언을 했는데, 카이사르가 제10군단을 자신의 호위대로 삼겠다고 약속했는데 지금 자기들을 기사계급[75]으로 만들어주니 약속한 것 이상을 해주고 있다는 것이었다.

43 (1) 넓은 평야 가운데에 둔덕이 하나 있었는데, 아리오비스투스와 카이사르의 진지에서 거의 같은 거리에 있었다. (2) 그들은 약속대로 그곳으로 회담하러 갔다. 카이사르는 말 등에 태우고 데려간 제10군단 병사들

---

[75] 로마의 기사계급은 일정 수준 이상의 재산을 소유한 부유한 시민들로, 원로원에 진출하기도 했다.

을 둔덕에서 2백 팟수스 떨어진 곳에 세웠다. 아리오비스투스의 기병대도 둔덕에서 같은 거리만큼 떨어진 곳에 멈추어 섰다. (3) 아리오비스투스는 마상(馬上) 회담을 하되 각자 10명씩만 회담장에 대동하자고 요구했다. (4) 그곳에 도착하자 카이사르는 먼저 자신과 원로원이 그에게 보여준 호의를 상기시키면서, 원로원이 그를 '왕'이자 '친구'로 선포하고 그에게 아낌없이 선물을 보냈는데, 그런 특권은 소수에게만 주어지며 대개 로마에 큰 공을 세운 사람들에게 주어진다는 점을 지적했다. (5) 아리오비스투스는 원로원에 나타나 이런 특권을 요구할 아무런 자격이 없는데도 전적으로 카이사르와 원로원의 호의와 관용 덕분에 그런 상을 받은 것이라고 카이사르는 말을 이었다. (6) 그는 또 로마인들과 아이두이족이 오랜 우호관계를 유지하는 데에는 정당한 이유가 있으며, (7) 그래서 원로원도 그들을 존중하는 결의안을 여러 차례 통과시킨 것이라고 했다. 아이두이족은 로마와의 우호관계를 추구하기 전에도 언제나 갈리아 전체의 패자였다며, (8) 동맹국들과 친구들이 이미 갖고 있던 것을 잃지 않을 뿐 아니라 그들의 영향력이 더 커지고 신망과 명예가 더 높아지기를 바라는 것이 로마 국민의 전통이거늘, 하물며 그들이 로마의 친구가 되었을 때 이미 갖고 있던 것을 빼앗기는 것을 어찌 지켜보고만 있겠느냐고 했다. (9) 그러고 나서 카이사르는 사절단을 시켜 전달하게 했던 요구사항을 제시했는데, 그것은 아리오비스투스는 아이두이족과 그들의 동맹국들을 공격해서는 안 되고, 인질들을 돌려주어야 하며, 만약 게르마니족의 어떤 부족도 고향으로 돌려보낼 수 없다면 적어도 게르마니족이 더 이상 강을 건너는 것은 막아야 할 것이라고 했다.

44 (1) 아리오비스투스는 카이사르의 요구에 대해서는 간단하게 대답하고 자신의 탁월함에 관해 자랑을 늘어놓았다. (2) 그가 레누스 강을 건넌 것

은 그가 원해서가 아니라 갈리족의 간절한 요청 때문이었으며, 만약 후한 보답을 받을 것으로 기대하지 않았더라면 그는 고향과 친족들 곁을 떠나지 않았을 것이다. 그가 갈리아에서 차지하고 있는 정착지들은 갈리족이 스스로 준 것이며, 인질들은 그들이 자진해서 잡힌 것이다. 그가 거두어들이는 공물은 전쟁법에 따라 통상적으로 승자가 패자에게 부과하는 그런 것들이다. (3) 그가 갈리족을 공격한 것이 아니라 그들이 그를 공격했으며, 모든 갈리족이 그를 치려고 출동해 그와 대진(對陣)했으나, 단 한 번의 전투로 그가 갈리족의 전군을 패주시켰다. (4) 그들이 또다시 자신들의 운을 시험해보고 싶다면 그는 끝까지 싸울 용의가 있지만, 그들이 평화를 원한다면 지금까지 이의 없이 바치던 공물을 바치기를 거부한다는 것은 옳지 못하다. (5) 로마 국민과의 우호관계는 그에게 영예이자 이익이 되어야지 손해가 되어서는 안 되며, 그래서 그도 로마 국민과의 우호관계를 추구했던 것이다. 만약 로마의 개입 때문에 공물 납입이 중단되고 항복한 자들이 반기를 든다면 그는 로마 국민과의 우호관계를 예전에 기꺼이 추구했듯이 이제는 기꺼이 포기하겠다. (6) 그가 수많은 게르마니족을 갈리아로 데려오는 것은 그의 안전을 확보하기 위해서이지 갈리아를 공격하기 위해서가 아니며, 그 증거로 그는 요청받지 않았다면 오지 않았을 것이고, 공격을 한 적은 없고 공격을 막기만 했다. (7) 그는 로마인들보다 자기가 먼저 갈리아에 왔고, 로마군은 전에는 속주의 경계를 넘어 행군한 적이 없었다. (8) 하거늘 카이사르는 대체 무슨 속셈으로 그의 점령지역에 침입했는가? 갈리아의 다른 지역이 로마의 속주이듯, 갈리아의 이 지역은 그의 속주이다. 그가 로마의 영토로 쳐들어갔다면 무사하기를 바랄 수 없듯이, 마찬가지로 로마인들이 그의 법적 권리를 행사하는 것을 방해하는 것도 부당하다. (9) 카이사르는 아이두이족이 원로원에 의해 '형제들'로 선포되었다고 했는데, 아리오비스투스는 비록 야만족이기는 해도 지난번 알로브로게스족이 반란을 일으켰을 때[76] 아이두이족이 로마인들을 도와주지 않았으며, 아이두이족이 내전 때 그리고 세콰니족과 싸울 때 로마인들의 도움을 받지 못했다는 것도 모를 만큼 무식하지는 않다. (10) 그가 보기에 우호관계라는 말은 핑계에 불과하며, 카이사르가 갈리아에 군대를 주둔시키는 것은 그를 분쇄하기 위해서가 아닌지 의심하지 않을 수 없다. (11) 그는 카이사르가 군대를 이끌고 이 지역을 떠나지 않으면 친구가 아닌 적으로 취급할 것이다. (12) 아리오비스투스가 카이사르를 죽이면 로마의 많은 귀족과 정치가들이 고마워할 것이라며(그렇게 전하라고 그들이 보낸 사절들을 통해 그는 그런 줄로 알고 있다), 그가 카이사르를 죽이면 그들 모두의 은인이 될 것이다. (13) 그러나 카이사르가 이곳을 떠남으로써 그가 갈리아를 방해받지 않고 지배하게 해준다면 그는 카이사르에게 후히 보답할 것이며, 카이사르가 어떤 전쟁을 치르기를 원하건 카이사르는 애쓰거나 위험을 감수하지 않게 하고 그가 대신 전쟁을 성공적으로 끝내겠다고 했다.

45 (1) 카이사르는 자기가 왜 이번 일을 단념할 수 없는지 상세하게 설명했다. 그는 충성스러운 동맹국을 버리는 것은 그의 관행도 아니고, 로마 국민의 관행도 아니며, 갈리아가 로마 국민보다는 오히려 아리오비스투스에게 속한다고는 생각하지 않는다고 했다. (2) 아르베르니족과 루테니족[77]은 퀸투스 파비우스 막시무스[78]에게 패했지만 나중에 로마 국민은 그들을 용서하고 그들의 영토를 속주로 삼지도 않았으며, 그들에게서 공물을 거두지도 않았다. (3) 그러니 먼저 도착한 것을 판단기준으로 삼아야 한다면 갈리아는 당연히 로마 국민이 지배해야 할 것이다. 그러나 원로원의 결의를 따른다면 갈리아는 독립을 유지해야 한다. 비록 갈

리아가 정복되긴 했지만 갈리아에 자치를 허용하기로 원로원이 결정했기 때문이다.

46 (1) 회담 도중 카이사르는 아리오비스투스의 기병대가 둔덕 가까이 다가와서는 아군에게 달려들며 돌과 창을 던지고 있다는 보고를 받았다. (2) 카이사르는 대화를 중단하고 자신의 병사들에게로 돌아가서 날아다니는 무기를 적군에게 일절 투척하지 말라고 명령했다. (3) 그는 자신의 정예 군단이 적의 기병대와 싸워도 위험하지 않을 것이라는 점을 알고 있었지만 싸우는 것은 바람직하지 않다고 생각했으니, 적군이 격퇴될 경우 자기들은 카이사르의 약속을 믿고 왔다가 회담 도중 카이사르에게 기습당했다고 말할 수도 있기 때문이다. (4) 아리오비스투스가 오만불손하게도 로마인들더러 갈리아 진역을 떠나라고 했으며, 그의 기병대가 로마군을 공격함으로써 회담이 중단되었다는 소문이 로마군 병사들 사이에 퍼지자 그들은 전의를 불태웠고 사기충천했다.

47 (1) 이틀 뒤 아리오비스투스는 카이사르에게 사절단을 보내 중단된 회담을 재개하고 싶다며, 카이사르가 한 번 더 회담 날짜를 정하든지, 그럴 생각이 없다면 부관을 한 명 보내달라고 했다. (2) 카이사르는 무엇보다도 전날 게르마니족이 날아다니는 무기로 아군을 공격하는 것을 아리오비스투스가 제지할 수 없었기 때문에 회담을 재개할 까닭이 없다고 봤으며, (3) 로마인 부관을 아리오비스투스에게 보내 야만족의 처분에

---

76 기원전 61년.
77 아퀴타니아의 켈트족.
78 기원전 121년도의 로마 집정관.

맡기는 것은 위험천만하다고 생각했다. (4) 그래서 카이사르는 가이유스 발레리우스 플락쿠스에 의해 로마 시민권이 주어졌던 가이유스 발레리우스 카부루스의 아들 가이유스 발레리우스 프로킬루스를 보내는 것이 상책이라고 생각했다. 프로킬루스는 용감하고 교양 있는 젊은이로 충성심도 강하고 갈리족 말에 능통했는데, 아리오비스투스도 오랜 습관을 통해 갈리족 말을 유창하게 했다. 또한 게르마니족이 그를 해코지할 까닭이 전혀 없었다. 그래서 아리오비스투스와 친하게 지내던 마르쿠스 멧티우스와 함께 프로킬루스가 파견되었다. (5) 카이사르는 그들에게 아리오비스투스가 하는 말을 듣고 자기에게 보고하라고 지시했다. (6) 그러나 아리오비스투스는 자기 진지에서 그들을 보자마자 전군이 보는 앞에 그들에게 "무슨 일로 왔느냐? 정탐하러 왔는가?"라고 고함을 치더니, 그들이 무슨 말을 하려 하자 그들을 제지하며 사슬로 묶었다.

48 (1) 같은 날 아리오비스투스는 진지를 출발해 카이사르의 진지에서 6밀레 팟수스 떨어진 곳으로 이동해 진을 쳤다. (2) 이튿날 그는 군대를 이끌고 카이사르의 진지 옆을 지나 행군했고 거기에서 2밀레 팟수스를 더 가서 진을 쳤는데, 세콰니족과 아이두이족이 운반 중이던 군량과 다른 보급품을 카이사르가 받지 못하게 하기 위해서였다. (3) 그때부터 닷새 동안 카이사르는 날마다 군대를 진지 앞으로 인솔해 나가 전투대형을 갖추게 했으니, 아리오비스투스가 원할 경우 싸울 기회를 주기 위해서였다. (4) 그러나 그동안 아리오비스투스는 날마다 주력부대는 진지에 붙들어두고 기병들만 싸움터에 내보냈다. (5) 게르마니족이 훈련받은 전술은 다음과 같다. 그들에게는 6천 명의 기병이 있고 같은 수의 날래고 용감한 보병이 있었는데, 보병들은 기병들이 저마다 자신의 안전을 위해 전군에서 고른 자들이다. 전투에서 기병과 보병은 협동 작전을 펼

친다. (6) 기병은 보병이 있는 곳으로 물러나고, 전투가 치열해지면 보병들이 그곳으로 몰려간다. 기병이 중상을 입고 말에서 떨어지면 보병들이 에워싼다. (7) 얼마쯤 앞으로 나아가거나 빠르게 후퇴할 필요가 있을 때 보병들은 지속적인 훈련에 힘입어 말갈기에 매달려서 말과 보조를 맞출 수 있을 만큼 빨리 달린다.

49 (1) 아리오비스투스가 진지에서 나오려 하지 않는다는 것을 깨달은 카이사르는 더 이상 보급을 방해받지 않으려고 게르마니족의 진지를 지나 6백 팟수스쯤 떨어진 곳에서 제2진지를 위해 적당한 장소를 물색한 다음, 3열의 전투대형을 이루고 그곳으로 행군했다. (2) 제1열과 제2열은 무장하고 대기하라는 명령을 받았고, 제3열은 진지를 위해 보루를 구축하라는 명령을 받았다. (3) 앞서 말했듯이, 그곳은 적진에서 6백 팟수스 정도밖에 떨어져 있지 않았다. 그래서 아리오비스투스는 로마군에게 겁을 주어 보루를 구축하지 못하게 하려고 1만 6천 명 정도의 경무장보병과 자신의 기병대 전원을 내보냈다. (4) 그럼에도 카이사르는 앞서 결정한 대로 처음 두 열은 적군을 쫓아버리게 하고, 제3열은 보루를 완성하게 했다. (5) 일단 진지가 요새화하자 그는 2개 군단과 일부 외인부대를 남겨두고는 다른 4개 군단을 이끌고 본진(本陣)으로 돌아갔다.

50 (1) 이튿날 카이사르는 두 진지에서 지금까지 늘 그랬듯이 자신의 군대를 이끌고 나가 본진에서 조금 떨어진 곳에 전투대형을 갖추게 함으로써 적군에게 교전할 기회를 주었다. (2) 그래도 적군이 진지에서 출동하지 않는 것을 보고 그는 정오경에 군대를 이끌고 진영으로 돌아갔다. 그러자 마침내 아리오비스투스가 자신의 군대 일부를 내보내 작은 진지를 공격하게 하여, (3) 양쪽은 해가 질 때까지 치열한 전투를 벌였다. 해가

지자 양쪽에 부상자가 속출한 가운데 아리오비스투스가 자신의 군대를 이끌고 진지로 돌아갔다. (4) 몇몇 포로에게 아리오비스투스가 왜 결전을 벌이지 않았는지 물어본 카이사르는 그것이 게르마니족의 관습 때문이라는 것을 알았다. 게르마니족의 가모(家母)들은 제비뽑기나 그 밖에 점을 보는 다른 방법을 이용해 교전하는 것이 유리한지 불리한지 결정하는데, 신월(新月)이 뜨기 전에 교전을 하면 게르마니족이 이기지 못하게 되어 있다고 말했다는 것이었다.

51 (1) 이튿날 카이사르는 두 진지에 적당수의 수비대를 남겨두고는 자기를 도우러 온 외인부대를 모두 작은 진지 앞 적군의 눈에 잘 띄는 곳에 배치함으로써 세를 과시했는데, 그의 군단 병력만으로는 게르마니족보다 수적으로 열세였기 때문이다. 그런 다음 그는 3열의 전투대형을 갖추고 곧장 적진을 향해 나아갔다. (2) 그러자 게르마니족도 어쩔 수 없이 자신들의 군대를 이끌고 나와 부족별로 같은 간격을 유지하도록 배치했으니, 하루데스족, 마르코마니족, 트리보케스족, 방기오네스족, 네메테스족, 세두시이족, 수에비족이 그들이다. 그들은 전선(戰線) 뒤쪽을 마차와 짐수레로 완전히 에워쌌는데, 도망칠 수 있을 것이라는 희망을 품지 못하게 하기 위해서였다. (3) 그들은 마차들에 여자들을 올려놓았는데, 여자들은 남자들이 싸움터로 향하자 두 손을 내밀며 제발 자기들이 로마의 노예가 되도록 내버려두지 말라고 눈물로 호소했다.

52 (1) 카이사르는 다섯 명의 부관과 한 명의 재정관에게 군단을 하나씩 맡겨 그들로 하여금 각각의 병사가 얼마나 용감했는지 증인이 되게 했다. (2) 그리고 나서 그는 오른쪽 날개에서 먼저 전투를 개시했는데, 그쪽의 적이 가장 허약하다는 것을 알았기 때문이다. (3) 신호가 떨어지자 아군

은 맹렬히 돌진했고, 그러자 적군도 갑자기 재빨리 앞으로 달려나왔다. 그래서 적군을 향해 창을 던질 겨를도 없어, (4) 창은 던져버리고 검을 빼어들고는 백병전을 벌였다. 그러자 게르마니족은 여느 때처럼 재빨리 방진을 이루어 로마군의 공격을 막아냈다. (5) 그러나 아군 대원 몇 명이 밀집해 있는 적군 위로 뛰어올라가 적군의 손에서 방패를 비틀어 빼앗은 다음 위에서 검으로 찔렀다. (6) 그래서 게르마니족의 왼쪽 날개는 패퇴했으나, 그들의 오른쪽 날개는 다수의 힘으로 로마군을 압박하기 시작했다. (7) 아군의 기병대를 지휘하며 교전 중인 자들보다 상황을 더 잘 개관할 수 있었던 푸블리우스 크랏수스라는 젊은이가 그들의 위험한 상황을 알아차리고는 제3열을 내보내 그들을 구원하게 했다.

53 (1) 그래서 아군은 불리한 전세를 만회했고, 모두 등을 돌려 달아나던 적군은 싸움터에서 5밀레 팟수스쯤 떨어진 레누스 강에 이를 때까지 멈추어 서지 않았다. (2) 그곳에서 자신의 힘을 믿고 강을 헤엄쳐 건너려 하거나 배를 발견해 목숨을 건진 자는 극소수였다. (3) 아리오비스투스도 그중 한 명인데, 그는 강가에 계류되어 있는 작은 배 한 척을 발견하고는 그 배를 타고 도망쳤다. 나머지는 모두 아군 기병대의 추격을 받아 도륙되었다. (4) 아리오비스투스에게는 아내가 두 명 있었다. 한 명은 수에비족 여인으로 그가 게르마니아에서 데려왔고, 다른 한 명은 노리쿰 출신 여인으로 그녀의 오라비 복키오 왕이 갈리아에 있던 그에게 시집보냈다. 그의 아내는 둘 다 도망치다가 죽었다. 그의 두 딸 가운데 한 명은 죽고, 다른 한 명은 사로잡혔다. (5) 가이유스 발레리우스 프로킬루스는 쇠사슬에 삼중으로 묶인 채 감시병들에게 끌려가다가 기병대를 이끌고 적을 추격하던 카이사르와 마주쳤다. (6) 카이사르는 그런 행운이 승전 못지않게 기뻤다. 그런 행운이 적의 손아귀에서 구출하여 그에게 돌려

준 사람은 바로 그의 절친한 친구이자 갈리아 속주에서 가장 탁월한 인물이었기 때문이다. 만약 그런 친구가 불운하게도 죽었더라면 그의 빛나는 승전이 가져다준 기쁨과 즐거움도 어느 정도 줄어들었을 것이다. (7) 프로킬루스의 보고에 따르면, 게르마니족은 그를 당장 화형에 처할지 아니면 다음 기회로 미룰지 결정하려고 그가 보는 앞에서 세 번이나 제비뽑기를 했으나, 그는 그 제비뽑기 덕분에 살아남았다고 했다. (8) 마르쿠스 멧티우스도 발견되어 카이사르에게 보내졌다.

54 (1) 전투 소식이 레누스 강 너머로 퍼지자, 강둑까지 갔던 수에비족이 등을 돌려 고향으로 돌아가기 시작했다. 그러자 레누스 강 가까이 살던 부족들은 그들이 큰 혼란에 빠진 것을 보고 그들을 추격하여 다수를 죽였다. (2) 카이사르는 한 번의 여름에 두 번의 중요한 전투[79]를 승리로 끝내고 나서, 여느 해보다 조금 일찍 세콰니족의 나라에 있는 월동 진지로 군대를 이끌고 갔다.[80] (3) 그는 월동 진지를 라비에누스에게 맡기고, 순회재판에 참석하기 위해[81] 이쪽 갈리아[82] 지방으로 향했다.

79 기원전 58년에 헬베티이족, 게르만족과 각각 치른 전투.
80 10월부터 그 이듬해 3월까지는 대개 전투를 하지 않았다.
81 카이사르는 3개 속주, 즉 이쪽 갈리아, 갈리아 나르보넨시스(지금의 프로방스 지방), 아드리아 해 북안 일뤼리쿰(Illyricum) 지방의 총독이었는데, 주요 민형사 사건에서 속주 거주 로마인들의 조언을 받아 판결을 내리는 것은 속주 총독의 의무 가운데 하나였다.
82 북이탈리아.

제2권
벨가이족의 정복

벨가이족 동맹의 와해(기원전 57년)

I (1) 앞서 말했듯이 카이사르가 이쪽 갈리아에 가 있는 동안, 그 영토가 갈리아의 3분의 1이나 된다고 말한 바 있는 벨가이족이 모두 로마 국민에 대해 음모를 꾸미며 자기들끼리 서로 인질을 교환한다는 소문이 심심찮게 들려왔고, 그 소문은 라비에누스가 보낸 서찰을 통해 확인되었다. (2) 그들이 음모를 꾸미는 이유는 다음과 같다고 했다. 첫째, 그들은 갈리아의 나머지 땅이 모두 정복되면 자기들에게도 로마군이 진격해오지 않을까 두려워하고 있으며, (3) 둘째, 그들은 여러 가지 이유에서 많은 갈리족의 사주를 받고 있다고 했다. 선동자 중에는 게르마니족이 계속 자기들 나라에 머무르는 것도 싫지만 로마군이 갈리아에서 겨울을 나며 둥지를 트는 것도 못마땅해하는 자들이 더러 있었고, 변덕스럽고 경박한 기질을 타고나 정권이 바뀌기를 바라는 자들도 있었다. (4) 또한 갈리아에서는 용병을 고용할 수 있는 유력자들이 왕권을 찬탈하는 것이 관행인데, 로마의 지배를 받게 되면 그러기가 쉽지 않을 것이라고 생각하는 자들도 있었다.

2 (1) 이런 보고와 라비에누스의 서찰을 접한 카이사르는 이쪽 갈리아에서 새로 2개 군단을 모병하여, 여름이 시작되자 자신의 부관 푸블리우스 페디우스를 시켜 이들을 저쪽 갈리아로 인솔해가게 했다. (2) 말에게 먹일 꼴이 넉넉해지자 그 자신도 군대와 합류했다. (3) 그는 세노네스족[1]과 그 밖에 벨가이족과 국경을 맞대고 있는 다른 부족들에게 벨가이족의 동태를 살핀 뒤 자기에게 보고하라고 지시했다. (4) 그들은 모두 같은 내용을 보고했는데, 군대가 모집되어 한곳에 모여 있다는 것이었다. 마침내 그는 당장 벨가이족의 영토로 출동하기로 마음을 정했다. (5) 그는 군량이 확실히 조달될 수 있게 해놓은 뒤 출동했고, 약 보름 만에 벨가이족의 국경에 도착했다.

3 (1) 카이사르는 어느 누구도 예상하지 못했을 만큼 빠르고 갑작스럽게 그곳에 나타났다. 그러자 갈리족의 갈리아에 가장 가까이 사는 벨가이족인 레미족[2]이 자신들의 지도자들인 익키우스와 안데콤보리우스를 사절로 보내, (2) 자신들과 자신들의 모든 재산을 로마 국민의 보호와 처분에 맡기겠다고 전하게 했다. 그러면서 그들은 자기들은 다른 벨가이족과 공모하지도, 로마 국민을 상대로 음모를 꾸미지도 않았다며, (3) 인질을 잡히고, 그가 시키는 대로 하고, 그를 자신들의 도시들에 받아들이고, 군량과 다른 생필품을 공급함으로써 그에게 협조할 용의가 있다고 했다. (4) 나머지 벨가이족은 모두 전쟁을 준비하고 있으며, 레누스 강 서쪽에 사는 게르마니족도 가담했다고 했다. (5) 또한 그들 모두가 너무나 광기에 사로잡혀 있어서, 자신들은 자신들의 가까운 친족으로 같은

---

1 지금의 센 강 남쪽에 살던 켈트족.
2 지금의 엔(Aisne) 강과 마른 강 사이에 살던 벨가이족으로, 카이사르에게 늘 우호적이었다.

법의 보호를 받고 같은 정부와 같은 관리들에게 복종하는 수엣시오네스족3이 음모에 가담하는 것조차 말릴 수 없었다고 했다.

4 (1) 카이사르는 두 명의 사절에게 벨가이족 가운데 어느 부족들이 무장했으며, 그 규모와 전력이 어느 정도인지 물어보고는 다음과 같은 사실을 알아냈다. 벨가이족은 대부분 게르마니족 혈통으로 오래전에 레누스 강을 건너와 선주민인 갈리족을 쫓아내고, (2) 땅이 비옥한 레누스 강 서쪽에 정착했다. 그리고 선대에 갈리아 전체가 테우토니족과 킴브리족에게 괴롭힘을 당했을 때도 벨가이족만은 침입자들이 자신들의 영토로 쳐들어오지 못하게 막았는데, (3) 그래서 그들은 그때의 성공을 기억하고는 대단한 영웅 행세를 한다고 했다. (4) 두 레미족은 벨가이족의 병력 수에 관한 정확한 정보를 입수했다며, 자기들은 벨가이족의 친족이자 인척인지라 벨가이족의 연방 의회에서 각 부족장이 얼마나 많은 병력을 파견하기로 약속했는지 알기 때문이라고 했다. (5) 벨가이족 가운데 용기와 명망과 사람 수에 힘입어 가장 강력한 부족은 벨로바키족이다. 그들은 10만 대군을 소집할 수 있는데 그중 6만 명의 정예병을 보내주겠다고 약속하며 모든 전선의 지휘권을 요구했다. 수엣시오네스족은 레미족의 이웃 부족으로, (6) 영토가 넓고 비옥하다. (7) 그들의 왕이었던 디비키아쿠스4에 대한 기억이 아직도 생생한데, 갈리아 전체에서 가장 강력한 왕이었던 그는 그 지역 대부분뿐만 아니라 브리탄니아5까지 다스렸다. 지금은 갈바가 그들의 왕인데, 그는 공정하고 현명한 사람인지라 전쟁 총사령관직은 만장일치로 그에게 맡겨졌다. (8) 열두 도시를 다스리던 그는 5만 명의 군사를 약속했다. 벨가이족 가운데 가장 사납다고 생각되는 가장 먼 북쪽에 사는 네르비이족도 같은 수의 군사를 약속했다. (9) 아트레바테스족은 1만 5천 명을, 암비아니족은 1만 명을, 모리니족

은 2만 5천 명을, 메나피이족은 7천 명을, 칼레테스족은 1만 명을, 벨리오캇세스족과 비로만두이족도 1만 명을, 아두아투키족은 9천 명을 약속했다. (10) 그 밖에 두 레미족의 추산에 따르면, 게르마니족이라고 통칭되는 콘드루시족, 에부로네스족, 카이로이시족, 파이마니족이 약 4만 명의 병력을 동원할 수 있을 것이라고 했다.

5 (1) 카이사르는 두 명의 레미족에게 정중한 표현으로 족장 회의 참석자들을 모두 자기에게 보내주고 요인들의 자녀들을 인질로 내어달라고 요구했다. 그의 이러한 명령은 빈틈없이 정확하게 이행되었다. (2) 카이사르는 아이두이족인 디비키아쿠스에게, 적의 대군과 일시에 교전하지 않아도 되도록 적군의 여러 부대를 분산시키는 것이 로마를 위해서나 양국의 안전을 위해서 얼마나 중요한지 자세히 설명했다. (3) 그러기 위해서는 아이두이족이 벨로바키족의 나라로 쳐들어가 그들의 경작지를 약탈하는 것이 상책이라며, 그렇게 하라고 디비키아쿠스를 돌려보냈다. (4) 그러나 카이사르는 벨가이족의 전군이 벌써 한곳에 집결한 뒤 진격해오고 있다는 것을 정찰병들과 레미족한테서 듣고는 급히 군대를 이끌고 레미족 영토의 변경에 있는 악소나[6] 강을 건너가 진을 쳤다. (5) 그래서 그의 진지 한쪽은 강둑이 지켜주었고, 배후는 적의 공격으로부터 안전했다. 게다가 레미족과 다른 부족들이 위험 없이 안전하게 카이사르에게 보급품을 운반할 수 있었다. (6) 강에는 다리가 하나 놓여 있었다.

---

3 지금의 마른 강과 엔 강 사이에 살던 켈트족.
4 아이두이족의 디비키아쿠스와는 다른 사람이다.
5 잉글랜드, 웨일스, 스코틀랜드를 합친 지금의 영국 본토.
6 지금의 엔 강.

카이사르는 그곳에 수비대를 배치하고는 강의 좌안(左岸)에 부관인 퀸투스 티투리우스 사비누스를 6개 대대[7]와 함께 남겨두면서, 그에게 12페스 높이의 방책과 18페스 너비의 해자를 가진 진지를 구축하라고 명령했다.

6 (1) 이 진지에서 8밀레 팟수스 떨어진 곳에 비브락스[8]라는 레미족의 도시가 있었다. 벨가이족은 그곳에 이르자마자 곧장 맹렬히 공격하기 시작했다. 그곳의 수비대는 그날은 간신히 버텨냈다. (2) 갈리족과 벨가이족의 공성 방법은 비슷했는데, 먼저 다수의 병력으로 성벽을 완전히 에워싸고는 사방에서 성벽을 향해 마구 돌을 던지다가 성벽을 지키는 자들이 없어지면 거북의 등딱지처럼 방패로 머리를 가리고 접근하여 성벽 밑에 땅굴을 파는 것이었다. (3) 이번 경우에는 그렇게 하기가 쉬웠다. 그런 대군이 돌과 창을 던져대는데 누가 성벽 위에 서 있을 수 있겠는가! (4) 당시 그 도시를 다스리던 자는 익키우스라는 레미족이었는데, 명문가 출신으로 백성들 사이에서 명망이 높았으며 카이사르를 찾아왔던 강화사절 가운데 한 명이었다. 밤이 되어 공격이 뜸해지자 그는 카이사르에게 사자를 보내, 원군이 오지 않으면 자기는 더 이상 버틸 수 없다고 전하게 했다.

7 (1) 자정이 조금 지났을 때 카이사르는 익키우스의 사자들을 길라잡이 삼아 누미디아[9]인들과 크레타 출신 궁수들과 발레아레스 제도[10] 출신 투석병들을 보내 비브락스 시민들을 도와주게 했다. (2) 이들이 도착하자 사기가 되살아난 레미족은 도시를 지킬 수 있다는 희망에 부풀었으나, 적군은 도시를 함락할 수 있을 것이라는 희망이 사라졌다. (3) 그래서 벨가이족은 도시 부근에 잠시 더 머무르며 레미족의 농토를 약탈하

고 손이 닿는 모든 마을과 농가에 불을 지르고 나서 전군을 이끌고 카이사르의 진지로 향하더니, 2밀레 팟수스도 안 떨어진 곳에 자신들도 진을 쳤다. 그들의 진지는 그들이 피워놓은 화톳불 연기와 불길로 미루어 너비가 8밀레 팟수스를 넘는 듯했다.

8 (1) 처음에 카이사르는 적군이 수도 많은 데다 용감하다고 명성이 자자하여 교전을 벌이기를 피하면서, 날마다 소규모 기병전을 벌여 적군의 전투력과 아군의 용기를 떠보았다. (2) 일단 적군과 비교해 아군이 아무 손색이 없다는 것을 확인한 그는 진지 앞에 군대를 포진하기에 안성맞춤인 장소를 골랐다. 로마군이 진지를 구축한 야트막한 언덕은 적군과 마주 보는 앞쪽에 군단 병력이 전투대형을 유지할 수 있을 만큼 넓었다. 양쪽 측면은 들판 쪽으로 가파르게 경사져 있지만, 앞쪽은 살짝 솟아오르다가 완만하게 경사져 있었다. (3) 카이사르는 언덕의 양쪽 측면에 아군의 전열(戰列)과 직각이 되도록 길이가 4백 팟수스쯤 되는 도랑을 파고 (4) 각 도랑의 양끝에 보루를 구축해 그 안에 발사대들을 설치하게 했다. 적군이 수적인 우위를 이용하여 교전 중인 로마군을 양쪽 측면에서 포위하지 못하게 하려는 것이었다. (5) 그러고 나서 그는 필요한 곳에 증원부대로 쓸 수 있도록 새로 모병한 2개 군단을 진지에 남겨두고 나머지 6개 군단을 진지 앞에 전투대형으로 정렬시켰다. 그러자 적군도 진지 밖

---

7   원어 코호르스(cohors)는 1개 군단의 10분의 1 병력이다. 1권 주 30 참조.
8   아마도 지금의 비외 랑(Vieux Laon).
9   지금의 동알제리와 튀니시 지방. 누미디아인들은 대개 기병으로 쓰였지만, 카이사르 휘하에서는 경무장보병과 궁수로 복무했다.
10 지중해 서부 에스파냐령 섬들로, 그중 마요르카(Mallorca) 섬과 메노르카(Menorca) 섬이 크다. 이곳 출신 투석병들은 고대에 명성이 자자했다.

으로 나와 전투대형으로 포진했다.

9 (1) 아군과 적군 사이에는 자그마한 늪이 하나 있었다. 벨가이족은 우리 군이 건너오기를 기다리고 있었고, 아군은 적군이 늪을 건너느라 제대로 싸울 수 없을 때 공격하려고 무장한 채 대기하고 있었다. (2) 그러는 사이 양군의 최전선 사이에서 기병들이 전투를 벌였다. 어느 쪽도 먼저 늪을 건너려 하지 않았고, 기병전이 아군에 유리하게 전개되기 시작하자 카이사르는 보병 부대를 이끌고 진지로 철수했다. (3) 그러자 벨가이족이 곧장 그곳을 떠나, 앞서 말했듯이 아군의 후방에 있는 악소나 강으로 향했다. (4) 그곳에서 그들은 강을 걸어서 건널 수 있는 여울들을 찾아내 군대의 일부를 도강시키려 했는데, 부관인 퀸투스 티투리우스 사비누스가 지휘하던 전초기지를 함락하고 다리를 끊기 위해서였다. (5) 그렇게 안 되면 아군의 전쟁 수행에 중요한 역할을 하는 레미족의 영토를 약탈하여 아군의 보급로를 차단할 참이었다.

10 (1) 퀸투스 티투리우스 사비누스의 보고를 받고 카이사르는 전 기병대와 누미디아의 경무장보병 부대들과 투석병들과 궁수들을 이끌고 다리를 건너 적군을 향해 달려갔다. (2) 강가에서는 치열한 전투가 벌어졌다. 아군은 강을 건너느라 제대로 싸울 수 없던 적군을 공격하여 다수를 죽였다. (3) 대담하게도 이들의 시신을 넘어 강을 건너려던 나머지 적군은 아군이 투척하는 무기가 비 오듯 쏟아지자 뒤로 물러갔고, 한편 처음 시도한 자들 중에서 도강에 성공한 자들은 아군 기병대에 포위되어 도륙당했다. (4) 이제 벨가이족은 비브락스 시를 함락하겠다는 희망도 강을 건너겠다는 희망도 환상이라는 것을 알았고, 로마군이 불리한 지형에서 싸우기 위해 출동하지 않으리라는 것도 알았다. 게다가 그들의 군

량도 바닥이 드러나기 시작했다. 그래서 회의를 소집한 그들은 각자 고향으로 돌아가서 로마군이 먼저 어느 부족의 나라로 쳐들어가는지 지켜보다가 그 부족을 돕기 위해 사방에서 다시 집결하는 것이 상책이라고 결정했다. 그들은 남의 영토가 아니라 차라리 자신들의 영토에서 싸우고 싶었고, 군량도 자신들의 것을 이용하고 싶었다. (5) 그들이 이런 결정을 내린 것은 다른 이유 때문이기도 했지만 디비키아쿠스와 아이두이족이 벨로바키족의 영토로 다가가고 있다는 사실을 알았기 때문이다. 그래서 동포들을 도우러 가지 말고 지금 머물고 있는 곳에 그대로 머무르라고 벨로바키족 병사들을 설득할 수가 없었다.

11 (1) 이러한 결정에 따라 벨가이족은 자정이 되기 전에[11] 요란하게 떠들어대며 아무런 규율도 명령체계도 없이 진지를 떠났다. 각자 남보다 먼저 행군하여 서둘러 고향에 돌아가고 싶었던 것이다. 그래서 그들의 행군은 도주처럼 보였다. (2) 이런 움직임은 정찰병들을 통해 즉시 카이사르에게 보고되었다. 그러나 아직은 적군이 철수하는 까닭을 몰랐던 그는 복병이 두려워 보병 부대들과 기병대를 진지에 붙들어두었다. (3) 그러나 동틀 무렵 정찰병들을 통해 사실을 확인한 그는 먼저 부관들인 퀸투스 페디우스와 루키우스 아우룽쿨레이유스 콧타의 지휘 아래 기병대를 모두 출동시켜 적군 후위의 행군 속도를 늦추게 하는 한편, 부관인 티투스 라비에누스에게 명하여 3개 군단을 이끌고 뒤따라가서 그들을 지원하게 했다. (4) 적군의 낙오병들을 따라잡은 아군 부대들은 여러 밀레 팟수스를 추격하면서 도주하던 적군을 상당수 죽였다. 그러나 아군이 적군의 후위를 따라잡았을 때 그들은 버티고 서서 우리 군의 공격을 용감

---

11 원어 제2야경 시는 밤 9시~자정.

하게 물리쳤다. (5) 한편 앞쪽의 적군은 자신들은 위험에서 벗어나 있어 방어할 필요도 누구의 명령에 따를 필요도 없다고 생각하고는 교전의 함성이 들리자마자 대열을 이탈해 도주하려고 했다. (6) 그래서 아군은 별다른 위험 없이 온종일 적군을 수없이 도륙하다가 해가 저물자 전투를 멈추고 명령에 따라 진지로 돌아갔다.

벨가이족 부족들을 각개격파하다(기원전 57년)

12 (1) 이튿날 카이사르는 놀라 도주한 적군이 정신을 차리기도 전에 레미족과 국경을 맞대고 있는 수엣시오네스족의 영토로 군대를 이끌고 가서 강행군 끝에 요새도시 노비오두눔[12] 앞에 도착했다. (2) 그곳에 수비대가 별로 없다는 정보를 들었기 때문에 그는 도착하자마자 그곳을 공격하려 했다. 그러나 지키는 병력은 소수였어도 해자가 넓고 성벽이 높아서 그는 그곳을 함락할 수 없었다. (3) 그래서 그는 진지를 구축한 다음 이동식 방호벽[13]들을 만들고 그 밖의 통상적인 공성 장비들을 준비하게 했다. (4) 하지만 그날 저녁 공성 준비가 완료되기도 전에 전날 도망치다가 살아남은 수엣시오네스족의 전군이 돌아와 도시로 들어갔다. (5) 그들은 이동식 방호벽들이 성벽 쪽으로 재빨리 움직이고 해자가 흙으로 메워지고 공성탑들이 세워지는 광경을 보자, 갈리아 지방에서는 듣도 보도 못한 이런 거대한 공성 장비도 장비지만 로마군의 빠른 작업 속도에 크게 놀라서 항복 협상차 카이사르에게 사절단을 보냈다. 레미족이 잘 말해주어 카이사르는 그들의 항복을 받아들였다.

13 (1) 그는 수엣시오네스족의 요인들과 갈바 왕의 두 아들을 인질로 잡고 시내에 있던 무기를 모두 인도하게 한 다음 이 부족의 항복을 받아들였다. 그리고 나서 카이사르가 군대를 이끌고 벨로바키족의 나라로 향하

자, (2) 이들은 전 재산을 챙겨서 요새도시 브라투스판티움[14]으로 도주했다. 카이사르와 그의 군대가 약 5밀레 팟수스 앞으로 다가가자, 도시에서 노인들이 모두 나와 두 손을 내밀고 고함을 지르며 자신들은 그에게 무조건 항복하고 무기를 들고 로마 국민에게 대항해 싸우지 않겠다는 뜻을 밝히기 시작했다. (3) 마찬가지로 그가 도시 앞으로 다가가 진을 쳤을 때도 소년들과 여자들이 성벽 위에 나타나 그들의 관습에 따라 두 손을 내밀며 로마인들에게 평화를 간청했다.

14 (1) 그들을 위해 디비키아쿠스가 잘 말해주었는데, 그는 벨가이족이 퇴각한 뒤 아이두이족 군대를 해산시키고 카이사르에게 돌아왔던 것이다. (2) 그가 말하기를, 벨로바키족은 언제나 아이두이족의 속국이자 우방이었는데, 카이사르가 아이두이속을 노예로 삼고 온갖 수모와 굴욕을 가하고 있다는 말로 그들의 지도자들이 부추겨 그들이 이전 동맹국들과 관계를 끊고 로마 국민과 전쟁을 하게 되었다고 했다. (3) 이런 정책을 주도한 자들은 자신들이 나라에 얼마나 큰 재앙을 가져다주었는지 알고는 브리탄니아로 도주했다고 했다. (4) 벨로바키족뿐 아니라 아이두이족도 카이사르가 벨로바키족에게 여느 때의 자비와 관용을 베풀기를 간청한다며, (5) 그렇게 하면 모든 벨가이족 사이에서 아이두이족의 위신이 설 텐데, 그것이 중요한 까닭은 아이두이족은 어떤 전쟁을 하든 언제나 그들의 도움과 원조에 의존하기 때문이라고 했다.

---

12 지금의 수아송(Soissons) 근처에 있던 도시.
13 vinea. 공성군을 보호하기 위한.
14 아미앵(Amiens)과 보베 사이에 있던 벨로바키족의 요새도시.

15 (1) 카이사르는 디비키아쿠스와 아이두이족의 위신을 세워주고자 벨로바키족을 살려주고 그들의 항복을 받아들이겠다고 했다. 그러나 벨로바키족은 벨가이족 사이에서 큰 영향력을 행사하고 인구도 가장 많은 만큼 그는 6백 명의 인질을 요구했다. (2) 인질을 넘겨받고 도시 안의 무기를 모두 거둬들인 다음 그는 암비아니족의 나라로 향했고, 그러자 그들은 바로 항복하고 전 재산을 넘겨주었다. (3) 암비아니족의 이웃은 네르비이족이었다. 그들의 성격과 관습을 물어본 카이사르는 다음과 같은 사실을 알아냈다. (4) 그들은 상인들이 영토 안에 들어오는 것을 용납하지 않으며, 포도주나 다른 사치품의 수입을 허용하지 않는데, 그런 물건들이 사람을 유약하게 만들고 용기를 무디게 한다고 생각하기 때문이라고 했다. (5) 또한 사납고 용맹무쌍한 그들은 다른 벨가이족이 조상 전래의 용기를 버리고 로마군에게 항복했다며 모두 호되게 질책하고, 자기들은 결코 사절단을 보내지 않을 것이며 어떠한 평화조약도 받아들이지 않겠다고 공언하고 있다는 것이었다.

16 (1) 네르비이족의 영토를 사흘 동안 행군한 카이사르는 포로들한테서 자신의 진지에서 10밀레 팟수스도 채 안 되는 곳에 사비스[15] 강이 있으며, (2) 네르비이족의 모든 부대가 강 건너편에 포진하고는 로마군이 도착하기를 기다린다는 사실을 알아냈다. 이웃 부족들인 아트레바테스족과 비로만두이족도 그들과 함께하고 있는데, 함께 무운(武運)을 시험해 보자고 그들이 설득했기 때문이라고 했다. (3) 그 밖에도 그들은 아두아투키족의 군대가 합류해오기를 기다리고 있는데, 이들은 벌써 행군 중이라고 했다. (4) 그들은 또 여자들과 너무 어리거나 너무 늙어서 싸움터에 나갈 수 없는 자들은 늪 때문에 군대가 접근할 수 없는 곳에 모두 소개해놓았다고 했다.

17 (1) 이런 보고를 받은 카이사르는 먼저 정찰병들과 백인대장들을 내보내 진지를 구축하기에 적합한 장소를 물색하게 했다. (2) 이미 항복한 벨가이족을 포함해 상당수의 갈리족이 카이사르를 수행하며 아군과 함께 행군하고 있었다. 나중에 포로들에게서 알아낸 바에 따르면, 그중 일부가 낮 동안 아군의 행군 방식을 지켜보다가 밤에 네르비이족에게 넘어가서 아군의 두 군단 사이에 얼마나 긴 수송행렬이 끼어 있는지 말해주었다. 그래서 첫 번째 군단이 진지에 도착하고 다른 군단들이 멀리 뒤처져 있는 동안 아직도 무거운 짐을 지고 있는 첫 번째 군단을 공격하기란 쉬운 일이라며, (3) 일단 첫 번째 군단이 패퇴하고 짐이 모조리 약탈당하면 다른 군단들은 감히 대항하지 못할 것이라고 했다. (4) 네르비이족의 오랜 관행도 이런 정보를 가져온 자들이 제안한 계획을 뒷받침해주었다. 네르비이족에게는 사실상 기병대가 없었다. 지금까지도 그들은 기병대에는 관심이 없으며, 그들의 모든 병력은 보병으로 구성되어 있다. 그래서 그들은 이웃나라 기병대가 자기들 영토를 침입하여 약탈하면 이를 제지할 방안을 강구했던 것이다. 말하자면 그들은 나무가 아직 어릴 때 금을 내어 구부려놓았다가 가지들이 옆으로 무성하게 자라면 그 사이사이에 가시덤불과 가시나무를 심어 이 성벽 같은 산울타리를 뚫을 수도, 아니, 들여다볼 수도 없는 보루 역할을 하게 했던 것이다. (5) 이런 장애물들이 아군의 행군을 방해하자 네르비이족은 제의받은 계획을 일단 실행에 옮겨보기로 했다.

18 (1) 아군 정찰병들과 백인대장들이 진지를 구축하려고 물색한 장소에는 언덕이 하나 있었는데, 그 꼭대기부터 앞서 말한 사비스 강까지 기울기

15 지금의 상브르(Sambre) 강.

가 일정했다. (2) 강 건너 맞은편에도 기울기가 비슷한 언덕이 솟아 있었는데, 그 기슭에 약 2백 팟수스 너비의 공터가 있었으나 위쪽으로 수목이 우거져 바깥에서 안을 들여다보기가 어려웠다. (3) 적군은 이 수풀 속에 몸을 숨기고 있었다. 강가의 공지에 세운 기병 초소 몇 군데가 눈에 띄었다. 강물의 깊이는 3페스쯤 되었다.

19 (1) 카이사르는 기병대를 먼저 내보낸 다음 주력부대를 이끌고 뒤따라갔다. 그러나 행군의 편제와 순서는 벨가이족이 네르비이족에게 일러준 것과 달랐다. (2) 말하자면 카이사르는 적에게 다가가고 있었기에 여느 때처럼 경무장한 6개 군단이 앞장서게 하고, (3) 전군의 수송대가 그 뒤를 따르게 했으며, 새로 모병한 2개 군단이 종대 전체의 후미를 이루며 수송대를 호위하게 한 것이다. (4) 먼저 아군의 기병대가 투석병들과 궁수들과 함께 강을 건너가 적군의 기병대와 교전을 벌였다. (5) 적군의 기병대는 계속 수풀 속의 전우들에게로 퇴각했다가 수풀에서 다시 달려나와 아군을 공격했다. 그러나 적군이 퇴각할 때 아군은 양군 사이에 펼쳐진 공터의 가장자리 너머로는 감히 추격하지 못했다. 그 사이 6개 군단이 먼저 도착해서 부지를 측량하고 진지를 구축하기 시작했다. (6) 수풀 속에 숨어 전투대형을 갖춘 채 서로 격려하고 있던 적군은 로마군 수송대의 선두가 보이자마자 그때를 기해 공격을 개시하기로 한 약속에 따라 갑자기 전원 출격하여 로마군의 기병대를 공격했다. (7) 아군 기병대는 쉽게 격퇴당해 뿔뿔이 흩어졌다. 그러자 적군은 믿을 수 없는 속도로 강 쪽으로 달려 내려왔다. (8) 적군이 수풀 가장자리에 나타나더니 강을 건너와 아군과 육박전을 벌인 것은 거의 한순간의 일이었으니 말이다. 그러고 나서 그들은 같은 속도로 로마군의 진지를 향해 언덕을 달려 올라오더니 열심히 방어시설을 구축하던 로마군 병사들을 공격했다.

20 (1) 카이사르는 한꺼번에 모든 조치를 취해야 했다. 무기가 있는 곳으로 달려가라는 신호로 기(旗)를 게양하고, 진지를 구축하던 병사들을 불러들이고, 방벽을 쌓는 데 쓸 재료를 찾아 들로 나간 병사들을 되돌아오게 하고, 전열을 갖추고, 병사들을 격려하고, 공격 개시 나팔을 울리게 해야 했다. (2) 그러나 이런 조치를 다 취하기에는 시간이 너무 촉박하고 적군은 빠르게 몰려오고 있었다. (3) 그런데 이렇게 어려울 때 두 가지 요인이 도움이 되었다. 첫째는 병사들의 지식과 경험이었다. 이전의 여러 전투에서 단련된 병사들은 무엇을 해야 하는지 잘 알고 있어서 남의 명령을 받을 필요가 없었다. 둘째는 카이사르가 모든 부관들에게 진지가 완성될 때까지 작업장을 떠나지 말고 각자 자기 군단과 함께하라는 명령을 미리 내려두었던 것이다. (4) 그래서 적군이 그토록 빨리 가까이 다가오자 이 부관들이 카이사르의 명령을 기다리지 않고 자신들의 책임 아래 적절하다고 생각되는 조치들을 취했다.

21 (1) 카이사르는 필요한 명령만 간단하게 내린 뒤 병사들을 격려하기 위해 싸움터로 무작정 달려 내려가다가 제10군단과 마주쳤다. (2) 그는 병사들에게 그들의 오랜 무공을 떠올리며 겁내지 말고 적군의 공격에 용감하게 버티라고만 격려했다. (3) 그리고 적군이 아군의 사거리(射距離) 안으로 들어오자 그는 전투 개시 신호를 보냈다. (4) 그러고 나서 그는 병사들을 격려하려고 다른 쪽으로 갔으나 그곳에서도 병사들은 교전 중이었다. (5) 적군은 거세게 덤벼들고 시간은 너무 촉박한지라 아군 병사들은 투구에 깃털 장식이나 휘장[16]을 꽂기는커녕 방패에서 덮개를 벗기

---

16 소속 군단을 나타내는.

거나 투구를 쓸 시간조차 없었다. (6) 병사들은 저마다 진지 구축 공사를 하다가 아무 군기든 먼저 눈에 띄는 대로 그곳에 자리 잡고 섰는데, 자기가 속한 부대를 찾느라 시간을 낭비하지 않기 위해서였다.

22 (1) 로마군은 군사 이론상의 규칙보다는 지형, 언덕의 경사도, 순간의 필요에 따라 전선을 만들어나갔다. 군단들은 여기저기 서로 떨어져서 따로따로 적군에게 대항해야 했다. 앞서 말한 빽빽한 산울타리들이 시야를 가려 예비 부대들에 임무를 부여할 수도, 어디에 무엇이 필요한지 예견할 수도 없었기 때문에, 한 사람이 모든 지휘권을 통할할 수가 없었던 것이다. (2) 그처럼 어려운 상황에서는 자연히 전황도 변화무쌍했다.

23 (1) 왼쪽 날개에 포진한 제9군단과 제10군단 병사들은 마침 자신들과 맞서게 된 아트레바테스족에게 창을 던지며 공격했다. 아트레바테스족은 달려오느라 지칠 대로 지쳐 숨을 헐떡였고 부상으로 고통받고 있었다. 높은 곳을 차지하고 있던 아군은 재빨리 그들을 강물 속으로 몰아넣었고, 강을 건너 도주하려던 그들을 따라잡은 다음 검을 빼어 들고 불리한 위치에 있는 그들을 꽤 많이 죽였다. (2) 그러고 나서 머뭇거리지 않고 강을 건너 가파른 언덕 위로 진격하던 아군은 적군이 저항하자 전투를 재개하여 또다시 적군을 패주시켰다. (3) 싸움터의 다른 곳에서는 다른 2개 군단, 즉 제11군단과 제8군단이 비로만두이족과 교전을 벌여 언덕 아래로 밀어내고는 이제는 바로 강둑에서 싸우고 있었다. (4) 이때 제12군단이 오른쪽 날개에 그리고 제7군단이 거기서 멀지 않은 곳에 배치되어 있긴 했지만, 로마군 진지는 전면과 왼쪽이 거의 노출되어 있었다. 그래서 그들의 총사령관 보두오그나투스가 지휘하는 네르비이족의 전 병력이 밀집대형을 이루고 그곳을 공격해왔다. (5) 그들 가운데 일부는

노출된 날개 쪽 군단들을 포위하기 시작했고, 다른 일부는 로마군 진지가 있는 언덕 위로 향했다.

24 (1) 그와 동시에, 앞서 말했듯이[17] 적군의 첫 번째 공격에 패퇴한 아군 기병대와 경무장보병 부대는 진지로 퇴각하다가 진격하던 적군과 마주치자 다시 방향을 바꿔 도망치려 했다. (2) 비전투원[18]들은 언덕 위 가장 높은 곳에 있는 후문(後門)에서 아군이 승승장구하며 강을 건너는 것을 보고는 약탈하러 몰려나갔다가 뒤돌아보는 순간 아군의 진지 안에서 적군이 움직이는 모습이 보이자 허둥지둥 도망쳤다. (3) 그 순간 막 도착한 아군 수송대에서 고함 소리와 아우성이 들리더니, 겁에 질린 병사들이 사방팔방으로 달아나기 시작했다. (4) 이런 일들이 잇달아 일어나자 트레베리족[19]이 카이사르에게 원군으로 보낸 기병대도 비록 갈리족 사이에서 용맹무쌍하기로 이름났지만 겁을 먹기 시작했다. 이들은 로마군의 진지가 적군으로 넘치고, 로마의 군단 병사들이 고전을 면치 못해 거의 포위되다시피 하고, 비전투원들과 기병대와 투석병들과 누미디아인들이 뿔뿔이 흩어져 도망치는 모습을 보자 로마군의 상황이 절망적이라고 판단하고는 서둘러 고향으로 돌아가, (5) 로마군은 완전 궤멸하고 그들의 진지와 보급품은 네르비이족의 수중에 들어갔다고 보고했다.

25 (1) 카이사르는 제10군단을 격려한 다음 오른쪽 날개 방향으로 달려갔다. 가서 보니 그의 부대들이 고전하고 있었으니, 군기들이 한곳에 몰려

---

17 2권 19장 4~7절 참조.
18 calo 복수형 calones. 장교의 하인, 마부, 짐꾼 등. 이들은 노예였다.
19 지금의 독일 트리어(Trier) 시 부근에 살던 게르만족과 켈트족의 혼혈족.

있는 탓에 너무 밀집해 있던 제12군단 병사들이 서로 방해가 되어 제대로 싸우지를 못했다. 제4대대의 백인대장들과 기수(旗手)는 전사하고 군기마저 없어졌다. 다른 대대들의 백인대장들도 거의 다 부상당하거나 전사했다. 부상자들 중에는 용맹무쌍한 수석 백인대장 푸블리우스 섹스티우스 바쿨루스도 있었는데, 그는 여러 군데 중상을 입고 똑바로 설 수조차 없었다. 다른 대원들은 점점 지쳤고, 후미의 일부 대원들은 이미 싸움터를 이탈해 사정거리 밖으로 물러나고 있었다. 그사이 적군은 낮은 곳에서 언덕의 앞쪽으로 쉴 새 없이 돌진해 올라오며 아군의 양쪽 날개를 압박했다. 상황은 심각한데 투입할 증원부대가 없다는 것을 안 카이사르는 (2) 방패를 두고 온 터라 후미의 병사에게서 방패를 낚아챈 다음 선두대열로 향했다. 그리고 그곳에서 백인대장들의 이름을 일일이 부르고 병사들을 격려하며 앞으로 나아가되 검을 더 쉽게 사용할 수 있도록 대열 사이의 간격을 넓히라고 명령했다. (3) 그의 출현은 병사들에게 다시 희망과 용기를 불어넣었다. 각자는 큰 위험을 무릅쓰고라도 사령관이 보는 앞에서 자진하여 최선을 다하려 했으니 말이다. 그러자 적군의 공세가 조금 주춤해졌다.

26 (1) 카이사르는 가까이 있는 제7군단 역시 고전하는 것을 보자 연대장[20]들에게 두 군단의 간격을 차츰 좁혀 방진을 이루라고 명령했는데, 사방으로 적을 공격하기 위해서였다. (2) 이제 병사들은 서로 도울 수 있고 배후에서 포위당할까 두려워할 필요가 없어지자 더 용기를 내어 과감하게 적을 물리치기 시작했다. (3) 그사이 후위에서 군수품을 지키던 2개 군단 병사들이 전투 소식을 듣고 걸음을 재촉하니, 그들의 모습이 언덕 위에 있던 적군의 눈에 띄었다. (4) 적진을 함락한 라비에누스도 적진이 있던 고지로부터 아군 진지에서 무슨 일이 일어나고 있는지 지켜보다가

제10군단 병력을 보내 아군을 돕게 했다. (5) 제10군단 병사들은 아군 기병대와 비전투원들이 도주하는 모습을 보고는 상황이 얼마나 심각하며, 아군의 진지와 군단들과 사령관이 얼마나 큰 위험에 빠져 있는지 알고는 전력으로 질주해왔다.

27　(1) 그들이 도착하자 전세가 완전히 역전하여, 중상을 입고 누워 있던 몇몇 아군 병사는 일어서서 방패에 기댄 채 전투를 재개했고, 비전투원들은 적군이 당황하는 모습을 보고 무장한 적군에게 무기도 없이 덤벼들었다. (2) 기병대도 앞서 도주했던 치욕을 씻기 위해 싸움터를 이리저리 질주하며 용기에서 군단 병사들을 능가하려고 했다. (3) 그러나 그런 절망적인 상황에서도 적군은 용감했다. 적군은 그들의 선두대열 병사들이 쓰러지면 그다음 대열 병사들이 시신들 위에서 싸웠고, (4) 이들마저 쓰러져 시신이 높이 쌓이자 살아남은 자들은 시신 더미가 언덕인 양 그 위에서 창을 던지는가 하면 로마군이 던진 창을 방패에서 뽑아 되던지곤 했다. (5) 그러니 그토록 용감한 자들이 성공할 가망도 없이 감히 넓은 강을 건너고 가파른 언덕을 오르고 불리한 지형으로 진격했다고 판단해서는 안 된다. 이런 어려운 과제들도 용맹무쌍한 자들에게는 쉬운 일이기 때문이다.

28　(1) 이 전투로 네르비이족이라는 부족과 이름은 완전히 지워지다시피 했다. 앞서 말했듯이,[21] 여자들과 아이들과 함께 강어귀와 늪지대로 소개되었던 노인들은 이 소식을 듣고 승자를 막을 것도, 패자를 지켜줄 것

20　1권 주 72 참조.
21　2권 16장 4절.

도 전혀 없다는 결론을 내렸다. (2) 그래서 생존자들은 카이사르에게 사절단을 보내 항복하기로 만장일치로 가결했다. 네르비이족 사절단은 자신들의 부족이 당한 재앙을 설명하며 원로원 의원은 6백 명에서 3명으로, 무기를 들 수 있는 자는 6만 명에서 5백 명으로 줄어들었다고 했다. (3) 카이사르는 자신이 불행한 탄원자들에게 자비를 베푼다는 것을 보여주고 싶어 그들을 보호해주려고 했다. 그래서 그는 네르비이족이 자신들의 영토와 도시들을 소유하게 했고, 이웃 부족들과 그 속국들이 네르비이족에게 부당한 짓이나 해코지를 못하게 했다.

29 (1) 앞서 말했듯이,[22] 네르비이족을 지원하기 위해 전군을 이끌고 행군해오던 아두아투키족은 네르비이족이 패했다는 소식을 듣고 그대로 등을 돌려 고향으로 돌아갔다. (2) 그리고 다른 도시들과 요새들은 다 버리고 지세가 험해 방어하기 좋은 성채로 모든 재물을 옮겼다. (3) 그곳은 사방이 가파른 바위로 둘러싸이고 한쪽에만 완만하게 경사진 통로가 나 있었는데, 그 너비는 2백 페스가 넘지 않았다. 아두아투키족은 바로 그곳을 높다란 이중 방벽으로 강화하고는 그 위에다 무거운 바위들을 올려놓고 끝이 뾰족한 말뚝들을 박아두었다. (4) 아두아투키족은 킴브리족과 테우토니족의 후손들이다. 이들 두 부족은 로마 속주와 이탈리아로 행군하다가 자신들이 몰거나 운반할 수 없는 가축과 재산을 모두 레누스 강 서쪽에 내려놓고는 6천 명의 대원들로 구성된 수비대를 남겨두어 그것을 지키게 했다. (5) 다른 부족민들이 궤멸한 뒤 여러 해 동안 이웃 부족들에게 시달리던 이들은 때로는 공세를 취하고 때로는 수세를 취하며 싸우다가, 모든 이웃 부족들과 평화조약을 맺고 그곳을 자신들의 거주지로 택했던 것이다.

30 (1) 아군이 처음 도착했을 때 아두아투키족은 성채에서 자주 출동하여 아군과 소규모 교전을 벌였으나, (2) 나중에 자신들이 군데군데 보루가 있는 길이 1만 5천 페스의 토루(土壘)에 갇힌 것을 발견하고는 성채 안에만 틀어박혀 있었다. (3) 아군은 이동식 방호벽들을 밀어올리며 토루를 쌓았다. 아군이 멀찌감치 떨어진 곳에 포위공격용 성탑을 세우는 것을 보고 성벽 위의 적군은 처음에 아군을 비웃으며 멀찍이 떨어진 곳에 그런 거대한 장치를 세운다고 큰 소리로 놀려댔다. (4) 그들이 말하기를, 체격이 그렇게 왜소한 자들이 대체 무슨 손으로, 무슨 힘으로 그토록 무거운 탑을 성벽 쪽으로 옮길 수 있겠느냐고 했다. 그도 그럴 것이, 대개 키가 큰 편인 갈리족은 체구가 작다고 로마인을 우습게보았기 때문이다.

31 (1) 그러나 탑이 움직이며 성벽에 다가오는 것을 보자 그들은 난생처음 보는 이 예사롭지 않은 광경에 놀라 카이사르에게 사절단을 보내 강화를 제의하게 했다. (2) 사절단이 말하기를, 그토록 높다란 장치를 그토록 빨리 움직이는 것을 보니 로마인들은 신들의 도움으로 전쟁을 하고 있다는 결론을 내리지 않을 수 없다며, 그래서 자기들은 항복하고 모든 재산을 로마인들의 처분에 맡기겠다고 했다. (3) 그러나 그들은 한 가지 부탁이 있다며, 만약 카이사르가 자기들이 다른 사람들한테서 들은 바 있는 관용과 자비를 베풀어 아두아투키족을 살려주기로 결정한다면 자신들에게서 무기는 빼앗지 말아달라고 했다. (4) 이웃 부족들은 거의 대부분 그들의 용기를 시기하여 그들을 적대시하는데, 그들이 무기를 넘

22 2권 16장 3절.

겨주고 나면 자신을 지킬 수 없다고 했다. (5) 그들은 자기들이 지배하곤 하던 자들에게 고문당하다가 죽느니, 꼭 그래야 한다면, 차라리 로마인들 손에 어떤 운명이라도 감수하는 편이 더 낫겠다고 했다.

32 (1) 이에 카이사르는 다음과 같이 대답했다. 파성퇴(破城槌)가 성벽에 닿기 전에 그들이 항복한다면 그들의 부족을 살려주겠지만, 이는 그들이 그럴 자격이 있어서가 아니라 자신의 평소 관행에 따른 것이며, 만약 그들이 무기를 넘겨주지 않는다면 항복은 있을 수 없다고 했다. (2) 그는 대신 네르비이족에게 해준 것을 그들에게도 해주겠다고, 말하자면 로마 국민에게 종속된 부족들에게 이웃 부족들이 불의한 짓을 못하게 하겠다고 했다. (3) 그의 제의를 보고받은 아두아투키족은 그가 명령한 대로 하겠다고 했다. (4) 그들이 다량의 무기를 성벽 위에서 성채 앞 해자에 던지자, 그 무더기가 성벽과 토루의 꼭대기에 닿을 정도였다. 그런데 나중에 밝혀진 바에 따르면, 그들이 가진 무기의 3분의 1은 성채 안에 감추어져 있었다. 그들은 성문들을 열고 그날은 평화를 즐겼다.

33 (1) 저녁이 되자 카이사르는 아군 병사들에게 성채를 떠나고 성문들은 닫아두라고 명령했다. 밤사이에 아군 병사들이 그곳 주민들에게 해코지하는 것을 막기 위해서였다. (2) 그러나 아두아투키족은 분명 미리 계획을 짰던 것 같다. 그들은 자기들이 항복하고 나면 로마군이 수비대를 철수시키거나 허술하게 파수를 보리라 믿고는 감춰둔 무기로 무장하고 시간이 촉박해 나무껍질이나 나뭇가지 엮은 것에다 짐승 가죽을 덧댄 방패로 몸을 가리고는 꼭두새벽에 전군을 이끌고 갑자기 성채에서 출동해 로마군의 방어시설에서 가장 오르기 쉬워 보이는 곳을 공격했다. (3) 카이사르가 미리 지시해둔 대로 재빨리 횃불 신호가 오르자 가장 가까운

보루들에서 병사들이 서둘러 모여들었다. (4) 아두아투키족은 성벽과 성탑들에서 무기를 던지거나 쏘아대는 적군을 상대로 불리한 위치에서 모든 것을 걸고 싸우는 용사들처럼 치열하게 싸웠다. 그들의 모든 희망은 용기에 달려 있었기 때문이다. (5) 그들 중 약 4천 명이 전사하고, 나머지는 성채 안으로 격퇴되었다. (6) 이튿날 이제 아무도 지키는 자가 없는 성문들이 부서지며 열리자, 카이사르는 아군 병사들을 진입시키고 성채에서 노획한 것을 모조리 팔아버렸다. (7) 매입자들은 카이사르에게 노예로 팔린 자들의 수가 5만 3천 명이라고 보고했다.

34 같은 시기 카이사르는 1개 군단[23]을 이끌고 베네티족, 베넬리족, 오시스미족, 쿠리오솔리테스족, 에수비이족, 아울레르키족, 레도네스족[24] 등 대서양 연안 부족을 정벌하도록 파견되었던 푸블리우스 크랏수스[25]에게서 이들 부족이 모두 로마의 지배 아래 들어갔다는 보고를 받았다.

35 (1) 이런 작전이 성공적으로 마무리되자 갈리아 전체에 평화가 찾아왔다. 야만족들은 이번 전쟁에 감명을 받았다. 그래서 레누스 강 동쪽에 살던 부족들이 카이사르에게 사절단을 보내 인질을 잡히고 그의 명령을 따르겠다고 약속했다. (2) 카이사르는 북이탈리아와 일뤼리쿰 지방으로 서둘러 가야 했기 때문에 사절단에게 이듬해 초여름에 다시 오라고 했

---

23 제7군단. 3권 7장 2절 참조.
24 이들 부족은 지금의 브르타뉴(Bretagne)와 노르망디(Normandie) 지방에 거주하던 켈트족이다.
25 카이사르, 폼페이유스와 더불어 제1차 삼두정치를 이끌던 마르쿠스 크랏수스의 아들로, 카이사르의 심복 장교 가운데 한 명이었다.

다. (3) 그리고 그는 군단들을 이끌고 가서 더러는 카르누테스족,[26] 안데스족,[27] 투로네스족[28]의 영토에서, 나머지는 그해 전투가 벌어졌던 지역 가까이 살던 부족들 사이에서 겨울을 나게 한 다음 이탈리아로 출발했다. (4) 카이사르가 이러한 전과를 보고하자 로마에서는 보름 동안 감사제[29]를 열기로 결의했는데, 이런 명예는 일찍이 어느 누구에게도 주어진 적이 없었다.

---

26 지금의 오를레앙(Orléans) 시 부근에 살던 켈트족.
27 지금의 브르타뉴 지방 루아르(Loire) 강 북쪽에 살던 켈트족.
28 지금의 투르(Tours) 시 부근 루아르 강변에 살던 켈트족.
29 개선식이 열리기 전에 원로원의 결의에 따라 대개 3~4일 동안 감사제(supplicatio)가 열렸다. 카이사르 이전에는 기원전 63년 소아시아를 정복한 대(大)폼페이우스(Pompeius)를 위해 12일 동안 개최된 것이 가장 긴 감사제였다. 카이사르가 기원전 55년 제1차 브리탄니아 정복에 성공한 뒤, 그리고 기원전 52년 켈트족 반군 대장 베르킹게토릭스에게 대승을 거둔 뒤에는 20일 동안 감사제가 열렸다.

제3권
첫 번째 반란

알프스에서의 작전 실패(기원전 57년)

I (1) 카이사르는 이탈리아로 출발하면서 세르비우스 갈바를 제12군단과 일부 기병대와 함께 난투아테스족,[1] 베라그리족,[2] 세두니족[3]의 영토로 파견했는데, 이들 부족의 영토는 알로브로게스족의 영토와 레만누스 호수와 로다누스 강에서 알페스의 봉우리들까지 뻗어 있었다. (2) 그가 갈바를 파견한 이유는 상인들이 큰 위험을 무릅쓰고 고액의 관세를 내며 이용하곤 하던 알페스의 고갯길을 개방하기 위해서였다. (3) 카이사르는 갈바에게, 필요하다고 생각될 경우 군단이 그곳에서 겨울을 나게 해도 좋다고 했다. (4) 갈바가 몇몇 전투에서 이기고 적군의 보루 몇 군데를 함락하자 모든 부족이 사절단을 보내고 인질을 잡히며 강화를 제의했다. 그래서 그는 2개 대대는 난투아테스족 사이에 주둔시키고 자신은 군단의 나머지 대대와 함께 옥토두루스라는 베라그리족의 마을에서 겨울을 나기로 했다. (5) 좁다란 계곡에 자리 잡은 이 마을은 사방이 높은 산으로 둘러싸여 있다. (6) 마을은 한가운데 흐르는 강으로 양분되는데, 갈바는 마을의 반쪽은 갈리족을 위해 남겨두고 다른 반쪽은 주민들을

소개시키고 자신의 대대들에 배정했다. 그는 그곳을 방책과 해자로 요새화했다.

2 (1) 월동 진지에서 며칠을 보낸 뒤 갈바는 그곳 옥토두루스로 군량을 운반해오라는 명령을 내렸다. 그때 그는 정찰병들을 통해 밤에 모든 갈리족이 그들에게 지정해준 마을의 반쪽을 떠났으며, 마을이 내려다보이는 높은 산들은 수많은 세두니족과 베라그리족이 점거하고 있다는 것을 알았다. (2) 갈리족이 전쟁을 재개하고 로마 군단을 공격하기로 갑자기 결심한 데에는 여러 가지 까닭이 있었다. (3) 첫째, 그들은 2개 대대가 모자라는 데다 많은 대원들이 보급품을 구해오도록 파견되어 정원이 미달되는 로마군 군단을 우습게보았다. (4) 둘째, 그들은 로마군의 지형이 불리하여, 만약 자기들이 산에서 골짜기로 달려 내려가 창을 던져대면 로마군이 자기들의 첫 번째 공격도 버텨내지 못하리라 생각했다. (5) 그들은 또 자신들의 아이들이 인질로 잡혀간 것에 원한을 품고 있었으며, 로마인들이 알페스의 봉우리들을 점유하려는 이유는 통행의 편의를 위해서가 아니라, 그 봉우리들을 영원히 지배하고 속주와 경계를 맞대고 있는 지역들을 병합하기 위해서라고 확신했다.

3 (1) 월동 진지와 방어시설 구축이 아직 끝나지 않은 데다 군량과 다른 보급품도 충분히 확보되어 있지 않았다. 갈바는 적군이 항복하고 인질을 잡힌 터라 적대행위를 하지 않을까 염려할 필요가 없다고 생각하고 있

---

1 지금의 스위스 발리스(Wallis) 주에 살던 켈트족.
2 지금의 스위스 발리스 주에 살던 켈트족.
3 지금의 론 강 상류 동안(東岸)에 살던 켈트계 고산족.

었다. 그래서 그는 이런 보고를 받자 빨리 회의를 소집해 의견을 물었다. (2) 그토록 큰 위험이 느닷없이 갑자기 닥쳤을 뿐만 아니라, 거의 모든 봉우리가 무장한 적군 무리에게 이미 점거된 것이 보였고, 접근로가 모두 차단되어 원군이 도착하거나 보급품이 반입될 가망도 없었다. 그래서 회의에 참석한 자들 중에는 상황이 절망적이라고 판단하고는 짐을 버리고 밖으로 나가서 왔던 길을 되돌아가 안전한 곳으로 가자고 조언하는 자들도 있었다. (3) 그러나 다수의 사람들은 이 계획은 최후의 수단으로 남겨두고, 그동안 진지를 방어하면서 사태의 추이를 지켜보기로 결의했다.

4 (1) 잠시 뒤 아군이 부대를 배치하고 회의에서 결의한 사항을 가까스로 실행에 옮겼을 때, 적군이 신호에 맞춰 사방에서 달려 내려와 방책을 향해 돌과 창을 던지기 시작했다. (2) 처음에 기운이 팔팔할 동안에는 아군 병사들은 용감하게 대항했고, 그들이 방책 위에서 던지는 것마다 명중했으며, 진지의 어떤 곳이 지키는 자가 없어 위태로워 보이면 도우러 달려갔다. (3) 그러나 아군에게 불리한 점이 있었으니, 적군은 전투가 오래 지속되어 지치면 전장에서 물러나고 아직도 기운이 팔팔한 다른 부대가 그 자리를 메웠지만, (4) 아군은 수가 적어 그럴 수가 없었던 것이다. 실제로 아군 병사들은 지쳐도 전장에서 물러날 수가 없었으며, 부상병들조차 제 위치를 떠나 쉴 수가 없었다.

5 (1) 전투는 벌써 6시간 이상 쉴 새 없이 계속되었다. 아군은 체력도 던질 무기도 떨어져가고 있는데, 적군은 아군이 지친 틈을 이용해 점점 더 맹렬하게 압박을 가하며 아군의 말뚝 방벽을 허물고 해자를 메우기 시작했다. 그야말로 위기일발의 순간이었다. (2) 그때, 앞서 말했듯이[4] 네르

비이족과의 전투에서 여러 군데 부상당한 수석 백인대장 푸블리우스 섹스티우스 바쿨루스가 현명하고 용감한 사람인 연대장 가이유스 볼루세누스와 함께 갈바에게 달려가더니, 아군이 살 수 있는 유일한 방법은 최후의 수단으로 갑자기 출동해 적군의 대열을 돌파하는 것뿐이라고 했다. (3) 그래서 갈바는 백인대장들을 소환한 뒤 당장 파견하며 새로운 계획을 대원들에게 설명하게 했다. 그것은 그들이 잠시 공세를 멈추고 적군의 무기를 방패로 막으며 피곤한 몸을 쉬다가, 신호가 떨어지면 진지에서 출동하되 구원의 모든 희망을 용기에 건다는 것이었다.

6 (1) 아군 병사들은 명령받은 대로 진지의 모든 문에서 갑자기 출동하여, 적군이 무슨 일이 일어나고 있는지 파악하거나 공격에 대응할 틈을 주지 않았다. (2) 이제 전세는 완전히 역전되어, 진지를 함락할 수 있을 줄 알고 달려온 적군을 아군이 사방으로 포위하고 도륙하기 시작했다. 진지를 공격하러 온 갈리족은 모두 3만 명이 넘는 것으로 추산되었는데, 아군은 그중 3분의 1을 도륙하고 나머지는 겁에 질려 도망치게 했으며, 이들이 고지에 이르러서도 버티고 있지 못하게 했다. (3) 일단 적의 전군을 패주시키고 적군 전사자들의 시신에서 무구를 벗긴 다음 아군은 진지와 방어시설로 돌아왔다. (4) 갈바는 이 전투 이후 더 이상 자신의 무운을 시험해보고 싶지 않던 차에 월동 진지에 왔을 때 예상했던 것과는 매우 다른 상황이 전개되었음을 깨닫자, 무엇보다도 군량과 다른 보급품이 부족하여 이튿날 마을의 건물들을 모조리 불태우고 서둘러 속주로 돌아갔다. (5) 그의 길을 막거나 행군을 저지하는 적군이 없어서 그는 군대를 이끌고 무사히 난투아테스족의 영토로 갔다가, 거기에서 다시 알

4   2권 25장 1절.

로브로게스족의 영토로 가서 그곳에서 겨울을 났다.

대서양 연안 전투(기원전 56년)

7 (1) 이번 작전이 종료된 뒤 카이사르는 벨가이족이 패하고, 게르마니족이 축출되고, 알페스의 세두니족이 제압되었으니 당연히 갈리아 전역이 평정되었다고 믿고 겨울이 되자마자 일뤼리쿰 지방으로 출발했는데, 그곳 부족들과 친근해지고 그곳 지역들을 알아두기 위해서였다. 그런데 갑자기 갈리아 땅에 다시 전쟁이 터졌다. (2) 전쟁이 터진 이유는 다음과 같다. 젊은 푸블리우스 크랏수스는 제7군단과 함께 대서양 옆 안데스족의 영토에서 겨울을 나고 있었다. (3) 그 지역에는 식량이 부족하여 그는 군량과 다른 보급품을 구해오도록 여러 명의 지휘관과 연대장을 이웃 부족들에게 파견했는데, (4) 그중 티투스 테르라시디우스는 에수비이족에게, 마르쿠스 트레비우스 갈루스는 쿠리오솔리테스족에게, 퀸투스 벨라니우스와 티투스 실리우스는 베네티족에게 파견되었다.

8 (1) 베네티족은 이 지역 해안지대에서는 막강한 영향력을 행사했다. 그들은 다수의 함선을 보유하고는 브리탄니아를 왕래했을 뿐 아니라, 항해술에서는 이론상으로나 실무상으로나 다른 부족들을 능가했기 때문이다. 게다가 거센 난바다에 노출되어 있는 그곳 해안지대에는 항구가 별로 없어서 그 항구들을 지배하는 베네티족이 자신들의 수역을 항해하는 자들 거의 모두에게 관세를 부과했다. (2) 베네티족이 실리우스와 벨라니우스와 그 밖의 다른 자들을 억류함으로써 맨 먼저 로마에 반기를 들었는데, 그렇게 하면 크랏수스에게 잡힌 인질들을 되찾을 수 있을 것으로 기대했던 것이다. (3) 그러자 이웃 부족들도 평소 성급하게 충동적으로 결정을 내리는 갈리족답게 베네티족의 권위의 영향을 받아 같은

이유에서 트레비우스와 테르라시디우스를 억류했다. 그리고 나서 이들 부족의 지도자들은 지체 없이 사절을 교환하며 오직 공동의 결의에 따라서만 행동하고 그 결과를 다 함께 감수하기로 맹세했다. (4) 그들은 다른 부족들도 로마의 노예가 되느니 선조들에게서 물려받은 자유를 지키라고 촉구했다. 그러자 해안 부족들은 모두 이러한 주장에 설득되어 푸블리우스 크랏수스에게 공동으로 사절단을 보내, (5) 그가 실리우스와 벨라니우스와 트레비우스와 테르라시디우스를 돌려받고 싶다면 자신들의 인질들을 돌려달라고 요구했다.

9 (1) 크랏수스에게서 이 사건들을 보고받았을 때 카이사르는 갈리아에서 멀리 떨어져 있었기에,[5] 자기가 도착할 때까지 대서양으로 흘러드는 리게르[6] 강가에서 전함들을 건조하고, 속주에서 노 젓는 자들을 모집하고, 선원들과 키잡이들을 모으라고 부하들에게 지시했다. (2) 그의 이러한 명령은 빠르게 이행되었으며, 전투를 개시할 계절[7]이 되자마자 카이사르는 자신의 군대가 있는 곳으로 출발했다. (3) 카이사르가 도착했다는 소식을 접한 베네티족과 다른 부족들은 모든 부족들 사이에서 언제나 신성불가침한 직책으로 여겨지던 사절단을 억류하고 구금했으니 자신

---

[5] 플루타르코스(「카이사르 전」 21장 3절)에 따르면 이때 카이사르는 저쪽 갈리아로 출발하기 전에 삼두정치의 다른 두 주역 폼페이유스·크랏수스와 회담을 하기 위해 이쪽 갈리아의 맨 남쪽 도시 루카(Luca)에 머무르고 있었는데, 이 회담 결과 기원전 54년 3월 1일에 만료될 카이사르의 전직 집정관직 임기가 5년 연장되었다. 집정관의 임기를 마친 전직 집정관은 로마 속주의 총독이 되고 군대를 지휘할 수 있었으며, 이 점은 전직 법정관(propraetor)도 마찬가지이다.

[6] 지금의 루아르 강.

[7] 초여름.

들이 중죄를 저질렀다는 것을 알았다. 그래서 그들은 자기들이 직면한 중대 위험에 맞춰 전쟁 준비를 하면서, 특히 자신들의 함대에 필요한 물자를 빠짐없이 구하기 시작했다. 그들은 무엇보다도 자신들 영토의 지형을 믿고 자신만만했다. (4) 육로가 군데군데 강어귀에서 끊어지는데, 로마군은 그 지형도 모르고 항구도 적어서 뱃길로 다니기가 어려울 것이라는 점을 그들은 알고 있었다. (5) 그래서 그들은 로마군이 군량이 부족하여 자기들 곁에 오래 머무를 수 없을 것이라고 믿었다. (6) 설사 예상밖의 상황이 펼쳐진다 해도 그들은 여전히 해군력에서 우위를 차지하겠지만, 그에 반해 로마군은 함선들을 구하지도 못하고 전투가 벌어질 지역의 물길이나 항구나 섬들에 관해 알지도 못할 것이라고 생각했다. (7) 그들은 또 넓고 탁 트인 대양에서의 항해가 내해(內海)[8]에서의 항해와는 큰 차이가 있다는 점도 알고 있었다. (8) 이런 계획에 따라 베네티족은 도시들을 요새화한 다음 들판의 곡식을 그곳으로 모았고, 카이사르가 전투를 개시할 것으로 알려진 베네티아[9]에 가능한 한 많은 함선을 집결시켰다. (9) 이번 전쟁을 위해 그들은 오시스미족, 렉소비이족, 남네테스족, 암빌리아티족, 모리니족, 디아블린테스족, 메나피이족[10]을 동맹군으로 삼았다. 그들은 또 사람을 보내 갈리아의 이 지역과 마주 보고 있는 브리탄니아에서 원군을 불러오게 했다.

10 (1) 전투를 치르자면 방금 지적한 여러 가지 어려움이 따르는데도 카이사르가 전쟁을 치르지 않을 수 없는 몇 가지 이유가 있었다. (2) 그들은 기사계급의 로마 시민들을 불법으로 억류했으며, 항복하고도 적대행위를 재개했고, 인질들을 잡히고도 반기를 든 데다, 그토록 많은 부족이 음모에 가담했기 때문이다. 무엇보다도 그가 이들 부족을 응징하지 않으면 갈리아의 다른 부족들까지 그렇게 해도 되는 것으로 여기지 않을

까 두려웠다. (3) 그는 또 거의 모든 갈리족이 변혁을 갈구하며 성격이 변덕스러워 무턱대고 전쟁을 일으킨다는 것을 알고 있었다. 그 밖에도 그는 모든 인간은 본성적으로 자유를 갈망하며 예속 상태를 싫어한다는 점을 알고 있었다. 그래서 그는 더 많은 부족이 음모에 가담하기 전에 자신의 군대를 분산하여 광범위하게 배치하는 것이 적절하다고 생각했다.

11 (1) 그래서 카이사르는 부관 티투스 라비에누스를 기병대와 함께 레누스 강 바로 옆에 살던 트레베리족에게 파견했다. (2) 라비에누스가 받은 명령은 레미족과 그 밖의 다른 벨가이족을 찾아가 그들이 로마에 충성을 다하게 하고, 벨가이족이 원군으로 청했다는 소문이 돌고 있는 게르마니족이 배를 타고 억지로 강을 건너려 할 때 이를 제지하라는 것이었다. (3) 카이사르는 푸블리우스 크랏수스에게 여러 군단에서 12개 대대와 다수의 기병대를 차출하여 아퀴타니아로 가서 그곳 부족들이 갈리아로 원군을 보내 강력한 갈리족과 아퀴타니족이 연합하는 것을 막으라고 명령했다. (4) 그는 또 부관인 퀸투스 티투리우스 사비누스를 2개 군단과 함께 베넬리족, 쿠리오솔리테스족, 렉소비이족에게 파견하여 이들의 병력이 다른 반군과 합류하지 못하게 했다. (5) 그는 또 젊은 데키무스 브루투스[11]를 픽토네스족[12]과 산토니족과 피정복지의 다른 부족들에

8 지중해.
9 베네티족의 나라.
10 이들 부족은 지금의 북부 프랑스 해안지대에서 네덜란드 해안에 걸쳐 살던 부족으로, 렉소비이족은 리지외(Lisieux) 시에, 남네테스족은 낭트(Nantes) 시에, 디아블린테스족은 쥐블랭(Jublains) 시에 그 이름을 남겼다.
11 이 브루투스(Decimus Iunius Brutus)도 나중에 카이사르 암살 음모에 가담하지만, 암살 음모의 주동자 가운데 한 명이었던 브루투스(Marcus Iunius Brutus)와는 다른 인물이다.
12 루아르 강 남쪽에 살던 부족.

게서 차출한 갈리족 함선들을 포함한 함대의 사령관으로 임명하고 되도록 빨리 베네티족을 향해 출발하라고 명령했다. 카이사르 자신은 전 보병 부대를 이끌고 그곳으로 향했다.

12　(1) 베네티족의 성채들은 대개 바다로 튀어나온 곶[岬]들의 끝에 자리 잡고 있기 때문에 12시간마다 하루에 두 번씩 난바다에서 조류가 밀려올 때면 육로로는 접근할 수 없었다. 그들의 성채들은 바닷길로도 접근하기 어려웠다. 조류가 약할 때는 함선들이 모래톱에 좌초하곤 했기 때문이다. (2) 이런 이유들로 성채들은 공격하기가 어려웠다. 그리고 베네티족은 로마군이 쌓은 거대한 공성 보루들이 두렵거나, 로마군이 성채의 성벽만큼이나 높은 방파제를 쌓으면 바다가 차단되어 절망적인 상황이 벌어질 것이라고 생각되면 자기들로서는 얼마든지 동원할 수 있는 함선을 다수 접안하게 하여 자기들의 재산을 모두 싣고 가까운 성채로 옮겨갔다. 그리고 그곳에서 그들은 다시 지리적인 이점을 이용해 방어 태세를 갖추었다. (3) 베네티족은 거의 여름 내내 이런 작전을 쉽게 펼칠 수 있었는데, 로마군의 함선들은 악천후에 발목이 잡혔고, 조류가 세고 항구가 거의 없는 넓은 난바다에서 항해한다는 것은 매우 어려운 일이었기 때문이다.

13　(1) 베네티족의 함선들은 그렇지 않았으니, 다음과 같이 건조되고 무장되었기 때문이다. 그들의 함선은 아군의 함선보다 용골이 더 평평해서, 물이 얕은 곳과 썰물 때의 바다를 훨씬 쉽게 통과할 수 있었다. (2) 뱃머리도 꽁지부리도 아주 높아서 큰 파도와 세찬 바람에 대응하기 적합했다. (3) 그들의 함선은 충격에 잘 견디고 함부로 다뤄도 괜찮도록 전체가 참나무로 건조되었다. 1페스[13] 두께의 널빤지들로 된 가로장들은 엄지

손가락 굵기의 쇠못으로 고정되어 있었다. 닻들은 밧줄이 아니라 쇠사슬에 매달려 있었다. (4) 그들은 무두질하지 않은 짐승 가죽이나 얇게 편 가죽으로 된 돛을 사용했는데, 이것은 아마가 없거나 그 사용법을 모르기 때문이기도 하겠지만, 아마도 보통 돛은 폭풍과 대서양의 돌풍을 견디지 못해 그런 무거운 함선들에는 적합하지 않다고 생각했기 때문일 것이다. (5) 이들 함선과 로마군의 함대가 충돌하면 로마군 함선들은 속도와 노 젓는 솜씨에서만 더 우수했고, 그 밖의 모든 점에서는 그들의 함선이 지리적 조건과 세찬 바람에 더 적합했다. (6) 그들의 함선은 튼튼하게 건조되어 로마군 함선들이 충각(衝角)으로 들이받아 파손할 수도 없었고, 선체가 높아서 효과적으로 사격을 가할 수도 없었으며, 같은 이유로 쇠갈고리를 던져 제압하기도 어려웠다. (7) 게다가 그들의 함선은 바람이 거세져 바람에 내맡겨져도 세찬 바람을 더 잘 견뎌냈고, 로마군 함선보다 더 안전하게 물이 얕은 곳을 항해했으며, 썰물 때도 바위나 암초를 두려워할 필요가 없었다. 그러나 우리 로마군 함선들에는 이런 점들이 모두 중대 위협이었다.

14 (1) 카이사르는 베네티족의 성채를 몇 군데 함락했지만, 자신의 이러한 노고가 헛일임을 알았다. 그가 성채들을 함락해도 적군이 도주하는 것을 막을 수도, 그들에게 피해를 줄 수도 없었기 때문이다. 그는 함대가 도착하기를 기다리기로 했다. (2) 로마군 함대가 도착하는 것이 시야에 들어오자마자 베네티족은 함선 약 220척이 당장이라도 전투를 개시할 수 있도록 만반의 준비를 갖추고 항구에서 나와 로마군 함대 맞은편에 포진했다. (3) 함대 사령관 브루투스도, 연대장들과 각각의 함선을 지휘

---

13 1페스(pes)는 약 30센티미터.

하는 백인대장들도 어떻게 대응할 것이며 어떤 작전을 펼칠 것인지 결정하지 못했다. (4) 그들은 충각으로 들이받아서는 적선들에 피해를 입힐 수 없다는 것을 알고 있었다. 그리고 설사 갑판에 발사대들을 세워봤자 적선의 고물이 발사대보다 여전히 높기 때문에 아군은 낮은 곳에서 날아다니는 무기를 제대로 겨냥할 수 없는 데 반해, 베네티족이 투척한 무기들은 아군에게 더 심각한 피해를 주었다. (5) 그러나 아군이 미리 세워둔 한 가지 방책(方策)이 큰 도움이 되었는데, 그것은 바로 공성 때 사용하는 쇠갈고리 비슷하게 생긴 예리한 낫을 긴 장대 끝에 매단 것이었다. (6) 아군이 적선의 활대 끝을 돛대에 묶어둔 밧줄에 이 낫을 건 다음 재빨리 노를 젓자 밧줄이 끊어졌고, 밧줄이 끊어지자 활대가 아래로 떨어질 수밖에 없었다. (7) 갈리족의 함선들은 전적으로 돛과 삭구에 의존하는데 이런 것들이 없어지자 그들 함대의 모든 이점이 일시에 사라졌다. (8) 그다음에 승패를 결정한 것은 용기였다. 용기에서는 아군이 쉽게 우위를 차지했는데, 카이사르와 전군이 보는 앞에서 전투가 벌어져 작은 전공(戰功)이라도 눈에 띄었기에 더욱 그러했다. (9) 바다가 굽어 보이는 언덕과 고지는 모두 아군이 차지했으니 말이다.

15 (1) 앞서 말한 대로 적선의 활대가 아래로 떨어지자, 아군 함선 두세 척이 적선 한 척씩을 에워싼 가운데 아군 병사들이 있는 힘을 다해 적선 위로 기어올랐다. (2) 무슨 일이 벌어지고 있는지 알게 된 야만족은 함선을 여러 척 잃고도 여전히 대책을 세울 수 없자 도망쳐 목숨을 건지려 했다. (3) 그들의 함선들이 바람을 향해 뱃머리를 돌렸을 때 갑자기 바람이 멎어 꿈쩍도 하지 않았다. (4) 이것이 적선을 차례차례 추격해 나포함으로써 아군이 최후의 승리를 거두는 데 큰 도움이 되었다. 그리하여 적선에 탔던 자들 가운데 해 질 녘에 육지로 살아 돌아온 자는 극소수였다. 전투

는 아침 10시쯤부터 해 질 때까지 계속되었다.

16 (1) 이번 전투로 베네티족과 그 밖의 모든 해안 부족과의 전쟁은 종결되었다. (2) 그들의 모든 젊은이뿐만 아니라 지각 있고 명망 있는 장년층도 모두 그곳에 모였기 때문이다. 게다가 그들은 갖고 있던 함선을 모두 동원했는데 (3) 이제 그 함선들을 모두 잃는 바람에, 살아남은 자들은 다른 데로 피할 수도, 성채들을 방어할 수도 없었다. 그래서 그들은 카이사르에게 전 재산을 넘기고 무조건 항복했다. (4) 카이사르는 앞으로 야만족이 사절의 권리를 더 존중하도록 본때를 보이기로 결정했다. 그래서 그는 원로들은 모두 처형하고 나머지 주민은 노예로 팔게 했다.

17 (1) 베네티족의 나리에서 이런 일들이 벌어지고 있는 동안 퀸투스 티투리우스 사비누스는 자기에게 할당된 병력을 이끌고 베넬리족의 영토에 도착했다. (2) 베넬리족의 지도자는 비리도빅스였는데, 그는 반기를 든 모든 부족의 총사령관으로서 이들 부족에게 대규모 병력을 파병하라고 강요한 자였다. (3) 사비누스가 도착하고 며칠 사이에 아울레르키족, 에부로비케스족,[14] 렉소비이족은 개전을 재가해주지 않는다는 이유로 원로들을 학살한 뒤 성문을 닫고 비리도빅스와 결탁했다. (4) 그 밖에도 갈리아 전역에서 범죄꾼들과 도둑 떼가 대거 몰려들었는데, 그들에게는 농사나 일상적인 일보다 싸우고 약탈할 수 있다는 전망이 더 매력적이었다. (5) 사비누스는 모든 점에서 요충지에 자리 잡은 진지를 떠나려 하지 않았다. 하지만 그 맞은편 2밀레 팟수스밖에 안 떨어진 곳에 진을 친 비리도빅스는 날마다 군대를 이끌고 나와 싸움을 걸었다. 그리하여 적

---

[14] 베네티족의 동맹 부족인 아울레르키족의 지파.

군도 사비누스를 경멸하기 시작했고, 아군도 그를 비웃었다. (6) 마침내 적군은 그가 겁쟁이라고 확신하게 되자 겁도 없이 아군 진지의 방책을 향해 다가왔다. (7) 사비누스가 그렇게 행동한 이유는, 부관은 특히 사령관이 없을 때는 지형이 유리하거나 특별히 좋은 기회가 나지 않는 한 그토록 수적으로 우세한 적군과 싸워서는 안 된다는 신념 때문이었다.

18 (1) 사비누스는 적군이 일단 자신을 겁쟁이라고 확신하게 되자 갈리족 원군 부대에서 자신의 목적에 맞는 재주꾼을 한 명 골라냈다. (2) 그리고 후히 보답하겠다고 온갖 약속을 하며 적진으로 탈영하도록 그자를 설득한 다음 어떻게 할 것인지 일러주었다. (3) 그자는 탈영병인 척 베넬리족을 찾아가 로마군은 두려워하고 있다고 전하면서, 카이사르는 베네티족과 고전하고 있고, (4) 사비누스는 늦어도 오늘 밤에는 진지에서 몰래 빠져나가 카이사르를 도우러 갈 것이라고 했다. (5) 이 말을 들은 적군은 절호의 기회를 놓쳐서는 안 된다고 소리 지르며 사비누스의 진지로 진격해야 한다고 했다. (6) 갈리족이 이런 결정을 내린 데에는 여러 가지 이유가 있었으니, 최근에 사비누스가 싸우기를 망설였다는 점, 탈영병이 그들의 짐작을 확인해주는 말을 했다는 점, 적절한 사전 조치를 취하지 않아 그들의 군량이 부족하다는 점, 베네티족이 전쟁에서 이길 것이라는 희망이 생겼다는 점 그리고 사람은 대개 자기가 바라는 것을 믿는다는 점 등이 그것이다. (7) 그들은 이런 생각들에 고무되어 자신들이 무장하고 로마군 진지로 진격하는 것을 비리도빅스와 다른 지도자들이 승인하기 전에는 이들을 회의장 밖으로 내보내지 않았다. (8) 승인이 나자 그들은 승리는 자기들 것이라고 좋아하며 해자를 메울 섶나무와 덤불을 모아 가지고 로마군 진지로 향했다.

19 (1) 사비누스의 진지는 완만한 경사가 1밀레 팟수스쯤 이어지는 언덕 위에 자리 잡고 있었다. 갈리족은 되도록이면 로마군이 정신을 차리고 무장할 겨를을 주지 않으려고 그곳으로 전속력으로 달려 올라갔고, 그곳에 도착하고서도 숨을 헐떡였다. (2) 사비누스는 그러잖아도 전의에 넘치던 대원들을 격려하고 나서 신호를 내렸다. 적군이 짐을 지고 있어 제대로 싸울 수 없는 동안 그는 갑자기 진지의 두 문에서 출동하라는 명령을 내렸다. (3) 적군은 숙련되지 못한 데다 지쳐 있었으며, 아군은 위치가 유리하고 용감한 데다 이전의 여러 전투에서 경험을 쌓은 덕분에 베넬리족은 아군의 첫 번째 공격도 버텨내지 못하고 등을 돌려 달아나기 시작했다. (4) 아직도 기운이 팔팔한 아군 병사들은 제대로 도망치지 못하는 적군을 따라잡아 다수를 죽였다. 나머지 적병들은 기병대가 추격했는데, 도망쳐 살아남은 자는 소수에 불과했다. (5) 그리하여 사비누스가 해전에서 카이사르가 이겼다는 소식을 들은 바로 그 시각에 카이사르도 사비누스가 이겼다는 소식을 들었다. 그러자 반기를 들었던 모든 부족이 즉시 티투리우스 사비누스에게 항복했다. (6) 갈리족은 성질이 급해서 덜렁 전쟁부터 일으키고 보지만 성품이 유약해서 패배를 꿋꿋하게 참고 견디지 못하기 때문이다.

아퀴타니아에서 이기다 (기원전 56년)

20 (1) 거의 같은 시기에 푸블리우스 크랏수스는 아퀴타니아에 도착했다. 앞서 말했듯이,[15] 이 지방은 영토의 크기와 사람 수에서 갈리아 전체의 3분의 1에 해당하는 것으로 간주되었다. 크랏수스는 자기가 전투를 치러야 할 지역이 몇 년 전[16] 부관인 루키우스 발레리우스 프라이코니우스

---

15 1권 1장 1절.

가 패하여 전사한 곳이고, 전직 집정관[17] 루키우스 말리우스가 군수물자를 모두 잃고 도주해야 했던 곳임을 알고 있던 터라 신중을 기해야 한다는 점을 명심하고 있었다. (2) 그래서 그는 군량을 확보하고, 원군과 기병들을 모집하고, 아퀴타니아에서 멀지 않은 로마 속주의 도시들인 톨로사, 카르카소, 나르보[18]에서 다수의 용감한 고참병들을 따로 동원했다. 그런 다음 그는 군대를 이끌고 손티아테스족의 영토로 들어갔다. (3) 그가 다가온다는 말을 듣고 손티아테스족은 대군을 모은 뒤 특히 자기들에게 강점이 있는 기병대를 먼저 내보내 행군 중인 로마군을 공격하게 했다. 그리하여 먼저 기병전이 벌어졌다. (4) 그들의 기병대가 격퇴당하며 로마군 기병대에게 추격당하자 골짜기에 매복해 있던 그들의 보병 부대가 갑자기 모습을 드러냈다. 적군이 아군 기병대를 공격하여 흩어버리자 전투가 다시 시작되었다.

21 (1) 치열한 전투가 장시간 계속되었다. 그도 그럴 것이, 손티아테스족은 지난날의 여러 차례 승리로 자신감이 생긴 데다 아퀴타니아 전체의 안전이 자신들의 용기에 달려 있다고 생각했고, 로마군 병사들은 사령관과 다른 군단들이 없어도 자신들이 젊은 지휘관 휘하에서 무엇을 해낼 수 있는지 보여주고 싶었기 때문이다. 결국 부상에 지친 적군이 등을 돌려 달아나기 시작했다. (2) 적병이 다수 전사하자 행군하던 크랏수스는 내친 김에 손티아테스족의 도시를 포위공격하기 시작했다. (3) 그곳의 수비대가 완강히 저항하자 그는 이동식 방호벽과 공성탑들을 옮겨오게 했다. 적군은 한 번은 출동을 감행했고, 또 한 번은 공성 토루와 이동식 방호벽들이 있는 곳까지 땅굴을 팠다. 아퀴타니족은 자기 나라에 동광과 채석장이 여러 군데 있어서 땅굴을 파는 데 특히 능했다. 그러나 그들은 로마군의 경각심 때문에 그래 봤자 아무 소득이 없다는 것을 알고 크

랏수스에게 사절단을 보내 자신들이 항복하겠다는 뜻을 받아달라고 요청했다. 크랏수스가 그들의 요청을 받아들이며 무기를 넘기라고 명령하자 그들은 명령받은 대로 했다.

22 (1) 아군이 이 일에 정신을 쏟고 있는 사이 도시의 또 다른 쪽에서 총사령관 아디아툰누스가 '솔두리이'[19]라고 부르는 6백 명의 충성스러운 부하를 이끌고 공격해왔다. (2) 그들의 규칙은 친구로 사귄 자들과는 인생의 모든 즐거움을 함께하지만, 친구로 사귄 자들이 비명횡사할 때는 이들과 운명을 같이하거나 자결한다는 것이었다. (3) 그리고 유사 이래로 우정을 맹세하고도 친구가 죽었는데 죽기를 거부한 자는 아무도 없었다. (4) 아디아툰누스는 이들을 이끌고 출동하려 했지만, 요새의 그쪽 부분에서 함성이 일자 로마군 병사들이 무기가 있는 곳으로 달려갔다. 그곳에서 격전이 벌어져 아디아툰누스는 도시 안으로 쫓겨 들어갔지만, 크랏수스한테서 같은 조건으로 항복해도 좋다는 재가를 얻었다.

23 (1) 크랏수스는 무기와 인질을 넘겨받은 다음 보카테스족과 타루사테스족의 영토로 진격했다. (2) 야만족들은 자연과 인간의 손에 의해 요새화한 도시가 크랏수스가 도착한 지 며칠 만에 함락되었다는 소식을 듣고는 놀란 나머지 사방으로 사절단을 보내 서로 공모하고, 인질을 교환하고, 병력을 배치하기 시작했다. (3) 그들은 아퀴타니아와 국경을 맞대고

---

16 기원전 78년.
17 3권 주 5 참조.
18 지금의 툴루즈(Toulouse), 카르카손(Carcasonne), 나르본(Narbonne).
19 soldurii. 확실히 알 수는 없지만, 문맥상 '심복들'이라는 뜻인 것 같다.

있는 이쪽 히스파니아[20]의 부족들에게도 사절단을 보내 원군과 지휘관들을 불러오게 했다. (4) 원군과 지휘관들이 도착하자 그들은 위세 당당하게 대군을 이끌며 전투를 개시하려 했다. (5) 그들이 지휘관으로 선출한 자들은 시종일관 퀸투스 세르토리우스[21] 밑에서 복무하며 더없이 노련한 군인으로 평가받던 자들이다. (6) 이들 지휘관은 로마인들의 전투 관행에 따라 유리한 위치를 차지하고, 진지를 요새화하고, 로마군의 보급로를 차단하기 시작했다. (7) 크랏수스는 자신의 군대는 수가 적어 나누기가 쉽지 않은 데 반해 적군은 돌아다니면서 도로들을 봉쇄해도 진지에 충분한 수비대를 남겨둘 수 있으며, 그래서 그는 군량과 군수물자를 조달하기가 점점 더 어려워지는 데 반해 적군의 수는 날로 늘어난다는 것을 알았다. 그래서 그는 당장 결전을 벌이기로 작정했다. (8) 그는 이 문제를 참모회의에 회부했고, 모두들 자신의 견해에 찬성하자 이튿날을 전투 개시일로 정했다.

24 (1) 동틀 무렵 크랏수스는 전 병력을 이끌고 나가 2열 횡대로 포진시키고,[22] 원군은 대열의 중앙에 집결하게 했다. 그리고 나서 그는 적군이 어떻게 나오는지 보려고 기다렸다. (2) 적군은 자기들의 병력 수가 많고, 과거에 혁혁한 전과를 올렸고, 로마군의 수가 적은 것을 보고 승리를 자신했지만, 그럼에도 도로를 봉쇄하고 보급을 차단함으로써 피를 흘리지 않고 이기는 편이 더 안전하다고 생각했다. (3) 그리고 군량이 달려 로마군이 퇴각하지 않을 수 없게 될 때, 짐을 운반하느라 제대로 싸울 수가 없어 사기가 꺾인 로마군을 행군 도중에 공격하겠다는 것이 그들의 생각이었다. (4) 그들의 지휘관들이 이 계획을 승인하자, 로마군이 밖으로 나와도 적군은 진지 안에 머물러 있었다. (5) 크랏수스는 그들의 계획을 간파했다. 그리고 적군이 싸우기를 망설이고 겁을 내는 것처럼 보임으

로써 아군의 사기를 더욱 북돋우고, 아군 병사들이 모두들 지체 없이 적진을 공격해야 한다고 소리치자, 그는 자기 대원들을 격려하고 나서 전 대원이 전의를 불태우는 가운데 적진으로 향했다.

25 (1) 적진에 도착하여 아군의 일부는 해자를 메우고, 일부는 날아다니는 무기를 비 오듯 투척하며 수비대를 성벽과 방어시설에서 몰아냈다. 크랏수스는 원군의 전투력을 신뢰하지 못해 돌과 날아다니는 무기들을 날라오게 하고 토루를 쌓을 뗏장을 운반해오게 함으로써 그들도 전투원인 것처럼 보이게 했다. 적군도 주눅 들지 않고 용감하게 싸웠으며, 그들이 높은 곳에서 투척하는 무기들은 효과가 없지 않았다. (2) 그때 적진을 한 바퀴 돌아온 기병대의 일부가 적진의 후문 쪽은 견고하게 구축되지 않아서 쉽게 접근할 수 있을 것 같다고 보고했다.

26 (1) 크랏수스는 후한 포상을 약속함으로써 대원들을 격려하라고 기병장교들에게 지시하고 나서 자신이 세운 계획을 설명했다. (2) 기병장교들은 그의 명령에 따라 아군 진지를 지키기 위해 뒤에 남아 있던 아직도 기운이 팔팔한 대대들을 이끌고 적진에서 보이지 않도록 에움길로 돌아갔

20 히스파니아(지금의 에스파냐)는 남동부 해안지대의 '이쪽 히스파니아'(Hispania citerior)와 서북부의 '저쪽 히스파니아'(Hispania ulterior)의 두 속주로 나뉘었다.
21 기원전 83년 법정관(praetor)으로 선출되고 에스파냐의 로마 속주 총독이 된 그는 기원전 80년 모반에 가담하여 끈질기게 로마를 괴롭혔으나, 기원전 73/2년 살해당했다.
22 로마군은 대개 3열 횡대로 포진했고 제2열은 제1열과 제3열을 지원하게 되어 있었다. 크랏수스가 대원들을 2열 횡대로 포진시킨 것은 대열을 길게 늘임으로써 포위되는 것을 막기 위해서였다. 원군을 중앙에 포진시킨 것은 평소 신뢰감을 주지 못하는 그들이 양쪽에 군단 병사들이 포진해 있는 것을 보면 겁을 먹거나 탈영하는 일이 없을 것이라고 여겼기 때문일 것이다.

다. 그리고 모든 사람의 눈과 정신이 전투에 쏠려 있는 사이 (3) 앞서 말한 방어시설에 신속히 도착하여 그곳을 허물고, 적군의 눈에 띄기 전에 그리고 적군이 무슨 일이 벌어지고 있는지 알아차리기 전에 적진 안에 자리 잡고 섰다. (4) 적진 배후에서 함성이 들리자 아군 병사들은, 이길 희망이 보이면 대개 그러하듯, 한층 힘이 솟아나 더욱 맹렬하게 공격하기 시작했다. (5) 자기들이 완전히 포위된 것을 본 적군은 절망한 나머지 어떻게든 목숨을 건지려고 성벽을 넘어 도망칠 생각밖에 하지 않았다. (6) 그러나 아군 기병대가 탁 트인 들판 위로 그들을 추격하자, 그곳에 집결한 것으로 알려진 5만 명의 아퀴타니족과 칸타브리족[23] 가운데 4분의 1만 살아남았다. 아군 기병대는 밤이 이슥해서야 진지로 돌아왔다.

27 (1) 이 전투에 대한 소문을 듣고 아퀴타니족은 대부분 크랏수스에게 항복하고 자진하여 인질을 보내왔으니, 타르벨리족, 비게르리오네스족, 프티아니이족, 보카테스족, 타루사테스족, 엘루사테스족, 가테스족, 아우스키족, 가룸니족, 시부자테스족, 코코사테스족이 그들이다. (2) 그러나 아주 먼 곳에 사는 소수의 부족들은 겨울이 다가오고 있어 계절을 믿고 그렇게 하지 않았다.

모리니족과의 전투에서 결정적인 승리를 거두지 못하다 (기원전 56년)

28 (1) 이 무렵 카이사르는 여름이 이미 끝났는데도 군대를 이끌고 모리니족과 메나피이족[24]의 영토로 향했다. 갈리아 땅이 전부 정복되었는데도 이들은 여전히 무장하고 있었고, 사절단을 보내 강화를 제의하지도 않았기 때문이다. 그는 이번 정벌이 단기간에 끝날 것이라고 생각했다. 그러나 이들 부족은 여느 갈리족과는 아주 다른 전략을 구사했다. (2) 그들은 가장 강력한 부족들도 들판에서 카이사르를 만나 완패했다는 것을

알았기에 계속 이어지는 인근 수풀과 늪지대로 전 재산을 옮겨놓았다. (3) 카이사르는 수풀가에 이르러 진지를 구축하기 시작했다. 그때까지 적병은 한 명도 보이지 않았다. 그래서 아군이 흩어져 작업하고 있을 때 적군이 갑자기 수풀 여기저기에서 뛰쳐나와 아군을 공격했다. (4) 아군 병사들은 재빨리 무기를 들고 적군을 수풀 속으로 물리쳤으나, 다수의 적병을 죽이며 접근하기 어려운 지역으로 너무 멀리 추격해 들어갔다가 일부는 전사했다.

29 (1) 그 뒤 며칠 동안 카이사르는 수풀 속의 나무를 베어내게 했다. 그리고 아군 병사들이 무장하지 않고 있다가 불시에 측면공격을 당하지 않도록, 베어낸 나무들을 적군이 있는 쪽으로 옮겨 쌓아 양쪽 측면을 막아줄 일종의 말뚝 울짱이 되게 했다. (2) 며칠 사이 수풀의 상당 부분에 믿을 수 없을 만큼 빨리 길이 났다. 그리하여 이미 적군의 가축들과 수송대의 후미가 아군 수중에 들어왔고, 적군은 더 울창한 수풀 속으로 들어갔다. 그러나 그때 날씨가 궂어지는 바람에 벌목 작업을 중단할 수밖에 없었고, 비가 계속 쏟아져 병사들을 더 이상 천막 안에 붙들어둘 수 없었다. (3) 그래서 적군의 들판을 약탈하고 마을과 농가들에 불을 지르게 한 다음, 카이사르는 군대를 이끌고 돌아가 아울레르키족과 렉소비이족과 그 밖에 최근 로마군과 전쟁을 했던 다른 부족들의 영토에서 겨울을 나게 했다.

23 에스파냐 북부지방에 살던 부족.
24 둘 다 벨가이족의 지파.

COMMENTARII DE BELLO GALLICO

제4권
게르마니아와 브리탄니아 원정

우시페테스족과 텡크테리족을 도륙하다(기원전 55년)

I (1) 그나이우스 폼페이우스와 마르쿠스 크랏수스가 집정관이던 그해 겨울, 강이 바다로 흘러드는 하구에서 멀지 않은 곳에서 게르마니족인 우시페테스족과 텡크테리족이 대거 레누스 강을 건너왔다. (2) 그들이 강을 건너온 까닭은 수에비족이 몇 년 동안 그들을 핍박하고 공격하여 농사를 지을 수 없게 했기 때문이다. (3) 수에비족은 게르마니족 가운데 월등히 규모가 크고 가장 호전적인 부족이다. (4) 그들은 1백 개의 마을을 이루고 사는데, 영토 밖으로 나가 전쟁을 하기 위해 각 마을에서 해마다 1천 명의 전사를 차출한다고 한다. 고향에 남은 자들은 자신들과 출정 중인 자들을 부양하다가, (5) 해가 바뀌면 이번에는 자신들이 무장을 하고, 출정했던 자들은 고향에 머무른다. (6) 그리하여 농사와 군사 교육과 훈련이 끊임없이 계속된다. (7) 그러나 그들 사이에서는 어떤 개인도 토지를 사유할 수 없으며, 어느 누구도 같은 구획을 1년 이상 경작할 수 없다. (8) 그들은 곡식은 많이 소비하지 않고 젖과 고기를 주식으로 하며 사냥으로 많은 시간을 보낸다. (9) 이런 활동과 식생활, 일상화한 훈련,

자유로운 생활방식(그들은 어려서부터 의무와 속박에 길들여지지 않아 원하지 않는 일은 절대로 하지 않는다) 덕분에 그들은 힘이 세고 기골이 장대하다. (10) 그들은 또 추운 지방에 사는데도 신체의 대부분이 드러나는 짧은 모피 외에는 아무것도 입지 않으며, 강물에 들어가 목욕하는 데 익숙해 있다.

2 (1) 그들이 상인의 접근을 허용하는 것은, 수입품이 필요해서라기보다는 자신들의 전리품을 팔려는 목적 때문이다. (2) 게다가 갈리족은 짐 나르는 가축을 무척 좋아해 고가에 매입하지만, 게르마니족은 그런 가축을 수입하지 않고 작고 볼품없으나 날마다 훈련시켜 아주 힘든 일도 해낼 수 있는 토종 가축들로 만족한다. (3) 기병전이 벌어지면 그들은 종종 말에서 뛰어내려 땅에서 싸우는데, 한곳에 머무르도록 말들을 훈련시켜 놓은 까닭에 필요할 때는 말들이 머물러 있는 곳으로 재빨리 물러간다. (4) 그들이 보기에 안장을 사용하는 것보다 더 나약하고 수치스러운 것은 없다. (5) 그래서 그들은 자신들의 수가 아무리 적어도 안장 위에 앉은 적 기병들을 보면 그 수에 관계없이 과감하게 공격한다. (6) 그들은 술[1]의 수입을 전면 금지하고 있는데, 술이 남자들을 유약하고 무기력하게 만든다고 생각하기 때문이다.

3 (1) 수에비족은 변경 주변의 영토를 되도록 많이 무인지경으로 비워두는 것을 부족의 최대 자랑거리로 여기는데, 수많은 부족이 군사력에서 자기들만 못하다는 것을 보여주는 것이라고 믿기 때문이다. (2) 그래서 수에비족 영토의 한쪽은 6백 밀레 팟수스 정도나 경작되지 않고 있다고

---

[1] 원어 vinum은 엄밀히 말하면 '포도주'라는 뜻이다.

한다. (3) 다른 쪽에는 우비이족이 그들의 이웃이다. 우비이족의 나라는 게르마니족의 기준으로 보면 크고 번성했으며, 그곳 주민들은 다른 게르마니족보다 좀 더 개화해 있다. 그 이유는 우비이족이 레누스 강 옆에 살고 있어 상인들이 자주 찾아오는 데다 갈리족과 이웃해 살다 보니 이들의 생활방식에 익숙해졌기 때문이다. (4) 수에비족은 군사력으로 우비이족을 그들의 영토 밖으로 내쫓으려고 여러 차례 시도해봤지만 그들의 수가 많고 힘이 강하여 실패했다. 하지만 그들에게 공물을 바치도록 강요했으며 그들의 힘과 위신을 크게 떨어뜨렸다.

4 (1) 앞서 말한 우시페테스족과 텡크테리족도 처지가 같았다. 그들은 여러 해 동안 수에비족의 침략을 견뎌내다가 마침내 자기 나라에서 쫓겨나 3년 동안 게르마니아의 여기저기를 떠돌다 레누스 강가에 도착했다. (2) 그 주변지역에는 메나피이족[2]이 살고 있었는데, 그들의 농토와 농가와 마을은 강 양안(兩岸)에 있었다. (3) 그러나 그들은 그런 대군이 다가오자 깜짝 놀라 강 우안의 주거지를 떠난 뒤 강 좌안에 수비대를 배치하여 게르마니족[3]이 강을 건너지 못하게 막았다. (4) 게르마니족은 온갖 방법을 시도해보았으나, 배가 없는 탓에 싸우면서 강을 건널 수도 없고 메나피이족의 수비대 때문에 몰래 강을 건널 수도 없자 고향땅으로 돌아가는 것처럼 사흘 동안 고향 쪽으로 행군하다가 되돌아왔다. (5) 그들의 기병대는 그동안 갔던 길을 하룻밤에 되돌아와서, 게르마니족이 떠났다는 정찰병들의 말만 믿고 (6) 아무 의심 없이 레누스 강을 건너 자신들의 마을들로 돌아온 메나피이족을 기습했다. (7) 그들을 죽이고 배들을 빼앗은 게르마니족은 레누스 강 좌안의 메나피이족이 사태를 파악하기 전에 강을 건너 그들의 농가들을 차지하고는 그들이 비축해둔 물자로 남은 겨울을 났다.

5 (1) 이 사건을 보고받은 카이사르는 갈리족의 변덕스러운 성격이 염려스러웠다. 그들은 서둘러 결정을 내리고 언제나 정치적 변혁을 열망하기 때문이다. 그래서 그는 그들을 믿지 않는 것이 좋겠다고 생각했다. (2) 갈리족은 나그네를 보면 싫다고 해도 붙들고는 각각의 나그네가 이런저런 일에 관해 들었거나 알고 있는 것을 물어보는 버릇이 있다. 그리고 도시에서는 군중이 상인들을 에워싸고는 그들이 어디를 거쳐왔으며 그곳에서 무엇을 보았는지 말하도록 강요하곤 한다. (3) 그들은 종종 그런 이야기와 풍문을 믿고 중대 사안을 결정했다가 금세 후회하곤 하는데, 그도 그럴 것이, 그들은 확인되지 않은 소문을 맹신하는 데다 대부분의 정보 제공자가 그들의 구미에 맞는 대답을 하기 때문이다.

6 (1) 카이사르는 그들의 이러한 습관을 알고 있던 터라 더 위험한 전쟁에 말려들지 않기 위해 평소보다 일찍 군대가 있는 곳으로 돌아왔다. (2) 그가 도착해보니 우려하던 일이 실제로 일어났다. (3) 몇몇 부족이 게르마니족에게 사절단을 보내 레누스 강을 떠나달라고 부탁하며 그렇게만 해주면 그들의 요구사항을 모두 들어주겠다고 약속했던 것이다. (4) 그러자 게르마니족은 그러한 전망에 고무되어 더 넓은 지역을 떠돌아다니다가 결국 트레베리족의 예속민인 에부로네스족[4]과 콘드루시족[5]의 영토에 침입했다. (5) 그래서 카이사르는 갈리아의 지도자들을 소집했으나, 자신이 알아낸 것을 비밀로 하는 편이 더 좋겠다고 생각하고는 그들을

---

2 벨가이족의 지파.
3 우시페테스족과 텡크테리족
4 벨가이족의 지파.
5 벨기움(Belgium 지금의 벨기에)에 자리 잡은 게르만족.

위로하고 격려한 다음 기병대를 차출하여 게르마니족을 공격하기로 결정했다.

7 (1) 일단 군량이 확보되고 기병대가 선발되자 카이사르는 게르마니족이 머무르고 있다고 보고받은 지역으로 행군하기 시작했다. (2) 그가 게르마니족으로부터 며칠 행군 거리밖에 떨어지지 않았을 때 그들에게서 사절단이 도착해 다음과 같은 취지의 말을 했다. (3) 게르마니족은 로마 국민에게 결코 먼저 전쟁을 걸지는 않겠지만 도전받으면 전쟁도 불사할 것이다. 공격하는 자에게는 대항하고 자비를 빌지 않는 것이 선조들에게서 물려받은 게르마니족의 관습이기 때문이다. 그들은 고향에서 쫓겨나 어쩔 수 없이 그곳에 왔으며, (4) 만약 로마인들이 그들의 우정을 원한다면 그들이 로마인들에게 유익한 친구라는 것을 알게 될 것이다. 그러니 로마인들은 그들에게 땅을 주든지, 아니면 그들이 무력으로 이미 획득한 것을 보유하도록 허락해야 할 것이다. (5) 그들이 유일하게 우위를 인정한 것은 신들도 겨룰 수 없는 수에비족뿐이며, 자기들이 정복할 수 없는 자는 지상에 아무도 없다고 했다.

8 (1) 이에 대해 카이사르는 적절히 대답하며 결론적으로 게르마니족이 갈리아에 남아 있는 한 카이사르와 그들 사이에 우정은 있을 수 없다고 했다. (2) 자신들의 영토도 지키지 못하는 자들이 남의 나라를 차지하려는 것은 말도 안 되며, 갈리아에는 또한 불의를 저지르지 않고서는 그들에게 떼어줄 땅이 없다며, 무엇보다 그들의 수가 많기 때문이라고 했다. (3) 그러나 그들이 원한다면 우비이족의 나라에 정착해도 좋다면서, 마침 우비이족의 사절단이 와서 수에비족의 횡포에 불평을 늘어놓으며 도움을 청하고 있으니 자기가 우비이족에게 그들을 받아들이라는 명령을

내리겠다고 했다.

9 (1) 사절단은 카이사르의 대답을 동족에게 보고하고 나서 심사숙고한 뒤 사흘 안에 그에게 돌아오겠다며, 그동안에는 그의 진지를 더 가까이 옮기지 말아달라고 요청했다. (2) 카이사르는 이 요청도 들어줄 수 없노라고 거절했다. (3) 며칠 전에 그들이 식량을 약탈하고 징발해오도록 대규모 기병 부대를 모사[6] 강 너머 암비바리티족[7]의 나라로 파견했다는 것을 알고 있었기 때문이다. 그래서 그는 그들이 이 기병대가 돌아오기를 기다리고 있으며, 그들이 지연작전을 쓰는 것은 그 때문이라고 생각했던 것이다.

10 (1) 모사 강은 링고네스족의 영토에 있는 보세구스[8] 산맥에서 흘러내리다가[9] 바칼루스[10]라는 레누스 강의 지류와 합류하여 (2) 바타비족[11]의 섬을 만들며, 바다에서 80밀레 팟수스도 안 떨어진 곳에서 레누스 강으로 흘러든다. (3) 그러나 레누스 강은 알페스 산에 사는 레폰티이족의 나라에서 발원하여 먼 거리를 재빨리 흐르면서 난투아테스족, 헬베티이족, 세콰니족, 메디오마트리키족,[12] 트리보케스족,[13] 트레베리족의 영토를

---

6 지금의 뫼즈(Meuse) 강. 독일어 이름은 마스(Maas)이며, 라인 강 하류의 서쪽 지류.
7 벨가이족.
8 지금의 보주(Vosges) 산맥. 독일어 이름은 보게젠(Vogesen).
9 모사 강은 사실은 랑그르(Langres) 고원에서 발원한다.
10 지금의 네덜란드 왈(Waal) 강.
11 왈 강과 라인 강 사이에 살던 게르만족.
12 라인 강 서안의 켈트족.
13 알자스 지방에 살던 게르만족.

통과한다. (4) 레누스 강은 대서양에서 멀지 않은 곳에서 여러 지류로 나뉘어 큰 섬들을 많이 만들며(그 섬들에는 대부분 미개한 야만족이 사는데, (5) 그중 더러는 물고기와 새알을 먹고 산다고 한다) 여러 줄기의 강어귀를 통해 대서양으로 흘러든다.

11 (1) 카이사르가 적진에서 12밀레 팟수스밖에 떨어지지 않았을 때 합의한 대로 게르마니족의 사절단이 돌아왔다. 그들은 행군 중인 그를 만나 더 이상 전진하지 말아달라고 간절히 부탁했다. (2) 그가 거절하자, 그들은 주력부대 앞에서 행군하던 기병대에게 전갈을 보내 적대행위를 하지 못하게 할 것과, 자기들이 우비이족에게 사절단을 파견할 수 있게 해달라고 부탁했다. (3) 그리고 그 사절단이 우비이족 원로들과 지도자들에게서 도와주겠다는 서약을 받아낸다면 자기들은 카이사르가 제시한 조건을 받아들이겠다며 필요한 협상을 위해 사흘간의 말미를 달라고 했다. (4) 카이사르는 이게 다 출타 중인 그들의 기병대가 돌아올 때까지 사흘간의 시간을 벌기 위해 수작을 부리는 것이라고 생각했다. 그럼에도 그는 그날은 물을 구하기 위해 4밀레 팟수스만 전진하겠다고 약속하면서, (5) 그들의 요구사항이 무엇인지 알 수 있도록 이튿날 그곳에 되도록 많이 집결하라고 명령했다. (6) 그 사이 그는 기병대 전체를 이끌고 선두에서 행군하던 지휘관들에게 전령들을 보내 적군을 공격하지 말고, 혹시 공격당하면 자기가 주력부대를 이끌고 다가갈 때까지 방어만 하라고 이르게 했다.

12 (1) 그러나 아군 기병대가 나타나자 적군은 식량을 구하러 모사 강을 건넌 기병대가 아직 돌아오지 않아 기병이 8백 명밖에 안 되는데도 5천 명이나 되는 아군 기병대를 공격했다. 아군은 적군 사절단이 하루 동안의

휴전을 요청한 뒤 방금 전 카이사르 곁을 떠난 터라 적군에게 공격을 당하리라고는 생각하지 않았기에 처음에는 큰 혼란에 빠졌다. (2) 그러나 아군이 반격을 가하자 게르마니족 기병들은 여느 때처럼 말에서 뛰어내리더니 아군 군마의 배를 찔러 아군 기병들을 다수 땅에 떨어뜨렸으며, 나머지는 패주시켰다. 아군은 겁에 질려 계속 쫓겨 달아나다가 아군 주력부대가 다가오는 것을 보고서야 멈추어 섰다. (3) 이 전투에서 아군 기병 74명이 전사했다. (4) 그중에는 피소[14]라는 더없이 용감한 아퀴타니족도 있었다. 그는 명문가 출신으로 그의 할아버지는 그의 부족의 왕이었으며, 로마 원로원에서 '친구'[15]라는 칭호를 받기도 했다. (5) 피소는 적군에게 포위된 아우를 도우려고 달려가 위험에서 구해냈다. 그러나 그는 부상당한 말에서 땅으로 굴러떨어져 있는 힘을 다해 용감하게 대항하다가, (6) 결국 적군에게 포위되어 여러 군데 부상을 입고 전사했다. 이때쯤 이미 싸움터 밖으로 나와 있던 아우도 멀리서 이 광경을 보고 적군 속으로 돌진하여 전사했다.

13 (1) 먼저 화평을 청하던 적이 이처럼 도발을 받지 않았는데도 까닭 없이 음흉하게 기습해오자, 카이사르는 더 이상 그들의 사절단이 하는 말에 귀를 기울이거나 그들의 제안을 받아들이지 않기로 결심했다. (2) 게다가 그는 기병대가 돌아와 적의 병력이 보강될 때까지 기다리는 것은 더없이 어리석은 짓이라고 판단했으며, (3) 갈리족은 변덕스러운 자들인지라 이 한 번의 전투로 적군은 갈리족 사이에서 크게 위세를 떨칠 것이

---

14 이 로마식 이름은 카이사르가 도착하기 전에도 아퀴타니아가 로마의 영향을 많이 받았다는 것을 말해준다.

15 amicus.

분명한 만큼, 갈리족이 음모를 꾸밀 틈을 주어서는 안 된다는 결론을 내렸다. (4) 카이사르가 그렇게 마음을 굳히고 부관들과 재정관에게 전투를 단 하루도 연기하지 않겠다는 자신의 결심을 전달했을 때, 시의적절하게도 이튿날 아침 게르마니족이 저번처럼 음흉하고 위선적인 생각을 품고는 모든 지도자들과 원로들을 앞세우고 떼 지어 그의 진영을 찾아왔다. (5) 그들은 자기들이 찾아온 목적은 자신들이 요청하여 협약까지 맺어놓고 공격한 것을 사과하기 위해서라고 주장했지만, 동시에 카이사르를 속여 가능하다면 휴전조약을 맺기 위해서였다. (6) 카이사르는 그들이 자기 손안에 든 것을 기뻐하며 그들을 구금하라고 명령하고는 전군을 진지 밖으로 이끌고 나갔는데, 기병대는 어제의 패배로 사기가 떨어졌다 싶어 후미에서 뒤따라오게 했다.

14 (1) 카이사르는 군대를 3열종대로 세우고 8밀레 팟수스의 거리를 빠르게 행군하여 게르마니족이 사정을 알아차리기도 전에 적진에 도착했다. (2) 아군이 빠르게 전진한 데다 그들의 원로들이 떠나고 없어서 게르마니족은 갑자기 큰 혼란에 빠졌다. 그들은 의논을 하거나 손에 무기를 들 시간이 없었고, 경황이 없는 탓에 군대를 이끌고 나가 항전하는 것과, 진지를 지키는 것과, 도주하여 목숨을 건지는 것 가운데 어느 쪽이 나을지 결정할 수 없었다. (3) 적군이 아우성치며 이리저리 뛰어다니는 소리를 듣고 그들이 겁에 질렸음을 알게 된 아군 병사들은 전날의 배신행위에 분개하며 적진으로 쇄도했다. (4) 재빨리 무장할 수 있었던 게르마니족은 한동안 저항하며 짐수레와 짐짝들 사이에서 싸웠다. (5) 게르마니족은 솔가(率家)하여 고향을 뒤로하고 레누스 강을 건넌 까닭에, 진지 안에는 아이들과 여자들도 많이 있었다. 그래서 뒤에 남아 있던 아이들과 여자들이 떼 지어 사방으로 도망치기 시작하자, 카이사르는 기병대

를 보내 이들을 추격하게 했다.

15 (1) 게르마니족은 뒤에서 비명이 들리고 자신들의 백성이 학살당하는 모습이 보이자 무기와 군기(軍旗)를 내팽개치고 진지 밖으로 뛰쳐나갔다. (2) 그리고 모사 강이 레누스 강과 합류하는 지점에 이르렀을 때 더 이상 도망칠 수 없다는 사실을 알았다. 그들 가운데 대다수는 살해당했다. 나머지는 강물 속으로 뛰어들었으나 두려움과 피로에 압도된 데다 급류에 휩쓸려 그곳에서 죽었다. (3) 적군의 수가 43만 명이나 되어 격전이 예상되었으나, 아군은 약간의 부상자가 나긴 했지만 한 명도 전사하지 않고 무사히 진지로 돌아왔다. (4) 카이사르는 진지에 억류되어 있던 포로들에게 떠나도 좋다고 했다. (5) 그러나 그들은 자기들이 그 영토를 약탈한 바 있는 갈리족에게 살해당하거나 고문당할까 두려워 그의 곁에 남고 싶다고 했다. 카이사르는 그들에게 좋을 대로 하라고 했다.

첫 번째 라인 강 도하(기원전 55년)

16 (1) 게르마니족과의 전쟁이 끝나자 카이사르는 몇 가지 이유에서 레누스 강을 건너기로 결심했다. 주된 이유는 로마군이 레누스 강을 건널 능력과 용기가 있다는 것을 보여줌으로써 갈리아에 침입하고 싶은 유혹을 쉽게 느끼는 게르마니족이 오히려 자신들의 소유물을 잃게 되지 않을까 두려움을 느끼게 하려는 것이었다. (2) 게다가 앞서 말했듯이 곡식을 약탈하려고 모사 강을 건넜다가 전투에 참가하지 못했던 우시페테스족과 텡크테리족의 기병대가 동포들이 도주한 뒤 레누스 강을 건너서 수감브리족의 영토로 들어가 이들과 연합했기 때문이다. (3) 카이사르가 수감브리족에게 사절단을 보내 자신과 갈리아를 공격한 자들을 넘겨달라고 요구하자, 그들은 로마의 통치권은 레누스 강에서 끝난다고 대답했다.

(4) 만약 카이사르가 게르마니족이 그의 뜻에 반해 갈리아로 건너오는 것을 부당하다고 여긴다면, 어째서 그는 레누스 강 너머에서 명령권과 통치권을 주장하는가? (5) 세 번째 이유는 레누스 강 동쪽에 사는 게르마니족 가운데 유일하게 카이사르에게 사절단을 보내 그와 동맹을 맺고 인질들을 잡힌 우비이족이 수에비족에게 심한 압박을 받고 있으니 와서 도와달라고 간곡히 청했기 때문이다. (6) 그들은 만약 그가 급한 나랏일을 처리하느라 직접 올 수 없다면 군대라도 레누스 강 너머로 보내달라면서, 그것만이라도 자기들에게는 지금 도움이 되고 미래의 희망이 될 것이라고 했다. (7) 그들은 또 말하기를, 카이사르 군대는 아리오비스투스를 축출하고 최근에 승리를 거둔 뒤로 가장 멀리 떨어진 곳에 사는 게르마니족들 사이에서도 명성이 자자한 만큼, 자기들이 로마 국민과 동맹을 맺었다는 소문만으로도 자기들의 안전은 보장될 것이라고 했다. (8) 그들은 또 군대가 강을 건널 수 있도록 배를 넉넉히 대주겠다고 약속했다.

17 (1) 앞서 말한 이유들 때문에 카이사르는 레누스 강을 건너기로 결심했다. 그러나 배를 타고 건너는 것은 안전하지 못할 뿐 아니라, 자신의 권위에도 로마 국민의 위엄에도 어울리지 않는다고 생각했다. (2) 그래서 그는 넓고 깊고 물살이 빠른 강에 다리를 놓는 것은 매우 어려운 공사였지만 그럼에도 다리로 강을 건너거나, 그게 아니면 아예 군대를 도하시키지 않기로 작정했다.[16] 다리는 다음과 같은 공법으로 놓여졌다. (3) 그는 아래쪽 끝이 뾰족한 1과 2분의 1페스 두께의 말뚝 한 쌍을 수심에 따라 길이를 맞춘 다음 2페스 간격으로 서로 묶었다. (4) 그리고 이 말뚝들을 뗏목이나 기중기로 내린 뒤 쇠메로 강바닥에 박아넣었다. 이때 여느 교각처럼 수직이 되게 하지 않고 하류 쪽으로 서까래처럼 비스듬히 기

울어지게 박았다. (5) 이 말뚝들 하류 쪽 맞은편에도 40페스쯤 떨어지게 똑같은 방법으로 묶은 다른 말뚝들을 박아넣었는데, 이번에는 강물이 세차게 흘러가는 반대 방향으로 조금 기울어지게 박았다. (6) 서로 마주보는 상류와 하류의 말뚝들은 2페스 두께의 가로장들로 연결되고, 이 가로장들의 끝 부분은 각각 한 쌍을 이루는 두 말뚝 사이의 공간에 딱 들어맞았다. (7) 상류 쪽 말뚝들과 하류 쪽 말뚝들은 꺾쇠들에 의해 적정 거리를 유지했고, 꺾쇠들 가운데 하나는 개개의 말뚝을 가로장의 끝에 고정시키는 데도 사용되었다. 그리하여 두 줄의 말뚝은 서로 떨어져 있으면서도 하나로 결합되었다. (8) 그 결과 구조물은 매우 견고했으며, 자연법칙에 따라 강물의 압력이 강할수록 말뚝들의 연결 부위들도 더욱 탄탄해졌다. (9) 완성된 말뚝들은 세로로 댄 긴 목재들로 연결되고, 이 목재들은 막대기와 나뭇가지 엮은 것들로 덮였다. 구조물이 튼튼했지만 하류 쪽에 또 다른 말뚝들을 비스듬히 박아서 부벽(扶壁)처럼 말뚝들을 지탱하고 수압을 견딜 수 있게 했다. (10) 끝으로, 다리 조금 위쪽에도 다른 말뚝들을 박음으로써, 야만족이 다리를 파괴하려고 나무 밑동이나 통나무배를 띄워 보내도 이들 완충물이 그 충격을 흡수하여 다리가 파괴되지 않게 했다.

18 (1) 목재를 운반해오기 시작한 지 열흘 만에 전체 구조물이 완성되어 군대가 강을 건넜다. (2) 카이사르는 다리 양쪽 끝에 강력한 수비대를 남겨두고 수감브리족의 영토로 향했다. (3) 그사이 여러 나라에서 사절단이

---

16 카이사르가 다리를 놓은 곳은 본(Bonn)이나 쾰른(Köln)보다는 코블렌츠(Koblenz)라는 설이 더 유력시되고 있다. 코블렌츠에서는 오늘날에도 강폭이 350미터가 넘어 카이사르의 교량 가설이 얼마나 큰 공사였는지 알 수 있다.

도착하여 화평과 친선을 청하자 그는 이를 관대하게 받아들이며 인질을 잡힐 것을 요구했다. (4) 그러나 수감브리족은 다리가 놓이기 시작하자마자 자기들 곁에 와 있던 텡크테리족과 우시페테스족의 사주를 받아 도주할 준비를 하다가, 이때는 이미 전 재산을 챙겨 갖고 고향을 떠나 사람이 살지 않는 숲 속에 숨은 뒤였다.

19 (1) 카이사르는 며칠 동안 그들의 영토에 머무르며 마을과 농가를 모조리 불태우고 곡식을 베어버린 다음 우비이족의 영토로 철수했다. 그리고 수에비족에게 핍박받으면 도와주겠다고 약속하자 그들은 그에게 다음과 같은 정보를 제공했다. (2) 말하자면 수에비족은 정찰병을 통해 다리가 건설되고 있다는 사실을 알고는 여느 때처럼 회의를 열고 사방으로 전령을 보내, 백성들은 도시를 떠나 처자와 모든 재산을 숲 속에 숨기되 무기를 들 수 있는 자는 모두 한곳에 집결하라고 전했는데, (3) 그들이 선택한 곳은 수에비족이 다스리는 영토의 한복판쯤 된다는 것이었다. 그곳에서 그들은 결전을 벌일 각오로 로마군이 다가오기를 기다리고 있다고 했다. (4) 이런 보고를 받았을 때는 카이사르가 게르마니족에게 공포감을 불러일으키고, 수감브리족을 응징하고, 우비이족을 곤경에서 구해주는 등 군대를 이끌고 강을 건널 때의 목적을 모두 달성한 상태였다. 그래서 그는 레누스 강 동쪽에 모두 18일 동안 머무른 뒤 명예와 이익을 충분히 얻었다고 판단하고는 갈리아로 돌아갔으며, 뒤이어 다리를 끊게 했다.

첫 번째 브리탄니아 원정(기원전 55년)

20 (1) 여름도 거의 끝나가고, 전체가 북쪽을 향하고 있는 갈리아에는 겨울이 일찍 찾아오는데도 카이사르는 브리탄니아 원정 준비에 착수했다.

갈리아에서 전쟁을 할 때마다 거의 언제나 그의 적들이 그곳에서 지원을 받았다는 사실을 알고 있었기 때문이다. (2) 또한 시기상 전쟁을 벌일 시간이 충분하지 않은 계절이었지만, 섬에 상륙하여 그곳 주민들과 지형과 항구와 상륙 지점들을 알아두는 것만으로도 큰 이익이 되리라고 생각했다. 이 모든 것에 관해 갈리족은 아무것도 모르고 있었다. (3) 상인들 외에는 불가피한 사정이 없는 한 그곳을 찾는 사람은 아무도 없으며, 상인들조차도 갈리아와 마주 보는 그곳의 해안지대만 알고 있기 때문이다. (4) 그래서 카이사르는 사방에서 상인들을 불러 모아 면담했지만 섬의 크기도, 그곳에 거주하는 부족의 종류와 수도, 그들의 전투 기술과 관습도, 여러 척의 대형 함선을 댈 수 있는 항구가 어디 있는지도 알아낼 수 없었다.

21 (1) 카이사르는 상륙을 감행하기 전에 이 모든 정보를 입수하고자 가이우스 볼루세누스가 지휘하는 전함 한 척을 먼저 파견했는데, 이 일에는 그가 적임자라고 생각했기 때문이다. (2) 카이사르는 그에게 이 모든 것을 정탐한 후 되도록 빨리 돌아오라고 지시하고 나서 (3) 자신은 전군을 이끌고 모리니족의 영토로 향했는데, 그곳에서 브리탄니아로 건너는 거리가 가장 짧았기 때문이다. (4) 그는 또한 지난여름 베네티족과의 전쟁을 위해 건조한 함대뿐 아니라 인근 지역의 함선들도 그곳에 집결시키라고 명령했다. (5) 그사이 그의 계획이 알려져 상인들을 통해 브리탄니아인들에게 전달되자, 섬에 사는 몇몇 부족의 사절단이 그를 찾아와 인질들을 잡히고 로마 국민의 명령에 복종하겠다고 약속했다. (6) 카이사르는 그들의 말을 듣고 나서 관대한 처분을 약속하며 변심하지 말라고 당부했다. (7) 그리고 나서 그들을 집으로 돌려보내며 카이사르가 아트레바테스족[17]을 정복하고 그들의 왕으로 앉힌 콤미우스를 딸려보냈다.

카이사르는 콤미우스의 용기와 판단력과 충성심을 높이 샀다. 게다가 콤미우스는 브리탄니아에서 상당한 명망을 얻은 자였다. (8) 카이사르는 그에게 되도록 많은 부족을 방문하여 로마 국민에게 충성을 다하도록 촉구하고, 카이사르가 곧 그곳에 나타날 것임을 알리라고 지시했다. (9) 볼루세누스는 자신을 야만족에게 맡길 엄두가 나지 않아 배에서 내리지 않고 할 수 있는 데까지 그곳 해안지대를 두루 정탐한 뒤 닷새째 되는 날 돌아와서 정탐한 바를 보고했다.

22 (1) 카이사르가 함대를 의장(艤裝)하기 위해 모리니족 영토에 머무르는 동안 모리니족의 다수파가 보낸 사절단이 찾아와 지난번의 적대행위를 사과하며 자기들은 미개하고 로마의 관습을 잘 몰라 그랬지만 앞으로는 카이사르의 명령에 무조건 따르겠다고 약속했다. (2) 카이사르는 이를 시의적절하고 잘된 일이라고 생각했으니, 등 뒤에 적을 남겨두고 싶지 않았고 이미 계절도 깊어 그들을 상대로 전쟁을 할 수가 없었기 때문이다. 게다가 그에게는 브리탄니아 원정이 이들 작은 부족을 정복하는 일보다 훨씬 중요했다. 그래서 그는 모리니족에게 다수의 인질을 잡힐 것을 요구했고, 인질들이 도착하자 그들의 항복을 받아들였다. (3) 약 80척의 수송선이 징발되어 집결하자 카이사르는 이 정도면 2개 군단을 수송하기에 충분하다고 생각하고 자기가 보유하고 있던 전함들은 재정관, 부관, 지휘관들에게 나누어주었다. (4) 그 밖에도 18척의 수송선이 다가오고 있었지만 집결지에서 8밀레 팟수스 떨어진 곳에서 강풍을 만나 같은 항구로 입항하지 못했는데, 이 수송선들은 기병대에게 배정된 것이었다. (5) 카이사르는 나머지 보병 부대는 부관들인 퀸투스 티투리우스 사비누스와 루키우스 아우룽쿨레이유스 콧타에게 맡기며 메나피이족과 사절단을 보내지 않은 모리니족의 마을로 인솔해가서 공격하라고 일

렀다. (6) 그는 다른 부관인 푸블리우스 술피키우스 루푸스에게는 항구를 수호하라고 지시하면서, 그렇게 하기에 충분하다고 생각되는 수비대를 내주었다.

23 (1) 카이사르는 이런 조치들을 취한 뒤 항해하기에 적합한 날을 잡아서 자정 조금 지나[18] 닻을 올렸고, 기병대에게는 더 북쪽에 있는 항구로 가서 그곳에서 승선하여 자기를 따라오라고 지시했다. (2) 기병대가 더디게 명령을 이행하는 동안 카이사르가 첫 번째 함대와 함께 오전 9시쯤 브리탄니아에 도착해서 보니, 완전무장한 적군이 절벽을 따라 죽 늘어서 있었다. (3) 그곳 지형은 바다를 둘러싸고 있는 절벽들이 매우 가팔라 절벽 위에서 해안의 목표물을 향하여 창을 던질 수 있었다. (4) 카이사르는 그곳은 상륙하기에 부적합하다고 판단하고 닻을 내린 뒤 나머지 함대가 도착하기를 오후 3시까지 기다렸다. (5) 그사이 그는 부관들과 연대장들을 소집해 볼루세누스에게서 보고받은 바와 자신의 계획을 설명하고, 전투, 특히 해전에서는 예상치 못한 상황이 돌발하므로 명령을 지체 없이 정확하게 수행할 필요가 있다는 점을 강조했다. (6) 그는 장교들을 보낸 후 바람과 조수가 유리해지기를 기다렸다가 닻을 올리라는 신호를 보내고는 그곳에서 7밀레 팟수스쯤 더 가서 평평하고 탁 트인 해안[19]에 함선들이 닻을 내리게 했다.

---

17 벨가이족의 지파인 이들은 네르비이족의 동맹군으로 기원전 57년 카이사르에게 패했으나 (2권 16~23장 참조) 기원전 51년 다시 반란을 일으킨다.
18 원어는 제3야경 시, 즉 자정~새벽 3시.
19 카이사르가 상륙한 곳은 롬니 마시(Romney Marsh)의 림프니(Lympne)라는 설도 있고, 월머 캐슬(Walmer Castle)과 딜(Deal) 사이라는 설도 있다.

24 (1) 그러나 야만족은 로마군의 의도를 알아차리고 기병대와 그들의 주 무기인 전차들을 먼저 내보낸 다음 나머지 병력을 이끌고 와서 로마군이 배에서 내리는 것을 막으려 했다. (2) 그래서 아군은 큰 어려움에 처했는데, 함선들이 너무 커서 깊은 바다에 닻을 내릴 수밖에 없었기 때문이다. 아군 병사들은 지형을 모르는 데다 두 손이 자유롭지 못하고 무거운 무기에 짓눌리면서도 배에서 뛰어내리자마자 파도 속에 서서 적군과 싸워야 했다. (3) 반면 적군은 마른땅에 서거나 조금만 물속으로 들어와서는 사지가 완전히 자유로운 상태로 익숙한 지형에서 싸우며 대담하게 창을 던지거나 잘 훈련된 말을 몰았다. (4) 그래서 이런 종류의 전투에 익숙하지 못한 아군 병사들은 큰 혼란에 빠졌고, 그들이 여느 때 지상전에서 보여주곤 하던 열의와 투지를 보여주지 못했다.

25 (1) 이 광경을 본 카이사르는 야만족에게 생소해 보이고 필요할 때 더 쉽게 이동할 수 있는 전함들에 명하여 수송선단에서 조금 이동한 다음 재빨리 노를 저어 적군의 오른쪽 날개 앞에 멈추어 서서는 투석기와 활과 발사대를 사용해 적군을 격퇴하게 했다. 이 작전은 아군에게는 큰 도움이 되었다. (2) 야만족은 전함들의 이상한 생김새, 노의 움직임, 낯선 기계들에 놀라 멈칫하다가 조금 뒤로 물러섰으니 말이다. (3) 그러나 아군 병사들이 무엇보다도 물이 깊어 여전히 뛰어내리기를 망설이자 제10군단의 독수리 기를 들고 다니던 병사가 자신의 행동이 제10군단에 행운을 가져다주게 해달라고 신들에게 기도한 다음 큰 소리로 외쳤다. "전우들이여, 물속으로 뛰어내리시오. 아군의 독수리 기를 적군에게 넘기고 싶지 않다면! 아무튼 나는 조국과 장군에 대한 내 임무를 다할 것이오." (4) 그는 그렇게 외치더니 배에서 뛰어내려 독수리 기를 들고 적군을 향해 나아가기 시작했다. (5) 그러자 아군 병사들이 그런 치욕을 당하지 말

자고 서로 격려하며 일제히 배에서 뛰어내렸다. (6) 이어서 가까운 선단에 타고 있던 병사들도 그 모습을 보고는 그들을 뒤따라 적군을 향해 진격했다.

26 (1) 양쪽은 치열하게 싸웠다. 그러나 아군은 대열을 이루거나 굳건하게 버티고 서거나 자기 군기를 따라가지 못하고, 각자 배에서 뛰어내리는 대로 아무 군기나 따라갔기 때문에 큰 혼란이 야기되었다. (2) 물이 얕은 곳을 샅샅이 알고 있던 적군은 아군 병사들이 따로따로 배에서 내리는 모습을 바닷가에서 지켜보고 있다가 말을 몰고 달려와서는, (3) 아직도 전투 준비가 제대로 안 된 소수의 아군 병사를 다수로 에워싸고 공격했다. 한편 다른 적군은 아군 전체의 오른쪽 날개를 향하여 창을 던지고 화살을 쏘아댔다. (4) 이 광경을 본 카이사르는 전함들에 딸린 작은 배들과 정찰선들에 병사들을 태우게 한 뒤 아군이 고전하는 곳이 보이면 어디든지 가서 돕게 했다. (5) 아군 병사들은 해안에 올라서서 기다리다가 전우들이 모두 합류하자마자 대오를 갖추고 적군을 공격하여 패주케 했다. 그러나 적군을 멀리 추격하지는 못했으니, 아군 기병대가 예정대로 진로를 유지하며 섬에 도착하지 못했기 때문이다. 카이사르는 이 한 가지가 모자라 여느 때 같은 완승을 거두지 못했다.

27 (1) 전투에서 패한 적군은 패주 후 기력을 회복하자마자 즉시 카이사르에게 사절단을 보내 화평을 청하며 인질들을 잡히고 카이사르가 시키는 대로 하겠다고 약속했다. (2) 사절단과 함께 앞서 말했듯이[20] 카이사르가 브리탄니아로 먼저 파견했던 아트레바테스족 콤미우스도 돌아왔다.

---

20 4권 21장 참조.

(3) 콤미우스가 배에서 내려 사절 자격으로 카이사르의 요구를 전달하자 야만족이 그를 체포하여 구금했다가 전투에서 패하자 돌려보낸 것이다. (4) 그리고 그들은 화평을 청하며 그런 잘못을 저지른 것을 대중 탓으로 돌렸고, 대중이 무지해서 그랬으니 용서해달라고 간청했다. (5) 카이사르는 그들이 자청해서 대륙으로 사절단을 보내 화평을 청하더니 이번에는 도발받지 않았는데도 자기를 공격했다고 꾸짖으며, 그렇지만 그들의 무지를 용서해줄 테니 인질들을 잡히라고 요구했다. (6) 그들은 인질 가운데 일부는 즉시 인도했고, 나머지는 먼 곳에서 데려와야 하는 만큼 인도하는 데 며칠 걸릴 것이라고 했다. (7) 그사이 그들은 자신들의 백성을 들판으로 돌려보냈다. 그러자 사방에서 그들의 지도자들이 모여들더니 자신들과 자신들의 부족을 카이사르에게 맡겼다.

28 (1) 그리하여 평화조약이 체결되었다. 카이사르가 브리탄니아에 도착한 지 나흘 뒤에 앞서 말한 대로 기병대를 태운 18척의 수송선이 순풍에 돛을 달고 북쪽 항구를 출발했다. (2) 브리탄니아로 다가오는 그들의 모습이 진지에서도 보일 만큼 가까워졌을 때, 갑자기 세찬 폭풍이 일어 어느 배도 제 항로를 유지할 수 없었다. 더러는 출발했던 항구로 도로 떠밀려갔고, 나머지는 섬의 서남지방으로 아슬아슬하게 표류해갔다. (3) 그럼에도 불구하고 그들은 닻을 내렸으나, 함선들이 파도 때문에 자꾸 물을 덮어쓰자 날씨가 험악한 밤인데도 부득이 난바다로 나가 대륙으로 돌아가지 않을 수 없었다.

29 (1) 그날 밤은 때마침 보름달이 뜨고 대서양의 조수가 가장 높은 때였지만, 아군 병사들은 이를 알지 못했다. (2) 그리하여 카이사르의 군대를 건네준 전함들과 그가 바닷가에 끌어올려놓게 한 전함들에 조수가 넘쳤

으며, 닻을 내리고 있던 수송선들도 폭풍 때문에 피해를 입었다. 아군 병사들은 이를 막을 수도, 손을 쓸 수도 없었다. (3) 함선들 가운데 여러 척은 산산조각이 나고, 나머지는 밧줄과 닻과 다른 선구를 잃어버려 운항 불능상태가 되었다. 그래서 당연한 일이지만 전군이 크게 낙담했다. (4) 그들은 도로 태워다줄 다른 배들도 없고, 함선들을 수리하는 데 필요한 자재도 없었으며, 갈리아에서 겨울을 나기로 되어 있어 브리탄니아에서 겨울을 나는 데 필요한 식량도 준비되지 않았기 때문이다.

30 (1) 전투가 끝난 뒤 카이사르를 찾아왔던 브리탄니아의 지도자들은 로마군의 이러한 상황을 알고는 머리를 맞대고 의논을 했다. 그들은 로마군에게는 기병대도 함선도 군량도 없다는 것을 알아차리고 로마군의 진지가 작은 것으로 미루어 로마군의 병력이 소수라고 추정하고는(아닌 게 아니라 카이사르가 무거운 화물은 그대로 남겨둔 채 군단 병력만 바다를 건너게 한 까닭에 로마군의 진지는 여느 때보다 규모가 더 작았다), (2) 적대행위를 재개하여 로마군의 군량과 다른 보급품을 차단하고 전쟁을 겨울까지 끌고 가는 것이 상책이라고 생각했다. 그들은 만약 이번에 로마군에게 이기거나 퇴로를 차단하게 되면 앞으로는 어느 누구도 감히 브리탄니아에 침입할 엄두를 내지 못할 것이라고 확신했다. (3) 그래서 그들은 서로 약속을 지키기로 다짐한 다음 몇 명씩 진지를 빠져나가 들판으로 돌아간 백성들을 몰래 재소집했다.

31 (1) 카이사르는 아직은 그들의 계획을 몰랐지만, 자신의 함대가 재앙을 당한 데다 그들이 더 이상 인질들을 보내오지 않자 혹시라도 그런 일이 일어나지 않을까 우려했다. (2) 그래서 그는 어떤 위급 상황에도 대처할 준비를 했으니, 날마다 식량을 들판에서 진지 안으로 운반하게 했고, 심

하게 손상된 함선들의 선재와 청동은 다른 함선들을 수리하는 데 이용했으며, 필요한 물자를 대륙에서 배로 운반해오게 했던 것이다. (3) 병사들이 맡은 바 임무를 열심히 수행해준 덕분에 카이사르는 함선 12척을 잃기는 했어도 나머지 함선들은 그런대로 항해할 수 있게 만들어놓았다.

32 (1) 이런 일이 진행되는 동안 여느 때처럼 제7군단 병사들이 식량을 운반해오도록 밖으로 파견되었다. 브리탄니아인들 가운데 일부는 여전히 들판에서 일하고 다른 일부는 로마군 진지를 들락거리고 있어, 그들이 적대행위를 재개할 징후는 어디에도 보이지 않았다. 그때 갑자기 진지 문 앞에서 근무 중이던 파수병들이 카이사르에게 보고하기를, 군단 병사들이 출동한 쪽에서 여느 때보다 큰 먼지구름이 보인다고 했다. (2) 카이사르는 야만족이 다시 반란을 일으키기 시작한 것이라고 사태를 정확히 파악하고는, 근무 중인 대대들은 자기와 함께 그쪽 방향으로 향하고, 다른 2개 대대가 그들 대신 파수를 보고, 나머지 대대들은 즉시 무장하고 뒤따라오라고 명령했다. (3) 그들이 진지를 떠나 얼마쯤 나아갔을 때 아군 병사들이 적군에게 고전하며 힘겹게 버티고 있는 광경이 그의 눈에 들어왔는데, 적군은 한군데에 몰려 있는 아군 병사들에게 날아다니는 무기를 사방에서 비 오듯 투척했다. (4) 한곳을 제외하고 다른 지역에서는 곡식이 모두 베어진 터라, 적군은 우리 군 병사들이 그쪽으로 갈 것으로 예상하고는 밤에 숲 속에 들어가 숨어 있었다. (5) 그리고 나서 아군 병사들이 뿔뿔이 흩어져 무구를 내려놓고 열심히 곡식을 베고 있을 때 적군이 기습을 감행하여 아군을 몇 명 죽이고, 아군이 전열을 가다듬기 전에 아군의 나머지 병사들을 혼란에 빠뜨리면서 기병대와 전차들로 에워쌌던 것이다.

33 (1) 브리탄니아인들이 전차를 타고 싸우는 방법은 다음과 같다. 그들은 먼저 전차를 타고 사방을 쏘다니며 날아다니는 무기를 투척했는데, 대개 말들의 위협적인 모습과 요란한 바퀴 소리만으로도 적군의 대열을 능히 혼란에 빠뜨린다. 그런 다음 기병 부대들 사이로 들어가서는 전차에서 뛰어내려 보병으로 싸운다. (2) 그사이 마부들은 싸움터에서 조금 물러나 주인들이 적군에게 고전할 경우 자기들 곁으로 재빨리 물러날 수 있도록 전차들을 세워둔다. (3) 그렇게 그들은 전투에서 기병대의 기동성과 보병 부대의 안정성을 결합시킨다. 날마다 반복되는 훈련과 습관 덕분에 그들은 경사진 가파른 지형에서도 전속력으로 말을 달릴 수 있고, 번개같이 말을 세우고는 방향을 틀 수 있을 뿐 아니라, 전차의 채 주위를 돌아다닐 수 있고, 멍에 위에 서 있다가 거기서 재빨리 도로 전차 안으로 뛰어내릴 수 있다.

34 (1) 이런 종류의 전투에 익숙하지 않은 아군 병사들은 한동안 혼란에 빠졌으나 위급할 때 카이사르가 나타나 그들을 도와주었다. 그가 도착하자 적군은 주춤했고, 겁에 질렸던 아군 병사들은 제정신이 들었으니 말이다. (2) 하지만 카이사르는 지금은 공세를 취하거나 전투를 치를 때가 아니라고 판단하고는 그 자리에 버티고 있다가 잠시 뒤 군단들의 병력을 이끌고 진지로 돌아갔다. (3) 이런 일들을 처리하느라 아군 병사들은 여념이 없었고, 그동안 아직도 들판에 남아 있던 토착민들은 흩어졌다. (4) 그 뒤 여러 날 동안 폭풍이 불어와 아군은 진지 안에 머물렀고, 적군은 공격을 감행할 수 없었다. (5) 그러나 그사이 야만족은 사방으로 사절을 보내 로마군의 수가 얼마 안 된다고 광고하며, 지금이야말로 로마군을 진지에서 몰아냄으로써 전리품을 획득하고 항구적인 자유를 쟁취할 절호의 기회라고 선전하게 했다. (6) 그리하여 그들의 수많은 보병과 기

병이 빨리 집결하여 로마군 진지를 향해 몰려왔다.

35 (1) 카이사르는 지난번에 일어났던 일이 이번에도 되풀이될 것이라고, 말하자면 설사 적군이 격퇴당하더라도 기동력을 이용해 위험에서 벗어나게 될 것이라고 보았다. 그럼에도 그에게는 앞서 말한 아트레바테스족인 콤미우스가 데려다 준 약 30명의 기병이 있었기에 군단 병력을 진지 앞에 전투대형으로 배치했다. (2) 전투가 시작되자 적군은 아군의 공격을 오래 버티지 못하고 등을 돌려 달아났다. (3) 아군은 달릴 힘이 있는 한 추격하여 도망치는 적병을 다수 죽이고 나서 광범위한 지역에 걸쳐 그들의 농가에 불을 지르고는 진지로 돌아왔다.

36 (1) 같은 날 적군은 카이사르에게 사절단을 보내 화평을 청했다. (2) 카이사르는 전에 그들에게 요구했던 인질의 수를 두 배로 늘려 대륙으로 데려오라고 명령했다. 추분[21]이 임박한 터라 그는 자신의 손상된 함선들로는 겨울 폭풍이 부는 바다를 항해하지 않는 것이 좋겠다고 생각했기 때문이다. (3) 카이사르는 순풍이 부는 날을 기다렸다가 자정 조금 지나 출항했고, 전 함대가 무사히 대륙에 도착했다. (4) 그러나 그중 수송선 두 척은 다른 함선들과 같은 항구에 접안하지 못하고 더 남쪽에 있는 바닷가로 표류했다.

37 (1) 이 두 척의 수송선에서 내린 약 3백 명의 병사가 진지를 향해 행군하고 있을 때, 카이사르가 브리탄니아로 출발하기 전에 그와 평화조약을 맺었던 모리니족이 전리품을 노리고 처음에는 약간의 병력으로 그들을 포위하며, 죽고 싶지 않다면 무기를 내려놓으라고 협박했다. (2) 그러나 로마군 병사들이 원진(圓陣)을 이루며 방어하기 시작하자, 잠시 뒤 공격

자들의 요란한 고함 소리를 듣고 약 6천 명의 모리니족이 재빨리 모여들었다. 카이사르는 보고를 받고 전 기병대를 파견하여 아군 병사들을 돕게 했다. (3) 그사이 아군 병사들은 적군의 공격에 맞서 4시간이 넘도록 용감무쌍하게 싸웠는데, 아군은 소수만 부상당하고 적군을 많이 죽였다. (4) 로마군 기병대가 보이자 모리니족은 무기를 던져버리고 수많은 전사자를 내며 등을 돌려 달아났다.

38 (1) 이튿날 카이사르는 부관 티투스 라비에누스에게 브리탄니아에서 돌아온 군단들의 병력을 맡기며 적대행위를 재개한 모리니족을 정벌하게 했다. (2) 그들은 지난해에 피난처로 이용하던 늪지대들이 말라버려 거의 모두 라비에누스의 처분에 맡겨졌다. (3) 그러나 메나피이족의 영토로 군단 병력을 이끌고 들어갔던 두 부관 퀸투스 티투리우스와 루키우스 콧타는 들판을 약탈하고 곡식을 베어버리고 농가들에 불을 지르는 것으로 만족해야 했다. 전 주민이 울창한 숲 속에 숨어버렸기 때문이다. 그래서 그들이 카이사르에게 돌아가자, 카이사르는 모든 군단이 벨가이족의 영토에서 겨울을 나게 했다. 브리탄니아에서는 두 부족만이 그곳으로 인질을 보내오고, 나머지 부족들은 인질을 보내지 않았다. 카이사르에게서 이러한 업적에 대한 보고서를 받은 원로원은 20일 동안 감사제를 올리기로 결의했다.

---

21 9월 24일. 카이사르는 브리탄니아에 한 달 정도 머물렀다.

제5권
두 번째 반란

두 번째 브리탄니아 원정(기원전 54년)

I (1) 루키우스 도미티우스와 압피우스 클라우디우스가 집정관이던 해[1]에 카이사르는 해마다 그랬듯이 월동 진지를 떠나 이탈리아로 향하면서, 군단 병력을 맡긴 부관들에게 겨울 동안 되도록 많은 함선을 건조하고 낡은 함선들을 보수하라고 명령했다. 그는 이들 함선의 크기와 모양을 정해주면서 (2) 짐을 빨리 싣고 뭍으로 쉽게 끌어올릴 수 있도록 지중해에서 흔히 이용하는 함선들보다 조금 낮게 건조하게 했는데, 갈리아 앞바다[2]에서는 조수가 자주 바뀌어 파도가 덜 높다는 것을 알았기 때문이다. 대신 그는 무거운 화물과 짐 나르는 가축을 많이 운반할 수 있도록 여느 바다에서 이용하는 함선들보다 좀 더 넓게 건조하게 했다. (3) 그는 또한 이들 함선이 더 빨리 나아갈 수 있도록 돛도 달고 노도 달게 했는데, 그러려면 선체가 낮은 것이 유리했다. (4) 그리고 이들 함선을 의장하는 데 필요한 자재는 히스파니아에서 수입하라고 지시했다. (5) 이쪽 갈리아에서의 순회재판이 모두 끝나자 카이사르는 일뤼리쿰 지방으로 향했다. 피루스타이족이 속주 인근 지역에 침입해 약탈을 일삼고 있다

는 말을 들었기 때문이다.[3] (6) 그는 그곳에 도착하여 여러 부족에게 군사들을 징병해 특정 장소로 파견하라고 명령했다. (7) 이 소식을 접한 피루스타이족은 그에게 사절단을 보내 이번 약탈 사건은 부족의 결의에 따라 일어난 일이 아니라며, 이번 피해에 대해서는 충분히 보상할 용의가 있다고 했다. (8) 카이사르는 그들의 해명을 듣고 정해진 날짜에 인질들을 보내라고 요구하며 이를 지키지 않으면 그들 부족을 응징하겠다고 했다. (9) 인질들이 그가 명령한 대로 정해진 날짜에 인도되자, 카이사르는 부족들 사이에 중재자들을 임명하여 피해액을 산출하고 보상금을 정하게 했다.

2 (1) 이런 일들이 처리되고 순회재판이 끝나자 카이사르는 이쪽 갈리아로 돌아갔고, 거기서 군대가 있는 곳으로 향했다. (2) 군대가 있는 곳에 도착하여 월동 진지들을 순찰해보니 자재가 몹시 부족한 와중에도 병사들의 뜨거운 열의 덕분에 앞서 말한 종류의 함선 약 6백 척과 전함 28척이 며칠 내로 진수시킬 수 있을 만큼 건조되어 있었다. (3) 카이사르는 병사들과 함선 건조의 책임을 맡은 장교들의 공로를 치하한 다음 필요한 지시를 내리고 나서 모든 함선을 이티우스 항[4]에 집결시키라고 명령했는데, 그가 확인한 바에 따르면 그곳에서는 브리탄니아가 대륙에서 30밀레 팟수스밖에 떨어지지 않아 바다를 건너기가 가장 쉬웠기 때문이다. 카이사르는 그러한 과제를 수행하기에 충분하다고 생각되는 만큼의

---

[1] 기원전 54년.
[2] 영국 해협.
[3] 카이사르는 원로원에 의해 저쪽 갈리아(프랑스 남부), 이쪽 갈리아(북이탈리아), 일뤼리쿰(지금의 달마티아와 알바니아)의 세 지방을 통치하는 총독으로 임명되었다.
[4] 지금의 불로뉴(Boulogne).

병력을 뒤에 남겨두고, (4) 자신은 무거운 장비를 지지 않은 4개 군단 병력과 기병 8백 명을 이끌고 트레베리족의 영토로 향했다. 이들은 회의장에도 나타나지 않았고 그의 명령도 이행하지 않았을뿐더러 레누스 강 동쪽에 사는 게르마니족의 지원을 받으려 한다는 소문이 파다했기 때문이다.

3 (1) 이 부족은 갈리아 전체에서 단연 최고의 기병대를 보유하고 있고, 보병도 많으며, 앞서 말했듯이 레누스 강에 인접해 있다. (2) 부족 내에서는 인두티오마루스와 킹게토릭스라는 두 명의 경쟁자가 주도권 다툼을 벌이고 있었다. (3) 카이사르가 군단 병력을 이끌고 도착했다는 소식이 퍼지자 둘 중 한 명인 킹게토릭스가 카이사르를 찾아와 자신과 자신의 추종자들은 충성을 다할 것이며 로마 국민과의 친선 동맹을 저버리지 않을 것이라고 약속하면서 트레베리족 사이에서 일어나고 있는 일을 알려주었다. (4) 그러나 인두티오마루스는 기병과 보병을 모집하며 전쟁 준비를 하기 시작했고, 무기를 들기에 너무 어리거나 너무 늙은 사람들은 아르두엔나[5] 숲에 숨겼는데, 이 거대한 숲은 레누스 강에서 트레베리족의 영토 한복판을 지나 레미족의 국경까지 뻗어 있다. (5) 그러나 아군이 다가가자 킹게토릭스와 친족 간인 트레베리족의 몇몇 지도자들이 놀라 카이사르를 찾아와서는, 자기들은 부족 전체를 지킬 힘이 없으니 자신들의 신변을 보호해달라고 간청했다. 그러자 인두티오마루스는 자기가 완전히 고립될까 겁이 나서 카이사르에게 사절단을 보내, (6) 자기가 추종자들의 곁을 떠나 그를 찾아가려고 하지 않은 것은 그렇게 함으로써 부족민들의 충성을 확보하기 위해서였으며, 귀족들이 모두 떠나고 없으면 평민들이 무지의 소치로 과오를 저지르게 될 것이라고 주장했다. (7) 그리하여 부족 전체가 자기 지배 아래 들어왔으니, 만약 카이사

르가 허락한다면 자기는 그의 진지로 찾아가 자신과 부족의 전 재산을 그의 처분에 맡기겠다고 했다.

4 (1) 카이사르는 인두티오마루스가 왜 그런 말을 하는지, 무엇 때문에 원래 계획을 포기했는지 알고 있었지만 브리탄니아 원정 준비가 다 끝난 지금 트레베리족의 나라에서 여름을 보내는 것을 피하려고 인두티오마루스에게 인질 2백 명을 데려오라고 명령했다. (2) 그의 아들과 카이사르가 거명한 그의 친족들이 모두 포함된 인질들이 도착하자 카이사르는 그를 위로하고 나서 충성을 다하라고 격려했다. (3) 카이사르는 또한 트레베리족의 다른 지도자들을 소집하여 킹게토릭스를 도와주라고 개별적으로 부탁했다. 킹게토릭스는 그런 도움을 받을 만하고 충성스러운 친구인 만큼 부족 내에서 그의 영향력을 최대한 키워주는 것이 중요하다고 생각했기 때문이다. (4) 인두티오마루스는 이렇게 부족 내에서 자신의 영향력이 줄어드는 것에 분개했고, 전에도 로마인들에게 적대적이었지만 이제는 더욱 적개심에 불탔다.

5 (1) 이 문제를 처리하고 나서 카이사르는 군단들의 병력을 이끌고 이티우스 항으로 향했다. (2) 그가 그곳에 도착해서 보니 멜디족[6]의 영토에서 건조된 함선 60척은 폭풍에 뒤로 떠밀려 출발했던 항구로 되돌아가고 없었다. 나머지 함선들은 모두 완전히 의장한 채 출항할 준비가 되어 있었다. (3) 그곳에는 갈리아 전체에서 차출된 4천 명 정도의 기병들과 모든 부족의 지도자들도 집결해 있었다. (4) 카이사르는 이들 가운데 충

---

5 지금의 아르덴(Ardenne) 숲.
6 마른 강변에 거주하던 켈트족.

성심이 입증된 소수만 뒤에 남겨두고 나머지는 모두 인질로 데려가기로 했으니, 자기가 떠나고 없는 동안 갈리아에서 반란이 일어날까 두려웠기 때문이다.

6 (1) 이들 갈리족 지도자 중에는 앞서 말한[7] 아이두이족의 둠노릭스도 포함되어 있었다. 카이사르는 특히 그자를 자기 곁에 붙들어두고 싶어 했는데, 그자가 정치적 변혁을 추구하고 권력욕이 강하고 대담하며 갈리족 사이에서 영향력이 크다는 것을 알고 있었기 때문이다. (2) 게다가 둠노릭스는 아이두이족의 회의장에서 카이사르가 자기를 부족의 왕으로 삼겠다는 제의를 했다고 말했는데, 아이두이족은 카이사르에게 감히 사절단을 보내 항의하거나 그러한 생각을 철회해달라고 요청하지는 못했지만 그자의 이런 말에 분개했다. (3) 카이사르는 자신의 지지자들을 통해 그런 사실을 알고 있었다. 처음에 둠노릭스는 자기는 항해에 익숙하지 않아 바다가 무섭다는 둥, 종교적 의무 때문에 고향을 떠날 수 없다는 둥 온갖 핑계를 대며 자신이 갈리아에 남게 해달라고 간청했다. (4) 그러나 그를 뒤에 남겨두지 않겠다는 카이사르의 결심이 바뀔 가망이 전혀 없다는 것을 알게 되자, 그자는 갈리족의 지도자들을 선동하며 그들을 따로따로 한쪽으로 데려가서 대륙에 남으라고 요청했다. 그는 또한 그들에게 공포감을 불러일으키기 시작했는데, 카이사르가 갈리아에서 지도자들을 빼앗아가는 것은 다 이유가 있다며, (5) 갈리족이 보는 앞에서는 그들을 죽이기를 망설이지만 일단 브리탄니아로 데려가서 그들을 모두 죽이는 것이 카이사르의 계획이라고 했다. (6) 둠노릭스는 다른 사람들에게 갈리아에 이익이 된다고 생각되는 바를 행하겠다고 약속하면서, 그들도 같은 취지의 서약을 하기를 요구했다. (7) 카이사르는 여러 밀정에게서 이런 사실들을 보고받았다.

7 (1) 이런 사실들이 보고되자 카이사르는 아이두이족을 중요시하고 있던 터라 온갖 방법을 다 동원해서 둠노릭스가 계획을 실행에 옮기지 못하게 제지하기로 결심했다. (2) 둠노릭스의 광기가 갈수록 심해져 그는 자신과 로마가 해를 입지 않도록 예방조치를 취하는 것이 자기 의무라고 생각했다. (3) 그래서 카이사르는 이 지역에서는 거의 언제나 불어오는 북서풍 때문에 출항하지 못하고 약 25일 동안 그곳에 머무르는 내내 둠노릭스가 충성을 다하게 하는 한편 그자의 모든 계획에 관해 정보를 수집했다. (4) 드디어 순풍이 불기 시작하자 그는 보병 부대와 기병대에게 승선 명령을 내렸다. (5) 그런데 모두들 정신이 없는 사이 둠노릭스는 아이두이족의 기병대를 이끌고 카이사르 몰래 진지를 빠져나가 고향으로 향했다. (6) 이 사실을 보고받은 카이사르는 출항을 연기하고 다른 일을 모두 뒤로 미룬 채 대규모 기병대를 보내 둠노릭스를 추격하게 하며 그자를 끌어오라고 명령했다. (7) 그자가 복종하지 않고 무력으로 저항하면 죽이라고 지시했는데, 카이사르의 면전에서 카이사르의 명령을 거역하는 자는 카이사르가 없는 곳에서는 더더욱 분별없이 처신할 것이라고 판단했기 때문이다. (8) 돌아오라는 명령을 받자 둠노릭스는 예상대로 손에 칼을 들고 저항하며 추종자들에게 자기를 지켜달라고 호소했고, 자기는 자유민이며 자유국가의 시민이라고 자꾸만 고함을 질러댔다. (9) 기병대는 명령받은 대로 그자를 에워싸고 죽였다. 그러나 아이두이족 기병들은 모두 카이사르에게 돌아왔다.

8 (1) 그러고 나서 카이사르는 라비에누스에게 3개 군단과 기병 2천 명과 함께 대륙에 남아 항구들을 지키고 군량을 조달하며 갈리아 사태를 지

---

7 1권 18~20장 참조.

켜보다가 그때그때 상황에 따라 대처하라고 지시했다. (2) 그리고 카이사르 자신은 5개 군단과 대륙에 남겨둔 것과 같은 수의 기병을 이끌고 출발하여 해 질 무렵 닻을 올렸다. 처음에는 부드러운 남서풍이 불었지만 자정 무렵부터 바람이 자면서 그는 조류에 떠밀려 항로를 멀리 벗어났으며, 동틀 무렵에는 좌현 뒤쪽으로 브리탄니아가 모습을 드러냈다. (3) 그 뒤 조류가 바뀌자 그는 조류를 타며 섬을 향해 열심히 노를 저었는데, 지난해 여름 상륙하기 가장 좋겠다고 생각한 지점에 이르기 위해서였다. (4) 이번 항해에서 병사들의 용기는 특히 칭찬받을 만했는데, 그들이 쉴 새 없이 노를 저음으로써 무거운 짐을 잔뜩 실은 수송선들이 전함들과 보조를 맞출 수 있었기 때문이다. (5) 모든 함대가 정오경 브리탄니아에 도착했으나 그 지역에 적군은 한 명도 보이지 않았다. (6) 카이사르가 나중에 포로들에게 들은 바에 따르면, 다수의 적군이 그곳에 집결해 있었으나 로마군 함선이 많은 것을 보고 겁에 질려 해안을 떠나 고지에 숨었다고 했다. 지난해에 건조된 함선들과 일부 개인[8]이 자신의 편의를 위해 건조하게 한 개인 소유 함선들을 포함하여 8백 척 이상이 동시에 모습을 드러냈으니 그럴 만도 했다.

9 (1) 카이사르는 군대를 하선시키고 진을 치기에 적합한 장소를 찾아냈다. 그리고 포로들한테서 적군이 어디 있는지 알아내자마자 함대를 지키도록 10개 대대와 기병 3백 명을 해안에 남겨두고 자정 조금 지나 적군을 향해 출동했다. 그는 함대 걱정은 별로 하지 않았는데, 모래가 많은 야트막한 해안에 닻을 내린 채 두고 왔기 때문이다. 함대와 그 수비대는 퀸투스 아트리우스의 지휘를 받게 했다. (2) 그가 12밀레 팟수스쯤 야간행군을 하자 적군이 시야에 들어왔다. (3) 적군은 기병대와 전차 부대를 이끌고 강[9]으로 출동하여 높은 곳에 자리 잡고 공격함으로써 로마군

의 진로를 막기 시작했다. (4) 아군 기병대에게 격퇴당하자 그들은 숲 속에 숨었다. 그곳에는 사람의 손에 의해 더 강화된 자연 요새가 있었는데, 많은 나무를 베어 넘어뜨려 출입구를 모두 봉쇄한 것으로 보아 아마도 내전 때 쓰려고 전에 미리 준비해둔 듯했다. (5) 그들은 싸우기 위해 소규모 단위로 숲에서 나와 아군이 요새로 진입하는 것을 막으려 했다. (6) 그러나 아군 제7군단 병사들이 방패로 머리 위를 빈틈없이 가리고 요새 쪽으로 흙더미를 쌓아올린 뒤 그곳을 함락하고는 그들을 숲에서 몰아냈다. 아군은 부상자가 몇 명 나지 않았다. (7) 하지만 카이사르는 그들이 도망하는 적군을 너무 멀리 추격하지 못하게 했으니, 그곳 지리에 익숙하지 못한 데다 그날은 대부분 지나간 터라 얼마 남지 않은 시간을 자신의 진지를 강화하는 데 쓰고 싶었기 때문이다.

10 (1) 이튿날 아침 카이사르는 보병과 기병으로 구성된 3개 부대를 내보내 도망하는 적군을 추격하게 했다. (2) 아군 병사들이 상당한 거리를 진격한 뒤에야 적군의 후위가 시야에 들어왔다. 바로 그때 퀸투스 아트리우스가 보낸 기수들이 카이사르에게 와서 보고하기를, 간밤에 심한 폭풍이 불어 거의 모든 함선이 피해를 입고 바닷가에 내던져졌으며, 닻도 밧줄도 견디지 못하고 선원들과 키잡이들도 돌풍의 힘을 감당하지 못해, (3) 그 결과 함선끼리 서로 충돌해 심각한 피해가 발생했다고 했다.

11 (1) 그런 보고를 받은 즉시 카이사르는 군단 병사들과 기병대가 더 이상 진격하지 말고 되돌아오게 하고는 자신은 함대가 있는 곳으로 향했다.

---

8 부대를 따라다니는 상인들.
9 아마도 스타우어(Stour) 강.

(2) 그가 가서 직접 확인해보니 대체로 전령들과 서찰이 보고한 그대로였다. 모두 40척을 잃었지만, 나머지 함선들은 힘들기는 해도 수리가 가능할 듯했다. (3) 그래서 그는 군단 병사들 중에서 숙련공들을 뽑고 대륙에서도 다른 숙련공들을 불러오게 하는가 하면, (4) 라비에누스에게 서찰을 보내 그의 휘하 부대원들을 시켜 되도록 많은 함선을 건조하라고 지시했다. (5) 또한 비록 힘들고 어려운 일이긴 하지만 함선들을 모두 해안으로 끌어올린 다음 함선들을 진지와 함께 방책으로 에워싸는 것이 가장 좋겠다고 생각했다. (6) 병사들이 밤낮을 가리지 않고 일했어도 이 작업은 열흘쯤 걸렸다. (7) 일단 함선들이 해안으로 끌어올려지고 진지가 방책으로 둘러싸이자 그는 전에 함대를 지키던 부대를 그대로 남겨두고 떠나왔던 곳으로 돌아갔다. (8) 그가 도착했을 때 그곳에는 이미 사방에서 더 많은 브리탄니아인 부대들이 집결해 있었다. 군통수권은 만장일치로 캇시벨라우누스에게 위임되어 있었는데, 그의 영토는 타메시스[10] 강에 의해 해안 부족들의 영토와 분리되어 있으며[11] 바다에서 80밀레 팟수스쯤 떨어져 있다. (9) 전에는 캇시벨라우누스와 다른 부족들 사이에 전쟁이 끊이지 않았지만, 로마군이 도착하자 브리탄니아인들이 크게 놀라 그를 최고사령관으로 임명했던 것이다.

12 (1) 브리탄니아 내륙지방에는 구전에 따라 자신들이 이 섬의 토착민이라고 주장하는 부족들이 살고 있다. (2) 해안지대에는 전쟁과 전리품을 찾아 벨기움[12]에서 건너온 부족들이 살고 있다. 이들 부족은 대부분 원래의 부족명으로 불린다. 나중에 그들은 그곳을 정복한 뒤 정착하여 농사를 짓기 시작했다. (3) 인구는 아주 많고 농가도 아주 많은데 갈리족의 농가와 흡사하며, 가축 수도 많다. (4) 청동이나 금화나 무게를 새겨 넣은 쇠막대를 돈으로 사용한다. 내륙지방에는 주석이 나고 해안지방에는

철이 나지만 소량이다. 청동은 수입해서 쓴다. (5) 갈리아에서 나는 목재는 그곳에도 다 있지만, 너도밤나무와 전나무는 나지 않는다.[13] (6) 토끼나 닭이나 거위 고기는 먹지 못하는 것으로 여기지만, 재미 삼아 이들 동물을 기르기는 한다. (7) 날씨는 갈리아보다 온화하며, 겨울 추위가 덜 심한 편이다.

13 (1) 섬은 삼각형이다. 그중 한 변(邊)은 갈리아를 마주하고 있으며, 이 변의 한쪽 모서리인 칸티움[14]은 갈리아에서 들어오는 거의 모든 배가 정박하는 곳이다. 이 모서리는 동쪽을 향하고 있고, 다른 모서리는 남쪽을 향하고 있다. 이 변은 길이가 5백 밀레 팟수스쯤 된다. (2) 두 번째 변은 히스파니아[15]와 서쪽을 향하고 있다.[16] 그쪽에 히베르니아[17]가 있는데 어림잡아 브리탄니아 크기의 절반쯤 되며, 브리탄니아가 갈리아에서 떨어져 있는 만큼 브리탄니아에서 떨어져 있다. (3) 그 중간에 모나[18]라는 섬이 있다. 그 근처에는 더 작은 섬이 몇 개 더 있는 것으로 믿어지는데,

---

10 지금의 템스(Thames) 강.
11 카이사르는 템스 강이 북쪽으로 흐른다고 생각했던 것 같다.
12 벨가이족의 영토. 지금의 프랑스 북동부, 벨기에, 네덜란드 남부, 라인 강 서쪽의 독일 일부를 포함한다.
13 주석은 내륙지방이 아니라 콘월(Cornwall) 지방에서 났을 것이며, 그 밖에 영국에도 너도밤나무와 전나무가 난다고 한다. 그래서 영국에 관한 카이사르의 이 부정확한 지지학적(地誌學的) 설명을 후세에 가필된 것으로 보는 이들도 있다.
14 지금의 켄트(Kent) 주.
15 에스파냐.
16 카이사르는 독일에서 프랑스로 이어지는 해안선이 영국 남부 해안선과 평행선을 그리는 것으로, 에스파냐는 실제보다 더 북쪽에 위치한 것으로 생각했던 것 같다.
17 지금의 아일랜드(Ireland).
18 여기서는 지금의 맨(Man) 섬.

제5권 149

몇몇 작가들에 따르면 그 섬들에서는 동지 때 밤이 한 달 동안 지속된다고 한다. (4) 우리가 탐문해봐도 그것이 사실인지 알아낼 수 없었지만, 물시계로 정확히 계측해본 결과 그곳은 밤이 대륙보다 짧다는 것을 확인할 수 있었다. (5) 브리탄니아의 이 변은 토착민들의 추산에 따르면 길이가 7백 밀레 팟수스쯤 된다. (6) 세 번째 변은 북쪽을 향하고 있다. 이 변과 마주하는 나라는 없고, 그 동쪽 모서리는 주로 게르마니아 쪽을 향하고 있다. 이 변은 길이가 7백 밀레 팟수스인 것으로 추산된다. (7) 따라서 섬 전체의 둘레는 2천 밀레 팟수스이다.

14 (1) 브리탄니아 섬의 모든 주민들 중에서는 전체가 해안지대인 칸티움 주민들이 가장 개화했는데, 그들의 생활방식은 갈리족과 크게 다르지 않다. (2) 내륙에 사는 주민들은 대부분 곡식은 재배하지 않고 우유와 고기로 살아가며 모피 옷을 입는다. (3) 모든 브리탄니아인들은 검푸른 색이 우러나는 대청(大靑)으로 몸에 물을 들이며, 그렇게 함으로써 싸움터에서 더 무시무시해 보인다. 그들은 머리털은 길게 기르지만, 머리털과 콧수염을 제외한 다른 신체 부위의 체모는 모두 면도한다. (4) 10명에서 12명의 남자가 아내들을 공유하는데, 특히 형제나 부자(父子)끼리 공유하는 경우가 많다. (5) 그사이에서 자식이 태어나면 그 여자가 맨 처음에 교합한 남자의 자식으로 간주된다.

15 (1) 적 기병대와 전차병들은 행군 중인 로마군 기병대를 맹렬히 공격했으나, 로마군 병사들이 모든 면에서 우위를 지키며 적군을 숲과 언덕으로 몰아냈다. (2) 아군 병사들은 다수의 적군을 죽였지만 추격에 너무 열중하다가 전사한 자도 몇 명 있었다. (3) 얼마 뒤 아군 병사들이 안심하고 진지 강화하는 일에 열중하고 있을 때 적군이 갑자기 숲에서 달려나

오더니 진지 앞의 초소들을 급습하며 맹공격을 시작했다. (4) 카이사르는 2개 대대, 즉 각 군단의 제1대대를 내보내 아군을 돕게 했다. 아군 병사들은 밀집대형을 이루고 있었지만, 적군의 생소한 작전에 어리둥절해하는 사이 적군은 대담하게 아군 병사들 사이를 돌파하여 사상자도 없이 퇴각했다. (5) 이날 연대장 퀸투스 라베리우스 두루스가 전사했다. 아군 쪽에서 더 많은 대대가 투입된 뒤에야 적군은 퇴각했다.

16 (1) 모두들 지켜보는 가운데 진지 앞에서 벌어진 이 생소한 전투에서 분명히 밝혀진 것은, 아군 보병 부대가 무장을 너무나 무겁게 하고 있어서 그런 적군을 상대하기가 어렵다는 점이었다. (2) 아군 보병 부대는 달아나는 적군을 추격할 수도 없고 밀집대형을 풀 수도 없었으니 말이다. 또한 아군 기병대도 큰 위험을 안고 싸우기는 마찬가지였는데, 적군은 일부러 달아나는 척하다가 아군 기병대가 군단 병력이 집결해 있는 곳에서 조금이라도 벗어나면 전차에서 뛰어내려 자기들에게 유리하게끔 보병으로서 싸울 수 있었기 때문이다. (3) 실제로 적군의 기병전 작전은 아군이 퇴각할 때나 추격할 때나 똑같은 위험에 빠뜨렸다. (4) 또 다른 어려움은 적군은 밀집대형을 이루어 싸우는 것이 아니라 서로 띄엄띄엄 떨어져 소부대로 나뉘어 싸우면서 여기저기 예비병들을 포진해둠으로써, 소부대끼리 서로 임무를 교대하여 기운이 팔팔한 소부대가 지친 소부대를 대치하게 한다는 점이었다.

17 (1) 이튿날 적군은 아군 진지에서 멀리 떨어진 언덕에 진을 치고는 소부대를 이루고 나타나 아군 기병대를 공격했으나 전날만큼 기세등등하지는 않았다. (2) 그러나 한낮에 카이사르가 3개 군단 병력과 기병대 전체를 내보내 부관 가이유스 트레보니우스의 지휘 아래 군량을 수송해오게

하자, 갑자기 적군이 군량을 수송하던 아군 병사들을 사방에서 기습하더니 군단들의 군기가 있는 곳까지 세차게 밀어붙였다. (3) 아군의 군단 병사들은 맹렬히 반격을 가하며 적군을 물리쳤고 추격의 고삐를 늦추지 않았다. 뒤에 군단 병사들이 보이자 그들이 지원해줄 것이라 믿고 아군 기병대가 추격에 나서자 적군은 허둥지둥 도망쳤다. (4) 아군 기병대는 적군이 다시 집결하거나 버티고 서거나 전차에서 뛰어내릴 틈을 주지 않고 다수의 적군을 죽였다. (5) 이 전투가 끝난 직후 사방에서 모여들었던 적군의 증원부대들은 뿔뿔이 흩어졌고, 그때부터 적군은 로마군과 교전할 때 전 병력을 동원하지 못했다.

18 (1) 적군의 계획을 알게 된 카이사르는 군대를 이끌고 캇시벨라우누스의 영토에 있는 타메시스 강으로 향했다. 이 강을 걸어서 건널 수 있는 곳은 한 군데뿐인데, 그곳도 건너기가 쉽지 않다. (2) 그가 그곳에 도착해서 보니 맞은편 강둑에 적군의 대부대가 포진해 있었고, (3) 강둑의 앞쪽을 따라 날카로운 말뚝들이 박혀 있었다. 같은 종류의 말뚝들이 물 밑에도 박혀 있었지만 강물에 가려 보이지는 않았다. (4) 포로와 탈영병들을 통해 이런 사실을 알게 된 카이사르는 기병대를 먼저 내보내고 이어서 군단 병사들이 바로 그 뒤를 따르게 했다. (5) 아군 병사들이 워낙 신속하고 힘차게 진격하자, 머리만 물 밖으로 나와 있는데도 적군은 아군의 군단 병사들과 기병대의 공격을 견디지 못하고 강둑을 뒤로한 채 달아났다.

19 (1) 앞서 말했듯이, 아군과 정면대결하지 않기로 작정한 캇시벨라우누스는 자신의 부대원들을 대부분 돌려보내고 약 4천 명의 전차병만 남겨두었다. 그리고 길에서 조금 물러나 짙은 덤불 속에 숨어서 아군의 행군

방향을 계속 지켜보았고, 우리 군이 어디로 가려 한다는 것을 알 때는 사람들과 가축 떼를 평지에서 숲 속으로 몰아넣었다. (2) 그리고 아군 기병대가 마음 놓고 들판을 쏘다니며 전리품을 노획하거나 약탈하면 그는 전차병들을 자신이 알고 있는 크고 작은 모든 길로 숲 속에서 내보내 아군 기병대에게 큰 타격을 가했다. 그래서 아군 기병대는 겁을 먹고 들판을 멀리 쏘다니지 못했다. (3) 그리하여 카이사르는 기병대가 군단들의 주력부대에서 멀리 이탈하지 않고 군단 병사들이 힘든 행군을 통해 획득한 지역 내에서만 약탈과 방화로 적군에게 피해를 입히게 하는 수밖에 없었다.

20 (1) 그사이 이 지역에서 사실상 가장 강력한 부족인 트리노반테스족이 카이사르에게 사절단을 보내 항복의 뜻을 전하며 그의 명령에 따르겠다고 약속했다. 그 부족의 만두브라키우스라는 젊은이가 대륙으로 카이사르를 찾아와 도움을 요청한 적이 있었는데, 부족의 왕이 된 그의 아버지가 캇시벨라우누스에게 살해당하고 그 자신은 목숨을 건지기 위해 도주했을 때였다. (2) 트리노반테스족의 사절단은 카이사르에게 만두브라키우스가 캇시벨라우누스에게 해를 입지 않도록 보호해줄 것과, 왕으로서 부족을 다스리도록 만두브라키우스를 보내줄 것을 요청했다. (3) 카이사르는 40명의 인질과 자신의 군대에게 먹일 식량을 요구하고 나서 만두브라키우스를 돌아가게 해주었다. (4) 그들은 그의 명령을 얼른 이행했고, 그가 요구한 만큼의 인질과 식량을 보내주었다.

21 (1) 그리하여 트리노반테스족이 보호를 받고 로마군에게 아무런 피해를 입지 않자, 케니마그니족, 세곤티아키족, 앙칼리테스족, 비브로키족, 캇시족도 카이사르에게 사절단을 보내 항복했다. (2) 이들한테서 카이

사르는 자기가 지금 머무르고 있는 곳에서 멀지 않은 곳에 수풀과 늪지로 둘러싸인 캇시벨라우누스의 요새가 있으며, 그곳에 상당수 사람과 가축 떼가 모여 있다는 것을 알아냈다. (3) 그런데 브리탄니아인들은 방벽과 해자로 둘러싸인 우거진 수풀을 '요새'라고 부르며 침입자의 공격을 피하기 위해 늘 그곳에 모이곤 한다. (4) 카이사르가 군단들의 병력을 이끌고 도착해보니 그곳은 자연에 인공이 절묘하게 가미된 훌륭한 요새였다. 그럼에도 그는 그곳을 양쪽에서 공격했다. (5) 적군은 한동안 저항했으나 로마군의 공격을 더 이상 버티지 못하고 요새의 다른 쪽으로 몰려나왔다. (6) 그곳에는 가축 떼가 많이 있었고, 수많은 적군이 도망치다가 그곳에서 사로잡히거나 죽음을 당했다.

22 (1) 그곳에서 그런 일이 벌어지는 동안 캇시벨라우누스는 앞서 말했듯이 바닷가에 자리 잡고 있는 칸티움으로 사절단을 보내, 그곳을 다스리는 네 명의 왕 킹게토릭스, 카르빌리우스, 탁시마굴루스, 세고박스에게 군대를 총동원해 로마군의 해군기지를 기습하라고 지시했다. (2) 그러나 그들이 로마군 진지 앞에 나타났을 때 로마군이 출동해 다수의 적군을 죽이고 귀족 출신 지휘관 루고토릭스를 생포한 뒤 사상자 없이 진지로 돌아왔다. (3) 이 전투 소식을 접한 캇시벨라우누스는 벌써 여러 번 패하여 자신의 나라가 쑥대밭이 된 데다 무엇보다 동맹국들의 이반으로 불안해진 나머지 아트레바테스족인 콤미우스의 중재로 카이사르에게 사절단을 보내 항복의 뜻을 전했다. (4) 카이사르는 갈리아에서 언제든지 반란이 일어날 가능성이 있어 대륙에서 겨울을 나기로 결심한 데다 얼마 남지 않은 여름마저 십중팔구 허송세월할 것 같아 인질들을 요구하고 브리탄니아가 해마다 로마 국민에게 바칠 공물(貢物)을 정한 다음, (5) 만두브라키우스나 트리노반테스족을 해코지하지 말라고 캇시벨라

우누스에게 으름장을 놓았다.

23 (1) 카이사르가 인질들을 인수한 뒤 군대를 이끌고 해안지대로 돌아가 보니 함선들이 모두 수리되어 있었다. (2) 그는 함선들을 바닷물에 띄우게 한 다음, 포로의 수가 많고 폭풍으로 함선 몇 척을 잃은 까닭에 군사들을 두 번에 나누어 수송하기로 결정했다. (3) 이해와 지난해에는 수많은 함선이 여러 차례 바다를 건넜지만 군사들을 태운 함선은 단 한 척도 잃은 적이 없었다. (4) 그러나 군사들이 브리탄니아에 상륙한 뒤 갈리아로 돌아간 함선들과 카이사르가 원정길에 오른 뒤 라비에누스가 건조한 함선 60척을 포함해 대륙에서 빈 배로 카이사르에게 돌려보내진 함선들 중에서는 극소수만 목적지에 도착하고, 나머지는 거의 대부분 폭풍에 떠밀려 표류했다. (5) 한동안 기다려보았으나 소용없자, 카이사르는 추분이 다가와 아예 항해를 못하게 될까 두려워서 군사들을 여느 때보다 더 빽빽하게 승선시킬 수밖에 없었다. (6) 그리고 바다가 아주 잔잔해지자 그는 자정 조금 전에[19] 출항했는데, 동틀 무렵 전 함대가 무사히 목적지에 도착했다.[20]

사비누스의 부대가 에부로네스족에게 대패하다 (기원전 54년)

24 (1) 함선들은 해안으로 끌어올려졌고, 사마로브리바[21]에서는 갈리족의 회의가 열렸다. 그해 갈리아에는 가뭄이 들어 식량이 모자랐다. 그래서 카이사르는 종전에 군대가 월동하던 방법을 바꿔 군단들을 여러 부족의

---

19 원전에는 제2야경 시, 즉 밤 9시~자정.
20 카이사르는 7월 초부터 9월 말까지 브리탄니아에 머물렀다.
21 지금의 아미앵(Amiens). 카이사르는 그런 회의를 정기적으로 개최했던 것 같다.

영토에 분산 배치하지 않을 수 없었다. (2) 한 군단은 부관 가이유스 파비우스 지휘 아래 모리니족의 영토에, 다른 군단은 퀸투스 키케로의 지휘 아래 네르비이족의 영토에, 세 번째 군단은 루키우스 로스키우스의 지휘 아래 에수비이족의 영토에 파견되었으며, 티투스 라비에누스 휘하의 네 번째 군단은 트레베리족과 국경을 맞대고 있는 레미족의 변경지역에서 겨울을 나도록 명령받았다. (3) 카이사르는 그 밖의 3개 군단은 벨가이족 영토에 배치했는데, 그들은 재정관 마르쿠스 크랏수스와 부관들인 루키우스 무나티우스 플랑쿠스와 가이유스 트레보니우스가 지휘하게 했다. (4) 최근에 파두스²² 강 북쪽에서 모병한 1개 군단은 5개 대대로 구성된 부대와 함께 주로 모사 강과 레누스 강 사이에 살면서 당시에는 암비오릭스와 카투볼쿠스의 통치를 받던 에부로네스족의 영토로 파견되었다. (5) 카이사르는 이들 병력은 자신의 부관들인 퀸투스 티투리우스 사비누스와 루키우스 아우룽쿨레이우스 콧타가 지휘하게 했다. (6) 그는 군단들을 이렇게 분산 배치해야 식량 부족사태에 가장 쉽게 대처할 수 있을 것이라고 생각했다. (7) 그러나 루키우스 로스키우스의 지휘 아래 가장 조용하고 평화로운 지역으로 이동한 군단 말고는 모든 군단의 월동 진지는 서로 1백 밀레 팟수스 거리 안에 있었다. (8) 한편 카이사르는 군단들이 모두 자리를 잡고 월동 진지들이 요새화하는 것을 확인할 때까지 갈리아에 머무르기로 결정했다.

25 (1) 카르누테스족 중에는 조상들이 부족의 왕을 지낸 타스게티우스라는 명문 귀족이 있었다. (2) 카이사르는 원정 때마다 그의 각별한 지원을 받은 터라 그가 보여준 용기와 호의에 대한 보답으로 그를 선조들과 같은 반열에 올려놓았다. (3) 그가 다스린 지 2년이 지났을 때 그의 적들이 수많은 부족민의 공개적인 사주를 받아 그를 살해했다. 이 사건은 카이사

르에게 보고되었다. (4) 많은 사람들이 연루된 사건인지라 그는 살해자들이 부족민들을 부추겨 반란을 일으키게 하지 않을까 두려웠다. 그래서 그는 루키우스 플랑쿠스로 하여금 벨기움에서 군단 병력을 이끌고 한시바삐 카르누테스족의 영토로 가서 그곳에서 겨울을 나되, 타스게티우스 살해 사건에 연루된 자들을 모두 체포해 자기에게 압송하게 했다. (5) 그 사이 그는 자신이 군단 병력을 맡긴 모든 부관과 재정관에게서 그들이 목적지에 도착하여 월동 진지를 요새화했다는 보고를 받았다.

26 (1) 아군이 월동 진지에 도착하고 보름쯤 지났을 때, 암비오릭스와 카투볼쿠스의 사주를 받은 에부로네스족이 갑자기 공공연하게 반란을 일으켰다. (2) 이들은 자신들의 영토 경계에서 사비누스와 콧타를 영접하고 로마군의 월동 진지로 식량까지 보내주었건만 트레베리족인 인두티오마루스의 전갈을 받고는 부족민을 모은 다음, 나무하러 간 로마군 병사들을 갑자기 습격하는 한편 월동 진지를 공격하려고 대규모 병력을 이끌고 나타났다. (3) 아군 병사들은 서둘러 무기를 들고 보루 위로 올라갔다. 또 한쪽에서는 히스파니아의 기병대가 출동해 기병전에서 이기자 적군은 승산이 없다고 보고 공격하다 말고 뒤로 물러났다. (4) 그러더니 그들은 회담을 열 수 있도록 우리 편에서 누군가를 내보내라고 그들의 관습대로 요란하게 떠들어대며, 자기들은 전할 말이 있는데 그것은 양쪽 모두에게 이익이 되고 아마도 이번 분쟁을 종식시킬 수 있을 것이라고 주장했다.

27 (1) 그들과 회담하도록 로마의 기사계급 출신으로 퀸투스 티투리우스

22　지금의 포(Po) 강.

사비누스의 절친한 친구인 가이유스 아르피네이유스가 파견되었고, 전에 이미 여러 번 카이사르의 명을 전하려고 암비오릭스에게 간 적이 있는 히스파니아 출신 퀸투스 유니우스가 동행했다. 그들에게 암비오브릭스는 다음과 같이 말했다. (2) 그는 카이사르가 자신에게 베풀어준 모든 호의에 진심으로 고마워하고 있으며, 그가 이웃 부족인 아두아투키족에게 늘 바치곤 하던 조공에서 해방된 것도 카이사르 덕분이다. 아두아투키족에게 인질로 맡겨져 노예처럼 사슬에 묶여 있던 그의 아들과 조카를 그에게 돌려보내준 것도 카이사르였다. (3) 그가 로마군의 진지를 공격한 것은 그가 자의로 결정한 것이 아니라, 부족민의 강요에 의한 것이다. 그는 절대군주가 아닌지라, 그가 대중에 대한 권한이 있는 만큼 대중도 그에 대한 권한이 있기 때문이다. (4) 또한 그의 부족이 전쟁을 시작한 것은 갈리족의 갑작스러운 공모에 대항할 수 없었기 때문이다. 그가 한 말을 확실히 입증해주는 것은 다름 아니라 그의 힘이 미약하다는 점이다. 그는 자신의 군대만으로 능히 로마군을 이길 수 있다고 생각할 만큼 무지하지 않기 때문이다. (5) 이번 거사는 갈리아 전체의 결의사항이다. 그리고 바로 오늘이 카이사르의 모든 월동 진지를, 로마 군단들이 서로 도우러 가지 못하도록 동시에 공격하게 되어 있는 날이다. (6) 같은 갈리족으로서 갈리족의 지원 요청을 거절하기가 쉽지 않았으니, 무엇보다도 부족 전체의 자유를 회복하는 것이 그들의 목표인 것처럼 보였기 때문이다. (7) 그러나 이제는 조국을 위해 할 만큼 했으니, 그는 카이사르가 자기에게 베푼 은혜를 생각해서라도 친구이자 손님인 사비누스에게 자신과 자신의 군사들의 안전을 생각하라고 경고하고 간청하지 않을 수 없다. (8) 게르마니족 용병부대가 대거 레누스 강을 건넜으니 이틀 안으로 이곳에 나타날 것이다. (9) 그러니 사비누스와 콧타는 이웃 부족들이 알아차리기 전에 월동 진지에서 군대를 인솔해 50밀레 팟수스쯤 떨어진 키케로의 진지나 그보다 좀 더 멀리 떨어진 라비에누스의 진지로 갈 것인지 결정해야 할 것이다. (10) 그는 그들이 자신의 영토를 무사히 통과하도록 해주겠다고 약속하고 서약한다며, (11) 그러한 행동은 로마군의 월동 진지라는 짐을 벗는다는 점에서 그의 부족에게 이익이 되는 동시에 카이사르가 베푼 은혜에 보답하는 일이 될 것이라고 했다. 그렇게 말한 뒤 암비오릭스는 자리를 떴다.

28 (1) 아르피네이유스와 유니우스가 들은 대로 보고하자 부관들이 듣고는 이 돌발사태에 크게 당황했으니, 비록 적군이 한 말이지만 무시해서는 안 될 것이라고 생각했기 때문이다. 무엇보다 마음에 걸린 것은 에부로네스족같이 보잘것없고 미미한 부족이 자진하여 로마군을 공격했다는 사실이 도무시 믿어지지 않는다는 점이었다. (2) 그래서 그들이 이 안건을 회의에 부치자 격론이 벌어졌다. (3) 루키우스 아우룽쿨레이우스 콧타와 다수의 연대장과 수석 백인대장들은 성급하게 조치를 취하거나 카이사르의 명령 없이 진지를 떠나서는 안 된다고 생각했다. (4) 그들은 월동 진지가 일단 요새화하면 아무리 많은 게르마니족 군대도 막아낼 수 있다며, (5) 그 증거로 그들이 적군의 첫 번째 공격을 용감무쌍하게 물리쳤을 뿐 아니라 적군에게 심각한 타격을 가했던 사실을 내세웠다. 그들은 군량도 부족하지 않으며, (6) 그사이 가까운 월동 진지나 카이사르에게서 증원부대가 올 것이라고 했다. (7) 끝으로, 사활이 걸린 그런 중대사를 적군의 조언에 따라 결정하는 것보다 더 경솔하고 수치스러운 짓이 어디 있겠느냐고 했다.

29 (1) 이에 대해 티투리우스 사비누스는 만약 게르마니족이 가세한 가운데 수많은 적군의 무리가 도착하거나 가까운 월동 진지에서 재앙이라도

일어난다면 그때는 이미 손을 쓸 수 없을 것이라고 큰 소리로 대답했다. (2) 생각할 시간이 조금밖에 남지 않았다. 카이사르는 아마도 이탈리아로 떠났을 것이다. 그렇지 않다면 카르누테스족이 타스게티우스를 죽일 생각을 하지 못했을 것이며, 카이사르가 갈리아에 있다면 에부로네스족도 로마군을 그렇게 우습게보고 로마군 진지를 공격하지 않았을 것이다. (3) 그가 주목하는 것은 적군의 언동이 아니라 실제 상황이다. 레누스 강은 가까이 있으며, 게르마니족은 아리오비스투스의 죽음과 지금까지의 로마군의 승리에 분개하고 있다. (4) 갈리아도 로마 국민에게 종속된 뒤 온갖 수모를 당하고, 이전에 전쟁터에서 얻었던 명성을 잃은 것에 격노하고 있다. (5) 끝으로, 암비오릭스가 확실한 근거도 없이 그런 조치를 취했다고 누가 자신할 수 있겠는가? (6) 그의 제안은 어느 모로 보나 안전하다. 만약 더 큰 불상사가 일어나지 않는다면 그들은 아무 위험 없이 가까운 군단에 도착할 것이고, 만약 갈리아 전체가 게르마니족과 연합한다면 살 수 있는 유일한 길은 도주하는 것이기 때문이다. (7) 그와 생각을 달리하는 콧타와 다른 사람들의 제안을 받아들인다면 결국 어떻게 될까? 당장에는 위험을 내포하고 있지 않다 해도 오랫동안 포위공격 당하면 틀림없이 굶주림에 시달리게 될 것이다.

30 (1) 이렇게 두 가지 상반된 견해가 제시된 뒤 콧타와 수석 백인대장들이 강력히 반대하자 사비누스는 다수의 병사가 들을 수 있도록 목청을 돋우어 말했다. "정 그렇다면 여러분 뜻대로 하시오. (2) 나도 여러분 못지않게 죽음이 두렵지 않소. 여기 이 병사들은 알 것이오. 만약 어떤 불상사가 일어난다면, 콧타여, 그들은 그대에게 책임을 물을 것이오. (3) 그대가 찬성한다면 그들은 모레쯤 가까운 진지에 도착하여, 버림받은 자나 추방자들처럼 전우들에게서 멀리 떨어져 도륙당하거나 굶어 죽는 대

신 다른 전우들과 함께 전쟁의 위험을 견뎌낼 테니 말이오."

31 (1) 회의에 참석한 장교들이 자리에서 일어나 두 장군의 팔을 잡으며 언쟁을 벌이고 고집을 부리다가 크나큰 위험을 자초하지 말라고 간청했다. (2) 그러면서 그들이 남든 떠나든 모두가 한 가지 의견에 찬성만 한다면 어려울 것이 없겠지만, 언쟁이 계속된다면 구원의 가능성이 보이지 않는다고 했다. (3) 논쟁은 밤중까지 계속되었다. 결국 콧타가 양보하고, 사비누스의 계획이 관철되었다. (4) 동틀 무렵에 출발하라고 통보되었다. 병사들은 저마다 무엇을 휴대하고 어떤 월동 장비를 남겨두고 갈 것인지 살펴보느라 남은 밤을 뜬눈으로 새웠다. (5) 그들은 남는 것이 왜 위험한지, 대원들이 계속해서 파수를 보느라 지치면 어째서 위험이 가중되는지 증명하려고 온갖 이유를 다 생각해냈다. (6) 그들은 적이 아니라 절친한 친구가 그렇게 하도록 조언했다고 확신하고는 동틀 무렵 진지를 출발했는데, 대열은 아주 길었고 짐은 몹시 무거웠다.

32 (1) 적군은 간밤에 로마군 병사들이 떠들어대고 파수를 보느라 소란을 떠는 소리를 듣고 로마군이 철군하려 한다는 것을 알아차리고는 두 패로 나뉘어 2밀레 팟수스쯤 떨어진 숲 속 후미진 곳에 매복하고 로마군이 다가오기를 기다렸다. (2) 로마군 대열이 대부분 깊숙한 골짜기로 내려갔을 때 갑자기 적군이 골짜기 양쪽에서 나타나더니 후위는 공격하고 전위는 올라오지 못하게 막으면서 로마군에게 몹시 불리한 지형에서 싸움을 걸어왔다.

33 (1) 이런 일을 전혀 예견하지 못한 사비누스는 그제야 놀라서 이리 뛰고 저리 뛰며 자신의 대대원들을 정렬시켰다. 그렇게 하면서도 그는 두려

운 빛이 역력했고, 완전히 정신 나간 사람 같았다. 이런 일은 대개 전투가 벌어지고 나서야 생각하기 시작하는 사람들에게 일어난다. (2) 그러나 콧타는 행군 중에 이런 일이 일어날 수 있다고 보았고, 그래서 철군에 반대했던 것이다. 그는 아군을 구하기 위해 최선을 다했으니, 병사들의 이름을 부르며 격려함으로써 장군의 임무를 수행하는가 하면 직접 전투에 참가함으로써 사병의 임무를 수행했다. (3) 대열이 길다 보니 장군들은 모든 것을 직접 살피며 각 지점에 무엇이 필요한지 예견하기가 어려워서 짐을 버리고 원진(圓陣)을 짜라는 명령을 대열을 따라 전달하게 했다. (4) 이런 작전은 그러한 상황에서 비난받을 것은 아니라 해도 불행한 결과를 초래했으니, (5) 아군의 사기를 꺾고 적군의 전의를 북돋워주었다. 로마군은 분명 절망과 공황상태에 빠지지 않고서는 그렇게 하지 않았을 것이기 때문이다. (6) 피할 수 없는 또 다른 결과는 아군 병사들이 도처에서 자신들의 부대 기(旗)를 떠나 짐을 놓아둔 곳으로 달려가서는 가장 값진 소지품을 찾아내느라 함성과 비명이 천지를 진동했다는 것이다.

34 (1) 반면 야만족은 그럴 줄 알고 대비책을 세워놓았으니, 그들의 지휘관들은 아무도 제자리를 떠나지 말라는 명령을 대열을 따라 전달하게 하면서 로마군이 남겨둔 것은 무엇이든 그들의 전리품이며 그들 몫이니 모든 것은 승리에 달려 있음을 명심해야 할 것이라고 했다. (2) 그들은 전투력에서나 병력 수에서 로마군과 대등했다. 아군 병사들은 비록 지휘관[23]과 행운에게 버림받았지만 자신들이 살 길은 용기밖에 없다고 생각했다. 그래서 1개 대대가 출동할 때마다 그곳에서는 다수의 적군이 쓰러졌다. (3) 이를 보고 암비오릭스는 부하들에게 너무 가까이 다가가지 말고 멀리서 무기를 투척하라는 명령을 전달하게 했다. 그는 또 로마군

이 공격해오면 뒤로 물러서라고 부하들에게 일렀다. (4) 그러면서 그들은 경무장을 하고 있는 데다 날마다 훈련받은 까닭에 피해를 입지 않을 것이라며, 로마군이 부대 기가 있는 곳으로 퇴각하면 그때 추격하라고 했다.

35 (1) 그의 부하들은 그가 지시한 그대로 했으니, 1개 대대가 원진을 떠나 공격할 때마다 적군은 잽싸게 퇴각했다. (2) 아군 대대가 출동하면 어쩔 수 없이 원진에 잠시 틈이 생겨 그들 옆에 서 있던 아군 부대의 오른쪽[24]은 적군의 날아오는 무기에 노출될 수밖에 없었다. (3) 또한 아군 대대가 원래 위치로 퇴각하기 시작하면 퇴각했던 적군과 그들 바로 옆에 서 있던 적군에게 포위당했다. (4) 그러나 원진을 고집하는 한 아군은 용전분투할 틈이 나지 않았을뿐더러, 너무 밀집해 있어서 수많은 적군이 투척해대는 날아다니는 무기를 피할 수도 없었다. (5) 이토록 불리한 상황에서 수없이 부상을 당하면서도 아군 병사들은 대항했고, 동틀 무렵부터 오후 2시까지 한나절 이상을 싸우는 동안 그들답지 않은 짓은 일절 하지 않았다. (6) 그때 지난해 수석 백인대장이었던 용감하고 명망 높은 티투스 발벤티우스는 투창에 양쪽 허벅지를 관통당했고, (7) 같은 백인대장인 퀸투스 루카니우스는 포위당한 아들을 도우러 가서 용전분투하다가 전사했다. (8) 그리고 부관인 루키우스 콧타는 대대와 100인대를 일일이 격려하다가 날아온 돌에 맞아 얼굴에 부상을 입었다.

36 (1) 퀸투스 티투리우스 사비누스는 이 모든 사건에 크게 놀라 조금 떨어

---

23 사비누스.
24 왼손에 방패를 드는 까닭에 오른쪽은 노출될 수밖에 없다.

진 곳에서 암비오릭스가 군사들을 격려하고 있는 모습이 보이자 통역관 그나이우스 폼페이유스를 그에게 보내 자신과 로마군 병사들의 목숨을 구해달라고 요청하게 했다. (2) 이에 대해 암비오릭스는 회담을 하고 말고는 사비누스의 뜻에 달려 있지만 자기는 아마도 로마군의 목숨을 구해주도록 군사들을 설득할 수 있을 것 같다며, 아무튼 사비누스는 해를 입지 않게 해주겠다고 서약까지 했다. (3) 사비누스는 이 말을 부상당한 콧타에게 전하고 둘이서 싸움터를 떠나 암비오릭스와 회담하자고 제안하면서, 암비오릭스가 아마도 자신과 로마군 병사들의 목숨을 구해줄 것 같다고 했다. 그러나 콧타는 무장한 적에게는 가지 않겠다며 끝까지 뜻을 굽히지 않았다.

37 (1) 그러자 사비누스가 지금 당장 자기 곁에 있는 연대장들과 수석 백인대장들에게 자기를 따르라고 명령했다. 그가 가까이 다가가자 암비오릭스는 그에게 무구를 벗어던지라고 명령했다. 그는 시키는 대로 하며 일행에게도 그렇게 하라고 했다. (2) 둘 사이에 회담이 시작되어 암비오릭스가 고의로 회담을 질질 끄는 사이 사비누스는 차츰차츰 적군에게 포위되다가 살해당하고 말았다. (3) 그러자 적군은 그들 관습대로 승리의 환호성을 지르며 아군을 공격하여 대열을 돌파했다. (4) 그곳에서 루키우스 콧타는 대부분의 병사들과 함께 싸우다가 죽었고, 나머지 병사들은 떠나왔던 진지로 되돌아갔다. (5) 그중에는 루키우스 페트로시디우스라는 기수(旗手)도 있었는데, 그는 다수의 적군이 바싹 뒤쫓아오자 독수리 군기를 요새 안에 던져넣고 진지 앞에서 용감무쌍하게 싸우다가 죽었다. (6) 아군 병사들은 해가 질 때까지 힘겹게 적군의 공격을 막아내다가 해가 지자 살길이 아주 없다고 보고 모두 자결했다. (7) 싸움터를 빠져나온 소수만이 숲길을 이리저리 헤매다가 라비에누스의 진지로 가

서 그동안 일어난 일을 보고했다.

네르비이족이 키케로의 월동 진지를 공격하다 (기원전 54년)

38 (1) 암비오릭스는 승리감에 도취되어 곧장 기병대를 이끌고 자신의 영토와 경계를 맞대고 있는 아두아투키족의 나라로 향했다. 그는 하룻밤 하루 낮을 쉬지 않고 행군하며 보병들에게 자기를 따르라고 명령했다. (2) 그는 자신의 성공담으로 아두아투키족을 분기시킨 뒤, 이튿날 네르비이족에게 가서 그들을 영원히 해방하고 로마인들에게 당한 불의를 복수할 수 있는 기회를 놓치지 말라고 격려했다. (3) 그러면서 부관이 두 명이나 죽고 로마군이 대부분 죽었으니, (4) 월동 진지에 있는 키케로의 군단을 기습해 전멸시키는 것은 식은 죽 먹기라며 이번 일에는 자기가 적극 돕겠다고 약속하자, 네르비이족은 그의 말에 쉽게 설득당했다.

39 (1) 그래서 네르비이족은 자신들의 지배 아래 있는 부족들인 케우트로네스족, 그루디이족, 레바키족, 플레우목시이족, 게이둠니족에게 즉시 전령을 파견하여 최대한 군사들을 모은 뒤 사비누스가 죽었다는 소식을 아직 접하지 못한 키케로의 월동 진지 앞에 갑자기 나타났다. (2) 사비누스의 경우에도 그랬듯이, 퀸투스 키케로의 경우에도 일부 병사들이 땔나무와 방어용 목재를 구하러 숲 속에 들어갔다가 적군 기병대가 갑자기 들이닥치는 바람에 퇴로를 차단당할 수밖에 없었다. (3) 그들은 포위되었고, 이어서 에부로네스족, 네르비이족, 아두아투키족이 자신들의 동맹군과 예속민과 더불어 군단 진지를 대대적으로 공격하기 시작했다. 아군 병사들은 즉시 무기 있는 곳으로 달려갔다가 요새 위로 올라갔다. (4) 그날 아군은 고전을 면치 못했다. 적군은 이 전투에서 이기면 최후의 승자가 되리라 확신하고 속전속결에 모든 희망을 걸었기 때문이다.

40 (1) 퀸투스 키케로는 카이사르에게 지체 없이 서찰을 보내며, 제대로 전달하기만 하면 큰 상을 내리겠다고 급사(急使)들에게 약속했다. 그러나 도로가 모두 봉쇄되어 급사들이 붙잡혔다. (2) 그날 밤 아군 병사들은 방어용으로 쓰려고 모아놓은 목재로 모두 120개나 되는 탑을 놀라운 속도로 만들어냈다. 방어시설에 약점이 보이면 모두 보완했다. (3) 이튿날 더 많은 적군이 아군 진지를 공격하며 해자를 메웠고, 아군은 전날과 같은 방법으로 대항했다. (4) 비슷한 공격이 날마다 계속되었고, (5) 밤에도 일은 중단되지 않았다. 그리하여 환자도 부상자도 밤잠을 잘 수 없었다. (6) 그다음 날 공격을 물리치는 데 필요한 모든 것은 밤에 준비되었다. 끝을 불에 달군 뾰족한 말뚝과 성벽 위에서 싸울 때 쓰이는 투창이 수없이 만들어졌고, 탑들에는 발판과 성가퀴와 나뭇가지로 엮은 흉벽들을 댔다. (7) 건강이 좋지 않은 키케로는 밤에도 쉬려 하지 않았지만, 병사들이 몰려가 간절히 요청하자 결국 휴식을 취했다.

41 (1) 마침내 네르비이족의 장군들과 지도자들 가운데 자신은 키케로와 친분이 있어 그와 대화할 수 있다고 주장하는 자들이 그에게 회담을 요청했다. (2) 그들의 요청이 받아들여지자, 그들은 암비오릭스가 사비누스에게 한 것과 같은 말을 늘어놓았다. (3) 말하자면 갈리아 전체가 무장했고, 게르마니족은 이미 강을 건넜으며, 카이사르와 그의 부관들의 월동 진지들은 공격당하고 있다고 했다. (4) 그들은 또 사비누스가 죽었다고 전하면서 자기들 말이 사실임을 입증하기 위해 암비오릭스를 가리켰다. (5) 그리고 만약 로마군이 전우들의 지원과 도움을 기대한다면 그것은 큰 오산이라며, 전우들도 이미 절망적인 상황에 놓여 있기 때문이라고 했다. 그러나 그들은 월동 진지를 제공하기를 거절하는 것 말고는 퀸투스 키케로와 로마 국민들에게 아무런 반감이 없다며, 자기들은 그것

이 관행으로 굳어지는 것을 원하지 않는다고 했다. (6) 그들은 로마군이 아무런 피해도 입지 않고 월동 진지를 떠나 어디든 원하는 곳으로 안심하고 갈 수 있게 해주겠다고 했다. (7) 이에 대해 퀸투스 키케로는 무장한 적과 타협하는 것은 로마 국민의 관습이 아니라고만 대답했다. (8) 또한 만약 그들이 무기를 내려놓는다면 그들이 카이사르에게 사절단을 보낼 수 있도록 자기가 주선해주겠다며, 카이사르는 공정한 분이라서 아마도 그들의 요청을 들어줄 것이라고 했다.

42 (1) 네르비이족은 퀸투스 키케로를 함정에 빠뜨리려다가 뜻대로 되지 않자, 10페스 높이의 방벽과 15페스 너비의 해자로 아군의 월동 진지를 에워싸기 시작했다. (2) 그들은 지난 몇 년 동안 아군의 시공 방법을 눈여겨보고 포로로 잡은 아군 병사들한테 배움으로써 이런 기술을 익혔던 것이다. (3) 그러나 그들은 이런 공사에 적합한 도구가 없어서 검으로 뗏장을 뜨고 맨손과 외투로 흙을 퍼날라야 했다. (4) 이것만 봐도 적군의 수가 얼마나 많은지 알 수 있었다. 그들은 세 시간도 안 되어 둘레가 3밀레 팟수스[25]나 되는 방벽을 완성했기 때문이다. (5) 다음 며칠 동안 적군은 아군 포로들이 가르쳐준 대로 아군의 보루 높이에 맞춰 탑을 준비하고, 공성용 쇠갈고리와 이동식 방호벽을 만들기 시작했다.

43 (1) 포위공격당한 지 이레째 되던 날 강풍이 일기 시작하자, 적군은 갈리아식으로 지붕을 짚으로 인 로마군 막사들에 투석기를 이용해 발갛게 달군 진흙탄과 화전(火箭)을 쏘기 시작했다. (2) 아군 막사들은 금세 불이 붙었고, 불길은 강풍을 타고 진지 곳곳으로 번졌다. (3) 적군은 자신

---

[25] 1만 5천 페스로 읽는 텍스트도 있다.

들이 벌써 이겼다고 보고 크게 함성을 지르면서 탑과 이동식 방호벽들을 앞으로 밀어붙이며 사다리를 타고 아군 보루를 오르기 시작했다. (4) 그러나 아군 병사들은 도처에서 화염에 그슬리고 비 오듯 쏟아지는 무기들에 시달리고 자신들의 짐과 소유물이 모두 잿더미로 변하고 있다는 것을 알면서도 용전분투했으니, 어느 누구도 보루에서 뛰어내려 도망치지 않았고, 어느 누구도 고개를 돌려 뒤돌아보지 않았다. 대신 그들은 하나같이 더없이 치열하고 용감하게 싸웠다. (5) 이날은 아군 병사들에게 가장 힘겨운 날이었다. 하지만 이날 아군 병사들은 여느 날보다 더 많은 적군을 죽이고 부상을 입혔으니, 적군은 보루 바로 밑에 밀집해 있는 데다 후위에 있는 자들이 선두대열에게 물러날 틈을 주지 않았기 때문이다. (6) 불길이 잠시 수그러진 사이에 어느 한곳에서 공성탑 하나가 보루를 향해 밀려왔다. 그러자 제3대대의 백인대장들이 서 있던 곳에서 뒤로 물러나며 대원들도 모두 뒤로 물리더니, 적군에게 손짓을 하며 들어올 테면 들어와보라고 소리쳤다. 그러나 적군은 아무도 앞으로 나서지 못했다. (7) 그러자 아군이 사방에서 돌을 던지며 적군을 몰아내고 탑은 불살라버렸다.

44 (1) 이 군단에는 티투스 풀로와 루키우스 보레누스라는 용맹무쌍한 백인대장 두 명이 있었는데, 둘 다 수석 백인대장으로의 승진을 앞두고 있었다. (2) 두 사람은 누가 더 훌륭한 전사인가를 놓고 늘 다투었고, 주요 보직을 두고 해매다 치열하게 경쟁했다. (3) 보루에서의 전투가 최고조에 달했을 때, 풀로가 외쳤다. "여보게 보레누스, 무엇을 망설이는가? 자네의 용기를 보여주고 싶다면 이보다 더 좋은 기회가 어디 있겠는가? 우리 둘 사이의 경쟁은 오늘 결판을 내도록 하세." (4) 이렇게 말하고 그는 보루 밖으로 나가 적군의 대열이 가장 밀집해 있는 곳으로 돌진했다.

(5) 그러자 보레누스도 자기가 뒤에 처지면 남들이 어떻게 생각할까 두려워 보루 안에 머무르지 않고 그를 바싹 뒤쫓았다. (6) 그때 적군 바로 앞에 멈추어 선 풀로가 창을 던져 대열을 떠나 앞으로 달려나오던 적병을 꿰뚫었다. 적병이 정신을 잃고 쓰러지자 그의 전우들이 그를 방패로 가려주며 일제히 무기를 투척해 풀로가 더는 앞으로 다가오지 못하게 했다. (7) 투창 하나가 풀로의 방패를 뚫고 그의 검대(劍帶)에 꽂혔다. (8) 그 충격으로 그의 칼집이 한쪽으로 밀리는 바람에 그는 빨리 검을 빼지 못해 어려움을 겪다가 적군에게 포위되고 말았다. (9) 그때 그의 경쟁자인 보레누스가 그를 곤경에서 구하러 달려오자 (10) 적군은 풀로는 내버려두고 즉시 보레누스 쪽으로 향했으니, (11) 풀로가 투창에 치명상을 입은 줄 알았던 것이다. 보레누스는 검을 빼어 들고 접전을 벌이며 공격해오던 적군 한 명을 죽이고 나머지 적들도 뒤로 물리쳤다. 그러나 너무 세차게 밀어붙이다가 발을 헛디뎌 구덩이에 넘어졌다. (12) 이번에는 그가 포위되자 풀로가 도우러 갔다. 두 사람은 적군을 여러 명 죽이고 무사히 보루 안으로 돌아와 크게 갈채를 받았다. (13) 이렇듯 두 사람의 경쟁과 싸움에는 행운이 따라 두 사람은 치열한 경쟁을 하면서도 서로 돕고 서로 구할 수 있었다. 그리하여 둘 중 누가 더 용감한지는 결판날 수 없었다.

45 (1) 날이 갈수록 적군의 포위공격은 더 거세지고 더 잔인해졌다. 무엇보다 아군 중에 부상자가 속출하여 소수의 병사들이 방어 임무를 맡아야 했기 때문이다. 사태가 점점 악화되자 퀸투스 키케로는 카이사르에게 서찰을 보내려고 몇 번이나 시도해보았다. 그러나 아군 전령 가운데 몇 명은 붙잡혀 아군 병사들이 보는 앞에서 고문당하다가 죽었다. (2) 아군 진지에는 베르티코라는 네르비이족 귀족이 와 있었는데, 그는 포위공격

이 시작되자마자 키케로에게 탈주해와서 충성을 다하고 있었다. (3) 베르티코는 자신의 노예에게 자유와 큰 보상을 약속하며 카이사르에게 서찰을 전하도록 설득했다. (4) 그 노예는 서찰을 투창에 맨 뒤 아무 의심도 사지 않고 갈리족으로서 갈리족 사이를 지나 카이사르가 있는 곳으로 갔다. (5) 그리하여 그를 통해 카이사르는 키케로와 그의 군단이 곤경에 빠져 있다는 것을 알게 되었다.

46 (1) 카이사르는 오후 4시쯤에 서찰을 받아보고는 즉시 벨로바키족의 영토로 재정관 마르쿠스 크랏수스에게 전령을 보냈는데, 그의 월동 진지는 25밀레 팟수스쯤 떨어져 있었다. (2) 카이사르는 그에게 군단 병력을 이끌고 밤중에 출발하여 자기가 있는 곳[26]으로 빨리 오라고 지시했다. 크랏수스는 전령이 도착한 직후 출발했다. (3) 카이사르는 자신의 부관인 가이우스 파비우스에게 다른 전령을 보내 자기도 통과할 예정인 아트레바테스족의 영토로 군단 병력을 인솔해오라고 지시했다. (4) 카이사르는 또한 라비에누스에게 서찰을 보내, 위험을 무릅쓰지 않고도 그럴 수 있다면 네르비이족의 영토로 군단 병력을 이끌고 오라고 지시했다. (5) 다른 군단들은 멀리 떨어져 있어서 그들이 집결하기를 기다리는 것은 바람직하지 않다고 생각했다. 그러나 그는 가까운 월동 진지들에서 기병 약 4백 명을 소집했다.

47 (1) 이튿날 아침 크랏수스의 선발대가 도착해 크랏수스가 오고 있다고 알리자 카이사르는 9시쯤 출발하여 20밀레 팟수스를 행군했다. (2) 그는 크랏수스에게 사마로브리바를 맡기며 그가 인솔해온 군단 병력으로 그곳에 두고 온 군수품, 여러 부족이 맡긴 인질들, 공문서, 겨울을 나려고 모아놓은 군량 등을 지키게 했다. (3) 얼마 뒤 파비우스와 그의 군단

도 명령받은 대로 행군하다가 카이사르와 합류했다. (4) 라비에누스는 사비누스가 죽고 그의 대대들이 궤멸되었다는 것을 알고 있었다. 트레베리족의 전군이 가까이 와 있는 지금 만약 그가 진지를 버리고 떠나면 틀림없이 도주하는 것처럼 보일 텐데, 그래서야 과연 적군의 공격을 막아낼 수 있을지 두려웠다. (5) 무엇보다 적군은 최근의 성공으로 사기충천해 있다는 것을 알고 있었기 때문이다. 그래서 그는 카이사르에게 서찰을 보내 자기가 군단 병력을 이끌고 진지를 떠나는 것이 얼마나 위험한 일인지 설명했다. 그는 에부로네스족의 영토에서 일어났던 일을 자세히 언급하며, 트레베리족의 모든 보병과 기병이 자신의 진지에서 3밀레 팟수스 떨어진 지점에 이미 포진했다고 보고했다.

48 (1) 카이사르는 라비에누스의 판단을 인정했다. 그래서 그는 처음에 생각했던 3개 군단 대신 2개 군단밖에 갖지 못했지만, 난국을 타개할 유일한 길은 속도에 있다고 생각했다. (2) 그는 강행군을 계속하여 네르비이족의 영토에 도착했다. 그곳에서 그는 포로들을 통해 키케로의 진지에서 어떤 일이 벌어지고 있으며, 사태가 얼마나 급박한지 알았다. (3) 그래서 그는 큰 보수를 약속함으로써 갈리족 출신 기병 한 명을 설득하여 키케로에게 서찰을 전하게 했는데, (4) 그는 이 서찰을 적군이 가로채더라도 아군의 계획을 알지 못하도록 그라이키아[27] 문자로 썼다. (5) 그리고 만약 갈리족 출신 기병이 진지 안으로 들어갈 수 없으면 투창의 가죽끈에 서찰을 묶어 보루 너머 진지 안으로 던지라고 지시했다. (6) 서찰에는 그가 여러 군단 병력을 이끌고 가고 있으며 곧 그곳에 도착할 테니 용

---

26 카이사르는 이때 사마로브리바(지금의 아미앵)에 머무르고 있었다.
27 그리스의 라틴어 이름.

기를 잃지 말라고 적혀 있었다. (7) 갈리족 출신 기병은 진지 안으로 들어가기가 무서워서 지시받은 대로 투창을 던졌다. (8) 투창은 아군의 탑에 꽂혔으나 이틀 동안이나 아군의 눈에 띄지 않았다. 그러다가 드디어 아군 병사 한 명이 그것을 발견하고는 뽑아서 키케로에게 가져다주었다. (9) 키케로가 서찰을 읽어보고 나서 군사들을 모아놓고 큰 소리로 읽어주자 군사들이 크게 기뻐했다. (10) 이때 멀리서 불타는 건물에서 연기가 솟아오르는 것이 보여, 과연 군단들이 다가올까 하는 의혹이 완전히 해소되었다.

49 (1) 정찰병들한테서 상황을 보고받은 갈리족은 포위공격을 단념하고는 전군을 이끌고 카이사르가 있는 곳으로 향했는데, 그들의 병력은 6만 명쯤 되었다. (2) 그래서 겨울이 나자 키케로는 앞서 말한 베르티코의 도움으로 카이사르에게 서찰을 전해줄 갈리족 한 명을 구한 다음 그 갈리족에게 각별히 조심해서 길을 가라고 지시했다. (3) 이 서찰에서 키케로는 적군이 자기 진지를 떠나 전군을 이끌고 카이사르가 있는 곳으로 향했다고 보고했다. (4) 밤중에 서찰을 받아본 카이사르는 병사들에게 상황을 설명하고 사기를 북돋워주었다. (5) 이튿날 동틀 무렵 그가 진지를 출발하여 4밀레 팟수스쯤 행군했을 때, 시내가 흐르는 넓은 골짜기 저쪽으로 적군의 주력부대가 보였다. (6) 지금과 같은 소규모 병력으로 불리한 지형에서 교전한다는 것은 매우 위험한 짓이었다. 게다가 카이사르는 키케로가 포위공격에서 벗어났음을 알고 있었기에 이제는 마음을 느긋하게 먹고 행군 속도를 늦출 필요가 있다고 생각했다. (7) 그는 행군을 멈추고 최대한 유리한 지점에 진지를 구축했다. 그러나 그는 아군 병력이 겨우 7천 명인 데다 무거운 화물을 두고 온 까닭에 그러잖아도 작을 수밖에 없는 진지 내에 도로들을 여느 때보다 더 좁게 냄으로써 진지의

규모를 더 줄였는데, 적군이 아군을 아주 우습게 여기도록 하기 위해서 였다. (8) 그 사이 그는 사방으로 정찰병들을 보내 골짜기를 건너기에 가장 편리한 곳을 찾아내게 했다.

50 (1) 그날 시냇가에서 소규모 기병전이 몇 차례 벌어졌지만 양쪽 모두 물러서지 않고 제자리를 지켰다. (2) 갈리족은 아직 집결하지 않은 더 많은 병력이 도착하기를 기다리고 있었다. (3) 카이사르는 겁먹은 모습을 보여줌으로써 적군을 유리한 지형으로 유인하여 골짜기 이쪽 자신의 진지 앞에서 싸울 수 있게 되기를 바랐다. 그렇게 되지 않는다 해도 골짜기와 시내를 큰 위험 없이 건널 수 있도록 통로들을 미리 정찰해두고 싶었다. (4) 동틀 무렵 적군 기병대가 아군 진지로 다가와 아군 기병대와 교전했다. (5) 카이사르는 아군 기병대에게 일부러 뒤로 물러나 진지 안으로 퇴각하라고 명령하는 한편, 사방의 보루를 더 높여 진지를 보강하고 출입문들을 봉쇄하되 이런 작업들을 할 때 되도록 요란스레 이리 뛰고 저리 뛰며 겁먹은 체하라고 지시했다.

51 (1) 이런 여러 가지 위장 작전에 넘어가서 적군은 계곡을 건너와 불리한 지형에 포진했다. 아군 병사들이 보루에서조차 물러나자 적군은 더 가까이 다가와 사방에서 진지 안으로 날아다니는 무기를 투척하는가 하면, (2) 진지 주위로 전령들을 보내 갈리족이든 로마인이든 오전 9시 이전에는 자기들에게 아무 위험 없이 넘어올 수 있지만 그 시각이 지나면 기회가 없다고 포고하게 했다. (3) 아군 진지의 출입문들은 실은 단 한 장의 뗏장으로 막아놓았지만 봉쇄되어 있어서 마치 부술 수 없는 것처럼 보였다. 그러나 적군은 아군을 우습게 여기고 더러는 맨손으로 보루를 뜯어내는가 하면 더러는 해자를 메우기 시작했다. (4) 그때 갑자기 사

방의 출입문으로 보병 부대가 출동하고 카이사르가 기병대를 내보내자, 적군은 황급히 도망치느라 아군의 공격에 맞서는 자가 한 명도 없었다. 아군 병사는 적군을 많이 죽였고, 그들 모두에게서 무구를 벗겼다.

52 (1) 카이사르는 도중에 숲과 늪지대가 있어서 자기가 가더라도 적에게 전혀 피해를 입힐 수 없을 것 같아 적군을 너무 멀리 추격하고 싶지 않았다. 그래서 그는 사상자를 한 명도 내지 않고 같은 날 퀸투스 키케로의 진지로 갔다. (2) 그는 적군이 만들어놓은 탑과 엄호용 지붕과 보루들을 보고 놀라움을 금치 못했다. 그가 키케로의 군단을 열병해보니 부상당하지 않은 병사는 열 명에 한 명도 안 되었다. (3) 이런 모든 상황을 보고 그는 그들이 얼마나 큰 위험에 빠졌으며, 얼마나 용감하게 방어했는지 알 수 있었다. (4) 카이사르는 퀸투스 키케로와 그의 군단 병사들의 공적을 치하하고, 발군의 용기를 보였다고 키케로가 증언한 백인대장들과 연대장들을 일일이 거명했다. 그는 포로들의 입을 통해 사비누스와 콧타가 당한 재앙도 확실히 알았다. (5) 이튿날 그는 회의를 열고 그동안 일어난 일을 보고하고는 병사들을 위로하고 사기를 북돋워주며, (6) 이번 손실은 자기 부관의 실수와 경솔함 탓에 야기되었다고 말했다. 그러나 불사신들의 도움과 그들 자신의 용기에 의해 보상이 이루어진 만큼 그들은 이번 손실을 더 의연히 참고 견뎌야 할 것이라며, 적군의 승리는 오래가지 못했고 아군은 더 이상 의기소침할 필요가 없다고 했다.

갈리아의 북부와 중부 지방에서 반란이 잇따르다(기원전 54~53년)

53 (1) 그사이 카이사르가 이겼다는 소식이 레미족에 의해 놀랄 만큼 빠르게 라비에누스에게 전해졌다. 라비에누스는 퀸투스 키케로의 월동 진지에서 60밀레 팟수스쯤 떨어져 있었고 카이사르가 그곳에 도착한 것은

오후 2시가 넘어서였는데, 자정이 되기도 전에 그의 진지 출입문들에서 그에게 카이사르의 승리를 알리며 축하하는 레미족의 함성이 울려 퍼졌다. (2) 이 소식이 트레베리족에게도 전해지자, 이튿날 라비에누스의 진지를 공격하려던 인두티오마루스는 야음을 틈타 군대를 이끌고 트레베리족의 영토로 돌아갔다. (3) 카이사르는 파비우스와 그의 군단을 월동 진지로 돌려보내고, 자신은 3개 군단 병력과 함께 사마로브리바 주위에 월동 진지들을 구축한 다음 갈리아 지방의 심각한 소요사태를 고려하여 겨우내 몸소 군대 곁에 머무르기로 작정했다. (4) 왜냐하면 사비누스가 불상사로 죽었다는 사실이 알려지자 거의 모든 갈리족이 전쟁 계획을 논의하면서 사방으로 전령과 사절단을 보내 다른 부족들은 어떤 계획을 세우고 있으며 누가 먼저 공격할 것인지 알아보았고, 밤에는 인적이 드문 곳에서 집회를 열었기 때문이다. (5) 갈리족이 반란을 꾀한다는 보고가 계속해서 들어와 카이사르는 겨우내 한시도 마음을 놓을 수 없었다. (6) 예컨대 제13군단을 지휘하던 재정관 루키우스 로스키우스의 보고에 따르면, 아레모리카이족이라는 부족들의 대부대가 그를 포위공격하려고 집결하여 (7) 그의 월동 진지에서 8밀레 팟수스 이내까지 접근해왔으나, 카이사르가 이겼다는 소식을 듣고는 도망치듯 허둥지둥 물러갔다고 했다.

54 (1) 그러나 카이사르는 각 부족의 지도자들을 소집하여, 더러는 무슨 일이 일어나고 있는지 알고 있다고 윽박지르고, 더러는 좋게 타일러 갈리아가 대부분 복종하게 만들었다. (2) 그러나 갈리족 가운데 특히 강력하고 영향력이 큰 세노네스족은 카이사르가 그들의 왕으로 앉힌 카바리누스를 민회의 결정에 따라 처형하려고 했다. 카이사르가 갈리아에 도착했을 때는 그의 형 모리타스구스가 왕이었고, 그전에는 그의 선조들이

왕이었다. 카바리누스가 낌새를 채고 도주하자 그들은 국경까지 추격하여 그를 왕위와 고향에서 내쫓았다. (3) 그런 다음 그들은 카이사르에게 사절단을 보내 양해를 구했다. 그래서 그가 그들의 원로들을 모두 소집했으나, 그들은 그의 명령을 따르지 않았다. (4) 누군가 먼저 적대행위를 시작했다는 사실에 야만족은 큰 감명을 받았다. 그리하여 그들의 태도가 일변하자 카이사르는 거의 모든 부족의 충성심을 의심했다. 아이두이족과 레미족만은 예외였다. 이 두 부족은 카이사르가 늘 각별히 존중했는데, 전자는 오래전부터 로마 국민에게 늘 충성을 다했고, 후자는 최근 갈리족과의 여러 전투에서 도움을 주었기 때문이다. (5) 하지만 갈리족의 그런 태도 변화는 그다지 놀랄 일이 못 되는 것 같다. 여러 가지 이유가 있지만, 주된 이유는 전장에서 어느 종족 못지않게 용맹을 떨치던 갈리족이 이제는 그런 명성을 잃고 로마 국민의 통치에 복종하게 된 것에 몹시 분개하고 있었기 때문이다.

55 (1) 그래서 인두티오마루스와 트레베리족은 겨우내 줄곧 레누스 강 너머로 사절단을 보내 여러 게르마니족에게 돈을 주겠다고 약속하며 도움을 요청했고, 로마군은 대부분 궤멸하고 조금밖에 남지 않았다고 주장했다. (2) 그럼에도 그는 레누스 강을 건너도록 어떤 게르마니족도 설득할 수 없었다. 그들은 자기들이 아리오비스투스의 전쟁과 텡크테리족의 이주 때 이미 두 번이나 레누스 강을 건넜으며, 이제는 두 번 다시 자신들의 운을 시험하고 싶지 않다고 했기 때문이다. (3) 인두티오마루스는 실망했지만 여전히 군사들을 모아 훈련시키고 이웃 부족들에게서 군마를 사들였으며, 도망자와 범죄꾼들을 많은 돈을 주고 갈리아 전역에서 끌어들이기 시작했다. (4) 그리하여 그가 갈리아에서 큰 명망을 얻게 되자, 사방에서 그에게 사절단을 파견하여 자신들을 위해서도 부족을 위

해서도 그의 호의를 사고 그와 친선을 도모하려고 했다.

56 (1) 그래서 그는 그들이 자진하여 자기를 찾아왔다는 것을 알았다. 한쪽에서는 세노네스족과 카르누테스족이 죄의식을 느껴, 다른 쪽에서는 네르비이족과 아두아투키족이 로마군과의 전쟁 준비를 위해 합류했다. 그래서 그는 자기가 행군하여 국경 밖으로 나가면 지원자가 몰려들 것이라고 생각하고는 군사회의를 소집했다. (2) 갈리족 사이에서 그것은 개전을 뜻하며, 모든 부족에게 적용되는 법에 따라 모든 성인 남자는 무장하고 출두해야 하며, 맨 나중에 도착하는 자는 먼저 도착한 군사들이 지켜보는 가운데 온갖 고문을 받다가 처형당한다. (3) 이 회의장에서 인두티오마루스는 자기 사위인 킹게토릭스를 공공의 적으로 선언하고 재산을 몰수했다. 킹게토릭스는 반대파의 지도자로, 앞서 말했듯이 한 번도 충성심이 흔들린 적 없는 카이사르의 지지자였다. (4) 그는 이 일을 처리하고 나서 회의가 끝날 무렵 자기는 세노네스족과 카르누테스족과 그 밖의 여러 부족에게서 도와달라는 요청을 받았다며, (5) 레미족의 영토를 지나 그들에게로 행군하면서 레미족의 나라를 쑥대밭을 만들 것이라고 했다. 하지만 그전에 라비에누스의 진지를 공격하겠다며, 무엇을 어떻게 하기를 바라는지 설명했다.

57 (1) 라비에누스는 자기 진지가 유리한 지형에 자리 잡은 데다 보루를 쌓아 요새화되어 있던 터라 자신이나 자신의 군단에 위험이 닥치지 않을까 염려하기는커녕 오히려 적군에게 이길 기회를 놓치지 않을까 염려했다. (2) 그래서 그는 킹게토릭스와 그의 추종자들한테서 인두티오마루스가 군사회의 때 어떤 말을 했는지 알고는 인근 부족들에게 전령을 보내 사방에서 기병대를 소집하며 정해진 날짜에 집결하라고 지시했다.

(3) 그 사이 인두티오마루스는 거의 날마다 전 기병대를 이끌고 라비에 누스의 진지 앞으로 달려오곤 했는데, 때로는 진지의 지형을 정탐하려고, 때로는 병사들에게 말을 걸거나 겁주려고 그랬다. 그럴 때면 대개 적군 기병들은 모두 보루 너머로 창을 던져댔다. (4) 라비에누스는 군사들을 보루 안에 붙들어두었고, 가능한 모든 방법을 동원하여 점점 더 주눅이 든 것 같은 인상을 주려고 했다.

58 (1) 인두티오마루스는 계속 로마군 진지에 다가왔고 날이 갈수록 로마군을 더 얕잡아보았다. 그러나 라비에누스는 자기가 소집한 모든 인근 부족의 기병들을 하룻밤 사이에 진지 안으로 이끌고 들어갔다. 하지만 그가 파수병들을 배치하여 자신의 병사들을 진지 안에 붙들어둔 까닭에 트레베리족은 기병대가 도착했다는 사실을 알지도 보고받지도 못했다. (2) 한편 인두티오마루스는 여느 때처럼 로마군 진지로 다가와서는 그 앞에서 하루의 대부분을 보냈고, 그의 기병대는 창을 던지고 욕설을 퍼부으며 로마군 병사들에게 싸움을 걸어왔다. (3) 로마군 병사들이 일절 대응하지 않자, 땅거미가 질 무렵 적군은 이제는 돌아갈 때가 되었다 싶어 뿔뿔이 흩어져 돌아갔다. (4) 이때 갑자기 라비에누스가 자신의 전 기병대를 두 출입문으로 내보냈다. 그는 적군이 자기 예상대로 겁에 질려 도망치기 시작하면 각자 인두티오마루스만 찾고, 그자가 죽은 것을 보기 전에는 다른 어떤 적군에게도 부상을 입히지 말라고 엄명을 내렸다. 라비에누스는 그들이 다른 적군을 추격하느라 인두티오마루스에게 도주할 기회를 주는 것을 원치 않았기 때문이다. (5) 그는 그자의 머리에 고액의 현상금을 걸었고 여러 대대를 내보내 기병대를 돕게 했다. (6) 결국 그의 작전이 적중했다. 전군이 인두티오마루스 그자 한 명만을 추격하다가 강물이 얕은 곳에서 그자를 사로잡아 죽였으니 말이다. 그자의

머리는 진지로 운반되었다. 기병대는 귀로에 되도록 많은 적군을 추격하여 도륙했다. (7) 그러자 집결해 있던 에부로네스족과 네르비이족의 모든 병력이 이 소식을 듣고 흩어졌다. 그 뒤로 갈리아는 카이사르의 통치 아래 다소 평온을 되찾았다.

제6권
라인 강 근처에서 작전을 펼치다

트레베리족을 격퇴하다(기원전 53년)

I (1) 그러나 카이사르는 여러 가지 이유로 갈리아 지방에서 더 심각한 소요사태가 발생할 것으로 내다보고, 자기 부관들인 마르쿠스 실라누스, 가이우스 안티스티우스 레기누스, 티투스 섹스티우스를 시켜 새 병력을 모집하기로 결심했다. (2) 동시에 카이사르는 전직 집정관 자격으로 군통수권을 가진 채 국사를 돌본다는 이유로 로마 근교에 머무르고 있던 그나이우스 폼페이우스[1]에게 전령을 보내, 그가 집정관이었을 때 이쪽 갈리아 지방[2]에서 입대 서약을 받아두었던 신병들을 집결시켜 자기에게 보내달라고 요청했다. (3) 카이사르는 전투 중에 입은 인명 손실을 금세 보충할 뿐만 아니라 오히려 병력 수를 늘릴 수 있을 만큼 이탈리아의 인적 자원이 넉넉하다는 인상을 갈리족에게 심어주는 것이 앞날을 위해서도 매우 중요하다고 생각했다. (4) 폼페이우스가 국가와 친구에 대한 의무감에서 그의 부탁을 들어주고 카이사르의 부관들이 서둘러 모병 업무를 완수하자, 겨울이 끝나기 전에 3개 군단이 편성되어 갈리아로 인계되니 퀸투스 티투리우스 사비누스와 함께 잃어버렸던 대대 수는 두 배

로 늘어났다. 그는 그런 대규모 병력을 그렇게 빠르게 충원함으로써 로마 국민의 자원이 조직화하면 얼마나 큰일을 해낼 수 있는지 갈리족에게 분명히 보여주었다.

2 (1) 앞서 말했듯이, 인두티오마루스가 죽은 뒤 트레베리족은 통치권을 그의 친족들에게 넘겼는데, 이들은 계속해서 인근 게르마니족들에게 도움을 요청하며 돈을 주겠다고 약속했다. (2) 그들은 인근 게르마니족들을 설득하는 데 실패하자 더 먼 곳에 사는 게르마니족들의 의사를 타진했으며, 몇몇 부족이 동조하자 서로 동맹을 맺기로 서약하고 돈을 주겠다는 담보로 인질들을 잡혔다. 그들은 또 암비오릭스와도 상호원조조약을 맺었다. (3) 이 소식을 들은 카이사르는 사방에서 전쟁 준비가 진행되고 있다는 것을 알았다. 네르비이족, 아두아투키족, 메나피이족뿐만 아니라 레누스 강 서쪽의 모든 게르마니족이 무장하고 있었다. 또한 세노네스족은 카이사르가 명령해도 나타나지 않고 카르누테스족과 인근의 다른 부족들과 음모를 꾸미고 있었으며, 트레베리족은 잇달아 게르마니족들에게 사절단을 보내 도움을 요청했다. 그리하여 그는 여느 해보다 일찍 전쟁을 시작해야겠다고 생각했다.

3 (1) 그래서 그는 겨울이 끝나기도 전에 가장 가까이 있는 4개 군단을 소집하여 (2) 불시에 네르비이족의 영토로 향했다. 그들이 병력을 집결하

---

1 제1차 삼두정치의 주역 중 한 명인 폼페이유스는 기원전 55년 집정관을 지낸 뒤 전직 집정관 자격으로 5년간 에스파냐를 통치하게 되어 있었는데, 군 통수권을 가진 자는 로마에 들어갈 수 없음에도 로마에 양곡 조달하는 일을 감독한다는 이유로 로마 근교에 머물러 있었다.
2 이쪽 갈리아(북이탈리아), 저쪽 갈리아(남프랑스), 아드리아 해 북서 해안의 일뤼리쿰 지방은 카이사르가 전직 집정관 자격으로 다스리던 곳이다.

거나 도주하기 전에 그는 다수의 가축과 포로를 사로잡아 병사들에게 전리품으로 넘겨주고 들판을 약탈하며 그들이 항복하고 인질들을 잡히도록 강요했다. (3) 이 일을 재빨리 처리하고 나서 그는 군단들의 병력을 이끌고 월동 진지로 돌아갔다. (4) 그가 여느 때처럼 초봄에 갈리족의 회의를 소집하자 다른 부족은 다 왔는데, 세노네스족, 카르누테스족, 트레베리족은 오지 않았다. 이것을 선전포고이자 반란의 첫 단계로 판단한 그는 자기가 이번 일을 얼마나 심각하게 받아들이는지 분명하게 보여주려고 회의장을 파리시이족의 소도시 루테티아[3]로 옮겼다. (5) 파리시이족은 세노네스족의 이웃 부족으로 한 세대 전에는 이들과 연합해 하나의 국가를 이루고 있었다. 그러나 이번에 그들은 세노네스족과 공모하지 않은 듯했다. (6) 카이사르는 연단에 서서 회의장이 변경되었다고 알린 뒤 바로 그날로 여러 군단의 병력을 이끌고 출발하여 강행군 끝에 세노네스족의 영토에 도착했다.

4 (1) 공모 주동자인 악코는 카이사르가 온다는 소식을 접하고 농촌 주민들에게 도시 안으로 집결하라고 명령했다. 그들은 그렇게 하려 했으나 미처 집결하기도 전에 로마군이 도착했다는 보고가 들어왔다. (2) 세노네스족은 어쩔 수 없이 계획을 포기하고, 오래전부터 자신들을 보호해주던 아이두이족의 주선으로 카이사르에게 사절단을 보내 용서를 구했다. (3) 카이사르는 아이두이족의 요청을 받아들여 세노네스족을 선선히 용서해주고 그들의 사죄를 받아들였으니, 여름에는 적극적으로 전투를 해야지 심문이나 할 계절이 아니라고 판단했기 때문이다. (4) 그러나 그는 그들에게 1백 명의 인질을 잡히게 하고 나서 아이두이족이 인질들을 지키게 했다. (5) 카르누테스족도 자신들을 보호해주던 레미족의 주선으로 사절단과 인질들을 루테티아로 보내 용서를 구했고, 같은 답변

을 들었다. (6) 카이사르는 회의를 마친 뒤 여러 부족에게서 기병대를 징발했다.

5 (1) 갈리아의 이 지역을 평정한 카이사르는 이제 트레베리족과 암비오릭스와의 전투에 전념할 수 있었다. (2) 그는 카바리누스가 세노네스족의 기병대를 이끌고 자기와 함께 출동하게 했는데, 카바리누스의 불같은 성미 탓에 또는 부족민들의 미움을 산 탓에 소요사태가 발생하는 것을 막기 위해서였다. (3) 이 문제가 해결되자 카이사르는 암비오릭스가 총력전을 펼치지 않을 것이 확실한 만큼 어떤 작전을 구사해야 할지 궁리했다. (4) 에부로네스족의 국경 근처에는 잇단 늪지와 숲의 보호를 받으며 메나피이족이 살고 있었는데, 이들은 갈리족 중에서 유일하게 강화협상을 하도록 카이사르에게 사절단을 보내지 않았다. 카이사르는 암비오릭스가 그들의 친구라는 것을 알고 있었다. 그는 또 트레베리족의 주선으로 메나피이족이 게르마니족들과도 우호동맹을 맺었다는 사실을 알고 있었다. (5) 카이사르는 암비오릭스를 공격하기 전에 먼저 그에게서 이들 동맹군을 떼어놓는 것이 바람직하다고 판단했다. 그러지 않으면 암비오릭스가 살길이 없다고 절망한 나머지 메나피이족 사이에 숨거나, 아니면 어쩔 수 없이 레누스 강 동쪽의 부족들과 연합할 수밖에 없기 때문이다. (6) 그렇게 하기로 결정한 카이사르는 전군의 짐을 트레베리족의 영토 안에 있는 라비에누스의 진지로 보내고 2개 군단에게 그곳으로 가서 그와 합류하라고 명령한 다음, 자신은 짐에서 해방된 5개 군단 병력을 이끌고 메나피이족의 영토로 향했다. (7) 메나피이족은 병력

---

3 파리시이족의 요새로, 센 강의 시테 섬(ile de la Cité)에 있던 파리의 도심. 파리(Paris)라는 이름은 파리시이족의 이름에서 유래했다.

을 소집하는 대신 유리한 지형을 믿고 숲과 늪지로 달아났으며, 재물도 그곳으로 옮겼다.

6 (1) 카이사르는 부관 가이우스 파비우스와 재정관 마르쿠스 크랏수스와 군대를 나눈 다음 늪지대 위로 둑길들을 서둘러 만들게 하여 세 방면에서 나아가며 농가와 마을들을 불태우고 수많은 가축과 사람을 사로잡았다. (2) 카이사르가 그렇게 나오자 메나피이족은 하는 수 없이 그에게 사절단을 보내 화평을 청했다. (3) 카이사르는 그들이 맡긴 인질들을 넘겨받은 뒤 만약 그들이 암비오릭스와 그의 사절단을 그들의 영토 안으로 받아들이면 그들을 적으로 간주하겠다고 경고했다. (4) 그렇게 경고한 뒤 카이사르는 메나피이족을 감시하도록 아트레바테스족인 콤미우스와 약간의 기병을 남겨두고 자신은 트레베리족의 영토로 향했다.

7 (1) 카이사르가 이런 일들을 처리하는 사이 트레베리족은 대규모의 보병과 기병을 소집한 다음 라비에누스와 자기들 영토에서 겨울을 난 하나뿐인 그의 군단을 공격할 준비를 했다. (2) 그들이 이제 라비에누스의 진지에서 이틀 행군 거리밖에 떨어져 있지 않았을 때, 카이사르가 그에게 보낸 2개 군단이 도착했다는 사실을 알았다. (3) 그래서 트레베리족은 15밀레 팟수스 떨어진 곳에 진지를 구축하고 게르마니족 원군이 도착하기를 기다리기로 했다. (4) 적군의 의도를 알아차린 라비에누스는 적군의 경솔함으로 인해 교전할 기회가 나기를 기대하며 짐을 지키도록 5개 대대를 남겨놓고, 나머지 25개 대대와 강력한 기병대를 이끌고 적군을 향해 나아가서는 트레베리족에게서 1밀레 팟수스 떨어진 곳에 진지를 구축했다. (5) 라비에누스와 적군 사이에는 강이 하나 있었는데, 건너기가 어렵고 강둑은 가팔랐다. 그는 자신도 강을 건널 뜻이 전혀 없

었지만, 적군도 강을 건너리라고 생각하지 않았다. (6) 적군은 원군이 나타나기를 날이 갈수록 더 학수고대했기 때문이다. 그래서 그는 회의장에서 병사들이 듣는 앞에서, 게르마니족이 진격해오고 있다는 소문이 들리는 만큼 자신과 군대의 운명을 위험에 내맡기느니 내일 새벽에 진지를 거두어 떠나겠다고 공언했다. (7) 이 말은 곧 적군의 귀에 들어갔다. 로마군과 함께하는 수많은 갈리족 기병들 중에는 더러 갈리족 편도 있었기 때문이다. (8) 그는 밤에 연대장들과 수석 백인대장들을 불러 자기 계획을 설명하고 나서, 자신들이 겁먹고 있다고 적군이 생각하도록 병사들이 여느 때의 로마군보다 더 야단법석을 떨며 진지를 출발하게 하라고 지시했다. 그렇게 함으로써 그는 로마군이 출발한다기보다는 도주하는 것처럼 보이게 했다. (9) 양쪽 진지는 서로 가까워서, 이러한 움직임은 동이 트기도 전에 정찰병들에 의해 적군에게 보고되었다.

8 (1) 로마군의 후미가 요새 밖으로 나서자마자 갈리족은 고대하던 전리품을 놓치지 말라고 서로 격려하기 시작했다. 로마군이 잔뜩 겁을 먹고 있는데 게르마니족 원군을 기다린다는 것은 불필요한 시간 낭비이며, 이런 대군이 짐을 운반하느라 끙끙대며 도주하는 한 줌도 안 되는 적군을 공격하기를 망설인다는 것은 치욕이라고 했다. 그러면서 그들은 자신만만하게 강을 건너와 불리한 지형에서 전투를 시작했다. (2) 라비에누스는 그럴 줄 알았기에 적군이 모두 강을 건너오게 하려고 여전히 진지를 떠나는 척하며 천천히 행군했다. (3) 그리고 나서 그는 조금 앞쪽에 있는 둔덕으로 짐을 보내 쌓아놓게 하더니 다음과 같이 말했다. (4) "병사 여러분, 이제야 여러분은 바라던 기회를 잡았소. 여러분은 적군이 마음대로 작전을 펼칠 수 없는 불리한 지형으로 적군을 끌어들였소. 그러니 여러분은 우리 사령관인 카이사르에게 그토록 자주 보여주던 것과

같은 용기를 지금 지휘관인 나에게도 보여주시오. 여러분은 그분께서 이곳에 와 전투를 몸소 관람하신다고 생각하시오!" (5) 그런 다음 그는 병사들에게 적군을 향해 돌아서서 전투대형을 갖추라고 명령했다. 그리고 몇몇 기병 소대⁴를 파견하여 짐을 지키게 하고 남은 기병들은 양쪽 날개에 배치했다. (6) 로마군 병사들은 함성을 지르며 곧장 적군을 향해 창을 던졌다. 적군은 퇴각하는 줄 알았던 로마군이 예상과 달리 공격해 오는 것을 보자 대항하지 못하고 첫 번째 교전 때 뿔뿔이 흩어져 근처 숲 속으로 도주했다. (7) 라비에누스는 기병대로 그들을 추격하여 다수를 죽이고 상당수의 포로를 잡았으며, 며칠 안에 트레베리족에 대한 통치권을 회복했다. 원군을 이끌고 오던 게르마니족은 트레베리족이 도주했다는 말을 듣고 고향으로 돌아갔다. (8) 반란 주동자들인 인두티오마루스의 친족들은 고국을 버리고 게르마니족을 따라갔다. 그리하여 통치권은 앞서 말한 바와 같이, 처음부터 변함없이 충성을 다하던 킹게토릭스에게 넘어갔다.

두 번째 라인 강 도하(기원전 53년)

9 (1) 메나피이족의 영토에서 트레베리족의 영토로 간 카이사르는 두 가지 이유에서 레누스 강을 건너기로 결심했다. (2) 첫째 이유는 게르마니족이 그에게 맞서도록 트레베리족에게 원군을 보냈기 때문이고, 둘째 이유는 그들이 암비오릭스에게 피난처를 제공하는 것을 막기 위해서였다. (3) 그렇게 하기로 결심하자 그는 자신이 지난번에 군대를 이끌고 도하했던 지점보다 조금 상류 쪽에 다리를 놓게 했다. (4) 공법은 이미 정해져 있고 잘 알려져 있던 터라, 병사들의 열성적인 노력에 힘입어 공사는 며칠 안에 끝났다. (5) 카이사르는 트레베리족이 갑자기 반란을 일으키는 것을 막기 위해 다리 서쪽에 강력한 수비대를 남겨두고 기병대를

포함한 나머지 병력을 이끌고 강을 건넜다. (6) 전에 이미 인질들을 잡히고 투항했던 우비이족은 카이사르에게 사절단을 보내 자기들 부족은 트레베리족에게 원군을 보낸 적도, 약속을 어긴 적도 없다고 해명하게 했다. (7) 그들은 살려달라고 애원하고 게르마니족에 대한 무차별적인 증오심 때문에 죄 없는 자들이 죄 지은 자들 대신 고통받는 일이 없게 해달라고 탄원하며, 그가 더 많은 인질을 잡히기를 원한다면 그렇게 하겠다고 약속했다. (8) 카이사르는 그들을 심문한 결과 원군을 보낸 것은 수에비족임을 알았다. 그래서 그는 우비이족의 해명을 받아들이고 수에비족의 나라로 들어가는 길을 자세히 물어보았다.

10 (1) 며칠 뒤 카이사르는 수에비족이 전 병력을 한곳에 집결시키고 있으며, 사신들에게 예속된 부족들에게 보병과 기병의 증원부대를 보내달라고 요구하고 있다는 정보를 우비이족을 통해 입수했다. (2) 그런 사실을 알게 된 카이사르는 군량을 비축하고 진을 치기에 적합한 장소를 물색하면서 우비이족에게 모든 가축과 재물을 들판에서 요새 안으로 옮기라고 명령했는데, 식량이 달리면 무식한 야만족이 불리한 장소에서라도 싸움을 걸어올 수 있다고 기대했던 것이다. (3) 그는 또한 우비이족에게 수에비족의 영토로 계속 정찰병들을 파견해 그들의 동태를 파악하라고 지시했다. (4) 우비이족은 그가 시킨 대로 했으며 며칠 뒤에 보고하기를, 로마군이 도착했다는 믿음직한 보고를 받고는 전 수에비족이 자신들의 모든 군대와 차출한 동맹군들을 이끌고 자기들 영토의 가장 먼 변경으로 퇴각했다고 했다. (5) 그곳에는 바케니스라는 엄청나게 넓은 숲이 있는데, 그들의 영토 안으로 멀리 뻗어 자연 방벽을 이룸으로써 수에

---

4 turma. 약 30명.

비족과 케루스키족이 서로 약탈하고 피해를 입히는 것을 막아준다고 했다. 수에비족은 이 숲의 초입에서 로마군이 도착하기를 기다리기로 결정했다고 했다.

갈리족의 관습과 제도

11　(1) 이야기가 여기에 이르렀으니, 갈리아와 게르마니아의 관습과 두 종족 사이의 차이점을 기술하는 것도 부적절한 것 같지는 않다. (2) 갈리아에는 모든 부족, 모든 마을, 모든 구역뿐만 아니라 모든 가정에도 분파(分派)가 있다. (3) 이들 분파의 우두머리는 갈리족이 보기에 가장 영향력이 있는 것으로 판단되는 사람들로, 중요한 결정과 계획은 그들의 재량과 판단에 달려 있다. (4) 평민이 유력자들에게 맞설 경우 아무 도움도 받지 못하는 일이 없도록 하려고 오래전부터 이런 관행이 정착된 것 같다. 어떤 우두머리도 자기 분파에 속하는 사람들이 억압받거나 기만당하는 것을 용납하지 않을 것이기 때문이다. 그렇지 않다면 그는 자기 백성들 사이에서 권위가 완전히 실추되고 말 것이다. (5) 이러한 분파 원칙은 갈리아 전체의 부족들 사이에도 적용된다. 모든 부족이 두 분파로 양분되어 있으니 말이다.

12　(1) 카이사르가 갈리아에 왔을 때 한 분파의 우두머리는 아이두이족이고, 다른 한 분파의 우두머리는 세콰니족이었다. (2) 예부터 아이두이족은 최고의 권위를 누렸고 피보호 부족의 수도 아주 많았다. 그래서 세콰니족은 자력으로는 열세를 면치 못하자 게르마니족과 아리오비스투스와 동맹을 맺고는 비싼 대가를 치르고 그 밖의 다른 약속을 함으로써 이들을 자기편으로 만들었다. (3) 세콰니족은 그 뒤 몇 차례 전투에서 이기고 아이두이족의 귀족들이 모두 전사하자 아이두이족보다 더 강해져

(4) 이들에게서 상당수 피보호 부족을 빼앗았으며, 이들이 자기 지도자들의 아들들을 인질로 잡히고 세콰니족에게 다시는 음모를 꾸미지 않겠다고 공개적으로 약속하도록 강요했다. 세콰니족은 또한 자신들의 국경에서 가까운 아이두이족의 영토 일부를 빼앗아 강점했으며, 사실상 갈리아 전체의 패권을 쥐었다. (5) 그래서 디비키아쿠스는 어쩔 수 없이 로마에 가서 원로원에 도움을 요청했지만, 성공하지 못하고 귀로에 올랐다. (6) 그러나 카이사르가 도착하면서 상황이 바뀌었다. 아이두이족은 인질들을 돌려받았고, 옛날의 피보호 관계를 회복했으며, 카이사르를 통해 새로운 피보호 관계를 맺기도 했다. 아이두이족과 우호동맹을 맺은 부족들은 살기가 더 나아지고 전보다 더 공정한 지배를 받았기 때문이다. 다른 점에서도 아이두이족은 영향력이 커지고 명망이 높아졌다. 그리하여 세콰니족은 주도권을 상실했다. (7) 그들의 자리는 레미족이 차지했다. 카이사르가 아이두이족 못지않게 레미족에게도 호감을 품고 있다는 사실이 알려지자, 묵은 반목 탓에 아이두이족과 동맹을 맺을 수 없던 부족들이 레미족에게 보호를 요청했기 때문이다. (8) 레미족은 이들 부족을 잘 돌봐줌으로써 갑자기 생긴 새로운 권위를 잘 지켜나갔다. (9) 그리하여 당시에는 아이두이족이 단연 모든 부족의 우두머리이고, 명망에서 레미족이 그다음이었다.

13 (1) 갈리아에서는 어디서나 두 계급만이 가치를 인정받고 명망을 누린다. 평민은 노예처럼 취급받다시피 하고, 어떤 일도 독자적으로 행하지 못하며, 회의장에 초청받지도 못한다. (2) 그들은 대부분 빚이나 과중한 조세나 유력자의 억압을 견디다 못해 자진하여 귀족들의 노예가 되겠다고 선언하며, 그러면 귀족들은 이들을 마치 주인이 노예 부리듯 한다. (3) 앞서 말한 두 계급 가운데 하나는 드루이데스[5]들로 구성되고, 다른

하나는 기사(騎士)들로 구성된다. (4) 드루이데스들은 종교 의식을 집전하고, 공적이거나 사적인 제사를 주관하며, 종교에 관한 규정들을 해석한다. 수많은 젊은이들이 몰려와 가르침을 구하고, 갈리족은 그들을 높이 떠받든다. (5) 그들은 거의 모든 사적이고 공적인 분쟁에서 판관 노릇을 하기 때문이다. 이를테면 누가 범행을 저지르거나 살인사건이 일어나거나 상속 문제나 땅 경계 문제로 분쟁이 발생하면, 드루이데스들은 판결을 내리고 보상금과 벌금을 결정한다. (6) 개인이나 주민 집단이 판결에 불복하면 드루이데스들은 그들이 제사에 참석하지 못하게 한다. 이것은 갈리족에게 가장 가혹한 형벌이다. (7) 이렇게 파문당한 자들은 모두 불경한 범죄자로 간주되어, 그들과 접촉함으로써 해를 입지 않으려고 모두들 그들을 기피하며 그들에게 다가가 말을 걸기를 꺼려하기 때문이다. 그들은 법에 호소해도 정당한 대우를 받지 못하고, 그들에게는 어떤 명예도 주어지지 않는다. (8) 드루이데스들 가운데 최고 명망을 누리는 자가 모든 드루이데스들의 우두머리가 된다. (9) 그가 죽으면 남은 드루이데스들 가운데 탁월한 자가 뒤를 잇는다. 그러나 능력이 대등한 자가 여럿일 때는, 모든 드루이데스들의 표결 또는 무력 투쟁으로 우두머리를 결정한다. (10) 드루이데스들은 해마다 정해진 날짜에 갈리아 전체의 한복판으로 여겨지는 카르누테스족의 영토에 있는 성역(聖域)에서 재판을 한다. 분쟁에 휘말린 자들은 사방 각지에서 그곳으로 모여들어 드루이데스들의 결정과 판결에 복종한다. (11) 드루이데스들의 교리는 브리탄니아에서 생겨나 그곳에서 갈리아로 건너온 것으로 알려져 있다. 그래서 오늘날에도 그들의 교리를 더 깊이 이해하려는 자들은 그것을 배우려고 대개 브리탄니아로 건너가곤 한다.

14 (1) 드루이데스들은 병역을 면제받으며 다른 사람들처럼 세금도 내지

않는다. (2) 이런 특혜에 이끌려 많은 사람들이 자진하여 또는 부모나 친척의 권유에 따라 드루이데스들의 제자가 된다. (3) 그곳에서 그들은 수많은 시행(詩行)을 암기하는데, 그중 더러는 20년 동안 수련한다고 한다. 이런 시행들을 기록해두는 것은 엄격히 금지되어 있기 때문이다. 하지만 그들은 공적인 업무와 사적인 업무를 포함하여 그 밖의 거의 모든 일에 그라이키아 문자를 사용한다. (4) 그들은 두 가지 이유에서 그렇게 해온 것 같다. 첫째는 그들이 자신들의 교리가 널리 유포되기를 원하지 않기 때문이고, 둘째는 기록된 문서가 있으면 수련자들이 이를 믿고 암기를 소홀히 하기 때문이다. 실제로, 기록되어 있는 것이 있으면 제자들이 열심히 배우려 하지 않아 기억력이 감퇴하는 경우가 비일비재하다. (5) 그들이 전수하려는 주요 교리는 영혼은 멸하지 않으며, 한 육신이 죽으면 다른 육신으로 옮겨간다는 것이다. 그렇게 죽음에 대한 두려움을 극복함으로써 그들은 그런 교리가 특히 용기를 북돋워준다고 믿는다. (6) 그 밖에도 그들은 별들과 그것들의 운동, 우주와 지구의 크기, 사물들의 본성, 불사신들의 힘과 권능에 관해 많은 토론을 한 뒤 제자들에게 전수한다.

15 (1) 두 번째 계급은 기사들로 구성된다. 그럴 필요가 있거나 전쟁이 일어나면(카이사르가 도착하기 전에는 거의 해마다 전쟁이 일어나서, 그들은 자신들이 공격을 하거나 적군의 공격을 막아냈다) 그들은 모두 전쟁에 참가한다. (2) 그들은 신분이 높고 재산이 많을수록 더 많은 신하와 예속민을 거느린다. 그것이 그들이 알고 있는 유일한 힘과 영향력의 기준이었다.

5   druides. 켈트족의 사제들.

16 (1) 갈리족은 모두 미신에 사로잡혀 있다. (2) 그래서 중병에 걸렸거나 전쟁의 위험에 노출되어 있는 사람들은 인신을 제물로 바치거나 바치겠다고 서약하고는 드루이데스들이 그 제사를 주관하게 한다. (3) 그들은 한 사람의 목숨을 위해 다른 사람의 목숨을 바치지 않으면 불사신들의 노여움을 달랠 수 없다고 믿는다. 그들은 부족의 이름으로도 그런 제사를 지낸다. (4) 그들 중 더러는 거대한 신상(神像)을 이용하여 그 신상의 버들가지로 엮은 사지를 산 사람들로 가득 채운다. 그러고 나서 아래쪽에 불을 지르면 그 안에 있는 사람들은 화염에 휩싸여 죽는다. (5) 그들은 현장에서 잡힌 절도나 강도나 그 밖의 다른 범죄자를 제물로 바치면 불사신들이 더 좋아한다고 믿는다. 그러나 그런 범죄꾼이 없으면 그들은 죄가 없는 사람들조차 서슴지 않고 제물로 바친다.

17 (1) 갈리족이 가장 숭배하는 신은 메르쿠리우스이다. 그의 신상은 곳곳에 많은데, 그들은 메르쿠리우스가 모든 기술의 발명자이자 길과 여행의 길라잡이며, 돈을 벌고 장사를 하는 데 가장 큰 도움을 준다고 믿는다. (2) 그다음으로는 아폴로, 마르스, 읍피테르, 미네르바를 숭배한다. 이 신들에 관해서는 다른 부족들과 사실상 같은 관념을 갖고 있다. 이를테면 아폴로는 역병을 물리치며, 미네르바는 손재주와 기술을 전수하고, 읍피테르는 하늘나라의 왕이며, 마르스는 전쟁을 주관한다고 믿는다. (3) 그들은 전쟁을 하기로 결의하면 전리품은 대부분 마르스에게 바치겠다고 서약한다. 전쟁에서 이기면 그들은 생포한 가축들을 제물로 바치고 나머지 전리품은 모두 한곳에 모아둔다. (4) 수많은 부족들의 성역에 그런 전리품이 산더미처럼 쌓여 있는 것을 볼 수 있다. (5) 누군가 종교 계율을 무시하고 전리품을 감히 집에 숨겨두거나, 한곳에 쌓여 있는 전리품을 몰래 훔쳐가는 경우는 극히 드물다. 그런 짓을 하면 고문을

포함하여 중벌을 받게 되어 있다.

18 (1) 갈리족은 자신들이 모두 디스[6]라는 한 아버지의 후손이라고 주장하며, 이것은 드루이데스들의 가르침이라고 말한다. (2) 그래서 그들은 시간을 잴 때 낮이 아니라 밤을 기준으로 삼는다. 따라서 그들은 생일과 월초(月初)와 연초(年初)를 계산할 때 밤이 먼저 시작되고 낮은 나중에 시작되는 것으로 계산한다. (3) 그 밖의 다른 생활습관과 관련해 그들과 다른 사람들의 가장 두드러진 차이점이라면, 그들은 아들들이 장성하여 병역의무를 이행할 수 있을 때까지는 공개석상에서 아버지에게 다가오지 못하게 하며, 나이 어린 아들이 공개석상에서 아버지가 보는 앞에 나타나는 것을 수치로 여긴다는 것이다.[7]

19 (1) 갈리족 남자들은 아내가 지참금을 가져오면 그것을 계산한 뒤 자기 재산에서 같은 액수의 재산을 떼어내 거기에 합친다. (2) 전체 액수는 공동으로 관리하지만, 이윤은 별도로 불린다. 한쪽 배우자가 죽으면 남은 배우자가 양쪽의 지분과 그때까지 불린 이윤을 모두 돌려받는다. (3) 남편은 처자에 대해 생사여탈권을 갖는다. 귀족 가문의 가장이 죽으면 그의 친족들이 모이는데, 그의 죽음에 혐의쩍은 구석이 있으면 미망인을 노예처럼 심문한다. 혐의가 사실로 드러나면 가장 끔찍한 방법으로 고문하며 불살라 죽인다. (4) 갈리족의 장례식은 그들의 생활수준에 견주

---

[6] 저승의 신 플루토(Pluto 그/ Plouton, Hades)의 다른 이름. '디스의 후손'이란 여기서 이주민이 아니라 토착민이라는 뜻이다.
[7] 아버지가 전사(戰士)로서 공개석상에 나타날 때 어린 아들이 아버지 앞에 나타나지 않는 것은 일종의 종교적 금기였던 것 같다.

어 호화롭고 사치스럽다. 그들은 살아 있는 동물을 포함해 고인이 좋아했다고 생각되는 것이면 무엇이든 화장용 장작더미 위에 던진다. (5) 얼마 전까지만 해도 죽은 주인이 아꼈다고 여겨지던 노예와 피보호민들은 장례식이 끝날 때쯤 주인과 함께 화장되었다고 한다.

20 (1) 공무(公務)를 가장 훌륭하게 처리하는 것으로 여겨지는 부족은 누가 이웃 부족들에게서 나라에 관계되는 소문이나 소식을 들으면 이를 다른 사람에게는 발설하지 않고 관헌에게 알려야 한다고 법으로 정하고 있다. (2) 잘 알려져 있다시피 성미가 급하고 세상 물정에 어두운 사람들은 종종 헛소문에 놀란 나머지, 해서는 안 될 짓을 하거나 중대사를 결정하기 때문이다. (3) 공직자들은 비밀로 하는 것이 좋겠다 싶은 정보는 은폐하고, 백성에게 알리는 것이 좋겠다 싶은 것만 공개한다. 회의장이 아닌 곳에서는 나랏일을 논하는 것이 금지되어 있다.

게르마니족의 관습과 제도

21 (1) 게르마니족의 관습은 갈리족과는 아주 다르다. 그들은 종교적 업무를 주관할 드루이데스들도 없고, 제사에도 관심이 없다. (2) 그들이 신으로 여기는 것은 태양신, 불의 신, 달의 여신[8]처럼 눈으로 볼 수 있고 확실히 이익을 가져다주는 존재들뿐이다. 다른 신들에 관해서 그들은 소문조차 듣지 못했다. (3) 그들은 사냥과 전쟁으로 평생을 보내며, 어려서부터 힘든 일과 지구력을 몸에 익힌다. (4) 그들 사이에서는 동정을 가장 오래 지킨 자가 가장 칭찬받는다. 그렇게 하면 더러는 키가 더 큰다고 믿기도 하고, 더러는 체력과 근육이 더 강해진다고 믿기도 한다. (5) 스무 살이 되기도 전에 여자와 교합하는 것을 그들은 큰 수치로 여긴다. 하지만 그들은 성의 문제를 숨기려 하지는 않는다. 어차피 남자와 여자는

강에서 함께 목욕하고, 짐승 가죽이나 짧은 모피 옷만 입고 다녀 신체가 대부분 노출되기 때문이다.

22 (1) 게르마니족은 농사는 짓지 않고 우유, 치즈, 육류를 주식으로 한다. (2) 어느 누구도 일정 규모의 토지를 사사로이 소유하지 못한다. 공직자나 족장들이 해마다 가족 집단이나 친족 집단이나 그 밖에 함께 모여 사는 공동체들에게 적당하다고 생각되는 곳에 일정 규모의 토지를 배분하지만, 일 년 뒤에는 다른 곳으로 이주해야 한다. (3) 그들은 이러한 관행에 대해, 백성들이 한곳에 정착함으로써 전투보다는 농사에 전념하는 것을 막기 위해서라는 둥, 넓은 땅을 획득하려다 강자가 약자의 소유지를 빼앗아 가지는 것을 막기 위해서라는 둥, 추위와 더위를 막아줄 집을 짓는 데 너무 공을 들이는 것을 막기 위해서라는 둥, 파쟁과 갈등을 조장하는 금전욕이 싹트는 것을 막기 위해서라는 둥, (4) 각자 자신이 유력자들 못지않은 재산을 갖고 있다는 것을 봄으로써 평민들이 만족하여 말썽을 부리지 않게 하기 위해서라는 둥 여러 가지 이유를 제시한다.

23 (1) 게르마니족은 주변 지역을 초토화하여 되도록 넓은 황무지를 갖고 있는 것을 가장 큰 자랑거리로 여긴다. (2) 그들은 이웃 부족들이 자기들 나라에서 쫓겨나 감히 자기들 가까이에 거주하지 못하면 이를 용기의 징표로 간주한다. (3) 그들은 또한 그렇게 불시에 기습당할 위험을 제거하면 더 안전하게 살 수 있다고 생각한다. (4) 부족이 공격당하거나 다른 부족을 공격하려 할 때는 전투를 지휘할 공직자들을 선출하는데, 이들은 생사여탈권을 갖는다. (5) 그러나 평화로울 때는 부족 전체를 통할할

8 Sol, Vulcanus, Luna.

중앙정부를 두지 않고, 각 지역과 마을의 수장들이 그곳 주민들 사이에서 판결을 내리고 분쟁을 조정한다. (6) 각 부족의 경계 밖에서 일어나는 약탈행위는 불명예로 간주되지 않는다. 그들은 그러한 약탈행위가 젊은 이들을 단련시키고 나태에 물드는 것을 막아준다고 주장한다. (7) 그 밖에 부족의 족장들 가운데 한 명이 회의장에서 자기가 지휘관이 되겠다고 나서면서 자기를 지지하는 자들은 의사 표시를 하라고 요구하면, 그와 그의 행동을 지지하는 자들은 자리에서 일어나 좌중의 갈채를 받는 가운데 지원을 약속한다. (8) 그러나 그러고도 동행하지 않는 자는 탈영병으로, 배신자로 간주되며, 그 뒤로는 아무도 그의 말을 믿지 않는다. (9) 그들은 손님을 해코지하는 것을 불의라고 생각한다. 어떤 이유에서 찾아왔건 그들은 손님을 불의로부터 지켜주며 손님을 신성불가침한 존재로 여긴다. 그들의 집은 모두 손님에게 개방되어 있으며, 음식도 손님과 나눠 먹는다.

24 (1) 전에는 갈리족이 게르마니족보다 더 용감하여 먼저 공세를 취하는가 하면, 인구 과잉과 경작지 부족으로 레누스 강 동쪽으로 이민단을 보낸 적도 있었다. (2) 그리하여 볼카이 텍토사게스족[9]은 게르마니아의 가장 비옥한 지역인 헤르퀴니아 숲[10] 일대를 차지하고 그곳에 정착했다. 내가 알기로, 이 숲은 풍문에 의해 에라토스테네스[11]와 그 밖의 다른 그라이키아인들에게도 알려져 있었는데, 그들은 그곳을 오르퀴니아 숲이라고 불렀다. (3) 볼카이 텍토사게스족은 오늘날에도 그곳에 거주하며 공정하고 용감한 부족으로 명성을 날리고 있다. (4) 지금도 그들은 게르마니족처럼 여전히 가난하고 궁핍하고 어렵게 살고 있으며, (5) 같은 음식을 먹고 같은 옷을 입는다. 반면 속주 가까운 곳에 살아 수입품에 길들여진 갈리족에게는 생필품도 사치품도 다량으로 공급된다. (6) 그리하

여 패배하는 데 점점 익숙해진 갈리족은 전투에서 여러 번 패한 뒤에는 자신들이 용기에서 게르마니족의 적수가 될 수 없다고 생각한다.

25 (1) 앞서 말한 헤르퀴니아 숲을 건너자면 가볍게 행장을 꾸려도 아흐레가 걸린다. 게르마니족은 거리를 측정하는 단위를 몰라서 그 크기를 더 정확하게 기술할 수 없다. (2) 이 숲은 헬베티이족, 네메테스족, 라우리키족의 나라에서 시작하여 다누비우스[12] 강과 나란히 달리다가 다키족과 아나르테스족[13]의 나라에 이른다. (3) 이 숲은 그곳에 이르러 강에서 왼쪽으로 방향을 튼 다음, 워낙 광대한 까닭에 여러 부족의 영토를 지나간다. (4) 이쪽 게르마니아[14]에는 설사 60일을 걸었다 해도 이 숲의 동쪽 끝에 이르렀다거나 또는 이 숲이 어디서 끝나는지 들었다고 장담할 수 있는 사람이 아무도 없다. (5) 이 숲에는 다른 곳에서는 발견되지 않는 수많은 종류의 야생동물이 서식하는 것으로 알려져 있다. 그중 다른 곳에서 발견되는 것과는 아주 다른 다음 종들은 기록해둘 만한 가치가 있다고 생각된다.

26 (1) 수사슴처럼 생긴 소가 있는데, 두 뿔 사이 이마 한복판에 우리가 아는 다른 동물의 뿔보다 더 우뚝하고 곧은 외뿔이 나 있다. 뿔의 끝은 손바닥이나 나뭇가지처럼 여러 갈래로 갈라져 있다. (2) 암컷들은 수컷들

---

9 피레네 산맥에서 론 강 유역에 걸쳐 살던 켈트족.
10 독일의 다뉴브 강 발원지에서 루마니아에 이르는 중부 유럽의 큰 숲.
11 헬레니즘 시대의 지리학자, 수학자.
12 다뉴브 강 상류.
13 둘 다 다키아(지금의 루마니아와 헝가리) 지방에 살던 부족이다.
14 서부 게르마니아.

과 생김새가 같고, 뿔도 생김새와 크기가 같다.

27 (1) 엘크[15]라는 동물도 있다. 엘크는 생김새가 염소와 같고 털도 얼룩덜룩하지만 염소보다 더 크고, 뿔이 뭉툭하며, 다리에 관절이 없다. (2) 엘크는 누워서 자지 못하며, 불운하게도 넘어지는 경우 자력으로는 다시 몸을 일으키거나 일어설 수 없다. (3) 엘크는 나무를 휴식처로 이용하는데, 나무에 몸을 살짝 기댄 채 휴식을 취한다. (4) 사냥꾼이 엘크를 추적하다가 은신처를 발견하면 뿌리 주위에 자라고 있는 나무를 모두 제거하거나 밑동에 깊숙이 톱질을 해두어 나무가 겉보기에만 튼튼하게 서 있는 것처럼 보이게 한다. (5) 엘크가 여느 때처럼 나무에 기대면 엘크의 무게에 나무가 넘어지면서 엘크도 같이 넘어진다.

28 (1) 세 번째 종류는 이른바 들소[16]이다. 들소는 코끼리보다 조금 작고, 겉모양과 색깔과 생김새가 황소와 비슷하다. (2) 들소는 힘이 세고 날래며, 사람이든 동물이든 보이기만 하면 무조건 공격한다. (3) 게르마니족은 들소를 조심스럽게 함정에 빠뜨린 다음 죽인다. 이런 종류의 사냥을 통해 게르마니족 젊은이들은 강인해지고 단련된다. 들소를 가장 많이 죽인 자는 그 증거로 그 뿔들을 공개 석상에서 보여줌으로써 큰 갈채를 받는다. (4) 들소는 어려서 잡혀도 사람에게 적응하거나 길들여지지 않는다. (5) 들소의 뿔은 크기와 생김새와 겉모양이 우리가 기르는 황소의 뿔과는 아주 딴판이다. (6) 게르마니족은 들소의 뿔을 높이 평가하여, 가장자리에 은테를 둘러서 큰 잔치 때 술잔으로 사용한다.

에부로네스족의 나라를 초토화하다(기원전 53년)

29 (1) 우비이족 정찰병들을 통해 수에비족이 숲 속으로 퇴각한 것을 알게

된 카이사르는 군량이 부족하지 않을까 염려했는데, 앞서 말했듯이 게르마니족은 어느 부족도 농사를 짓지 않기 때문이다. 그래서 그는 더 이상 진격하지 않기로 했다. (2) 그러나 그는 야만족이 자기가 돌아오지 않을 것이라고 안심하고 갈리아에 원군을 파견하는 것을 막기 위해 군대를 철수시키면서 우비이족 강둑 쪽의 다리 끝 부분만 2백 페스쯤 허물었다. (3) 그리고 갈리아 쪽의 다리 끝 부분에는 4층짜리 탑을 세운 뒤 다리를 지키도록 12대대로 구성된 부대를 배치하고 강력한 방어시설로 그곳을 요새화했다. (4) 그리고 젊은 가이유스 볼카티우스 툴루스에게 주둔지와 수비대의 지휘권을 맡겼다. 곡식이 익기 시작할 무렵 카이사르는 암비오릭스와 싸우기 위해 진지를 출발하여 아르두엔나[17] 숲을 통과했다. 이 숲은 갈리아 전체에서 가장 큰 숲으로 레누스 강변과 트레베리족의 영토에서 네르비이족의 영토까지 이어지는데, 그 길이가 5백 밀레 팟수스가 넘는다. 카이사르는 서둘러 행군하여 기회를 잡으면 유리할 것이라 믿고 루키우스 미누키우스 바실루스를 전 기병대와 함께 먼저 내보냈다. (5) 그리고 자기가 다가가고 있다는 것을 적군에게 미리 알리지 않기 위해 진지에 불을 피우지 말라고 지시하면서 자기도 곧 뒤따라가겠다고 약속했다.

30 (1) 바실루스는 명령받은 대로 행했다. 그는 아무도 예상하지 못한 빠른 속도로 행군하여, 낌새를 채지 못하고 들일을 하고 있던 자들을 많이 생포했다. 그리고 그들이 일러준 대로 암비오릭스가 소수의 기병과 함께

---

15 alces.
16 urus.
17 프랑스 북동부, 벨기에와의 접경지대에 있는 지금의 아르덴(Ardenne) 숲.

있다는 곳으로 곧장 향했다. (2) 세상만사에는, 그중에서도 특히 전쟁에는 운(運)[18]이 중요하다. 바실루스가 방심하고 아무 준비도 않고 있던 암비오릭스를 마주친 것도, 사람들이 그가 도착했다는 소문이나 보고를 듣기도 전에 그가 사람들 앞에 나타난 것도 순전히 운이었다. 마찬가지로 암비오릭스가 무구를 모두 빼앗기고 전차와 군마도 노획당했지만 그 자신은 죽음에서 벗어난 것도 운이었다. (3) 갈리족은 더위를 피하기 위해 대개 숲가나 강가에 집을 짓는데, 마찬가지로 그자의 집도 나무로 둘러싸여 있어 그자가 죽음에서 벗어날 수 있었던 것이다. 그자의 친구와 동료들이 좁은 숲길에서 로마군 기병대의 공격을 잠시 막아내자, (4) 그들이 싸우는 사이 그자의 부하 가운데 한 명이 그자를 말에 태웠고, 도망치는 그자를 숲이 가려주었으니 말이다. 그러니 암비오릭스를 위험에 빠뜨린 것도, 암비오릭스가 도주하게 해준 것도 운이었다.

31 (1) 암비오릭스는 자신의 병력을 집결시키지 않았는데, 교전할 뜻이 없어서 고의로 그랬는지, 아니면 로마군 기병대가 갑자기 들이닥치는 바람에 겨를이 없는 데다 로마군의 나머지 병력이 자기를 추격하고 있다고 믿어서 그랬는지는 확실하지 않다. (2) 그러나 한 가지 확실한 사실은, 그자가 방방곡곡에 전령을 보내 각자가 알아서 살기를 도모하라고 지시했다는 것이다. 그자의 추종자들 가운데 일부는 아르두엔나 숲으로, 일부는 끝없는 늪지대로 도주했다. (3) 대서양 가까이 사는 자들은 밀물 때면 섬으로 변하는 곳들에 몸을 숨겼다. (4) 많은 사람들이 고향을 떠나 전혀 모르는 사람들에게 목숨과 재산을 맡겼다. (5) 카투볼쿠스는 에부로네스족의 반(半)을 다스리던 왕으로 암비오릭스와 손잡고 이번 거사를 벌였으나, 이제 노인인지라 전쟁이나 추방의 어려움을 견뎌낼 자신이 없어서 이런 거사를 벌였다고 암비오릭스에게 저주를 퍼부은 뒤

갈리아와 게르마니아에 흔한 주목(朱木) 액즙을 마시고 자살했다.

32 (1) 게르마니족의 일부로 에부로네스족과 트레베리족 사이에 사는 세그니족과 콘드루시족은 카이사르에게 사절단을 보내 자신들을 적으로 간주하지 말 것과 레누스 강 서쪽의 모든 게르마니족을 한통속으로 보지 말아달라고 간청하며, 자기들은 전쟁을 생각한 적도, 암비오릭스에게 원군을 보낸 적도 없다고 주장했다. (2) 카이사르는 포로들을 심문하여 그들의 말이 사실임을 확인한 뒤 에부로네스족 가운데 그들의 나라에 피신해 있는 자들이 있으면 자기에게 돌려달라고 요구하며, 그렇게 하면 그들의 영토를 침범하지 않겠다고 했다. (3) 그러고 나서 카이사르는 병력을 셋으로 나누고, 모든 군단이 무거운 짐을 아두아투카로 보내게 했다. (4) 그곳은 에부로네스족의 영토 중앙에 위치한 요새로 사비누스와 콧타의 월동 진지가 있던 곳이다. (5) 카이사르는 여러 이유에서 그곳을 선택했는데, 무엇보다도 지난해에 구축한 방어시설이 아직도 온전해서 병사들의 노고를 덜 수 있었기 때문이다. (6) 그는 최근 이탈리아에서 모집한 3개 군단 중 하나인 제14군단이 그곳에 남아 짐을 지키게 했다. (7) 그리고 퀸투스 툴리우스 키케로에게 이 군단과 진지를 맡기면서 기병 2백 명도 그에게 배속시켰다.

33 (1) 카이사르는 병력을 나눈 뒤 티투스 라비에누스에게 3개 군단을 이끌고 대서양 쪽으로, 메나피이족과 경계를 맞대고 있는 지역들로 향하라고 명령했다. (2) 그리고 가이우스 트레보니우스에게도 3개 군단을 이끌고 가서 아두아투키족의 변경지역을 약탈하게 했다. (3) 카이사르 자신

---

18 fortuna.

은 남은 3개 군단을 이끌고 모사 강으로 흘러드는 스칼디스[19] 강과 아르두엔나 숲의 서쪽 끝을 향해 행군하기로 결정했는데, 암비오릭스가 약간의 기병을 이끌고 그쪽으로 향했다는 보고를 받았기 때문이다. (4) 그는 출발하면서 이레 뒤에 돌아오겠다고 약속했는데, 그날이 수비대로 남은 군단에게 군량을 배급해야 할 날임을 알고 있었기 때문이다. (5) 그는 라비에누스와 트레보니우스에게도 국익에 손상이 가지 않는 한 그날까지 돌아오라고 했는데, 다시 모여서 적군의 작전을 검토한 뒤 새로운 전략으로 전투를 시작하기 위해서였다.

34 (1) 앞서 말했듯이,[20] 에부로네스족에게는 정규군 집단도, 요새도, 무기를 들고 저항할 수 있는 수비대도 없었고, 주민들은 뿔뿔이 흩어졌다. (2) 그들은 후미진 골짜기나 우거진 수풀이나 건너기 어려운 늪지대가 지켜주고 안전을 보장해준다 싶은 곳에 저마다 몸을 숨겼다. (3) 이들은 신처는 근처에 사는 토착민들에게만 알려져 있었다. 그리하여 군대 전체를 보호하기 위해서가 아니라(부대원들이 함께하는 한 주눅이 들어 뿔뿔이 흩어진 적군에게 당할 위험은 없었기 때문이다), 개별 병사들을 안전하게 지키기 위해 상당한 주의가 필요했다. 그렇지만 전군의 안전도 어느 정도는 이러한 사전 주의에 달려 있었다. (4) 수많은 병사들이 전리품이 탐나 계속해서 멀리 앞으로 나아갔지만, 숲길이 낯설고 눈에 보이지 않아 밀집대형을 이루고 진격할 수 없었기 때문이다. (5) 카이사르가 작전을 매조지고 범죄자 집단을 도륙하기를 원한다면 부대를 더 많이 파견하고 군사들을 사방으로 분산시켜야만 했다. (6) 반면 로마군의 전통적인 전투 관행에 따라 중대[21]들이 전투대형을 이루고 있기를 원한다면, 지형 자체가 야만족을 보호해주기에 그들 중에는 매복해 있다가 주력부대에서 이탈한 로마군 병사들을 습격할 만큼 대담한 자도 더

러 있었다. (7) 상황이 이렇게 어려워지자 필요한 예비조치는 빠짐없이 모두 조심스럽게 취했다. 카이사르는 적에게 해를 입히려다 아군이 해를 입느니, 비록 아군 병사들이 복수심에 불타고 있다 해도 차라리 적군을 해칠 기회를 놓치는 편이 낫다고 생각했다. (8) 그래서 카이사르는 인근 부족들에게 전령을 보내 전리품을 원하는 자는 누구든 와서 에부로네스족을 약탈하라고 했으니, 로마 군단 병사들보다는 차라리 갈리족이 숲 속에서 생명의 위험에 처하게 하는 동시에, 대군에 포위당한 에부로네스족이 범행을 저지른 대가로 부족의 뿌리도 이름도 말살되게 하기 위해서였다. (9) 그러자 다수의 갈리족이 금세 사방에서 몰려왔다.

35 (1) 에부로네스족의 영토 곳곳에서 약탈행위가 자행되는 사이, (2) 카이사르가 집과 군단이 있는 곳으로 돌아가기로 약속한 이레째 되는 날이 벌써 다가오고 있었다. 이번에도 전쟁에서 운의 힘이 얼마나 강력하며, 운이 얼마나 중대한 결과를 가져다주는지 분명히 드러났다. (3) 앞서 말했듯이, 적군이 겁에 질려 도주한 뒤로 아군이 두려워할 만한 적대세력이라고는 어디에도 없었다. (4) 그런데 에부로네스족이 약탈당하고 있으며 게다가 누구나 다 전리품 사냥에 참가하도록 초대받았다는 소문이 레누스 강 동쪽의 게르마니족에게도 퍼졌다. (5) 그러자 레누스 강 근처에 살며, 앞서 말했듯이, 도망치던 텡크테리족과 우시페테스족에게 피난처를 제공한 적이 있는 수감브리족이 기병 2천 명을 모았다. (6) 이들

---

19 벨기에 북동부에 있는 지금의 셸데(Schelde) 강. 이 강은 모사, 즉 지금의 뫼즈(Meuse) 강으로 흘러들지 않는다.
20 6권 31장 1~2절.
21 manipulus. 대대(cohors)의 3분의 1.

은 카이사르가 다리를 놓고 수비대를 남겨두었던 곳에서 하류로 30밀레팟수스 떨어진 지점에서 크고 작은 배를 타고 레누스 강을 건넜다. 그리고 먼저 에부로네스족의 영토로 쳐들어가 뿔뿔이 흩어져 달아나던 에부로네스족을 많이 사로잡고, 야만족이 소중히 여기는 가축 떼를 많이 포획했다. 그들은 전리품을 바라고 더욱더 앞으로 나아갔다. (7) 늪지대도 숲도, 전쟁과 약탈을 위해 태어난 이들 게르마니족을 막지 못했다. 포로들에게 카이사르의 소재지를 물어본 그들은 그가 이미 병력을 모두 이끌고 멀찍이 떨어진 곳으로 떠났다는 사실을 알게 되었다. (8) 그때 포로들 가운데 한 명이 말했다. "당신들은 지금 당장 큰 부자가 될 수 있는데, 왜 이런 보잘것없고 빈약한 전리품만 찾아다니시오? (9) 당신들은 3시간 안에 아두아투카에 도착할 수 있소. 로마군은 그곳에 자신들의 재물을 모두 쌓아놓았는데, 그곳 수비대는 인원수가 적어서 성벽에조차 충분한 인원을 배치하지 못하고 있으며, 아무도 감히 요새 밖으로 나오지 못하고 있소." (10) 게르마니족은 이런 제안에 이끌려 노획한 전리품을 은밀한 곳에 숨겨두고 아두아투카로 향했는데, 이때 그러한 사정을 알려준 바로 그 포로를 길라잡이로 삼았다.

36 (1) 처음 엿새 동안 퀸투스 키케로는 신중에 신중을 기하며 카이사르가 지시한 대로 병사들을 진지 안에 붙들어두었고, 궂은일을 도맡아하는 종군 노예들조차 방어시설 밖으로 나가지 못하게 했다. 그러나 이레째 되던 날 그는 카이사르가 날짜를 지킬 것이라는 희망을 포기했다. 카이사르가 더 먼 곳으로 향했다는 말은 들리고, 그가 돌아온다는 소식은 끊겼기 때문이다. (2) 키케로는 또한 아무도 밖에 나갈 수 없는 만큼 자기가 고집스레 기다리는 것은 사실상 포위공격당하는 것이나 다름없다는 병사들의 불평에 초조해지기 시작했다. 게다가 그는 9개 군단 병력과 대

규모 기병대가 출정 중이고 적군은 흩어져 사실상 궤멸된 것이나 다름없는데 진지에서 3밀레 팟수스 떨어진 범위 안에서 어떤 불상사가 일어나리라고는 예상하지 않았다. 그래서 그는 군량을 구해오도록 가장 가까운 들판으로 5개 대대를 내보냈는데, 들판과 진지 사이에는 언덕 하나밖에 없었다. (3) 군단 병사들 가운데 일부는 몸이 아파 뒤에 남았다. 그 사이에 원기를 회복한 약 3백 명의 병사들도 별도 부대를 구성하여 함께 출동했다. (4) 그 밖에 다수의 종군 노예들도 진지 안에 많이 남아 있던 짐 나르는 가축들을 이끌고 그들과 동행해도 좋다는 허가를 받았다.

37 (1) 바로 그때, 호시탐탐 기회를 노리던 게르마니족 기병대가 나타나더니 속력을 늦추지 않고 그대로 후문을 지나 진지 안으로 돌입하려고 했다. (2) 진지의 그쪽은 숲에 가려져서, 그들이 신지에 접근할 때까지 아무도 그들이 다가오는 것을 보지 못했다. 그래서 보루 아래 천막을 치고 있던 종군 상인들은 진지 안으로 돌아갈 수 없었다. (3) 이렇게 뜻밖의 기습을 당하자 아군 병사들은 혼란에 빠졌고, 진지의 문을 지키던 대대는 간신히 첫 번째 공격을 막아냈다. (4) 그러자 적군이 진지 전체를 에워싸고는 들어올 틈을 찾았다. (5) 아군 병사들은 힘겹게 출입문들을 지켰고, 그 밖에 적군이 들어올 만한 틈은 진지의 지형과 방어시설이 지켜주었다. (6) 진지는 온통 두려움에 휩싸였다. 병사들은 소란스러운 이유를 서로 물었지만, 대원들에게 어디로 이동하고 어디에 집결하라고 명령하는 자는 아무도 없었다. (7) 더러는 진지가 이미 함락되었다고 말했고, 더러는 야만족이 아군과 사령관을 궤멸하고 승리의 여세를 몰아 진격해온 것이라고 주장했다. (8) 대부분의 병사들은 자신들이 서 있는 장소 때문에 미신적인 공포감에 휩싸였는데, 바로 이 요새에서 콧타와 사비누스가 재앙을 당하던 모습이 눈에 선했던 것이다. (9) 그리하여 아군

병사들이 모두 큰 두려움에 휩싸이자, 야만족은 포로들한테 들은 대로 진지 안에는 수비대가 없다고 굳게 믿었다. (10) 야만족은 이런 좋은 기회를 다 잡았다가 놓치지 말자고 서로 격려하며 진지를 돌파하려고 애썼다.

38 (1) 푸블리우스 섹스티우스 바쿨루스는 몸이 아파 수비대와 함께 뒤에 남아 있었다. 그는 카이사르의 수석 백인대장들 가운데 한 명으로, 우리는 그가 이전의 전투들에서 싸우던 일에 관해서는 앞에서 이미 언급한 바 있다.[22] 그는 몸이 아파서 닷새 동안 아무것도 먹지 못했다. (2) 자신과 전우들의 안전이 염려되어 무장하지 않은 채 막사 밖으로 나온 그는 적군은 압박해오고 아군은 심각한 위기에 빠져 있는 것을 보고는 옆에 서 있던 병사들에게서 무기를 빼앗아 들고 문간에 버티고 섰다. (3) 문을 지키던 대대의 백인대장들이 그와 합세하자 그들은 힘을 모아 잠시 적군의 공격을 물리쳤다. (4) 바쿨루스가 심한 부상을 입고 기절하자, 그들은 그를 손에서 손으로 옮기며 간신히 구해냈다. 그리고 그사이에 잠시 숨을 돌린 나머지 아군 병사들이 용기를 내어 방어시설들에 병력을 배치하며 방어하는 흉내라도 냈다.

39 (1) 그사이 군량을 모으는 일을 마친 아군 병사들에게도 함성이 들렸다. 기병대가 앞으로 내달아 얼마나 위급한 상황인지 알아차렸다. (2) 그러나 그곳에는 두려움에 휩싸인 아군 병사들을 받아줄 방어시설이라고는 아무 데도 없었다. 그들은 최근에 모병한 전투 경험이 전혀 없는 신병들로, 연대장들과 백인대장들만 쳐다보며 명령이 떨어지기만을 기다렸다. (3) 하지만 그런 뜻밖의 상황에 당황하지 않을 만큼 용감한 사람은 아무도 없었다. (4) 야만족은 멀리 로마군의 군기가 보이자 포위공격을

그만두었다. 처음에 그들은 포로들의 말에 따르면 먼 곳으로 떠났다던 군단들의 병력이 돌아온 줄 알았다. 그러나 병력 수가 적은 것을 보자 얕잡아보고 사방에서 공격했다.

40 (1) 종군 노예들이 앞다투어 가장 가까운 언덕으로 내달았다. 그곳에서 당장 쫓겨나자 그들은 군기들과, 군기들을 중심으로 전투대형을 이루고 있던 중대들 사이로 돌진하여 그러잖아도 겁에 질려 있는 아군 병사들을 더욱 겁에 질리게 했다. (2) 아군 병사들 가운데 일부는 아군 진지가 가까우니 쐐기 대형을 이루어 빠르게 적군을 돌파하자고 제안하며, 설사 일부가 포위되어 전사한다 해도 나머지는 목숨을 구할 수 있을 것이라고 했다. (3) 다른 일부는 언덕 위에 버티고 서서 모두 같은 운명을 맞자고 제안했다. (4) 앞서 말했듯이, 별도 부대로 동행했던 고참병들은 두 번째 제안에 찬성하지 않았다. 그래서 고참병들은 서로 격려하며 지휘관인 로마의 기사 가이우스 트레보니우스의 지휘 아래 적군 한가운데를 돌파하여 한 명도 부상당하지 않고 모두 진지에 도착했다. (5) 그들의 뒤를 이어 종군 노예들과 기병들이 똑같이 적군을 돌파했는데 병사들의 용기 덕분에 목숨을 구했다. (6) 그러나 언덕 위에 버티고 서 있던 부대들은 전투 경험이 전혀 없었다. 그들은 높은 곳에서 자신을 방어한다는 당초의 작전을 고수하지도, 다른 부대들이 보여준 힘에 의한 신속한 돌파 작전을 흉내 내지도 못했다. 그래서 그들은 진지로 돌아오려다가 불리한 지형으로 들어섰다. (7) 다른 군단에서 낮은 계급으로 복무하다가 용맹을 떨쳐 이 군단에서 높은 계급으로 진급한 백인대장 몇 명이 있었는데, 이들은 이전의 명성을 잃고 싶지 않아 용전분투하다가 전사했다.

22 2권 25장, 3권 5장 참조.

(8) 이들의 용기에 적군이 뒤로 물러서자 일부 병사들이 천만뜻밖에도 무사히 진지로 돌아왔다. 그러나 나머지는 야만족에게 포위되어 도륙당했다.

41 (1) 게르마니족은 로마군이 방어시설들에 병력을 배치한 것을 보고 로마군 진지를 함락할 수 없다고 보고 숲 속에 숨겨두었던 전리품을 챙겨 갖고 레누스 강 동쪽으로 철수했다. (2) 적군이 물러간 뒤에도 아군 병사들은 겁에 질려, 기병대와 함께 먼저 파견되었던 가이유스 볼루세누스가 그날 밤 진지로 돌아왔건만 카이사르가 군대를 이끌고 무사히 돌아왔다는 그의 말을 아무도 믿으려 하지 않았다. (3) 모두들 겁에 질려 거의 제정신이 아니었으며, 카이사르의 군대는 전멸하고 기병대만 도주해 온 것이라고 주장하는가 하면, 카이사르의 군대가 무탈했다면 게르마니족이 진지를 포위공격하려 하지 않았을 것이라고 주장했다. (4) 이런 불안은 카이사르가 도착한 뒤에야 사그라졌다.

42 (1) 카이사르는 전쟁에서는 무슨 일이든 가능하다는 것을 알고 있던 터라, 진지로 돌아오자 진지를 수비하던 대대의 대원들을 밖으로 내보내기로 한 결정만을 비판했다. 아무리 사소한 것이라 해도 키케로가 불운이 일어날 여지를 남겨두지 말았어야 한다는 것이 그의 판단이었다. 그 밖에도 그의 판단에 따르면 적군이 갑자기 도착한 것도 운이지만, (2) 이미 요새와 진지의 문들에 다가선 야만족을 물리친 것도 그 이상으로 운이었다. (3) 그러나 가장 놀라운 것은, 암비오릭스의 영토를 약탈하려고 레누스 강을 건넌 게르마니족이 로마군의 진지로 진격함으로써 암비오릭스에게 바라 마지않던 도움을 주었다는 사실이었다.

43 (1) 카이사르는 에부로네스족을 괴롭히기 위해 또다시 출동했으며, 이웃 부족들에게서 대규모 병력을 차출해 각지로 파견했다. (2) 그들은 마을과 농가를 눈에 보이는 족족 불태웠고, 곳곳에서 가축 떼를 전리품으로 몰고 갔다. (3) 곡식은 수많은 짐 나르는 가축과 사람이 먹어치운 데다 늦가을 비에 쓰러졌다. 그래서 주민 가운데 일부가 당장에는 몸을 숨길 수 있다 해도 아군이 철수한 뒤에는 식량이 떨어져 십중팔구 굶어 죽을 것만 같았다. (4) 대규모 기병대가 소부대로 나뉘어 사방으로 파견된 까닭에, 사로잡힌 적군들이 마치 암비오릭스가 방금 도망치는 것을 본 것처럼 주위를 두리번거리며 그자가 시야에서 벗어나지 못했을 것이라고 주장하는 일이 되풀이되었다. (5) 그래서 아군 병사들은 그자를 따라잡을 수 있을 것이라 믿고 카이사르에게 큰 치하의 말을 듣기 위해 노고를 마다하지 않고 초인적인 노력을 쏟았다. 그러나 그들은 언제나 간발의 차이로 마지막 성공을 거두지 못하는 듯했다. (6) 암비오릭스는 숲이나 골짜기에 숨어 있다가 야음을 틈타 다른 지역이나 다른 나라로 도주했다. 단 네 명의 기병만 대동하고. 그는 이들 네 명에게 감히 자신의 목숨을 맡겼던 것이다.

44 (1) 그 나라를 이렇게 약탈한 뒤 카이사르는 작전 중에 잃은 2개 대대를 제외한 나머지 병력을 이끌고 레미족의 도시 두로코르토룸[23]으로 철수했다. 그리고 그곳에서 갈리족의 회의를 소집하여 세노네스족과 카르누테스족의 음모에 관해 심문했다. (2) 음모의 주모자인 악코는 사형선고를 받고 선조들의 관습에 따라 처형당했다.[24] (3) 더러는 재판받는 것이

---

23 지금의 프랑스 북동부 랭스(Reims).
24 죽을 때까지 채찍질을 당한 뒤 참수된 것 같다.

두려워 도주했다. 카이사르는 이들을 법률의 보호 밖으로 추방했다. 그러고 나서 그는 2개 군단은 트레베리족의 변경지역으로, 2개 군단은 링고네스족의 영토로, 나머지 6개 군단은 세노네스족의 영토에 있는 아게딩쿰으로 보내 그곳에서 겨울을 나게 했다. 그리고 군대를 위해 군량을 확보한 뒤 그는 여느 때처럼 순회재판에 참석하려고 이탈리아를 향해 출발했다.

제7권
베르킹게토릭스의 반란

서막(기원전 52년)

I (1) 갈리아가 평정되자 카이사르는 계획대로 순회재판에 참석하기 위해 이탈리아로 향했다. 그곳에서 그는 푸블리우스 클로디우스[1]가 살해되었다는 것을 알았다. 그리고 원로원이 군 복무를 할 나이가 된 모든 이탈리아인에게 선서를 받기로 결의했다는 소식을 듣고는 자신의 속주[2] 전역에서 징병을 실시하기로 결정했다. (2) 이 소문은 금세 알페스 저쪽 갈리아로 퍼졌다. 갈리족은 소문을 부풀리고 그럴듯한 이야기까지 덧붙여, 로마의 소요사태 때문에 카이사르가 발목을 잡혔으며 정쟁이 계속되는 동안 그의 군대가 있는 곳으로 돌아올 수 없다고 했다. (3) 그리하여 이제 절호의 기회를 잡았다 싶자, 전부터 로마 국민의 통치를 받게 된 것에 분개하던 자들이 더 자유롭고 대담하게 작전계획을 세우기 시작했다. (4) 갈리족 지도자들은 숲 속 후미진 곳에서 회의를 소집하고 악코의 죽음을 애도하며 자기들도 같은 운명을 당할 수 있다고 말했다. (5) 그들은 갈리아 전체의 비참한 운명을 슬퍼하며, 누구든 전쟁을 일으켜 목숨을 걸고 갈리아를 해방한다면 크게 포상하겠다고 온갖 약속을 내걸었

다. (6) 무엇보다도 자신들의 은밀한 모의가 탄로 나기 전에 카이사르가 그의 군대와 합류하지 못하게 하는 것이 긴요하다고 그들은 주장했다. (7) 그것은 어렵지 않다며, 군단들은 사령관 없이는 월동 진지를 감히 떠나지 못할 것이고, 사령관은 무장 호위대 없이는 그의 군단들이 있는 곳에 가지 못할 것이라고 했다. (8) 끝으로, 그들은 이전의 군사적 명성과 선조들에게서 물려받은 자유를 회복하지 못할 바에는 차라리 싸우다가 죽는 편이 낫다는 데 의견을 같이했다.

2 (1) 토의가 끝나자 카르누테스족이 공동체의 안전을 위해서라면 어떤 위험이라도 감수할 용의가 있다며 자기들이 선봉을 맡겠다고 약속했다. (2) 그들은 계획이 탄로 나는 것을 막기 위해 당장에는 서로 인질을 교환할 처지가 못 되므로, 카르누테스족은 군기들을 한데 꽂아놓고—그것은 갈리족에게 가장 신성한 의식이었다—그 앞에서 일단 전쟁이 시작되면 다른 부족들이 자기들을 외면하지 않겠다고 엄숙히 서약하기를 요구했다. (3) 카르누테스족은 모두에게 칭찬받았다. 그 자리에 모인 자들은 모두 서약을 하고 거사 날짜를 정한 뒤 모임을 파했다.

3 (1) 약속 날짜가 다가와 신호가 떨어지자 카르누테스족은 코투아투스와 콩콘네토둠누스라는 두 무법자의 지휘 아래 케나붐[3]을 습격하여, 교역을 위해 그곳에 거주하던 로마인들을 살해하고 그들의 재산을 약탈했는

---

1 키케로의 정적이었던 그는 카이사르의 후원으로 호민관(護民官)이 되었으나 기원전 52년 소요사태 때 살해당했다.
2 여기서는 이쪽 갈리아, 즉 북이탈리아.
3 지금의 오를레앙(Orléans).

데, 그중에는 카이사르의 명에 따라 군량 조달 업무를 수행하던 존경받는 로마 기사 가이우스 푸피우스 키타도 포함되어 있었다. (2) 소문은 금세 모든 갈리족 부족에게 퍼졌다. 큰 사건이나 특이한 사건이 발생하면 갈리족은 들판에서 들판으로 지역에서 지역으로 큰 소리로 알리고, 그러면 그것을 들은 사람들이 이웃들에게 전하기 때문이다. 이번 경우도 마찬가지였다. (3) 케나붐에서 해 뜰 무렵 일어난 사건이 저녁 8시가 되기도 전에 160밀레 팟수스나 떨어져 있는 아르베르니족의 영토[4]에까지 전해졌으니 말이다.

4 (1) 그곳에서 막강한 영향력을 행사하던 젊은이 베르킹게토릭스도 이에 편승했다. 그의 아버지 켈틸루스는 사실상 갈리아 전체를 지배했지만 스스로 왕이 되려고 했기 때문에 동포들의 손에 살해당했다. 베르킹게토릭스는 자신의 피보호민들을 불러 모아놓고 어렵지 않게 분기시켰다. (2) 일단 그의 계획이 알려지자 너도나도 무기가 있는 곳으로 달려갔다. 그의 숙부인 고반니티오와 그런 모험을 달갑잖게 여기던 다른 지도자들은 그를 제지했고, 결국은 그를 게르고비아 시에서 추방했다. (3) 그래도 그는 포기하지 않고 농촌지역을 돌아다니며 거지와 무법자들을 끌어모았다. 이들 패거리를 한데 모으자, 그가 접근하는 아르베르니족은 모두 그에게 동조했다. (4) 그는 갈리아 전체의 자유를 위해 무기를 들라고 그들을 격려한 뒤 곧 대군을 이끌고 가서 얼마 전에 자기를 추방했던 반대세력을 추방했다. (5) 이제 자신의 추종자들에 의해 왕으로 선포된 베르킹게토릭스는 사방으로 사절단을 보내 약속을 지킬 것을 요구했으며, (6) 세노네스족, 파리시이족, 픽토네스족, 카두르키족, 투로네스족, 아울레르키족, 레모비케스족, 안데스족, 그 밖에 대서양 해안지대의 모든 갈리족과 서둘러 동맹을 맺었다. 그들은 만장일치로 그에게 군 통수권

을 맡겼다. (7) 베르킹게토릭스는 이러한 권한을 이용해 모든 부족에게 인질을 잡힐 것과 당장 일정 수의 병력을 파견할 것을 요구하며, (8) 각 부족이 언제까지 얼마나 많은 무기를 생산할 것인지 정해주었는데, 그는 특히 기병대에 관심을 기울였다. (9) 그는 극도로 꼼꼼하면서도 극도로 엄격하게 권한을 행사했고, 주저하는 자들을 끌어들이기 위해 엄벌도 마다하지 않았다. (10) 중죄를 저지른 자는 온갖 고문을 가한 뒤 화형에 처했고, 가벼운 죄를 저지른 자는 두 귀를 자르거나 한쪽 눈을 후벼낸 뒤 고향으로 보냈는데, 엄벌에 처함으로써 다른 사람들에게 본보기가 되게 하고 공포 분위기를 조성하기 위해서였다.

5 (1) 베르킹게토릭스는 이러한 공포 분위기로 재빨리 군사를 모은 다음, 루크테리우스라는 대담무쌍한 카두르키족을 병력의 일부와 함께 루테니족의 영토로 파견하고, 자신은 비투리게스족의 영토로 향했다. (2) 그가 도착하자 비투리게스족은 적군을 더 쉽게 물리칠 수 있도록 자신들의 보호자인 아이두이족에게 사절단을 보내 도움을 요청했다. (3) 그러자 아이두이족은 카이사르의 명에 따라 군대와 함께 그곳에 남아 있던 부관들의 건의대로 기병대와 보병 부대를 보내 비투리게스족을 돕게 했다. (4) 이들 부대는 비투리게스족과 아이두이족 영토의 경계를 이루는 리게르[5] 강에 이르러 감히 강을 건너지 못하고 그곳에서 며칠 동안 머뭇거리다 집으로 돌아와서는, (5) 로마군 부관들에게 비투리게스족이 배신할까 두려워서 돌아왔다고 보고했다. 그들이 강을 건너면 한쪽에서는 비투리게스족이, 다른 쪽에서는 아르베르니족이 자기들을 포위할 계획

4 지금의 프랑스 오베르뉴(Auvergne) 지방.
5 지금의 루아르 강.

을 세워놓고 있는 것을 발견했다고 했다. (6) 그들이 철수한 이유가 그들이 아군 부관들에게 보고한 바로 그 점 때문인지, 아니면 배신행위인지는 우리가 확실히 몰라서 단언할 수는 없다. (7) 그러나 비투리게스족은 아이두이족이 철수하자마자 곧바로 아르베르니족과 연합했다.

6 (1) 이 사건은 이탈리아에 있던 카이사르에게 보고되었다. 로마의 상황이 그나이우스 폼페이유스의 결단으로 다소 안정되었음을[6] 알게 되자 그는 알페스 저쪽의 갈리아로 향했다. (2) 그곳에 도착했을 때 그는 어떻게 자신의 군대와 합류할 것인가 하는 중대 난관에 봉착했다. (3) 왜냐하면 그가 군단들을 속주로 소환하자니 그들이 행군 중에 사령관인 자신도 없이 전투를 치러야 할 것이 분명했고, (4) 자기가 군대 있는 곳으로 가자니 그때는 비록 갈리족이 평화로워 보였지만 그들에게 자신의 목숨을 안심하고 맡길 수는 없다고 여겼기 때문이다.

7 (1) 그 사이 루테니족에게 파견되었던 카두르키족 루크테리우스는 루테니족을 아르베르니족의 편으로 만들었다. (2) 그는 또 니티오브리게스족과 가발리족의 영토에 가서 이 두 부족한테서 인질들을 넘겨받은 뒤 대군을 모아 나르보[7] 방향으로 로마의 속주를 침공하려 했다. (3) 이 소식을 들은 카이사르는 다른 계획은 모두 뒤로 미루고 우선 나르보로 향하기로 결정했다. (4) 그곳에 도착한 그는 놀란 주민들을 안심시키고 속주 가운데 루테니족, 볼카이 아레코미키족, 톨로사테스족의 거주 지역과 나르보 시 주위에 수비대를 배치했다. 이 지역들은 적과 가장 가까운 곳이었다. (5) 카이사르는 또한 속주에서 차출된 병력 가운데 일부와 이탈리아에서 새로 데려온 증원부대들에게 아르베르니족의 영토와 맞닿아 있는 헬비이족의 영토로 집결하라고 명령했다.

8 (1) 카이사르가 이런 조치들을 취하자, 루크테리우스는 수비대가 지키고 있는 곳으로 들어가는 것은 위험하다고 보고 어쩔 수 없이 퇴각하지 않을 수 없었다. 그래서 카이사르는 헬비이족의 영토로 향했다. (2) 헬비이족과 아르베르니족의 경계를 이루고 있는 케벤나[8] 산은 겨울에 눈이 수북이 쌓여 행군하기가 어려웠다. 그럼에도 아군 병사들이 노고를 마다하지 않고 6페스 높이의 눈을 치우고 길을 내자, 그는 아르베르니족의 영토로 들어갔다. (3) 이들은 불의의 기습을 당했으니, 케벤나 산이 자신들을 성벽처럼 지켜준다고 믿었고, 그 혹한기에 군대는 고사하고 단독 여행자도 그곳을 통과한 적이 없었기 때문이다. 카이사르는 또 적군을 되도록 주눅 들게 하려고 자신의 기병대에게 가능한 한 넓게 산개(散開)하라고 명령했다. (4) 이 사건은 즉시 베르킹게토릭스에게 전해지고 보고되었다. 그러자 아르베르니족[9]이 모두 겁에 질려 그를 에워싸더니, 무엇보다 그도 보다시피 모든 전쟁이 지금 자신들을 겨냥하고 있는 만큼 자신들의 재산을 구해주고 자신들이 적군에게 약탈당하지 않게 해달라고 간청했다. (5) 그러자 그는 그들의 간청에 휘둘려 진지를 비투리게스족의 영토에서 아르베르니족의 영토 쪽으로 철수했다.

9 (1) 그러나 카이사르는 그곳에 이틀밖에 머무르지 않았고, 베르킹게토릭스가 그렇게 나오리라고 예상한 터라 증원부대와 기병대를 모집한다

---

6 그해 1월에 호민관 클로디우스가 살해당하면서 로마에 소요사태가 발생하자 삼두정치의 한 축인 폼페이유스가 단독 집정관으로 선출된 것을 반어적으로 표현한 것이다. 둘 사이의 권력 투쟁은 사실상 더 첨예화되었기 때문이다.
7 로마의 속주 안에 있던 볼카이 아레코미키족의 도시로, 지금의 나르본(Narbonne).
8 지금의 세벤(Cévennes) 산맥.
9 베르킹게토릭스의 군대에 합류한.

는 핑계로 자신의 군대가 있는 곳을 떠나며 젊은 브루투스[10]에게 군 지휘권을 맡겼다. (2) 그리고 브루투스에게 기병대를 사방으로 되도록 넓게 산개하라고 지시하면서 사흘 안에 진지로 돌아오도록 노력하겠다고 말했다. (3) 이런 조치들을 취한 다음 그는 그의 부하들도 예상하지 못한 강행군 끝에 비엔나[11]에 도착했다. (4) 그곳에서 그는 얼마 전 그곳에 파견해둔 기운이 팔팔한 기병대를 이끌고 밤낮으로 쉬지 않고 행군하여 아이두이족의 영토를 통과한 뒤 링고네스족의 영토에 도착했는데, 그곳에서는 그의 2개 군단이 겨울을 나고 있었다. 그가 그렇게 빨리 내달은 까닭은 아이두이족이 혹시라도 자신의 목숨을 노리고 음모를 꾸미지 못하도록 그 가능성을 사전에 차단하기 위해서였다. (5) 그곳에 도착한 그는 나머지 군단들[12]에도 전령을 보내, 자기가 와 있다는 소문이 아르베르니족의 귀에 들어가기 전에 그들을 모두 한곳에 집결시켰다. (6) 베르킹게토릭스는 그가 도착했다는 보고를 받자 군대를 도로 비투리게스족의 영토로 철수시킨 다음 그곳에서 보이이족의 도시 고르고비나로 출동하여 포위공격하기 시작했는데, 카이사르는 헬베티이족과의 전쟁 때 보이이족을 패배시킨 뒤 아이두이족의 보호를 받으며 그곳에 정착하게 했던 것이다.[13]

10 (1) 이번 출동으로 카이사르는 전략상 심각한 문제에 맞닥뜨렸다. 겨울을 날 동안 군단들의 병력을 한곳에 붙들어두면, 아이두이족의 보호를 받던 도시가 함락될 경우 카이사르가 우방들을 보호해주지 못한다고 믿고 갈리아 전체가 그에게 등을 돌릴까 두려웠다. 반면 때가 되기도 전에 너무 일찍 월동 진지를 출발하면, 수송상의 문제로 군량 조달에 어려움을 겪게 될까 두려웠다. (2) 그러나 그런 수모[14]를 당하고 지지세력의 신뢰를 상실하느니 차라리 온갖 어려움을 감내하는 편이 더 나을 것 같았

다. (3) 그래서 그는 군량을 수송하도록 아이두이족을 격려하고, 보이이족에게 미리 전령을 보내 자기가 가고 있다는 것을 알리면서 끝까지 충성을 다해 적군의 공격을 용감하게 물리치라고 격려하게 했다. (4) 카이사르는 2개 군단과 전군의 짐을 아게딩쿰에 남겨두고 보이이족의 영토로 향했다.

11 (1) 이튿날 카이사르는 세노네스족의 도시 벨라우노두눔에 도착했다. 그는 배후에 적군을 남겨두지 않고 군량을 용이하게 수송하기 위해 도시를 포위공격하기 시작하여, 이틀 만에 그곳을 공성 보루로 포위했다. (2) 사흘째 되던 날 도시에서 사절단이 파견되어 항복 협상을 요청하자 그는 무기를 모두 넘기고, 짐 나르는 가축들을 끌고 나오고, 6백 명의 인질을 잡히라고 명령했다. 그는 이런 일들을 처리하도록 부관 가이우스 트레보니우스를 남겨두고, (3) 자신은 되도록 일찍 도착하려고 카르누테스족의 도시 케나붐을 향해 출발했다. (4) 그제야 벨라우노두눔이 포위공격당하고 있다는 소식을 들은 카르누테스족은 공성전이 오래갈 것이라고 보고 케나붐을 방어할 군대를 모으느라 여념이 없었다. (5) 카이사르는 이틀 안에 그곳에 도착해 도시 앞에 진을 쳤으나, 그날은 날이 저물어 이튿날로 공격을 미루고 병사들에게 공격에 필요한 것을 준비해두라고 지시했다. (6) 그리고 케나붐 시 바로 옆에 리게르 강을 건너는 다리가 놓여 있어 그곳 주민들이 야음을 틈타 도시에서 도주할까 두려워 2개 군

10 3권 주 11 참조.
11 리옹 시 남쪽에 있는 지금의 비엔(Vienne).
12 6권 44장 참조.
13 1권 28장 참조.
14 우방들을 보호해주지 못한다는 말을 듣는.

단 병력을 시켜 무장한 채 파수를 보게 했다. (7) 자정 조금 전에 케나붐 주민들은 도시에서 소리 없이 나와 강을 건너기 시작했다. (8) 정찰병들에게서 이 사실을 보고받은 카이사르는 성문들에 불을 지르고 미리 준비해두었던 2개 군단을 안으로 들여보내 도시를 점령했다. 그는 몇 명만 제외하고 거의 모든 적군을 사로잡았는데, 다리도 좁고 길도 좁아 주민들이 대부분 도망칠 수 없었기 때문이다. (9) 그는 도시를 약탈하고 방화하고 전리품을 병사들에게 나눠준 뒤 군대를 이끌고 리게르 강을 건너 비투리게스족의 영토로 향했다.

12　(1) 베르킹게토릭스는 카이사르가 도착했다는 사실을 알고 고르고비나의 포위를 풀고 그를 향해 나아갔다. (2) 카이사르는 자기가 지나가게 되어 있는 길가에 자리 잡고 있던 비투리게스족의 도시 노비오두눔을 포위공격하기 시작했다. (3) 도시에서 사절단이 파견되어 용서를 빌며 살려달라고 애원하자, 그는 남은 일도 그 특유의 속전속결로 처리하기 위해 무기를 모두 넘기고, 군마들을 끌고 오고, 인질들을 잡히라고 명령했다. (4) 인질들의 일부가 이미 넘겨지고, 남은 일들이 처리 중이고, 백인대장들이 몇몇 병사와 함께 무기와 짐 나르는 가축들을 압류하려고 도시 안에 파견되었을 때, 저 멀리서 베르킹게토릭스가 이끄는 병력의 선발대인 적군 기병대가 눈에 띄었다. (5) 그들을 본 순간 도시 주민들이 이제는 도움을 받을 수 있다는 희망에 들떠 함성을 지르며 무기를 들고, 성문들을 닫고, 성벽에 병력을 배치하기 시작했다. (6) 시내에 있던 백인대장들은 갈리족의 태도를 보고 그들의 마음이 바뀐 것을 알아차리고는 검을 빼어 들고 성문들을 점령한 뒤 대원들을 모두 무사히 데리고 나왔다.

13 (1) 카이사르는 진지에서 기병대를 내보내 적군과 기병전을 벌이게 했다. 아군 기병대가 고전을 면치 못하자 그는 처음부터[15] 데리고 다니던 약 4백 명의 게르마니족 기병을 내보내 그들을 돕게 했다. (2) 갈리족은 그들의 공격을 견뎌내지 못하고 등을 돌려 주력부대가 있는 곳으로 후퇴하다가 많은 사상자를 냈다. 그들이 패퇴하자 노비오두눔 시 주민들은 또다시 공포감에 휩싸여, 주민들을 선동한 것으로 여겨지는 자들을 체포해 카이사르에게 넘기고 자신들도 항복했다. (3) 이 일을 성공적으로 끝마친 뒤 카이사르는 아바리쿰[16]으로 향했다. 그곳은 비투리게스족의 영토 내에 있는 가장 큰 요새도시로, 가장 비옥한 지역에 자리 잡고 있었다. 그래서 그는 이 도시만 함락하면 비투리게스족 전체를 수중에 넣을 수 있을 것이라고 확신했다.

아바리쿰의 포위와 함락(기원전 52년)

14 (1) 베르킹게토릭스는 벨라우노두눔, 케나붐, 노비오두눔에서 연전연패하자 자신의 지지세력을 한데 모아놓고, (2) 종전과는 아주 다른 작전 계획을 수립해야 한다고 역설했다. 이제는 로마군이 어떻게든 군량과 군수품을 보급받지 못하도록 모든 노력을 기울여야 한다. (3) 갈리족 기병대가 더 우세하고, 계절적으로도 갈리족이 유리해[17] 그것은 쉬운 일이다. (4) 로마군은 곡식과 꿀을 벨 수가 없기 때문에 어쩔 수 없이 뿔뿔이 흩어져 농가에서 식량과 꿀을 구해가야 하는데, 그러면 날마다 갈리족 기병대가 노리고 있다가 그들을 낚아챌 수 있다. (5) 그 밖에도 전체의

---

15 '그들을 사용하기 시작한 때부터' 또는 '원정 7년차가 시작된 때부터'라는 뜻인 것 같다.
16 지금의 부르주(Bourges).
17 그때는 3월인데, 7월이 될 때까지는 점령지에서 식량과 꿀을 구하기 힘들 것이라는 뜻이다.

안전을 위해서는 개인의 재산을 희생할 각오를 해야 하며, 로마군이 식량과 꼴을 징발하기 위해 지나갈 법한 도로 양쪽의 마을과 농가들은 모두 불태워야 한다. (6) 갈리족은 그 영토 내에서 전쟁이 벌어지고 있는 부족들한테서 물자를 지원받을 테니 군량과 군수품이 넉넉하다. (7) 그러나 로마군은 물자 부족을 견뎌내지 못하거나, 큰 위험을 무릅쓰고 진지 밖으로 멀리 나가야 할 것이다. (8) 갈리족은 로마군을 죽여도 좋고, 군수물자를 빼앗아 그들이 전쟁을 계속할 수 없게 해도 무방하다. (9) 또한 요새나 자연 지형에 의해 난공불락인 도시들 이외의 다른 도시들은 모두 불태워야 한다. 그러지 않으면 그런 도시들은 갈리족 중에 참전하기를 기피하는 자들에게 피난처가 되거나, 로마군이 막대한 군수물자와 전리품을 약탈할 기회를 제공할 것이다. (10) 이런 제안들이 가혹하고 잔인해 보인다면, 처자(妻子)는 끌려가 노예가 되고 그들 자신은 살해당하는 것이 훨씬 더 가혹한 운명임을 명심해야 한다. 이것은 전쟁에 패한 자들의 필연적인 운명이기에 하는 말이다.

15 (1) 베르킹게토릭스의 제안은 만장일치로 가결되어, 하루 만에 20여 곳의 비투리게스족 도시가 불태워졌다. (2) 다른 부족들도 그렇게 하자 사방에서 불길이 보였다. 그래서 갈리족은 모두들 가슴이 아팠지만, 이길 것이 확실한 만큼 잃은 것을 곧 되찾게 되리라는 믿음으로 슬픔을 달랬다. (3) 두 번째 전체 회의에서 그들은 아바리쿰을 불태울 것인지 아니면 지킬 것인지 토론을 벌였다. (4) 비투리게스족은 갈리족 족장들 앞에 엎드려 갈리아 전체에서 가장 아름답다 해도 과언이 아니며, 자기들 부족의 피난처이자 자랑거리인 도시를 자기들 손으로 불태워 없애도록 강요하지 말아달라고 간청했다. (5) 그러면서 그곳은 거의 사방이 강과 늪지로 둘러싸여 있고 입구라고는 좁다란 통로 하나밖에 없어서 지형적으로

지키기가 쉽다고 주장했다. (6) 그들의 간청은 받아들여졌다. 베르킹게토릭스는 처음에는 반대했으나, 나중에는 그들의 호소와 그곳 주민들에 대한 동정심에서 양보했다. 이어서 도시를 지킬 적절한 수비대가 선발되었다.

16 (1) 베르킹게토릭스는 카이사르를 천천히 뒤쫓으면서, 진지를 구축할 곳으로 아바리쿰에서 16밀레 팟수스 떨어진 늪지와 숲으로 둘러싸인 장소를 골랐다. (2) 그곳에서 그는 믿음직한 정찰병들로부터 아바리쿰의 상황을 매시간 보고받으며 그에 맞춰 명령을 내렸다. (3) 그는 로마군이 식량과 꼴을 구해오려고 나갈 때마다 지켜보고 있다가, 로마군이 멀리 가려고 흩어질 수밖에 없을 때 공격하여 큰 손실을 입혔다. 아군은 일정하지 않은 시간에 다른 길로 출동하는 등 온갖 예방조치를 취했지만 공격을 막을 수가 없었다.

17 (1) 카이사르는 도시가 강과 늪지로 둘러싸이지 않고, 앞서 말했듯이 좁은 통로가 나 있는 쪽에 진지를 구축했다. 그리고 그곳에 토루를 쌓고 이동식 방호벽들을 옮겨놓고 두 개의 탑을 세우기 시작했으니, 지형적으로 그곳은 포위공격할 수 없었기 때문이다. (2) 그는 식량을 대라며 보이이족과 아이두이족을 계속 독촉했다. 아이두이족은 그의 명령에 열의를 보이지 않아 별로 도움이 되지 못했고, 보이이족은 작고 허약한 부족인지라 갖고 있던 것마저 금세 바닥이 났다. (3) 그리하여 아군은 보이이족은 가난하고 아이두이족은 무관심하고 농가들은 불타버려 식량 조달에 큰 어려움을 겪었다. 결국 병사들이 여러 날 동안 식량을 지급받지 못해 멀리 떨어진 마을들에서 가축 떼를 몰고 와 최악의 허기를 달래는 지경에 이르렀다. 그래도 그들 가운데 로마 국민의 존엄과 지난날의 승리를

욕되게 하는 말을 하는 자는 아무도 없었다. (4) 오히려 카이사르가 작업 중인 각 군단 병사들에게 말을 걸며 그들이 식량 부족을 도저히 참을 수 없다고 여길 경우 공성을 포기하겠다고 말하면, 그들은 저마다 그렇게 하지 말라고 그에게 간청했다. (5) 그러면서 그들은 몇 년 동안 그를 사령관으로 모시며 불명예스러운 패배를 감수하거나 일단 시작한 일을 포기한 적이 없다고 했다. (6) 그들은 지금 공성을 포기하는 것을 수치로 여길 것이며, (7) 케나붐에서 갈리족의 음모로 죽어간 로마 시민들의 원수를 갚는 일을 포기하느니 차라리 어떤 어려움이라도 참고 견디겠다고 했다. (8) 그들은 이런 결정을 백인대장들과 연대장들에게 알리며 카이사르에게 전해달라고 요청했다.

18 (1) 공성탑들이 이미 성벽 가까이 이동하고 있을 때, 카이사르는 포로들을 통해 베르킹게토릭스가 군량과 꼴이 바닥나 진지를 아바리쿰 가까이 옮겼으며 그 자신은 이튿날 로마군이 군량과 꼴을 구하기 위해 지나갈 것으로 예상되는 지점에 매복하기 위해 기병대와, 기병들 사이에서 싸우는 경무장보병 부대를 이끌고 출동했다는 것을 알았다. (2) 이런 소식을 접한 카이사르는 밤중에 조용히 출발하여 아침에 적군의 진지가 있는 곳에 도착했다. (3) 그러나 적군은 일찌감치 정찰병들한테서 카이사르가 도착한다는 연락을 받고 짐마차들과 짐을 숲 속 깊숙한 곳에 숨기고 탁 트인 언덕에 전군을 포진시켰다. (4) 이를 보고받은 카이사르는 병사들에게 짐을 한곳에 쌓아두고 무기를 준비하라는 명령을 내렸다.

19 (1) 갈리족이 포진한 언덕은 밑에서 위로 완만한 경사를 이루고 있었으며, 너비는 50페스밖에 안 되지만 거의 사방이 사실상 건널 수 없는 늪지로 둘러싸여 있었다. (2) 그래서 그들은 늪지 위의 둑길들을 허물어버린

뒤 자신들이 안전한 곳에 있다고 믿고는 언덕을 떠나려 하지 않았다. 갈리족은 부족별로 나뉘어 모든 여울과 통로를 차지하고는 로마군이 늪지를 건너려다가 정체되기라도 하면 높은 곳에서 달려 내려가 공격할 참이었다. (3) 그래서 그들이 가까이에서 로마군을 기다리는 모습을 보는 사람은 그들이 거의 대등한 조건으로 로마군과 싸울 각오를 하고 있다고 생각할 것이다. 그러나 그들의 위치가 로마군의 위치보다 더 유리하다는 점을 아는 사람은 그들이 용감한 체하는 것은 사실은 허세를 부리는 것에 불과하다고 생각할 것이다. (4) 로마군 병사들은 적군이 그렇게 가까이에서 감히 자신들의 시선에 맞서 버티는 데 분개한 나머지 공격 개시 신호를 내려달라고 아우성쳤다. 그러나 카이사르는 그곳에서 이기려면 얼마나 많은 희생을 치러야 하고, 용감한 병사들이 얼마나 많이 죽을 수밖에 없는지 설명했다. (5) 또한 병사들이 그의 명예를 높여주기 위해 어떤 위험이라도 감수할 각오가 되어 있는 것을 보고도 그가 자신의 이익보다 병사들의 생명을 더 소중히 여기지 않으면 이기적이라는 비난을 면치 못할 것이라고 했다. (6) 그는 그런 말로 위로한 다음 그날 병사들을 이끌고 진지로 돌아가 아바리쿰을 포위공격하기 위한 준비를 서둘렀다.

20 (1) 베르킹게토릭스는 주력부대가 있는 곳으로 돌아오자 반역죄로 고발당했다. 로마군과 더 가까운 곳으로 진지를 옮겼고, 기병대를 전부 이끌고 떠났으며, 그런 대군을 지휘관도 없이 남겨두었으며, 그가 떠난 틈을 타고 로마군이 곧바로 몰려왔기 때문이었다. (2) 이 모든 일이 사전 계획 없이 우연히 일어난다는 것은 불가능하다는 것이 고발인들의 주장이었다. 고발인들은 그가 동포들의 지지에 의해서보다는 카이사르의 승인을 받아 갈리아의 왕이 되기를 원하는 것이 분명하다고 했다. (3) 그렇게 고

발당하자 베르킹게토릭스는 다음과 같이 답변했다. 그가 진지를 옮긴 것은 군량과 꼴이 부족했기 때문이며 사전에 그들의 승인을 받았다. 그가 로마군과 더 가까운 곳으로 이동한 것은 방어시설 없이도 방어가 가능할 만큼 그곳의 지형이 유리하다고 확신했기 때문이다. (4) 그 밖에 늪지대에서는 기병대가 필요 없겠지만, 그가 출동한 곳에서는 대단히 유용했다. (5) 그가 떠나면서 군 통수권을 다른 사람에게 맡기지 않은 것은 계획적인 것으로, 그 다른 사람이 군중의 압력을 받아 로마군과 싸우는 것을 막기 위해서였다. 그가 보기에, 그들 모두가 로마군과 싸우기를 원하는 것은 결의가 부족하여 이 정도 힘든 일조차 더 오래 견뎌낼 수 없기 때문이다. (6) 로마군이 우연히 이곳에 온 것이라면, 고발인들은 행운에 감사해야 할 것이다. 그러나 정보가 새어나가 로마군이 이곳에 온 것이라면, 그 배신자에게 감사해야 할 것이다. 그들은 유리한 위치에서 로마군의 수가 얼마나 적은지 알 수 있었고, 감히 교전하지 못하고 진지로 철수한 로마군을 겁쟁이라고 경멸할 수 있게 되었으니 말이다. (7) 그는 카이사르에게서 통수권을 인정받기 위해 배신행위를 할 생각은 추호도 없다. 통수권이라면 이미 수중에 넣은 것이나 다름없다. 그와 전 갈리족의 승리가 확실시되기 때문이다. 만약 그들이 자기에게서 안전을 보장받는 것 이상으로 자기에게 경의를 표한다고 생각한다면, 자기는 그들에게서 위임받은 통수권을 돌려주겠다. (8) "내 말이 사실임을 알 수 있도록" 하고 베르킹게토릭스는 말을 이었다. "여기 이 로마 병사들의 말을 들어보시오!" (9) 그렇게 말하고 그는 며칠 전에 군량과 꼴을 구하러 나왔다가 붙잡힌 뒤 고문당하고 굶주린 채 묶여 있던 종군 노예 몇 명을 끌고 나왔다. (10) 이들은 심문받게 되면 어떻게 진술해야 하는지 미리 지시받은 터라, 자신들은 식량이 부족하여 배를 곯다가 혹시 들판에서 식량이나 가축 떼를 발견할 수 있을까 하고 몰래 진지를 빠져나온 군단 병사들이라고 했다. (11) 로마군 전체가 비슷한 어려움을 겪고 있고, 모두들 기진맥진하여 힘든 작업을 더 이상 견뎌낼 수 없어, 그들의 사령관은 포위공격을 해도 사흘 안에 아무 성과가 없으면 군대를 철수하기로 결정했다고 했다. (12) "이게 다 내 덕분이건만" 하고 베르킹게토릭스가 말을 이었다. "여러분은 나를 반역죄로 고발하시는구려. 보시오. 여러분은 피한 방울 흘리지 않았건만 그토록 승승장구하던 강력한 군대가 굶어 죽어가고 있지 않소! 그리고 나는 로마군이 불명예스럽게 패주하면 갈리아의 어떤 부족도 그들을 자신들의 영토에 받아주지 않도록 미리 조치를 취해두었소."

21 (1) 그러자 전군이 환성을 올리며 무기를 맞부딪쳤는데, 갈리족은 누군가의 제안에 찬성할 때면 으레 그렇게 했다. 그러면서 베르킹게토릭스는 최고의 지도자이며, 그의 충정에는 추호의 거짓도 없으며, 그보다 더 훌륭하게 작전을 수행할 수 있는 사람은 아무도 없다고 선언했다. (2) 그들은 전군에서 1만 정병(精兵)을 뽑아 아바리쿰에 보내기로 결정했는데, (3) 갈리아 전체의 안전을 비투리게스족에게만 맡기고 싶지 않았던 것이다. 도시를 구하게 되면 비투리게스족이 모든 전공(戰功)을 독차지하리라는 것을 알았기 때문이다.

22 (1) 아군의 비길 데 없는 용기에 대처하기 위해 갈리족은 가능한 온갖 조치를 취했다. 그들은 재주꾼일 뿐만 아니라 남의 것을 모방하거나 남에게 배운 것을 응용하는 데 남다른 재능이 있었기 때문이다. (2) 이를테면 그들은 올가미를 이용해 아군의 공성용 쇠갈고리를 낚아챈 다음, 걸렸다 싶으면 밧줄로 성벽 안으로 끌어들였다. 또한 그들은 아군의 토루를 무너뜨리려고 그 밑으로 땅굴을 파기 시작했는데, 그들은 나라에 광산

이 많아서 온갖 종류의 지하 작업에 능숙한지라 땅굴을 파는 데는 전문가였다. (3) 그들은 또 성벽 곳곳에 탑을 세우고 짐승 가죽으로 덮었다. (4) 그리고 나서 그들은 낮에도 밤에도 빈번히 출동하여 아군의 토루에 불을 지르거나 작업 중인 아군 병사들을 공격하곤 했다. 그리고 토루가 날마다 더 높아지면서 아군의 공성탑들이 더 높아지자 그들도 이에 질세라 비계(飛階)를 연장하며 자신들의 탑들을 더 높였다. (5) 아군이 땅굴을 파들어가면 그들은 불에 달군 날카로운 말뚝과 펄펄 끓는 역청과 무거운 바윗돌을 사용해 우리가 성벽에 접근하지 못하도록 막았다.

23 (1) 갈리아의 모든 성벽은 대개 다음과 같이 축조된다. 성벽이 축조될 선을 따라 성벽과 직각이 되도록 2페스씩 일정한 간격을 두고 목재를 땅에 죽 뉘어놓는다. (2) 이들 목재는 중심을 가로지르는 기다란 목재들에 의해 서로 고정된 뒤 다량의 잡석으로 덮인다. 앞서 말한 2페스 간격의 앞부분은 큰 돌들로 메워진다. (3) 일단 목재들이 누이고 서로 단단히 연결되고 나면 그 위에 다른 층이 쌓인다. 두 번째 층의 목재들도 2페스 간격을 그대로 유지하되 첫 번째 층의 목재들과는 서로 닿지 않고, 2페스 높이로 죽 깔아놓은 돌들을 사이에 두고 서로 떨어져 있다. (4) 그리하여 모든 목재는 가까이 있는 목재와 떨어져 있으면서도 단단히 고정되어 있다. (5) 이렇게 전체 구조물이 원하는 높이에 이를 때까지 층층이 쌓인다. 구조물이 완성되고 나면 목재와 돌이 저마다 일직선을 유지하며 교체되어 변화를 주는 까닭에 제법 볼 만하다. 게다가 그런 구조물은 도시를 방어하는 데 매우 유용하다. 돌은 불을 막아주고 목재는 파성퇴(破城槌)에 의해 성이 파괴되는 것을 막아준다. 길이가 대개 40페스나 되는 목재들로 안쪽이 단단히 보강되어 전체가 한 덩어리가 된 구조물은 부술 수도, 허물 수도 없기 때문이다.

24　(1) 이 모든 요인이 아군의 공성 작전을 방해했다. 추위와 장맛비로 아군 병사들은 계속해서 방해받았지만 부단한 노력으로 이 모든 장애를 극복하고 25일 만에 너비 330페스에 높이 80페스의 토루를 쌓았다. (2) 토루는 거의 적군의 성벽에 닿았다. 그래서 카이사르가 여느 때처럼 작업장에 머무르며 병사들에게 잠시도 작업을 중단하지 말라고 격려하고 있는데, 자정이 조금 못 되어 토루에서 연기가 나는 것이 보였다. 적군이 그 밑으로 땅굴을 파고 불을 질렀던 것이다. (3) 그 순간 성벽 곳곳에서 함성이 울리더니 아군의 공성탑들 옆에 있는 두 성문에서 적군이 쏟아져 나왔다. (4) 적군 가운데 일부는 성벽에서 아군 토루로 횃불과 마른나무를 던지는가 하면 역청과 다른 인화물질을 아래로 쏟아부었다. 그래서 아군 병사들은 먼저 어느 쪽으로 향해야 할지, 어느 쪽 공격을 먼저 막아야 할지 결정할 수가 없었다. (5) 그러나 카이사르의 지시에 따라 2개 군단이 언제나 진지 앞에서 대기하고 있었고 더 많은 인원이 번갈아 토루 쌓는 작업을 하고 있던 터라 재빨리 대책이 강구되었으니, 아군 가운데 일부가 출동하는 적군을 제지하고 다른 일부가 공성탑들을 뒤로 물리고 토루의 일부를 허무는 사이, 나머지 병사들은 모두 불을 끄려고 진지에서 달려나왔다.

25　(1) 남은 밤도 다 지나갔건만 전투는 곳곳에서 계속되었고, 적군은 여전히 자기들이 이길 것이라는 희망에 부풀어 있었다. 무엇보다도 공성탑을 움직이는 아군 병사들을 보호해주던 가리개가 불타버려, 그들은 그렇게 노출된 상태에서는 아군 병사들이 전우들을 도우러 앞으로 나아가기가 어렵다는 것을 보았기 때문이다. 반면 적군은 지친 대원들을 계속해서 팔팔한 대원들로 대치했으며, 갈리아 전체의 구원은 지금 이 순간에 달려 있다고 믿었다. 그때 우리가 보는 앞에서 기억에 남을 사건이 벌

어졌기 때문에 기록해두지 않고 그냥 넘어갈 수가 없다. (2) 어떤 갈리족이 로마군의 공성탑 맞은편 성문 앞에 서서 손에서 손으로 전달된 동물성 지방과 역청 덩어리를 불 속에 던지다가 로마군의 화살 발사기[18]에서 발사된 화살에 오른쪽 옆구리를 맞고 쓰러져 죽었다. (3) 그러자 옆에 있던 갈리족 가운데 한 명이 그의 시신을 넘어와 그가 하던 일을 떠맡았다. 두 번째 갈리족도 마찬가지로 화살 발사기의 화살에 맞아 죽자 세 번째 갈리족이 두 번째 갈리족의 뒤를 이었고, 세 번째 갈리족의 뒤는 네 번째 갈리족이 이었다. (4) 적군은 토루의 불이 꺼지고 사방에서 쫓겨나면서 전투가 끝나기 전에는 그곳을 포기하지 않고 지키려 했다.

26 (1) 갈리족은 온갖 방법을 다 동원해도 번번이 실패하자 이튿날 아바리쿰에서 탈주하기로 결의했는데, 특히 베르킹게토릭스가 그렇게 하도록 건의하고 촉구했다. (2) 그들은 밤에 소리 소문 없이 탈주를 시도하면 아마도 큰 인명 피해 없이 해낼 수 있을 것이라고 생각했다. 무엇보다 베르킹게토릭스의 진지가 멀지 않고, 도시와 로마군 사이의 긴 늪지대가 로마군의 추격을 방해할 것이기 때문이다. (3) 그래서 갈리족이 야반도주할 채비를 하고 있을 때, 갑자기 그들의 아내들이 거리로 쏟아져나와 남편의 발 앞에 엎드려 울면서 자기들과 둘 사이의 자식들을 로마군에게 넘겨 고통받게 하지 말아달라고 애원하며, 자기들과 자식들은 힘이 약해서 함께 탈주할 수 없다고 했다. (4) 남편들이 계획을 고수하려는 것을 보고(사람들은 극단적인 위험에 처하면 대개 두려움이 앞선 나머지 남에게 동정을 느끼지 못하는 법이다) 아내들은 모두 울부짖기 시작했는데, 그렇게 함으로써 남편들의 탈주 계획을 로마군에게 알려준 셈이 되었다. (5) 그래서 갈리족은 로마군 기병대가 도로들을 먼저 점령하지 않을까 두렵고 겁이 나 계획을 포기했다.

27 (1) 이튿날 포위공격을 위한 공사가 완공되자 카이사르는 공성탑 하나를 앞으로 옮기게 했다. 폭우가 퍼부었지만 그는 오히려 공격을 개시하기에 좋은 기회라고 생각했으니, 무엇보다 성벽에 배치된 적군의 파수병들이 다소 방심하고 있는 모습을 보았던 것이다. 그는 병사들에게 작업을 하되 좀 태만하게 하라고 지시하며 자신의 계획을 설명했다. (2) 군단 병사들은 이동식 방호벽으로 최대한 몸을 가린 채 진지 밖으로 나가 공격 준비를 갖추고 있었다. 카이사르는 이제 드디어 승리를 쟁취함으로써 그토록 힘든 노고의 결실을 거둘 때가 되었다고 그들 모두를 격려하며, 성벽에 먼저 오르는 병사들에게 상을 주겠다고 약속했다. 그러고 나서 그는 공격 개시 신호를 내렸다. (3) 병사들은 갑자기 사방에서 돌진하여 순식간에 성벽을 점령했다.

28 (1) 불의의 기습에 공황상태에 빠진 적군은 성벽과 성탑들에서 쫓겨나 장터와 그 밖의 다른 공터에 쐐기 모양의 대형을 이루고 섰는데, 어느 방향에서 공격해오든 대오를 갖추고 끝까지 싸우기 위해서였다. (2) 그러나 아무도 평지로 내려오지 않고 아군 병사들이 성벽 주위를 완전히 점령하는 것을 보자 적군은 마지막 탈주 기회마저 놓칠까 두려워 무기를 던져버리고 도시의 가장 먼 구석들로 한달음에 달려갔다. (3) 그곳에서 그들 가운데 일부는 좁은 문간에서 복닥거리다가 아군 병사들에게 도륙당하고, 일부는 성문 밖으로 나간 뒤 아군 기병대에게 도륙당했다. 아군 가운데 전리품을 생각하는 병사는 아무도 없었다. (4) 그들은 케나붐의 학살과 고된 공성 작업에 몹시 화가 나 있던 터라 노인도 여자도 아이도 살려주지 않았다. (5) 결국 4만 명쯤 되던 전체 주민들 가운데 8백 명만

---

18 scorpio. 로마군이 사용하던 일종의 석궁.

이 무사히 베르킹게토릭스의 진지에 도착했는데, 이들은 첫 번째 함성을 듣자마자 도시에서 도주한 자들이었다. (6) 그는 밤중에 그들을 조용히 맞아들였는데, 그들이 우르르 진지로 몰려들면 일반 백성들이 연민의 정을 느껴 폭동을 일으킬까 두려웠기 때문이다. 그래서 그는 가까운 친구들과 지도자들을 멀리 마중 보내서 먼저 도망자들을 분산시킨 뒤, 처음부터 각각의 부족에게 할당된 진지 내 구역으로, 같은 부족민들이 머무르고 있는 곳으로 데려가게 했던 것이다.

29 (1) 이튿날 그는 회의를 소집하여 이번 실패로 너무 낙담하거나 불안해하지 말라고 위로하고 격려했다. (2) 로마군은 용감하게 또는 정정당당하게 싸워서 이긴 것이 아니라, 계략과 갈리족에게는 생소한 포위공격 작전으로 이긴 것이다. (3) 전쟁에서 늘 이길 것이라고 기대한다면 그것은 오산이다. (4) 그는 아바리쿰을 방어하자는 데 찬성한 적이 없으며, 그들 자신이 바로 그 증인이다. 이번 실패는 비투리게스족의 어리석음과 다른 부족들의 지나친 양보 탓이다. (5) 하지만 그는 몇 가지 큰 성공을 거둠으로써 이번 손실을 곧 만회하게 될 것이다. (6) 말하자면 그는 아직도 그들 편을 들지 않는 나머지 갈리족 부족들을 열심히 설득하는 중인데, 설득에 성공하면 갈리아 전체가 통일될 것이며, 갈리아 전체가 한마음 한뜻이 되면 온 세상이 다 덤벼도 감당하지 못할 것이다. 그는 벌써 이런 목표를 거의 달성했다. (7) 그러나 지금 당장은 그의 요청대로 모두의 안전을 위해, 적군이 기습해오더라도 쉽게 물리칠 수 있도록 진지를 강화하는 것이 상책이다.

30 (1) 이 연설은 갈리족에게 듣기 싫지 않았으니, 무엇보다도 베르킹게토릭스가 그런 패배를 당하고도 낙담하여 숨거나 군중의 눈을 피하지 않

앉기 때문이다. (2) 게다가 그들이 보기에 그는 선견지명과 예지가 있는 듯했다. 아직 사태가 악화되기 전에 그가 처음에는 아바리쿰을 불태우자고 하다가 나중에는 포기하자고 했기 때문이다. (3) 다른 장군들은 이번 패배로 위신이 떨어진 데 반해, 그는 패배에도 불구하고 오히려 날로 영향력이 커졌다. (4) 동시에 갈리족은 그가 장담하는 바람에 나머지 부족들도 합류할 것이라는 희망에 부풀었으며, 그때 처음으로 진지를 강화하는 작업에 착수했다. 또한 그들은 평소에는 힘든 일에 익숙하지 않았지만, 이제는 큰 충격을 받은 나머지 어떤 명령이든 고분고분 수행해야 한다고 생각했다.

31 (1) 베르킹게토릭스는 약속대로 나머지 부족들을 합류시키려고 최선을 다했으며, 선물과 약속으로 그들을 유인했다. (2) 그는 이 일에 적합한 자들을 뽑았는데, 이들은 저마다 달변과 친분을 이용해 그들을 설득할 수 있는 자들이었다. (3) 그는 함락된 아바리쿰에서 도주해온 자들에게도 무기와 피복을 지급하게 했다. (4) 동시에 병력 손실을 만회하고자 각 부족에게 일정수의 병력을 요구하면서, 얼마나 많은 병력을 언제까지 진지로 파견해야 하는지 정해주었다. 또한 갈리아에 많이 있는 궁수들을 전부 모아 자기에게 보내라고 명령했다. 그리하여 그가 아바리쿰에서 잃은 병력은 재빨리 보충되었다. (5) 그사이 니티오브리게스족의 왕 테우토마투스(그의 아버지 올로비코는 로마 원로원으로부터 '친구'[19]라는 칭호를 받았다)가 자기 부족 중에서 뽑은 대규모 기병대와 함께 아퀴타니아에서 돈을 주고 고용한 기병대를 이끌고 와서 그와 합류했다.

19 amicus.

게르고비아에서 로마군이 패하다(기원전 52년)

32 (1) 카이사르는 며칠 동안 아바리쿰에 머물렀다. 그곳에서 그는 군량과 그 밖의 군수물자를 확보했고, 병사들에게도 그동안의 노고와 물자 부족에서 원기를 회복할 겨를을 주었다. (2) 겨울도 거의 다 끝나고 어느덧 전쟁을 다시 시작할 계절이 되자 그는 적군을 찾아나서기로 결정했으니, 적군을 늪지대와 숲에서 유인해내거나 아니면 봉쇄할 수 있을지 알아보기 위해서였다. 그때 아이두이족의 지도자들이 사절단으로 그를 찾아와 중대 위기에서 자기들 부족을 구해달라고 애원했다. (3) 그들의 부족이 중대 위기에 놓인 것은 다름 아니라, 해마다 한 명의 행정장관[20]을 뽑아 1년 동안 왕의 권한을 행사하게 하는 것이 그들의 오래된 관행인데, 이번에는 두 명의 행정장관이 취임하여 저마다 자기가 합법적으로 선출되었다고 주장하기 때문이라고 했다. (4) 둘 중 한 명인 콘빅톨리타비스는 부유하고 탁월한 젊은이이고, 다른 한 명인 코투스는 세도가 당당하고 인맥이 든든한 명문가 출신인데, 코투스의 형 발레티아쿠스는 지난해에 같은 관직에 취임한 적이 있다고 했다. (5) 전 부족민이 무장하고 있고 원로원도 민중도 분열되어 있으며 두 경쟁자에게는 저마다 추종세력이 있어서, (6) 이런 다툼이 더 오래 이어지면 내전이 일어날 텐데, 이를 막는 유일한 방법은 카이사르가 관심을 갖고 영향력을 행사하는 것이라고 했다.

33 (1) 카이사르는 전장과 적군에게서 멀어지는 것은 불리하다고 생각했지만 이런 종류의 분쟁에서 얼마나 큰 손실이 발생할 수 있는지 잘 알고 있었다. 아이두이족은 로마 국민과 우의가 돈독한 강력한 부족으로, 그도 그들을 강화시켜주기 위해 있는 힘을 다했고 온갖 혜택을 베풀었다. 그런데 지금 그들 사이에 내전이 벌어질 가능성이 보이고, 둘 중 자기들이

더 약하다고 느끼는 쪽이 베르킹게토릭스에게 도움을 청할 위험이 있다면, 이를 막는 것이 급선무라고 그는 생각했다. (2) 그런데 아이두이족의 법에 따르면, 최고 공직자는 나라 밖으로 나가지 못하게 되어 있었다. 그래서 카이사르는 그들의 이런 규정과 법을 무시하는 것처럼 보이지 않기 위해 자기가 그들의 나라로 가기로 결정하고 모든 원로와 두 분쟁 당사자에게 데케티아[21]에서 자기와 만나자고 했다. (3) 부족민이 거의 다 모인 그곳에서 밝혀진 바에 따르면, 적법하지 않은 시기에 적법하지 않은 장소로 몇몇 사람이 소환된 가운데 형에 의해 코투스가 선출된 것으로 선언되었는데, 아이두이족의 법에 따르면 한 가족의 두 구성원이 둘 다 살아 있을 때는 행정장관으로 임명되는 것은 고사하고 원로원에서 합석할 수도 없다고 했다. 그래서 카이사르는 코투스가 관직을 사인하게 하고, 관직이 비어 있을 때 사제들의 입회 아래 합법적으로 임명된 콘빅톨리타비스가 관직에 취임하게 했다.

34 (1) 그렇게 사태를 수습한 뒤 카이사르는 아이두이족에게 분쟁과 파쟁일랑 잊어버리고 일단 이런 문제들에서 벗어나 당면한 전쟁에 전념하라고 촉구했다. 그러면 그들은 갈리아가 완전히 정복되는 날 그에게서 합당한 상을 받을 것으로 기대해도 좋다고 했다. 그는 또한 군량을 안전하게 조달하기 위해 여러 곳에 분산 배치할 수 있도록 그들의 모든 기병과 보병 1만 명을 보내달라고 요구했다. 그러고 나서 그는 자신의 군대를 둘로 나눈 다음, (2) 4개 군단과 기병대의 일부를 라비에누스에게 맡겨 세노네스족과 파리시이족의 영토로 인솔하게 하고, 자신은 6개 군단과

---

20 magistratus.
21 루아르 강변의 아이두이족 도시로, 지금의 드시즈(Decize).

나머지 기병대를 이끌고 엘라베르[22] 강을 따라 아르베르니족의 도시 게르고비아로 향했다. (3) 이 소식을 듣자마자 베르킹게토릭스는 엘라베르 강의 다리를 모두 끊고 맞은편 강둑을 따라 행군하기 시작했다.

35 (1) 양군은 서로 떨어져 행군하되 상대방을 시야에서 놓치지 않으면서 거의 맞은편에 진지를 구축했다. 로마군이 어딘가에 다리를 놓고 건너오는 것을 막기 위해 베르킹게토릭스는 정찰병들을 배치했다. (2) 그래서 카이사르는 큰 어려움에 맞닥뜨렸는데, 엘라베르 강은 대개 가을이 되기 전에는 걸어서 건널 수 없어 거의 여름 내내 강에 막혀서 더 이상 진군할 수 없을 것 같았기 때문이다. (3) 이 난국을 타개하기 위해 그는 베르킹게토릭스가 끊은 다리들 가운데 하나와 마주 보는 수풀이 우거진 장소에 진을 친 다음, 이튿날 자신은 2개 군단과 함께 그곳에 몸을 숨기고, (4) 나머지 병력은 여느 때처럼 짐을 모두 챙겨서 출발하게 했다. 이때 그는 군단의 수가 종전과 같아 보이도록 일부 대대의 간격을 넓히게 했다. (5) 그는 그들에게 되도록 멀리 행군하라고 명령한 뒤 그들이 틀림없이 다음 진지에 도착했을 시간이 되었다 싶을 때, 그 아랫부분이 아직도 온전한 원래 말뚝들 위에 다시 다리를 놓기 시작했다. (6) 공사가 재빨리 끝나자 그는 군단들을 도하시킨 뒤 진을 치기에 적합한 장소를 고르고 나서 나머지 군대를 소환했다. (7) 이 소식을 접한 베르킹게토릭스는 본의 아니게 전투에 말려드는 것을 피하려고 강행군으로 앞서 나아갔다.

36 (1) 그곳에서 카이사르는 닷새 동안 행군하여 게르고비아에 도착했고, 닷새째 되던 날 소규모 기병전이 벌어졌다. 그때 그가 도시의 지형을 살펴보니, 도시는 고원에 자리 잡고 있고 어느 쪽으로도 접근이 쉽지 않아

강습(强襲)하여 함락하겠다는 소망을 포기하고, 먼저 군량을 확보한 뒤 포위공격을 시작하기로 결정했다. (2) 한편 베르킹게토릭스는 도시 가까이 진을 치고 각 부족에서 파견된 병력을 자기 주위에 적당한 간격을 두고 배치했다. 도시가 내려다보이는 산등성이의 봉우리는 모두 그들이 점령하고 있어 매우 위협적으로 보였다. (3) 베르킹게토릭스는 작전을 짜는 데 자기를 돕기 위해 뽑은 부족의 지도자들이 정보를 전달받고 명령을 하달받도록 이른 아침에 자기를 찾아오게 했으며, (4) 거의 하루도 거르지 않고 대원들의 용기와 사기를 시험해보려고 기병과 궁수의 혼성부대를 내보내 전투를 치르게 했다. (5) 도시 맞은편 산기슭에는 강력한 요새를 갖추고 사방이 깎아지른 듯한 언덕이 하나 있었다. 이 언덕을 아군이 점령하기만 하면 적군이 마음 놓고 물을 길어가거나 군량과 꼴을 구해가는 것을 꽤 막을 수 있을 것 같았다. (6) 그러나 그곳은 비록 강력하지는 않지만 적군 수비대가 지키고 있었다. (7) 하지만 카이사르는 밤에 진지에서 소리 없이 출동하여 도시에서 증원부대가 오기 전에 수비대를 내쫓고 그곳을 장악한 뒤 2개 군단을 배치했다. 그리고 본진에서 이 거점까지 12페스 너비의 도랑을 나란히 파게 했다. 그래서 아군 병사들은 적에게 기습당할 염려 없이 혼자서도 두 지역을 오갈 수 있었다.

37 (1) 게르고비아에서 이런 작전이 펼쳐지는 사이, 앞서 말했듯이 카이사르에 의해 행정장관직에 취임한 아이두이족 콘빅톨리타비스는 아르베르니족에게 매수되어, 명문가 출신 젊은이들인 리타빅쿠스와 그의 형제들이 이끄는 같은 부족 출신 몇몇 청년과 교섭하기 시작했다. (2) 그는 뇌물로 받은 돈의 일부를 이들에게 나눠주면서, 그들이 자유민이며 지

22　루아르 강의 지류로 지금의 알리에(Allier) 강.

배하기 위해 태어났음을 명심하라고 촉구했다. (3) 갈리족의 확실한 승리를 가로막는 것은 아이두이족뿐이고, 그들의 영향력 때문에 다른 부족들도 계속 로마에 충성하고 있다. 그들이 그렇게만 하지 않는다면 로마군은 갈리아에 거점을 확보할 수 없을 것이다. (4) 그가 카이사르에게 좀 신세를 진 것은 사실이지만 당연히 받을 것을 받았으며, 그에게는 갈리아 전체의 자유가 더 중요하다. (5) 왜 아이두이족은 카이사르를 찾아가 자신들의 권리와 법률 문제에 관해 중재를 요청해야 하는가? 로마인들은 그런 일로 아이두이족을 찾지 않는데. (6) 콘빅톨리타비스의 언변과 뇌물에 금세 설득당한 젊은이들은 그의 계획을 앞장서서 지지하겠다고 선언하고 그것을 실행에 옮길 방도를 궁리했다. 로마에 맞서 무기를 들도록 아이두이족을 설득하기가 쉽지 않으리라는 것을 알았기 때문이다. 그들은 카이사르를 지원하게 되어 있는 1만 군사는 리타빅쿠스가 인솔하고, 그에 앞서 그의 형제들을 카이사르에게 보내기로 결정했다. 그들은 또한 나머지 다른 일들도 어떻게 처리할 것인지 결정했다.

38 (1) 군사들을 넘겨받은 리타빅쿠스는 게르고비아에서 30밀레 팟수스쯤 떨어진 지점에 이르러 갑자기 군사들을 불러 모아놓고 눈물을 흘리며 말했다. (2) "전우들이여, 우리는 어디로 향하고 있는 것이오? 우리의 기병들도 귀족들도 모두 도륙당했소. 우리 부족의 지도자 에포레도릭스와 비리도마루스는 재판도 받지 못하고 반역죄로 로마군에게 처형당했소. (3) 이 일에 관해서는 도륙의 현장에서 도망쳐온 이들한테서 여러분이 직접 들어보시오. 형제들과 친족을 모두 잃은 나는 너무나 비통해서 무슨 일이 일어났는지 차마 말할 수가 없소." (4) 그리고 나서 그가 무슨 말을 할 것인지 미리 연습시켜둔 자들을 몇 명 데리고 나오게 하자, 이들은 그가 미리 일러준 이야기를 군중에게 들려주었다. (5) 그 내용인즉 수

많은 아이두이족 기병들이 아르베르니족과 내통했다는 혐의로 도륙당했는데, 그들은 군사들 틈에 숨어 도륙의 현장에서 도망쳐왔다는 것이었다. (6) 아이두이족은 모두 고함을 지르며 어떻게 하는 것이 좋겠는지 조언해달라고 리타빅쿠스에게 간청했다. (7) "우리에게 필요한 것은 조언이 아니오" 하고 그는 말했다. "우리가 게르고비아로 달려가 아르베르니족과 연합하는 것은 당연한 의무요. (8) 아니면 우리는 그런 끔찍한 만행을 저지른 로마군이 당장이라도 우리를 도륙하기 위해 이곳으로 달려오지 않을 것이라고 의심하는 것이오? 그러니 우리에게 조금이라도 용기가 있다면 가장 수치스럽게 도륙당한 이들의 원수를 갚고 이 강도떼를 처단합시다!" (9) 그러고 나서 그는 자기의 보호를 믿고 동행 중이던 로마 시민들을 가리키며, 그들이 갖고 있던 다량의 군량과 보급물자를 약탈하고 그들을 잔인하게 고문하고 도륙하게 했다. (10) 그는 아이두이족의 부족 전체에 전령을 보내 기병들과 지도자들이 도륙당했다는 똑같은 거짓말로 분기시키며, 그들이 당한 불의를 그가 복수한 것과 같은 방법으로 응징하라고 촉구했다.

39 (1) 두 명의 아이두이족이 카이사르의 특별 요청을 받고는 갈리족 기병대를 이끌고 와 있었다. 그중 에포레도릭스는 명문가 출신 젊은이로 고향에서 상당한 영향력을 행사했다. 비리도마루스는 나이도 같고 똑같이 인기가 있었지만 집안은 한미한 편이었다. 카이사르는 디비키아쿠스의 천거를 받아 그를 낮은 지위에서 최고 영직(榮職)으로 승진시켜주었다. (2) 두 사람은 주도권을 놓고 경쟁했는데, 앞서 말했듯이 최고 관직을 두고 다툼이 벌어졌을 때 에포레도릭스는 콘빅톨리타비스를, 비리도마루스는 코투스를 강력히 지지했다. (3) 에포레도릭스는 리타빅쿠스의 거사 소식을 듣자마자 밤중에 카이사르를 찾아가 보고하면서, 젊은이들의

오도된 거사 때문에 아이두이족과 로마의 우호관계에 금이 가는 일이 없게 해달라고 간청했다. 그러면서 만약 리타빅쿠스의 군대가 아르베르니족과 연합한다면 그들의 친족이나 부족민들이 수천 명이나 되는 그들의 안전에 무관심할 수 없을 테니 양쪽의 우호관계에 금이 갈 수밖에 없다고 했다.

40 (1) 카이사르는 아이두이족에게 각별한 호의를 베풀었던 까닭에 이 소식을 접하자 몹시 심란했다. 그는 잠시도 머뭇거리지 않고 전투 준비를 갖춘 4개 군단과 전 기병대를 이끌고 진지를 나섰다. (2) 그런 위급한 상황에서는 모든 것이 신속한 행동에 달려 있기에 진지의 규모를 축소할 시간이 없었던 그는 (3) 부관 가이유스 파비우스가 2개 군단과 함께 뒤에 남아 진지를 지키게 했다. 카이사르는 리타빅쿠스의 형제들을 체포하라고 명령했으나, 이들은 이미 한발 앞서 적군에게로 탈주하고 없다는 것이 밝혀졌다. (4) 그는 이런 위급 상황에서는 행군이 힘들더라도 기꺼이 감수하라고 병사들을 격려하자 병사들은 열심히 행군했다. 25밀레 팟수스를 행군했을 때 아이두이족의 대열이 시야에 들어오자, 그는 기병대를 앞으로 보내 아이두이족의 행군을 막으며 아무도 아이두이족을 죽이지 못하게 했다. (5) 그런 다음 그는 아이두이족이 죽은 줄 알고 있는 에포레도릭스와 비리도마루스에게 기병들 사이로 말을 타고 오가며 동포들에게 말을 걸라고 명령했다. (6) 그들을 알아본 아이두이족은 리타빅쿠스에게 속은 것을 알고 항복의 표시로 두 손을 내밀며 무기를 던지고 살려달라고 간청하기 시작했다. (7) 리타빅쿠스는 자신의 피보호민들과 함께 게르고비아로 도주했다. 갈리족의 관습에 따르면 아무리 위급한 상황에서도 피보호민이 자신을 보호해주던 주인을 버리는 것은 범죄로 간주되기 때문이다.

41 (1) 카이사르는 아이두이족에게 전령을 보내, 전쟁의 규칙에 따라 자신이 도륙할 수 있던 자들을 자비를 베풀어 살려주었음을 알리게 했다. 그리고 밤에 병사들이 세 시간 동안 휴식을 취하게 한 뒤 다시 게르고비아로 향했다. (2) 반쯤 갔을 때 파비우스가 보낸 기병대가 달려와 위기 상황이 발생했다고 알렸는데, 그들의 보고에 따르면 진지가 대군에게 포위공격당하고 있다고 했다. 적군은 지친 군사들을 팔팔한 병사들로 계속 교체하면서 아군 병사들을 쉴 새 없이 압박하고 지치게 만드는데, 아군은 진지의 규모가 커서 교대 인원 없이 계속해서 같은 인원을 보루 위에 배치해야 하기 때문이라고 했다. (3) 화살과 그 밖에 온갖 종류의 날아다니는 무기가 비 오듯 쏟아져 부상자가 속출했으나, 화살 발사기들이 적군의 공격을 막는 데 큰 도움이 되었다고 했다. (4) 드디어 적군이 철수하자 파비우스는 진지의 문을 두 개 외에는 모두 봉쇄하고 흉벽을 쌓아 보루를 보강하는 등 내일도 같은 일이 되풀이될 것에 대비하고 있다고 했다. 이런 보고를 받은 카이사르는 병사들이 열심히 걸어준 덕분에 해 뜨기 전에 진지에 도착했다.

42 (1) 게르고비아 주위에서 이런 일들이 벌어지는 동안 아이두이족은 리타빅쿠스가 보낸 첫 번째 전갈을 받았지만, 그것의 진위를 확인할 짬은 내지 않았다. (2) 더러는 탐욕 때문에, 더러는 복수심과 갈리족의 가장 두드러진 특징인 조급증 때문에 근거 없는 소문을 사실로 믿어버렸다. (3) 그들은 로마 시민들의 재산을 약탈한 뒤 더러는 죽이고 더러는 노예로 팔았다. (4) 콘빅톨리타비스는 불난 집에 부채질하듯 민중이 분노하도록 부추겼는데, 그들이 일단 범행을 저지른 뒤에는 두려워서 본정신으로 돌아가지 못하게 하려는 것이었다. (5) 마르쿠스 아리스티우스는 연대장으로 자신의 군단과 합류하려고 여행 중이었는데, 그들은 그에게

안전하게 호송해주겠다며 카빌로눔[23] 시를 떠나라고 설득하는가 하면, 그곳에 정착한 로마 상인들도 함께 떠나라고 강요했다. (6) 그래서 이들이 길을 가고 있을 때 갈리족이 갑자기 덤벼들어 그들의 짐을 몽땅 털었다. 로마인들이 저항하자 그들은 하룻낮 하룻밤 동안 집요하게 괴롭혔고, 양쪽에서 전사자가 속출하자 그들은 더 많은 동포를 무장시켰다.

43 (1) 그러나 그사이 아이두이족의 군사들이 모두 카이사르의 수중에 있다는 보고가 들어오자, (2) 아이두이족 지도자들은 아리스티우스를 찾아가서 지금 일어난 사건은 모두 정부의 결정과는 무관하다고 말했다. 또한 약탈당한 재산을 조사하고, 리타빅쿠스와 그의 형제들 재산을 몰수하도록 조치를 취한 다음 카이사르에게 사절단을 보내 해명하게 했다. (3) 그들은 붙잡혀 있는 친족들을 돌려받기 위해 그런 조치를 취했으나, 범행에 연루된 자들의 수는 많았다. 이들은 약탈행위로 얻은 이득에 현혹되고 범행을 저질렀으니 응징당할까 겁이 나서 은밀히 전쟁 준비를 시작하며 사절단을 보내 다른 부족들을 부추겼다. (4) 카이사르는 그런 사실을 알고 있었지만 사절단에게 되도록 회유적인 말로 대답했다. 일반 백성이 무지하고 무책임한 짓을 했어도 그는 여전히 아이두이족에게 똑같은 호감을 품고 있으며, 그들 부족에게 가혹한 판결을 내리지 않을 것이라고 했다. (5) 하지만 갈리아에서 대규모 봉기가 일어날 것으로 우려한 그는 반란에 가담한 부족들에게 포위당할까 두려워, 어떻게 하면 반란이 겁나서 도망치듯 떠나지 않고 게르고비아에서 철수해 전군을 한데 모을 수 있을지 궁리하기 시작했다.

44 (1) 그가 이런 문제들에 골몰하고 있을 때, 적군에게 결정타를 가할 수 있는 기회가 찾아온 것 같았다. 그가 방어시설 공사를 시찰하려고 두 진

지 중에서 작은 진지로 갔을 때, 적군의 통제를 받던 언덕 하나가 며칠 전까지만 해도 적군의 수가 많아 땅이 보이지 않더니 지금은 텅 비어 있는 것을 발견했다. (2) 그는 이를 이상히 여기고 날마다 떼 지어 몰려오는 탈주병들에게 그 까닭을 물었다. (3) 그들은 모두 그가 정찰병들을 통해 이미 알고 있던 바를 확인해주었다. 말하자면 이 언덕과 연결되어 있는 능선은 평평한 편이지만 도시의 다른 쪽[24]과 통하는 곳은 숲이 우거지고 좁은데, (4) 갈리족은 언덕 하나가 이미 로마군에게 점령당한 마당에 다른 고지마저 잃게 되면 분명 자신들이 봉쇄되다시피 하여 밖으로 나갈 수도, 군량과 꼴을 구해올 수도 없을 것이라고 확신하고는 이 능선을 지키는 일에 많이 신경 쓰고 있으며, 그래서 베르킹게토릭스도 이 능선의 수비를 강화하기 위해 군사들을 모두 소집했다고 했다.

45 (1) 그런 사실을 알게 된 카이사르는 자정 무렵 몇 개 기병소대를 그쪽으로 내보내면서 여느 때보다 더 소란을 피우며 사방을 쏘다니라고 명령했다. (2) 동틀 무렵 그는 다수의 짐말과 노새를 진지에서 몰고 나와 안장을 풀게 하더니, 노새 모는 자들로 하여금 투구를 쓰고 기병 행세를 하며 말을 타고 언덕 주위를 돌아다니게 했다. (3) 또한 기병 몇 명도 그들과 함께 내보내 속임수가 그럴듯해 보이도록 더 넓은 지역을 돌아다니게 했다. 카이사르는 그들이 모두 멀리 에돌아 같은 장소로 향하게 했다. (4) 게르고비아에서는 아군 진지가 내려다보이기 때문에, 이러한 움직임은 멀리 시내에서도 볼 수 있었다. 그러나 멀리 떨어져 있어서 무슨 일이 일어나고 있는지는 확실히 분간할 수 없었다. (5) 그는 1개 군단 병

---

23 지금의 샬롱쉬르손(Chalon-sur-Saône).
24 서쪽. 로마군 진지는 도시의 남동쪽에 있었다.

력을 기병대와 같은 고지로 내보내며 조금 전진하다가 낮은 지대에 멈추어 선 다음 숲 속에 숨어 있게 했다. (6) 이를 점점 수상하게 여긴 갈리족은 그 지점의 수비를 강화하려고 모든 병력을 그곳으로 이동시켰다. (7) 카이사르는 적군의 진지가 빈 것을 보자 도시에 남아 있는 적군의 주의를 끌지 않도록 병사들에게 투구의 깃털장식과 군기를 감추고 소집단을 이루어 큰 진지에서 작은 진지로 이동하게 했다. (8) 그는 또한 각각의 군단을 지휘하는 부관들에게 자기 계획을 설명하고, 무엇보다 병사들을 잘 통제하여 병사들이 전의에 불타서 또는 전리품을 탐내서 너무 멀리 앞서가려는 유혹을 느끼지 못하게 하라고 경고했다. (9) 그는 또한 그들의 위치가 불리한 만큼 속전속결하는 수밖에 없다고 지적하며, 지금은 기습 공격을 할 때이지 전면전을 할 때가 아니라고 했다. (10) 그렇게 설명하고 나서 그는 진격 신호를 내리는 동시에 오른쪽의 다른 오르막길로[25] 아이두이족 군대를 올려보냈다.

46 (1) 도시의 성벽은 오르막 경사가 시작되는 평지에서 직선거리로는 1천 2백 팟수스 떨어져 있었지만, (2) 경사를 완만하게 해주는 꼬부랑길을 돌아가야 하는 까닭에 실제 거리는 더 멀었다. (3) 갈리족은 로마군의 공격을 저지하기 위해 오르막길 중간쯤에 등고선을 따라 지형에 맞춰 큰 돌덩이들로 6페스 높이의 방벽을 쌓아두었는데, 비탈의 아랫부분은 모두 비어 있었지만 비탈의 윗부분은 성벽에 이르기까지 진지들이 조밀하게 구축되어 있었다. (4) 신호가 떨어지자 아군 병사들은 재빨리 방벽 쪽으로 돌격해 그것을 타넘더니 진지를 세 개나 점령했다. (5) 아군이 어찌나 빨리 진지들을 점령했던지, 니티오브리게스족의 왕 테우토마투스는 막사에서 낮잠을 자다 기습당하자 상반신이 노출된 채 부상당한 말을 타고 달아나, 약탈하던 아군 병사들의 손에서 간신히 벗어났다.

47 (1) 카이사르는 소기의 목적을 달성하자[26] 퇴각 나팔을 불게 했고, 그러자 그와 함께하던 제10군단은 당장 멈추어 섰다. (2) 그러나 큰 골짜기 저쪽에 있던 다른 군단들의 병사들에게는 나팔 소리가 들리지 않았다. 하지만 연대장들과 부관들은 카이사르의 명령대로 그들을 제지하려고 애를 썼다. (3) 그러나 아군 병사들은 이제 곧 이길 것이라는 희망, 적군의 도주, 지난날의 승전에 고무되어 자신들의 용기로 이룰 수 없을 정도로 어려운 일은 아무것도 없다고 자신하며, 도시의 성벽과 성문들 앞에 설 때까지 추격의 고삐를 늦추지 않았다. (4) 그 순간 게르고비아 시 곳곳에 비명 소리가 들렸다. 시내의 더 먼 쪽에 있던 자들은 갑작스러운 소음에 깜짝 놀라서 로마군이 벌써 성문 안으로 들어온 줄 알고 도시 밖으로 뛰쳐나왔다. (5) 결혼한 여인들은 성벽에서 옷가지와 돈을 던져댔고, 성벽 너머로 젖가슴을 드러내고 두 손을 내밀며 자신들을 살려달라고, 아바리쿰에서 그랬듯이 여인들과 아이들은 제발 죽이지 말아달라고 로마군에게 간청했다. (6) 몇몇 여인은 남의 손을 잡고 성벽을 내려와 로마군 병사들에게 투항했다. (7) 확인된 바에 따르면 제8군단 소속 백인대장 루키우스 파비우스는 이날 부하 병사들이 듣는 앞에서, 카이사르가 아바리쿰에서 약속한 상은 자기가 타고 싶으니 누가 자기보다 먼저 성벽에 오르는 것을 용납하지 않겠다고 말한 뒤, 자신의 중대 소속 병사 세 명을 시켜 자기를 위로 들어올리게 하더니 일단 성벽에 오르자 그 세 명에게 차례차례 손을 내밀어 성벽 위로 끌어올렸다고 한다.

---

25 로마의 군단 병력은 남쪽에서 공격하고, 아이두이족은 동쪽에서 진격하기로 되어 있었기 때문이다.
26 진지 세 개를 점령한 것으로 이번 전투의 목표를 달성했다는 카이사르의 말을 액면 그대로 믿기는 어렵다.

48 (1) 그 사이, 앞서 말했듯이[27] 수비를 강화하기 위해 도시의 다른 쪽에 집결해 있던 갈리족은 처음에는 비명 소리를 듣고, 이어서 도시가 로마군에게 함락되었다는 잇단 보고를 받고는 격앙되어, 기병대를 먼저 보내고 나서 자신들도 서둘러 달려갔다. (2) 그들이 도착하는 족족 모두 성벽 아래 자리 잡고 서니, 그들의 전투병 수는 점점 늘었다. (3) 큰 무리가 집결하자, 조금 전까지만 해도 성벽에서 로마군에게 손을 내밀어 애원하던 결혼한 여인들이 갈리족 관습에 따라 머리를 풀고 아이들을 보라고 내밀며 동포들에게 애원하기 시작했다. (4) 로마군에게는 지형적으로도 수적으로도 불리한 싸움이었다. 아군 병사들은 언덕을 급히 오른 데다 계속해서 싸우느라 지친 까닭에, 푹 쉬어 기운이 팔팔한 적군을 상대하기란 쉬운 일이 아니었다.

49 (1) 아군은 불리한 위치에서 싸우는데 적군은 그 수가 늘어나는 것을 보자 카이사르는 병사들이 염려되어, 작은 진지를 지키도록 남겨둔 부관 티투스 섹스티우스에게 전령을 보내 당장 그의 대대들을 진지 밖으로 이끌고 나와 적군의 오른쪽 날개 맞은편 언덕 기슭에 포진해 있다가, 아군 병사들이 현재 위치에서 격퇴당하는 것이 보이면 적군에게 겁을 주어 마음대로 추격하지 못하게 하라고 명령했다. (2) 그런 다음 카이사르는 멈추어 섰던 곳에서 조금 앞으로 나아가 전투 결과를 기다렸다.

50 (1) 치열한 백병전이 벌어지자 적군은 지형과 병력 수를 믿었고, 아군은 용기를 믿었다. 그때 갑자기 카이사르가 적군을 분산시키기 위해 오른쪽 다른 길로 올려보낸 아이두이족이 아군의 오른쪽 날개 쪽에 나타났다. (2) 그들의 무구가 적군의 무구와 비슷해서 아군 병사들은 겁에 질렸다. 비록 아이두이족의 어깨가 노출되어 있었지만 — 그것은 그들이

아군의 동맹군임을 나타내려고 서로 합의한 표지였다―아군 병사들은 그것이 자기들을 속이기 위한 책략이라고 믿었던 것이다. (3) 그 순간 백인대장 루키우스 파비우스와 그와 함께 성벽에 올랐던 다른 병사들이 적군에게 포위되고 살해되어 성벽 아래로 거꾸로 떨어졌다. (4) 같은 군단에 소속된 다른 백인대장 마르쿠스 페트로니우스는 성문을 부수려다가 수많은 적군에게 제압되었는데, 이미 중상을 입은 터라 자신은 살 가망이 없다고 보고 뒤따르던 대원들에게 말했다. "나는 너희도 구하고 나 자신도 구할 수는 없다. 그래서 나는 너희라도 살게 해주겠다. (5) 명예욕 때문에 내가 너희를 위험에 빠뜨렸으니 말이다. 내가 기회를 줄 테니, 너희가 스스로 살 궁리를 하라!" 그렇게 말하자마자 그는 적군 한가운데로 뛰어들어 두 명을 죽이고 나머지는 성문에서 약간 뒤로 물러나게 만들었다. (6) 그의 대원들이 그를 도우러 가려 하자 그가 말했다. "부질없는 짓이야. 너희는 나를 구할 수 없어. 나는 이미 피가 다 빠져나가 기력이 쇠진했으니 말이야. 그러니 너희는 기회가 날 때 이곳을 떠나 군단이 있는 곳으로 돌아가라!" 그렇게 그는 계속 싸우다가 잠시 뒤 쓰러져 죽었지만 대원들의 목숨은 구했다.

51 (1) 사방에서 적군에게 압도당한 아군 병사들은 백인대장을 46명이나 잃고 원래 자리 잡고 있던 곳에서 뒤로 물러났다. 그러자 갈리족이 거침없이 추격하기 시작했지만, 예비 병력으로서 비교적 평평한 곳에 자리 잡고 있던 제10군단에 의해 제지당했다. (2) 제10군단은 또 작은 진지를 떠나 고지 쪽으로 이동해온 부관 티투스 섹스티우스 휘하의 제13군단 소속 코호르스들의 지원을 받았다. (3) 평지에 이르자 모든 군단 병력이

27 7권 44장 4절 참조.

돌아서서 다시 적군과 맞섰다. (4) 그러자 베르킹게토릭스가 군사들을 언덕의 기슭에서 보루들 안으로 퇴각시켰다. 그날 아군은 7백 명 가까운 병사를 잃었다.

52 (1) 이튿날 군사회의를 소집한 카이사르는, 어디로 진격해 무엇을 공격할 것인지 병사들이 제멋대로 결정하는가 하면 퇴각 신호가 울려도 멈추지 않고 연대장들과 부관들이 제지하려 해도 복종하지 않았다며 병사들의 무모함과 과욕을 나무랐다. (2) 그는 불리한 지형이 얼마나 위험한 것인지, 아바리쿰에서 왜 그가 그렇게 행동했는지 설명했다. 그곳에서 그가 지휘관도 기병대도 없는 적군과 맞닥뜨렸는데도 확실한 승리를 포기한 까닭은 불리한 지형에서 싸우다가 적은 손실이라도 입는 것을 피하기 위해서였다. (3) 요새화한 진지 앞에서도 높은 산 앞에서도 도시의 성벽 앞에서도 주눅 들지 않는 병사들의 용기는 칭찬받아 마땅하지만, 규율이 없고 사령관보다 자신들이 승리와 전쟁의 결과에 대해 더 잘 알고 있다는 주제넘은 생각은 비난받아 마땅하다. (4) 그는 병사들에게 용기와 대담성 못지않게 복종과 규율을 요구한다고 했다.

53 (1) 카이사르는 이번 일로 기죽지 말고, 불리한 지형에서 빚어진 결과를 적군의 용기 탓으로 돌리지 말라고 병사들을 격려하며 연설을 끝맺었다. 회의가 파하자 그는 전과 같은 조건으로 철군하고 싶은 마음은 변함없지만 군단들의 병력을 진지 밖으로 이끌고 나가 유리한 지형에 전투대형으로 포진시켰다. (2) 그래도 베르킹게토릭스가 여전히 평지로 내려오지 않자, 카이사르는 소규모 기병전에서 이긴 뒤 군대를 이끌고 진지로 돌아갔다. (3) 이튿날에도 똑같은 행동을 한 뒤 카이사르는 이제 이 정도면 충분히 갈리족의 콧대를 꺾고 아군 병사들의 사기를 진작시

컸다고 보고 진지를 거두어 아이두이족의 영토로 이동했다. (4) 그때도 적군은 여전히 추격해오지 않았다. 사흘째 되던 날 그는 엘라베르 강에 도착하여 다리를 다시 놓게 한 다음 군대를 도하시켰다.

베르킹게토릭스가 야전(野戰)에서 패하다(기원전 52년)

54 (1) 강을 건너자 아이두이족인 비리도마루스와 에포레도릭스가 그를 찾아와 리타빅쿠스가 아이두이족을 선동하려고 전 기병대를 이끌고 출동했다고 보고하며, 아이두이족의 충성을 확보하기 위해서는 자기들이 먼저 아이두이족에게 가야 한다고 했다. (2) 카이사르는 이때 이미 아이두이족이 반란을 일으키려 한다는 여러 가지 증거를 확보하고 있었고, 이 두 사람을 보내봤자 부족의 반란을 가속화할 뿐이라고 생각했다. 그렇지만 그는 그들을 붙들지 않기로 했으니, 자기가 그들에게 부당한 짓을 하는 것처럼 보이거나 뭔가를 두려워하고 있다는 인상을 주고 싶지 않아서였다. (3) 그는 두 사람을 떠나보내며 자기가 아이두이족을 위해 한 일들을 간단히 상기시켰다. 그가 동맹군으로 받아주었을 때, 그들은 도시들 안에 갇히고 농토를 빼앗기고 모든 물자를 탈취당하고 조공을 바치도록 강요당하고 인질들을 잡히는 치욕을 당하는 등 굴욕에 시달리고 있었다. (4) 하지만 카이사르는 그들이 이전 지위를 회복하게 했을뿐더러, 어느 모로 보나 그들을 이전에는 누려보지 못한 번영과 명망과 힘의 절정에 올려놓았다. 그렇게 동포들에게 전하라며 그는 그들을 떠나보냈다.

55 (1) 노비오두눔[28]은 리게르 강변에 위치한 아이두이족의 도시로, 전략

---

28 지금의 느베르(Nevers).

적 요충지였다. (2) 카이사르는 그곳에 모든 갈리족 인질들과 군량과 군자금과 그 자신과 군대의 짐을 대부분 모아두었고, (3) 이번 전쟁을 위해 이탈리아와 히스파니아에서 사들인 수많은 군마도 그곳에 보내두었다. (4) 노비오두눔에 도착한 에포레도릭스와 비리도마루스는 자신들의 부족이 어떤 상황에 놓여 있는지 알게 되었다. 리타빅쿠스는 그들의 가장 중요한 도시인 비브락테에서 아이두이족의 영접을 받았고, 행정장관 콘빅톨리타비스와 대부분의 원로가 그를 찾아가 만났으며, 평화조약과 동맹조약을 맺기 위해 공식 사절단이 베르킹게토릭스에게 파견되었다는 것이었다. 두 사람은 기회는 이때다 싶어, (5) 노비오두눔의 수비대와 그곳에 거주하던 로마인 상인들을 도륙하고, 돈과 말들을 저들끼리 나누어 가졌으며, (6) 갈리족 인질들을 비브락테에 있는 행정장관에게 호송하도록 했다. (7) 또한 자력으로는 도시를 지키지 못할 것으로 판단하고 로마군이 사용하지 못하도록 도시에 불을 질렀다. (8) 식량은 그들이 당장 가져갈 수 있는 만큼만 배에 싣고 가고, 나머지는 강물에 쏟거나 불태워 못 쓰게 만들었다. (9) 그러고 나서 그들은 인근 지역에서 군사들을 모아 리게르 강변에 파수병과 수비대로 배치했으며, 로마군이 주눅 들게 하려고 기병대로 하여금 도처에서 무력시위를 하게 했다. 그들의 의도는 로마군의 군량 보급로를 끊거나 또는 군량이 떨어져 로마군이 속주로[29] 쫓겨나게 하려는 것이었다. (10) 눈이 녹으면서 리게르 강의 물이 불어나자 그들은 더욱더 그런 희망에 부풀었는데, 걸어서 강을 건넌다는 것은 도저히 불가능해 보였기 때문이다.

56 (1) 이런 사실을 알게 된 카이사르는 재빨리 행동하기로 결정했다. 다리를 다시 놓으려면 전투를 치러야 할 텐데, 이왕 그럴 바에는 적군의 증원 부대가 도착하기 전에 싸우는 편이 더 좋을 듯했다. (2) 그러지 않으면

계획을 바꿔 속주로 철수하는 수밖에 없었는데, 그러잖아도 겁에 질린 일부 장교들은 그렇게 할 수밖에 없다고 생각했다. 하지만 그렇게 할 수 없는 이유가 몇 가지 있었다. 그것은 불명예스럽고 굴욕적인 행동이었다. 또한 도로 사정이 열악하고 케벤나 산맥이 앞을 막고 있었다. 가장 염려스러운 것은 라비에누스와 함께 파견된 군단들의 퇴로가 차단되지 않을까 하는 점이었다. (3) 그래서 그는 밤낮없이 강행군한 끝에 리게르 강에 도착함으로써 모두를 놀라게 했다. (4) 기병대가 급한 대로 걸어서 건널 수 있는 여울을 찾아내자, 병사들은 팔과 어깨만 물 밖에 내놓은 채 무구를 운반할 수 있었다. 카이사르는 기병대가 상류 쪽에서 강을 건너게 함으로써 물살이 약해지게 했고, 적군이 아군을 보고 혼란에 빠진 사이 그는 군대를 무사히 도하시켰다. (5) 그는 들판에서 곡식과 가축 떼를 많이 발견하자 그것들을 병사들에게 넉넉히 나누어준 다음 세노네스족의 영토로 행군하기 시작했다.

57 (1) 카이사르에게 그런 일이 일어나는 동안, 라비에누스는 이탈리아에서 방금 도착한 보충병이 아게딩쿰에 남아 짐을 지키도록 하고 4개 군단을 이끌고 루테티아[30]로 향했다. 그곳은 파리시이족의 도시로, 세콰나[31] 강의 섬에 자리 잡고 있다. (2) 적군은 그가 온다는 것을 알고 인근 부족들에게서 대군을 집결시켰다. (3) 사령관직은 카물로게누스라는 아울레르키족에게 맡겨졌는데, 비록 연로하긴 했지만 군사 지식이 탁월하여

---

29 텍스트의 ex provincia를 H. J. Edwards (Loeb Classical Library)에 따라 in provinciam으로 읽는다.
30 6권 주 3 참조.
31 지금의 센 강. '세콰나 강의 섬'이란 오늘날 노트르담 성당이 자리한 시테 섬을 말한다.

그런 영직에 초빙되었던 것이다. (4) 넓은 늪지대가 세콰나 강으로 흘러들며 그 일대의 통행을 방해하고 있는 것을 본 카물로게누스는 그곳에 진을 치고 아군의 도강을 제지할 준비를 했다.

58 (1) 라비에누스는 처음에 이동식 방호벽들을 이용해 버들가지와 잡석으로 늪을 메워 둑길을 내려 했다. (2) 그러나 그것이 난공사라는 것을 알게 된 그는 자정 조금 지나 조용히 진지를 뒤로하고, 왔던 길로 해서 메티오세둠에 도착했다. (3) 그곳은 세노네스족의 도시로, 방금 말한 루테티아와 마찬가지로 세콰나 강의 섬에 자리 잡고 있다. (4) 그는 약 50척의 배를 빼앗아 재빨리 한데 묶은 다음 병사들을 태웠다. 주민들은 대부분 전쟁터로 소집되고, 남은 주민들은 이 예상치 못한 공격에 놀라 싸우지도 않고 그에게 도시를 넘겨주었다. (5) 그는 적군이 며칠 전에 끊은 다리를 다시 놓게 한 뒤 군대를 도하시키고 하류에 있는 루테티아 쪽으로 행군하기 시작했다. (6) 적군은 메티오세둠에서 도주해온 자들한테서 이 소식을 듣고 루테티아는 불 지르고 그곳으로 통하는 다리들은 끊으라는 명령을 내려보냈다. 적군은 늪지대를 떠나 세콰나 강 좌안으로 이동하여 루테티아와 라비에누스의 진지 맞은편에 진을 쳤다.

59 (1) 이때는 이미 카이사르가 게르고비아를 떠났다는 말이 나돌았고, 아이두이족이 반란을 일으키고 갈리족이 봉기에 성공했다는 소문이 널리 퍼졌다. 그래서 갈리족[32]은 로마군과의 대화에서, 카이사르는 행군로와 리게르 강의 도하가 봉쇄되고 군량이 부족해서 어쩔 수 없이 속주로 돌아간 것이라고 장담했다. (2) 전부터 불충하던 벨로바키족은 아이두이족이 반란을 일으켰다는 말을 듣자 군사들을 모으며 공개적으로 전쟁 준비를 했다. (3) 상황이 이렇게 급변하자 라비에누스는 지금까지의 계

획을 전부 수정하지 않을 수 없다고 생각했다. (4) 그래서 그는 이제 더 이상 정복하거나 전투에서 적군에게 피해를 입힐 생각은 하지 않고, 어떻게 해야 군대를 이끌고 무사히 아게딩쿰으로 돌아갈 수 있을지 궁리했다. (5) 한쪽에서는 갈리아에서 용감하기로 이름난 벨로바키족이 위협하고, 다른 쪽에서는 카물로게누스가 전투 준비를 마친 잘 정비된 군대와 함께 버티고 서 있었다. 또한 카이사르의 군단들은 큰 강에 가로막혀 짐과 그것을 지키는 수비대와 떨어져 있었다. (6) 갑작스레 이런 난관에 봉착한 지금, 살길은 용단(勇斷)밖에 없다고 그는 생각했다.

60 (1) 저녁 무렵 그는 군사회의를 소집하여 병사들에게 자기가 명령하는 바를 정확하게 열심히 이행하라고 촉구했다. 그는 메티오세둠에서 가져온 배들을 로마인 기사에게 한 칙씩 나눠주면서, 초서녁에 그것을 타고 하류로 4밀레 팟수스쯤 조용히 내려가 그곳에서 자기를 기다리라고 지시했다. (2) 그리고 전투력이 가장 약하다고 생각되는 5개 대대는 뒤에 남아 진지를 지키게 하고, (3) 같은 군단 소속 나머지 5개 대대는 밤중에 짐을 모두 챙겨 가지고 되도록 큰 소란을 피우며 상류 쪽으로 출발하게 했다. (4) 또한 작은 배도 몇 척 징발하여 요란하게 노를 저으며 상류 쪽으로 가게 했다. 그런 다음 그는 3개 군단을 이끌고 조용히 진지를 나서서 자신이 배들을 집결시키라고 지시해둔 곳으로 향했다.

61 (1) 라비에누스가 도착했을 때 갑자기 돌풍이 인 까닭에, 강을 따라 배치되어 있던 적군 정찰병들은 낌새도 채지 못하고 있다가 아군 병사들에게 기습당했다. (2) 아군 보병 부대와 기병대는 그가 배를 맡겼던 기사들

---

32 카이사르 밑에서 기병으로 복무하던.

의 지휘 아래 서둘러 강을 건넜다. (3) 동트기 직전 적군은 거의 동시에 몇 가지 보고를 받았는데, 로마군 진지에서 이상한 소음이 일고, 대부대가 상류 쪽으로 행군하고 있으며, 상류 쪽에서는 노 젓는 소리도 들리며, 조금 하류 쪽에서는 군사들이 배를 타고 강을 건너고 있다는 것이었다. (4) 이 소식을 접한 적군은 로마군이 세 곳에서 강을 건너고 있으며, 아이두이족의 반란에 놀란 나머지 모두 퇴각할 준비를 하는 줄 알았다. 그들은 병력을 셋으로 나누어 (5) 일부는 로마군 진지 맞은편에 수비대로 남기고, 메티오세둠 쪽에는 소부대를 파견해 배들이 나아간 것만큼 멀리 상류 쪽으로 진격하게 했으며, 나머지 병력은 라비에누스가 있는 곳으로 이끌고 갔다.

62 (1) 동틀 무렵 아군 병사들은 모두 강을 건넜다. 그러자 적군이 시야에 들어왔다. (2) 라비에누스는 병사들에게 지금까지의 용기와 빛나는 승전을 상기시켰으며, 그들을 그토록 번번이 승리로 이끈 카이사르가 몸소 이곳에 와 있다고 생각하라고 격려한 뒤 전투 개시 신호를 내렸다. (3) 첫 번째 교전 때 아군 제7군단이 배치되어 있던 오른쪽 날개 방향에서 적군이 뒤로 밀리며 패주했다. (4) 제12군단이 배치된 왼쪽 날개 방향에서는 적군의 선두대열이 투창을 맞고 쓰러졌으나 남은 적군은 격렬하게 저항했으며, 어느 누구도 도주할 기미를 보이지 않았다. (5) 그곳에서 카물로게누스가 몸소 군사들을 격려하고 있었다. (6) 전투가 여전히 백중지세를 이루고 있을 때, 제7군단 소속 연대장들이 왼쪽 날개에서 무슨 일이 벌어지고 있는지 보고받고는 적군의 배후에 나타나 공격했다. (7) 그때도 갈리족은 아무도 뒤로 물러서지 않았으니, 카물로게누스를 포함하여 그들 모두가 포위되어 도륙되었던 것이다. (8) 라비에누스의 진지 맞은편에 남아 그곳을 감시하던 부대들이 전투가 벌어졌다는

말을 듣고 전우들을 도우러 가서 언덕 하나를 점령했으나, 승승장구하는 아군 병사들의 공격을 막아내지는 못했다. (9) 그래서 자기 전우들 틈에 끼여 함께 도주하다가 숲이나 언덕으로 도망치지 못한 자들은 모두 아군 기병대에게 도륙당했다. (10) 라비에누스는 작전을 끝내고 나서 전군의 짐이 남아 있던 아게딩쿰으로 돌아갔다가, 사흘째 되던 날 자기가 지휘하는 군대를 모두 이끌고 그곳에서 카이사르가 있는 곳으로 갔다.

63 (1) 아이두이족이 반란을 일으켰다는 사실이 알려지면서 전쟁이 더욱 확대되었다. 아이두이족은 갈리아 곳곳에 사절단을 파견했으며, (2) 다른 부족들의 지지를 받아내기 위해 호의와 영향력과 뇌물로 할 수 있는 일은 무엇이든 다 했다. (3) 그들은 카이사르가 자기들에게 맡겨두고 간 인질들을 체포하여 이들을 죽이겠다고 위협함으로써 망설이던 부족들에게 겁을 주었다. (4) 그들은 또 베르킹게토릭스에게 자기들한테로 와서 작전계획을 설명할 것을 요구했고, (5) 그가 오자 최고 지휘권은 자기들에게 넘겨야 한다고 주장했다. 그가 그들의 요구를 거절하자, 비브락테에서 갈리아 전체 회의가 소집되었다. (6) 그래서 갈리족이 사방에서 무리 지어 그곳으로 몰려들었다. 이 문제가 투표에 회부되자 그들은 베르킹게토릭스가 유일한 사령관임을 만장일치로 인정했다. (7) 이 회의에 불참한 부족은 레미족, 링고네스족, 트레베리족이었다. 그중 앞의 두 부족은 로마와의 우호관계에 집착했고, 트레베리족은 멀리 떨어져 사는 데다 지금 게르마니족의 공격에 시달리고 있어 시종일관 중립을 지켰다. (8) 지휘권을 요구하다 거절당하자 몹시 실망한 아이두이족은 자신들의 운수가 사나운 것을 비탄하며 카이사르가 자기들에게 보여준 호의를 아쉬워하면서도, 이미 전쟁이 시작된 지금 다른 갈리족 부족들과 감히 절교하지는 못했다. (9) 야심 찬 두 젊은이 에포레도릭스와 비리도마

루스는 마음이 내키지 않았지만 베르킹게토릭스에게 복종했다.

64 (1) 베르킹게토릭스는 다른 부족들에게 인질들을 잡힐 것을 요구하며 기한을 정해주는가 하면, 1만 5천 명이나 되는 기병 모두에게 당장 집결하라고 명령했다. (2) 그는 또 보병은 지금까지 거느리던 정도로 만족하며, 위험을 무릅쓰거나 전면전을 펼치지는 않겠다면서, 자기에게는 기병이 많은 만큼 로마군이 군량과 꼴을 징발하는 것을 쉽게 막을 수 있을 것이라고 했다. (3) 그러나 갈리족은 주저 없이 자신들의 곡식을 망가뜨리고 농가에 불을 지르는 데 찬성해야 하며, 그렇게 재산상의 손실을 감수해야만 앞으로 영원히 자유민이 되고 남들의 지배자가 될 것임을 알아야 한다고 했다. (4) 그러고 나서 그는 아이두이족과 속주[33] 인근에 사는 세구시아비족에게 보병 1만 명과 그에 덧붙여 기병 8백 명을 대줄 것을 요구하더니, (5) 에포레도릭스의 아우가 이들을 이끌고 가서 알로브로게스족을 공격하게 했다. (6) 한편 그는 가발리족과, 아르베르니족 가운데 가장 남쪽에 사는 부족민들을 다른 방향으로 보내 헬비이족을 공격하게 하고, 루테니족과 카두르키족을 보내 볼카이 아레코미키족의 영토를 약탈하게 했다. (7) 동시에 그는 알로브로게스족이 지난번 전쟁[34] 때문에 아직도 로마에 원한을 품고 있을 것으로 보고 그들에게 몰래 전령과 사절단을 보내 자기에게 합류하도록 설득하게 했다. (8) 그들의 지도자들에게 그는 돈을 약속하고, 부족민들에게는 속주 전체의 지배자로 만들어주겠다고 약속했다.

65 (1) 이런 위기들에 대처하기 위해 22개 대대의 수비대가 속주 자체에서 부관 루키우스 카이사르[35]에 의해 모집되어 위협받고 있는 모든 전선에 배치되었다. (2) 헬비이족은 국경을 넘어 침입해온 이웃 부족들과 자진

하여 싸웠으나 패했다. 카부루스의 아들로 그들의 부족장인 가이유스 발레리우스 돈노타우루스와 다른 사람 몇 명이 죽자 그들은 도시들의 성벽 뒤로 물러났다. (3) 알로브로게스족은 로다누스 강을 따라 군데군데 수비대를 배치하고 빈틈없이 국경을 지켰다. (4) 카이사르는 적군의 기병대가 더 우세하며, 도로가 모두 차단되어 속주에서도 이탈리아에서도 증원부대가 올 가망이 없다는 것을 알고는 지난 몇 년 동안 복속시킨 레누스 강 동쪽의 게르마니족 부족들에게 사자를 보내 기병들과, 군마들 사이에서 싸우도록 훈련받은 경무장보병들을 보내달라고 요구했다. (5) 이들이 도착했을 때 카이사르는 이들의 말들이 필요한 용도에 적합하지 않자, 연대장들과 나머지 로마인 기사들과 만기 제대 후 다시 복무하는 병사들의 말을 게르마니족에게 나눠주었다.

66 (1) 이런 일들이 일어나고 있는 동안 아르베르니족의 영토에서 작전 중이던 갈리족 부대들과 갈리아 전역에 요청했던 기병대가 속속 집결했다. (2) 카이사르는 속주에 있는 부대들을 더 쉽게 지원하기 위해 링고네스족 영토의 남동부를 지나 세콰니족의 영토로 행군하고 있었다. 그때 이들 부대가 대거 집결하자 베르킹게토릭스는 로마군으로부터 10밀레 팟수스쯤 떨어진 곳에 세 개의 진지를 구축한 다음, (3) 기병 지휘관들을 군사회의에 소집해 이제 승리의 순간이 왔다고 말했다. (4) 로마군은 갈리아를 떠나 속주로 도주하고 있다. 그래서 갈리족은 일시적으로 자유를 되찾을 수 있겠지만, 평화와 안정을 항구적으로 확보하기에는 그것

33　여기서는 남프랑스의 갈리아 나르보넨시스(Gallia Narbonensis).
34　기원전 121년 로마에 예속된 알로브로게스족은 기원전 61년 반란을 일으켰으나 실패했다.
35　루키우스 카이사르는 율리우스 카이사르의 친척으로 기원전 64년 집정관을 지낸 바 있다.

으로 불충분하다. (5) 로마인들은 나중에 더 많은 군사들을 모아 가지고 돌아와 전쟁을 계속할 것이다. 그러니 갈리족은 로마군이 거추장스럽게 짐을 지고 행군하고 있을 때 공격해야 한다. 로마군 보병 부대가 도우러 가서 전우들 곁에 머물게 되면 행군을 계속하지 못할 것이다. 그러나 로마군이 짐을 버리고 목숨만 구하려 한다면—그는 그럴 개연성이 더 높다고 확신하지만—그들은 필요한 전쟁물자도 잃고 체면도 잃게 될 것이다. (6) 갈리족은 이제 로마군 기병이 어느 누구도 감히 본대열에서 벗어나 조금이라도 앞서가지 못할 것이라고 믿어도 좋다. 그는 갈리족의 용기를 북돋우기 위해 전군을 진지 앞에 포진시켜 로마군에게 공포감을 불러일으킬 것이라고 했다. (7) 그러자 기병들이 로마군의 대열을 두 번 돌파하지 못하는 자는 아무도 집에 돌아가 자식과 부모와 아내를 재회하지 못하게 하기로 모두들 엄숙히 맹세하자고 소리쳤다.

67 (1) 그들은 이 제안을 받아들여 빠짐없이 모두 맹세했다. 이튿날 갈리족 기병대는 세 부대로 나뉘어, 두 부대는 로마군 대열의 좌우에서 시위를 하고 세 번째 부대는 로마군 전위를 가로막았다. (2) 이 소식을 접한 카이사르는 자신의 기병대도 세 부대로 나뉘어 적군을 공격하게 했다. 일시에 곳곳에서 전투가 벌어졌다. (3) 대열이 멈추어 서자, 짐이 군단들 사이로 옮겨졌다. (4) 카이사르는 어디든 아군 기병대가 위험에 처하거나 고전하는 곳이 보이면 보병의 일부를 그쪽으로 이동시켜 전열을 가다듬게 했다. 이러한 조치는 적군의 추격을 늦추는가 하면, 도움받을 수 있다는 희망으로 아군의 용기를 북돋우었다. (5) 잠시 뒤 게르마니족이 오른쪽에 있던 언덕의 정상을 차지하고 적군을 몰아낸 다음 도망치는 적군을 베르킹게토릭스와 그의 보병 부대가 포진하고 있던 강가까지 추격하며 다수를 죽였다. (6) 이것을 본 나머지 적군도 포위될까 두려워 달

아나다가 (7) 곳곳에서 도륙되었다. 아이두이족 귀족 세 명이 포로로 잡혀 카이사르 앞에 끌려왔는데, 지난번 선거에서 콘빅톨리타비스의 경쟁자였던 기병대장 코투스, 리타빅쿠스가 반란을 일으킨 뒤 아이두이족 보병 부대의 지휘를 맡은 카바릴루스, 카이사르가 갈리아에 도착하기 전 세콰니족과의 전투에서 아이두이족을 지휘하던 에포레도릭스[36]가 그들이다.

알레시아의 포위와 함락(기원전 52년)

68 (1) 베르킹게토릭스는 자신의 기병이 모두 도주하자 세 곳의 진지 앞에 포진시켰던 보병을 철수시킨 다음 만두비이족의 도시인 알레시아[37]로 곧장 행군하기 시작했다. 그러면서 짐도 곧바로 진지에서 운반해 자기 뒤를 따르게 하라고 명령했다. (2) 카이사르는 자기 군대의 짐을 가장 가까운 언덕으로 옮기게 한 뒤 2개 군단이 남아 지키게 하고는, 해가 질 때까지 적군을 추격하여 적군의 후위 가운데 약 3천 명을 죽였다. 이튿날 그는 알레시아 근처에 진을 쳤다. (3) 갈리족은 철석같이 믿었던 기병대가 패하자 공포감에 휩싸여 있었다. 그래서 카이사르는 도시의 지형을 정찰한 뒤 힘들더라도 맡은 바 임무를 다하라고 병사들을 격려하고는 도시에 방책과 해자를 두르기 시작했다.

69 (1) 알레시아 시는 언덕 위 가장 높은 곳에 자리 잡고 있어 포위공격을 하지 않으면 함락할 수 없을 듯했다. (2) 이 언덕의 북쪽과 남쪽에는 두

---

36 이 에포레도릭스는 앞에서 몇 번 언급된 에포레도릭스와는 다른 인물이다.
37 부르고뉴(Bourgogne) 지방의 디종(Dijon) 시에서 서쪽으로 50킬로미터쯤 떨어진 몽 오수아(Mont Auxois)에 있는 지금의 알리스생트렌(Alise-Sainte-Reine).

개의 강이 감돌아 흘렀다. (3) 서쪽에는 도시 앞으로 약 3밀레 팟수스 길이의 평야가 펼쳐져 있었고, (4) 그 밖의 다른 쪽은 모두 서로 얼마 떨어지지 않은 비슷한 높이의 다른 언덕들로 둘러싸여 있었다. (5) 성벽 밑의 동쪽 언덕은 온통 갈리족 군대가 빈틈없이 점령하고 있었는데, 그들은 그 앞에 해자와 6페스 높이의 방벽을 구축해두고 있었다. (6) 로마군이 구축하기 시작한 공성 보루는 길이가 11밀레 팟수스였다. (7) 적당한 곳에 진지들이 구축되고, 그 밖에도 23개의 보루가 세워졌다. 이들 보루에 낮에는 적군의 기습을 막기 위해 수비대를 배치하고, 밤에는 보초병들과 강화된 수비대가 그곳에서 파수를 보았다.

70 (1) 공성 공사가 시작된 뒤, 앞서 말했듯이 언덕들 사이에 펼쳐진 3밀레 팟수스 길이의 평야에서 기병전이 벌어졌다. 양쪽 모두 있는 힘을 다해 싸웠다. (2) 아군이 고전하자 카이사르는 게르마니족을 내보내 돕게 하는 한편 적군 보병 부대의 기습에 대비해 진지들 앞에 군단 병사들을 포진시켰다. (3) 군단 병사들의 지원을 받자 아군 기병대는 사기가 올라갔고, 패주하던 적군은 그 수가 너무 많아 저희끼리 서로 방해가 되었다. 게르마니족이 베르킹게토릭스의 보루들이 있는 곳으로 맹추격해 올라가자, (4) 적군은 좁은 문틈에 끼여 인명 피해가 속출했다. (5) 더러는 말을 버리고 해자를 건너 성벽을 기어오르려 했다. 카이사르는 진지의 보루들 앞에 포진시킨 군단 병사들에게 조금 앞으로 나아가라고 명령했다. (6) 그러자 진지 안의 갈리족도 도주하는 기병대 못지않게 두려움에 떨며 로마군의 공격이 임박한 줄 알고 무기를 들라고 소리쳤다. 놀라서 도시 안으로 질주하는 자들도 더러 있었다. (7) 진지가 완전히 비는 것을 막기 위해 베르킹게토릭스는 성문들을 닫으라고 명령했다. 게르마니족은 많은 사람을 죽이고 많은 말을 포획한 뒤에야 철수했다.

71 (1) 베르킹게토릭스는 로마군이 공성 공사를 완료하기 전에 야음을 틈타 자신의 기병대를 모두 내보내기로 결심했다. (2) 그들이 떠날 때 그는 각자 자기 부족에게 돌아가 무기를 들 수 있는 나이가 된 자들을 모두 전투를 위해 모아오라고 명령했다. (3) 그는 자신이 그들을 위해 한 일들을 늘어놓으며 이제는 그들이 그의 안전을 생각해달라고, 모두의 자유를 위해 그토록 애쓴 자신을 로마군에게 넘겨 고문을 당하게 하지 말아달라고 부탁했다. 끝으로, 그는 만약 그들이 맡은 바 임무를 소홀히 하면 그 자신뿐 아니라 8만 정병(精兵)도 죽게 될 것이라고 했다. (4) 또한 지금 갖고 있는 군량으로 한 달은 간신히 버틸 수 있지만, 배급량을 줄이면 좀 더 버틸 수 있다고 했다. (5) 그렇게 지시하고 나서 그는 자정 조금 전에 로마군 방어시설들 사이로 소리 없이 기병대를 내보냈다. (6) 그는 식량은 모조리 자신에게 넘기라고 명령하며, 명령에 불복종하는 자는 사형에 처하겠다고 했다. (7) 만두비이족이 몰고 온 수많은 가축은 당장 개개인에게 나눠주고 (8) 식량은 조금씩 배급하게 했다. 또한 도시 앞에 포진시켰던 모든 부대를 도시 안으로 철수시켰다. (9) 그런 조치들을 취한 다음 베르킹게토릭스는 갈리아에서 원군이 오기를 기다리며 전투 치를 준비를 했다.

72 (1) 카이사르는 탈주병과 포로들을 통해 이런 사실들을 알게 되자 다음과 같이 더 정교한 공성 공사에 착수했다. 그는 20페스 너비의 참호를 파게 했는데, 그 단면들이 수직을 이루어 참호의 바닥이 위쪽만큼 넓어지게 했다. (2) 그 밖의 다른 방어시설은 모두 이 참호에서 4백 페스 뒤쪽에 구축하게 했는데, 이는 그토록 넓은 땅을 점령하고는 그 둘레에 빙 돌아가며 군사를 배치하기가 어려운 상황에서 적군의 기습이나 야습을 막고, 적군이 공성 공사에 열중하고 있는 아군 병사들을 날아다니는 무기

로 겨냥하는 것을 예방하기 위한 조치였다. (3) 또 거기에서 4백 페스 뒤쪽에 같은 깊이로 너비 15페스짜리 해자 두 개를 파고, 평야의 낮은 지대에 있는 안쪽 해자는 강에서 끌어들인 물로 가득 채웠다. (4) 또한 이 해자들 뒤에 토루를 쌓고 그 위에 12페스 높이의 목책을 세웠다. 목책은 성가퀴가 있는 흉벽으로 보강되었고, 흉벽이 토루와 이어지는 부분에는 끝이 뾰족한 큰 말뚝들이 앞으로 튀어나오게 해놓았다. 적군이 기어올라오는 것을 막기 위해서였다. 그리고 공성 시설물 둘레에는 빙 돌아가며 80페스 간격으로 탑을 세웠다.

73 (1) 아군 병사들은 목재와 군량을 구해오는 동시에 이런 대규모 방어시설을 구축하느라 대개 진지에서 멀리 나가 있었기 때문에 인원수가 부족했다. 게다가 갈리족은 도시의 여러 성문에서 일시에 출동하여 아군의 방어시설을 시험해보곤 했다. (2) 따라서 카이사르는 더 적은 병력으로도 보루들을 지킬 수 있도록 보강 공사를 하기로 결정했다. 그래서 나무 밑동과 튼튼한 나뭇가지들을 잘라 껍질을 벗기고 끝을 뾰족하게 깎았다. 그리고 5페스 깊이의 구덩이들을 죽 파고 (3) 말뚝들을 박은 다음, 말뚝이 뽑히지 않도록 밑부분을 서로 묶고 가지의 끝 부분은 밖으로 튀어나오게 했다. (4) 구덩이마다 말뚝이 5줄씩 서로 묶이고 엮여서 누구든 구덩이에 빠지면 더없이 날카로운 말뚝에 찔리게 되어 있었다. 병사들은 말뚝들을 '묘비'(墓碑)[38]라고 불렀다. (5) 그 앞에는 주사위 5점 모양으로 대각선을 이루도록 3페스 깊이의 깔때기형 구덩이들을 팠는데, (6) 이들 구덩이에는 아래쪽은 매끄럽지만 위쪽은 뾰족한, 불에 달군 허벅지 굵기의 말뚝들을 박되 4디기투스[39]만 땅 위로 나오게 해두었다. (7) 그리고 구덩이 안의 말뚝들이 단단하게 자리 잡도록 그 주위에 1페스 높이로 땅을 다지고, 구덩이 위쪽은 그것이 함정임을 위장하기 위해

잔가지와 덤불로 덮었다. (8) 그런 구덩이를 3페스 간격으로 8줄을 팠다. 그것들은 꽃을 닮았다 하여 '백합꽃'이라고 불렸다. (9) 그 앞에는 쇠갈고리를 박은 1페스 길이의 통나무들이 거의 대부분 땅에 묻힌 채 약간의 간격을 두고 곳곳에 흩어져 있었다. 병사들은 그것들을 '박차'[40]라고 불렀다.

74 (1) 이런 방어시설들이 완공되자 카이사르는 바깥쪽을 향해서도 최대한 평평한 지형을 따라 둘레가 14밀레 팟수스나 되는 비슷한 보루들을 구축했으니, 바깥쪽으로부터의 공격을 막기 위해서였다. 그래서 적군이 아무리 많이 몰려온다 해도 공성시설을 지키는 아군 부대들이 포위되는 일은 일어날 수 없었다. (2) 군량과 꼴을 구하러 진지 밖으로 위험을 무릅쓰고 나갈 필요가 없도록 그는 병사들에게 각자 한 달 치 식량과 꼴을 확보해두라고 명령했다.

75 (1) 알레시아에서 이런 일들이 벌어지는 동안 갈리족은 부족장 회의를 소집하고 베르킹게토릭스가 제안한 것처럼 무기를 들 수 있는 모든 남자를 소집하는 대신 각 부족에게 일정수의 병력을 요구하기로 결의했다. 그런 대군이 한데 뒤섞이면 통제할 수도, 분간할 수도, 군량을 조달할 수도 없을 것 같았기 때문이다. (2) 그래서 그들은 아이두이족과 그들의 피보호 부족들인 세구시아비족, 암블루아레티족, 아울레르키 브란

---

38 cippus. '경계석'이라는 뜻도 있다.
39 1디기투스(digitus '손가락'이라는 뜻)는 1.9센티미터이다.
40 여기서는 적군의 공격을 제지하기 위한 것이므로 '박차'(stimulus)라는 표현은 적합하지 않은 듯하다.

노비케스족, 블란노비이족에게 3만 5천 명을 요구하고, 아르베르니족과 대부분 그들의 지배를 받는 엘레우테티족, 카두르키족, 가발리족, 벨라비이족에게도 같은 수의 병력을 요구했다. (3) 세콰니족, 세노네스족, 비투리게스족, 산토니족, 루테니족, 카르누테스족에게 각각 1만 2천 명을, 벨로바키족과 레모비케스족에게 각각 1만 명을, 픽토네스족, 투로네스족, 파리시이족, 헬베티이족에게 각각 8천 명을, 수엣시오네스족,[41] 암비아니족, 메디오마트리키족, 페트로코리이족, 네르비이족, 모리니족, 니티오브리게스족에게 각각 5천 명을 요구하고, 아울레르키 케노마니족에게도 같은 수의 병력을 요구했다. 또한 아트레바테스족에게 4천 명을, 벨리오캇세스족, 렉소비이족, 아울레르키 에부로비케스족에게 3천 명을, 라우리키족, 보이이족에게 2천 명을 요구하고, (4) 쿠리오솔리테스족, 레도네스족, 암비바리이족, 칼레테스족, 오시스미족, 베네티족, 레모비케스족, 베넬리족 등 자신들을 보통 아레모리카이족이라 부르는 대서양 연안 부족들에게 모두 3만 명을 요구했다. (5) 이들 부족 가운데 벨로바키족만이 할당된 병력 수를 파견하지 않았는데, 그들은 자기들의 이름으로 독자적인 판단에 따라 로마군과 싸울 것이며 어느 누구의 명령도 받들지 않을 것이라고 했다. 그러나 콤미우스가 요청하자 그들도 그와의 우정을 고려하여 2만 명을 보내주었다.

76 (1) 이 콤미우스라는 자는 앞서 말했듯이[42] 몇 년 전 브리탄니아 원정 때 카이사르에게 충성을 맹세하고 봉사한 적이 있었다. 그래서 카이사르는 그 보답으로 그자의 부족이 세금을 면제받고 권리를 회복하고 모리니족을 속국으로 삼을 수 있게 해주었다. (2) 그럼에도 갈리아 전체가 자유와 이전의 무명(武名)을 되찾겠다는 결의로 똘똘 뭉쳐 자신들이 받은 혜택이나 우정은 아랑곳하지 않고 이번 전쟁에 정신력과 자원을 집중시켰

다. (3) 기병 8천 명과 보병 약 24만 명이 집결하자 아이두이족의 영토에서 관병식과 인원 점검이 행해지고 지휘관이 임명되었다. (4) 최고 지휘권은 아트레바테스족인 콤미우스, 아이두이족인 비리도마루스와 에포레도릭스, 베르킹게토릭스의 사촌인 아르베르니족 베르캇시벨라우누스에게 맡겨졌다. 그리고 각 부족에서 선출된 자들이 군사고문으로 그들을 보좌하게 했다. (5) 그들은 모두 자신감에 넘쳐 힘차게 알레시아로 향했고, 무엇보다 원군이 다가오는 것이 보이면 도시 안에 포위당한 자기편 군대까지 출동하여 로마군은 양면에서 공격당할 테니, 이런 대군을 보기만 해도 피해 달아날 것이라고 믿어 의심치 않았다.

77 (1) 그러나 알레시아에 포위되어 있는 자들은 원군이 도착할 것으로 예상한 날짜가 지나고 식량이 모두 바닥나자 아이두이족의 영토에서 무슨 일이 벌어지고 있는지 모르기에 회의를 소집하고는 이 난국을 어떻게 타개할 것인지 의논하기 시작했다. (2) 여러 사람이 의견을 개진했는데, 더러는 항복하자고 했으며 더러는 그럴 여력이 있을 때 출동하자고 했다. 그중 크리토그나투스의 연설은 비열하고도 잔인무도하기에 그냥 지나칠 수 없다고 생각된다. (3) 아르베르니족 귀족 출신으로 막강한 영향력을 행사하던 크리토그나투스는 다음과 같이 말했다. "나는 가장 수치스러운 예속을 '항복'이라 부르는 자들의 의견에 관해서는 아무 말도 하지 않겠소. 그들은 갈리아의 시민으로 간주되어서도 안 되고, 회의에 참석하는 것이 허용되어서도 안 된다는 것이 내 생각이오. (4) 나는 출동하자고 주장하는 이들만 상대할 것이오. 여러분이 지지하는 것으로 보아

---

41 O. Schönberger에 따라 Suessiones로 읽는다.
42 4권 21장 참조.

그들의 그런 조언에는 대대로 내려오는 우리 용기의 여운이 아직도 남아 있는 것처럼 보이기 때문이오. (5) 하지만 그것은 용기가 아니라, 잠시 동안의 어려움을 참고 견디지 못하는 나약함이오. 인내심을 갖고 고통을 참고 견디려는 이들보다는 기꺼이 죽음 속으로 뛰어드려는 자들을 발견하기가 더 쉬운 법이오. (6) 그렇다 해도 나는 그들의 조언에 동조했을 것이오(그만큼 나는 그들을 존중하기 때문이오). 그래서 목숨을 잃는 것이 우리뿐이라고 생각했다면 말이오. (7) 그러나 우리가 결정할 때는 갈리아 전체를 고려해야 하오. 우리는 갈리아 전체에 도움을 요청했기 때문이오. (8) 우리들 8만 명이 이 한곳에서 죽고 나면, 여러분은 사실상 우리의 시신을 밟고 싸워야 하는 우리 혈족과 친족들의 심경이 어떠하리라고 생각하시오? (9) 여러분은 그들이 여러분을 구하기 위해 위험을 무릅쓸 때 여러분의 도움 없이 혼자 싸우게 해서는 안 되며, 여러분의 어리석음과 조급증과 나약함 탓에 갈리아 전체가 망해서 영원한 노예가 되게 해서는 안 되오. (10) 아니면 여러분은 제 날짜에 도착하지 않았다고 해서 우리 동포들의 충성심과 항심(恒心)을 의심하는 것이오? 아니라면 뭐지요? 여러분은 로마군이 저 바깥쪽 보루들을 재미 삼아 날마다 지치도록 쌓는 것이라고 생각하시오? (11) 도로가 모두 차단되어 우리 동포들한테서 그들이 오고 있다는 확실한 소식을 들을 수 없는 것이라면, 로마군이야말로 우리 동포들이 다가오고 있다고 증언해주고 있소. 로마군은 우리 동포들이 오는 것이 두려워 밤낮없이 공사에 열중하고 있으니 말이오. (12) 그렇다면 내 조언은 무엇일까요? 여러분은 이번 전쟁만큼 중대하지는 않았지만 킴브리족과 테우토니족과의 전쟁 때 우리 선조들이 했던 대로 하시오. 우리 선조들은 킴브리족과 테우토니족에 의해 도시들 안에 갇혀서 우리처럼 기근에 시달릴 때 싸우기에는 너무 늙었거나 너무 어린 사람들의 인육을 먹으며 목숨을 부지했고, 그 결과 적군에게 항복하지 않았소. (13) 설사 우리에게 그런 선례가 없다 해도, 자유를 지키기 위해 그런 선례를 만들어 후손에게 물려주는 것이야말로 더없이 영광스러운 행동이라고 나는 생각하오. (14) 그도 그럴 것이, 이번 전쟁은 그때의 전쟁과 다르기 때문이오. 킴브리족은 갈리아를 초토화하고 큰 피해를 입히기는 했어도 결국에는 다른 영토를 찾아 우리나라를 떠났으며, 우리의 권리와 법과 농토와 자유는 침해하지 않았소. (15) 그러나 로마인들이 추구하고 바라는 것은 전혀 다른 것이며, 그들의 동기는 다름 아닌 시기심이오. 그들은 우리가 군사력으로 명성을 얻었다는 것을 알면서도 우리 농토와 강토에 둥지를 틀고는 우리에게 영원한 노예의 굴레를 씌우려 하니 말이오. 그들은 그 밖의 목적을 위해 전쟁을 한 적이 없었소. (16) 먼 나라에서 일어난 일이라서 잘 모르시겠다면 우리와 이웃하고 있는 갈리아 지역을 보시오. 로마의 속주로 전락한 그곳은 법과 제도가 바뀌어 로마의 지배를 받으며 영원한 예속에 시달리고 있소."

78 (1) 모든 사람의 의견을 들은 뒤 갈리족은 병약하거나 나이가 너무 많거나 너무 어려서 전투능력이 없는 자들은 도시에서 내보내기로 결정했다. (2) 그리고 다른 방법을 시도해보다가 원군의 도착이 지연되는 등 상황이 악화될 경우에는 평화조약을 맺거나 항복하느니 크리토그나투스의 건의를 실행에 옮기기로 결의했다. (3) 그리하여 다른 갈리족을 자신들의 도시에 받아들인 만두비이족은 처자식을 데리고 도시를 떠났다. (4) 그들은 로마군의 방어시설들에 다가가 자기들을 노예로 받아주고 음식을 나누어달라고 눈물로 호소했다. (5) 그러나 카이사르는 보루들에 수비대를 배치하면서 그들을 들여놓지 말라고 했다.

79　(1) 그사이 콤미우스와 최고 지휘권을 위임받은 다른 지휘관들이 전 병력을 이끌고 알레시아에 도착하여, 아군 방어시설에서 1밀레 팟수스도 채 안 떨어진 바깥쪽 언덕을 차지하고는 그곳에 진을 쳤다. (2) 이튿날 그들은 진지에서 기병대를 이끌고 나와 앞서 말한 3밀레 팟수스 길이의 평야를 가득 메우더니, 보병 부대는 조금 뒤로 물려 높은 곳에 포진시켰다. (3) 알레시아 시에서는 들판이 훤히 내려다보였다. 원군이 보이자 포위당한 자들은 급히 한데 모여 서로 축하했고, 모두들 기뻐서 마음이 들떠 있었다. (4) 그들은 군대를 이끌고 나와 도시 앞에 포진하더니 가장 가까운 해자를 나뭇단과 흙으로 메우고 나서 출동 준비를 하는 한편 가능한 모든 사태에 대비했다.

80　(1) 카이사르는 위급할 때 병사들이 각자 제자리를 알고 지키도록 안팎의 이중 방어선을 따라 전군을 배치한 다음, 기병대에게 진지에서 나가 교전하라고 명령했다. (2) 능선에 자리 잡고 있는 아군 진지들에서는 주위가 훤히 내려다보여, 병사들은 모두 전투가 어떻게 끝나는지 열심히 지켜보고 있었다. (3) 갈리족은 자기편 전우들이 물러서면 도와주고 로마군이 공격하면 저지하기 위해 기병들 사이에 약간의 궁수들과 경무장 보병들을 배치했는데, 이들에게 로마군 병사 여러 명이 뜻하지 않은 부상을 입고 싸움터에서 물러서기 시작했다. (4) 그러자 자기편 군사들이 이기고 있다고 확신한 갈리족은 로마군이 수적으로도 열세인 것을 보고는, 포위된 자들도 구원하러 온 자들도 자기편 군사들의 사기를 북돋우기 위해 사방에서 목이 터져라 고함을 질렀다. (5) 모두가 보는 앞에서 전투가 벌어져 용감한 행동이든 비겁한 행동이든 눈에 띄지 않을 수 없었다. 그래서 양쪽 모두 욕먹지 않고 칭찬받고 싶은 마음에서 용전분투했다. (6) 전투는 정오부터 거의 해 질 무렵까지 백중지세로 계속되었

다. 그때 게르마니족 기병대가 한곳에 집결하더니 갈리족을 공격하여 패주시켰다. (7) 갈리족 기병대가 패주하자 궁수들이 포위되어 도륙당했다. (8) 마찬가지로 다른 곳에서도 아군 병사들이 퇴각하는 적군을 그들의 진지까지 추격하며 다시 집결할 틈을 주지 않았다. (9) 그러자 알레시아에서 출동한 갈리족은 이길 가망이 없다고 보고 낙담하여 도시로 돌아갔다.

81 (1) 이튿날 하루 동안 바깥쪽 갈리족은 나뭇단과 사다리와 쇠갈고리[43]를 많이 준비한 뒤 밤중에 조용히 진지에서 나와 들판에 있는 로마군 방어시설들에 접근했다. (2) 그리고 갑자기 고함을 질러 도시 안에 포위되어 있는 자들에게 자신들이 도착한 것을 알리더니 해자 안에 나뭇단을 던지며 투석기와 화살과 돌로 로마군 병사들을 방책에서 몰아내려 했고, 그 밖에도 돌격을 위해 만반의 준비를 갖추었다. (3) 고함 소리가 들리자마자 베르킹게토릭스는 신호나팔을 불게 한 다음 군사들을 이끌고 도시에서 출동했다. (4) 아군 병사들은 각자 전에 배정받은 방어시설 내의 제자리로 달려가서 투석기와 굵은 돌덩이와 방어시설 안에 준비해둔 말뚝과 납 탄환[44]들로 갈리족을 물리쳤다. (5) 어두워서 앞이 보이지 않는 까닭에 양쪽에서 모두 부상자가 속출했다. 발사대에서는 날아다니는 무기가 계속 발사되었다. (6) 이쪽 방어시설을 지키도록 파견된 부관 마르쿠스 안토니우스[45]와 가이유스 트레보니우스는 멀리 떨어진 보루들에서

---

43 성벽이나 보루를 허물기 위한.
44 투석기로 던지는.
45 카이사르의 심복. 훗날 레피두스(Lepidus), 옥타비아누스(Octavianus)와 함께 제2차 삼두정치의 주역이 된다.

병사들을 데려와 아군이 고전한다고 생각되는 곳으로 증원부대로 보내주곤 했다.

82 (1) 갈리족은 로마군 방어시설에서 조금 떨어져 있는 동안에는 날아다니는 무기를 많이 투척하여 좀 유리했지만, 가까이 다가오자 '박차'에 찔리거나 구덩이에 빠져 꿰뚫리거나 방책과 탑에서 던져대는 말뚝에 맞아 죽었다. (2) 그들은 안팎으로 부상자가 속출했고, 어느 곳에서도 방어시설을 뚫지 못했다. 그래서 동틀 무렵 갈리족은 자신들의 오른쪽 날개가 고지에 있는 진지들에서 출동한 로마군에게 포위될까 두려워 뒤에 남아 있는 전우들에게로 돌아갔다. (3) 한편 도시 안에 있던 자들은 베르킹게토릭스가 출격을 위해 준비해둔 장비들을 갖고 나와 첫 번째 해자를 메우기 시작했으나, (4) 그러는 데 너무 시간이 걸려서 로마군의 방어시설에 도착하기도 전에 전우들이 퇴각했다는 것을 알았다. 그래서 그들은 목적을 이루지 못하고 도시로 돌아갔다.

83 (1) 갈리족은 두 번이나 큰 피해를 입고 격퇴당하자 어떻게 해야 할 것인지 군사회의를 소집했다. 그들은 그 지역의 지리에 밝은 사람들을 불러 모아 고지에 있는 로마군 진지의 지형과 방어시설의 성격을 알아냈다. (2) 북쪽으로 언덕이 하나 있는데, 둘레가 넓어 아군은 그곳을 방어시설 안에 포함시킬 수 없었다. 그래서 아군은 경사가 완만하여 조금 불리한 곳에 진지를 구축할 수밖에 없었다. (3) 그곳 진지는 부관 가이우스 안티스티우스 레기누스와 가이우스 카니니우스 레빌루스 휘하의 2개 군단이 지키고 있었다. (4) 일단 정찰병들을 시켜 그 지역을 정탐하게 한 뒤 갈리족 장군들은 전체 원군 가운데 가장 용감하기로 이름난 부족민들 중에서 6만 명을 선발했다. (5) 그들은 무엇을 어떻게 할 것인지 저들끼

리 비밀리에 결정하고 공격 개시 시각을 정오로 잡았다. (6) 이 부대의 지휘권은 베르캇시벨라우누스에게 맡겨졌는데, 그는 갈리족의 네 지휘관 중 한 명으로 베르킹게토릭스의 친족이었다. (7) 초저녁에 진지를 출발하여 동틀 무렵 행군을 거의 마치고 언덕 뒤에 몸을 숨긴 그는 군사들이 휴식을 취하며 간밤의 노고에서 원기를 회복하게 해주었다. (8) 정오가 가까워지자 그는 앞서 말한 로마군 진지를 향해 출동했다. 동시에 갈리족 기병대가 평야에 있는 로마군 방어시설을 향해 돌진하고, 나머지 군사들은 자신들의 진지 앞에서 무력시위를 벌이기 시작했다.

84 (1) 베르킹게토릭스는 알레시아의 요새에서 이들 부대의 움직임을 보고 있다가 나뭇단, 장대, 엄호용 지붕, 공성용 쇠갈고리, 그 밖에 출격을 위해 준비해두었던 장비를 갖고 도시에서 출동했다. (2) 동시에 사방에서 전투가 벌어졌다. 갈리족은 무엇이든 시도했고, 어디든 로마군 방어시설에 약점이 보인다 싶으면 그쪽으로 몰려갔다. (3) 로마군은 긴 방어시설들을 따라 분산 배치되어 있어 적군의 동시다발적인 공격을 막아내기가 쉽지 않았다. (4) 또한 로마군 병사들은 전투 도중 등 뒤에서 들려오는 함성에 깜짝깜짝 놀랐으니, 자신들의 목숨이 자신들이 아니라 남들의 용기에 달려 있다는 것을 알았기 때문이다. (5) 사람들은 대개 위험이 눈에 보이지 않을 때 더 불안해하는 법이다.

85 (1) 카이사르는 적당한 곳을 찾아내 그곳에서 사방의 전투 진행 상황을 지켜보다가 아군이 고전하는 곳에 원군을 보내주곤 했다. (2) 양쪽 모두 지금이야말로 있는 힘을 다해 싸울 때라는 것을 알았다. (3) 갈리족은 로마군의 방어선을 돌파하지 못하면 자신들이 살길이 없다는 것을 알았고, 로마군은 자신들이 굳건하게 버티면 모든 노고가 끝날 것이라고 생

각했다. (4) 앞서 말했듯이 베르캇시벨라우누스가 파견된 높은 쪽 방어시설에서 가장 치열한 접전이 벌어졌다. 경사진 지형이 로마군에게는 매우 불리했다. (5) 적군의 일부는 날아다니는 무기를 투척해댔고, 일부는 귀갑진(龜甲陣)을 이루고 접근했으며, 지친 군사들은 계속해서 팔팔한 군사들로 교체되었다. (6) 갈리족은 모두 로마군 방어시설로 기어오를 수 있도록 해자를 흙으로 메우는가 하면 로마군이 땅속에 숨겨둔 장애물을 덮어버렸다. 이제 아군 병사들은 무기도 모자라고, 힘도 달렸다.

86 (1) 카이사르는 이런 상황을 파악하고 라비에누스와 함께 6개 대대를 파견하여 고전하는 아군 병사들을 돕게 했다. (2) 그리고 도저히 버틸 수 없으면 군대를 철수시켰다가 역습을 하되, 위급할 때만 그렇게 하라고 명령했다. (3) 그리고 나서 카이사르는 몸소 나머지 병사들이 있는 곳으로 가서 힘들더라도 포기하지 말라고 격려하며, 지금까지 치른 모든 전투의 결실이 그날 그 시각에 달려 있다고 했다. (4) 로마군 방어선 안쪽의 적군은 방어시설의 규모가 워낙 커서 평지에서는 싸워봐야 승산이 없다고 보고, 높은 곳에서 공격하려고 가파른 언덕을 오르며 준비해둔 장비를 모두 그곳으로 옮겼다. (5) 그들은 날아다니는 무기를 수없이 투척하여 방어하던 로마군 병사들을 탑들에서 쫓아낸 다음, (6) 흙과 나뭇단으로 해자를 메우고 쇠갈고리로 방책과 흉벽을 허물기 시작했다.

87 (1) 카이사르는 먼저 젊은 브루투스[46] 휘하의 몇 개 대대를 보내고 뒤이어 부관 가이유스 파비우스 휘하의 몇 개 대대를 또 파견했지만, 갈수록 전투가 치열해지자 팔팔한 병사들을 원군으로 이끌고 몸소 출동했다. (2) 전투가 재개되어 적군이 격퇴되자 그는 가장 가까운 보루에서 4개 대대를 철수시키고, 기병대의 일부는 자기를 따르되 나머지는 방어시설

의 외곽을 돌아 배후에서 적군을 공격하라고 명령하고는 라비에누스가 파견되었던 곳으로 향했다. (3) 라비에누스는 토루도 해자도 적군의 맹렬한 공격을 막지 못하자 마침 인근 초소들에서 물러나 그곳에 와 있던 11개[47] 대대를 끌어모은 뒤 카이사르에게 전령을 보내 자신의 계획을 전하게 했다. 카이사르는 자신도 전투에 참가하기 위해 서둘렀다.

88 (1) 자신이 누구라는 것을 밝히기 위해 카이사르가 전장에서 늘 입고 다니던 진홍색 외투를 보자 적군은 그가 도착했다는 것을 알았다. 그리고 적군은 자신들이 서 있던 고지에서 훤히 내려다보이는 경사면을 따라 기병대와 대대들이 그의 뒤를 따르는 것을 보자 공격을 개시했다. (2) 양쪽에서 함성이 일자, 그에 화답하듯 방책과 방어시설들에서도 함성이 일었다. 아군 병사들은 창을 던져버리고[48] 검(劍)으로 싸웠다. (3) 갑자기 배후에 아군 기병대가 나타나고 더 많은 대대가 앞에서 다가오자, 적군은 등을 돌려 도주했다. 그러자 아군 기병대가 추격하여 도주하는 적군을 도륙했다. (4) 레모비케스족의 지도자이자 지휘관인 세둘리우스는 살해되고, 아르베르니족인 베르캇시벨라우누스는 도주하다가 생포되었으며, 74개의 군기가 카이사르 앞으로 보내졌다. 그 많던 군사들 가운데 무사히 진지로 돌아간 자는 소수에 불과했다. (5) 도시 안에 포위되어 있던 자들은 전우들이 도주하다가 도륙당하는 것을 보고 승산이 없다고 보고 방어시설들에서 군대를 철수시켰다. (6) 갈리족이 패했다는 소문

---

46 3권 주 11 참조.
47 원전에는 40개 대대. 이 숫자는 로마군 전체의 약 5분의 2에 해당하므로, O. Schönberger에 따라 11(undecim)로 읽는다.
48 적군이 더 높은 곳에 있었기 때문이다.

이 퍼지자 원군으로 와 있던 자들은 곧바로 진지를 떠났다. 아군 병사들이 자꾸 불려다니며 고전하는 전우들을 돕느라 낮 동안 지칠 정도로 노력하지 않았더라면 적군을 전멸시킬 수 있었을 것이다. (7) 자정 조금 지나 기병대가 파견되어 적군의 후미를 따라잡은 뒤 다수의 적군을 생포하거나 살해했다. 나머지는 고향으로 뿔뿔이 달아났다.

89 (1) 이튿날 베르킹게토릭스는 회의를 소집해놓고 자기는 이번에 사리사욕이 아니라 공동체의 자유를 위해 전쟁을 일으켰지만, (2) 운명에는 누구나 굴복해야 하는 만큼 로마군에게 보상하기 위해 자기를 죽이든 아니면 산 채로 넘겨주든 좋을 대로 하라고 했다. (3) 그들이 이 문제를 논의하도록 카이사르에게 사절단을 파견하자, 그는 무기를 넘기고 주동자들을 데리고 나오라고 명령했다. (4) 그러고 나서 그가 진지 앞 보루 안에 자리 잡고 앉자, 그곳으로 주동자들이 인도되었다. 베르킹게토릭스가 인계되고,[49] 무기들이 땅에 던져졌다. (5) 카이사르는 아이두이족과 아르베르니족의 충성심을 되찾는 데 이용하려고 이들 부족의 포로들은 따로 제쳐두고, 나머지 포로는 모든 병사에게 각각 한 명씩 전리품으로 나눠주었다.

90 (1) 이 문제가 해결되자 카이사르는 아이두이족의 영토로 가서 그들의 항복을 받아들였다. (2) 그곳에 파견된 아르베르니족 사절단은 그가 시키는 일이면 무엇이든 하겠다고 서약했다. 그는 다수의 인질을 잡히라고 명령했다. (3) 그런 다음 군단들을 월동 진지로 보냈다. 그는 약 2만 명의 포로를 아이두이족과 아르베르니족에게 돌려주었다. (4) 그는 티투스 라비에누스에게 2개 군단과 기병대를 이끌고 세콰니족의 영토로 출발하라고 명령하며, 마르쿠스 셈프로니우스 루틸루스를 그에게 배속

시켰다. (5) 또한 부관인 가이유스 파비우스와 루키우스 미누키우스 바실리우스가 2개 군단과 함께 레미족의 나라에 주둔하게 했는데, 레미족이 이웃한 벨로바키족에게 공격당하는 것을 막기 위해서였다. (6) 또한 가이유스 안티스티우스 레기누스는 암비바레티족의 영토로, 티투스 섹스티우스는 비투리게스족의 영토로, 가이유스 카니니우스 레빌루스는 루테니족의 영토로 각각 1개 군단씩 이끌고 가게 했다. (7) 퀸투스 툴리우스 키케로와 푸블리우스 술피키우스는 아라르 강변의 아이두이족 도시들인 카빌로눔과 마티스코[50]에 주둔하며 군량을 조달하게 했다. (8) 카이사르 자신은 비브락테에서 겨울을 나기로 했다. 카이사르가 서찰로 로마에 승전 소식을 알리자, 20일 동안의 감사제가 개최되었다.

49 그는 나중에 로마로 압송되어 처형당한 것 같다.
50 지금의 마콩(Mâcon).

COMMENTARII DE BELLO GALLICO

제8권
마지막 반란

히르티우스의 머리말

(1) 친애하는 발부스여, 사실 나는 작업이 어려워서 거절했지만, 계속 거절하는 것은 나의 게으름을 감추하려는 변명으로 보일 듯하여 그대의 지속적인 권유에 따라 더없이 어려운 작업에 손을 댔소이다. (2) 내가 우리 친구 카이사르의 갈리아에서의 업적에 관한 수기(手記)들의 속편을 쓴 까닭은, 그의 이전 저술과 이후 저술[1] 사이에 공백이 있기 때문이오. 또한 나는 알렉산드리아 전쟁에서 중단된 채 미완으로 남겨진 그의 이후 저술을, 내전이 언제 끝날지 몰라서 내전이 끝날 때까지가 아니라 카이사르의 생애가 끝날 때까지만 보완했소. (3) 내 글을 읽는 독자들은 내가 주제넘고 외람되게 카이사르의 저술들에 끼어든다는 비난을 면하고자 내가 마지못해 작업에 착수했다는 점을 알아주기 바라오. (4) 다른 작가들이 아무리 공들여 문장을 다듬어도 카이사르 수기들의 우아한 문체에는 미치지 못한다는 것은 누구나 다 아는 사실이오. (5) 그의 수기들은 그런 중대 사건들에 관한 정보를 제공하기 위해 저술되었지만, 만인에게 칭찬받음으로써 미래의 역사가들은 그의 업적에 관해 기술할 기회를

얻었다기보다 오히려 잃은 것 같소. (6) 그렇지만 우리가 그의 글재주에 남들보다 더 찬탄해 마지않는 이유는, 남들은 그가 얼마나 실수 없이 잘 저술했는지 알지만 우리는 그가 얼마나 쉽게 빨리 수기들을 완성했는지 알기 때문이오. (7) 카이사르는 유창하고 세련되게 글을 쓸 줄 알뿐더러 자신의 의도를 더없이 정확하게 표현하는 남다른 재능이 있소. (8) 나는 알렉산드리아 전쟁과 아프리카 전쟁에 참가하지 못했소. 내 비록 카이사르와의 대화를 통해 이들 전쟁에 관해 부분적으로 알게 되었지만, 호기심이 발동하여 감탄하는 마음으로 이야기를 듣는 것과 나중에 기록으로 남길 요량으로 경청하는 것은 다른 법이오. (9) 하지만 나는 내가 카이사르와 비교되는 것을 피하기 위해 이렇듯 온갖 이유와 변명을 늘어놓으면서도, 그렇게 함으로써 오히려 외람되게도 내가 카이사르와 비교되기를 바란다는 비난을 살까 두렵소. 편히 계시오!

비투리게스족, 카르누테스족, 벨로바키족의 반란(기원전 52~51년)

I (1) 이제 갈리아 전역이 정복되었다. 지난해 여름부터 쉴 새 없이 원정이 계속된 터라 카이사르는 그토록 힘든 노고를 치른 병사들에게 월동 진지에서 휴식을 취하며 원기를 회복할 시간을 주고 싶었다. 그때 몇몇 갈리족 부족이 적대행위를 재개할 음모를 꾸민다는 보고가 들어왔다. (2) 가장 그럴듯한 설명은 다음과 같은 것이었다. 말하자면 갈리족은 아무리 많은 병력이라도 한곳에 집결시켜서는 자신들이 로마군에 대항할 수 없지만, 여러 부족이 여러 곳에서 동시에 공격하면 로마군도 모든 공격에 대처할 증원부대나 시간이나 자원이 부족하리라는 점을 알았다는 것이었다. (3) 어떤 부족이 로마군을 지연시킴으로써 다른 부족들이 자유를

---

1 '이전 저술'은 『갈리아 원정기』를, '이후 저술'은 『내전기』를 말한다.

찾을 수만 있다면, 그 부족은 패배를 감수하기를 거절해서는 안 된다는 것이 그들의 생각이었다.

2 (1) 카이사르는 그런 생각이 갈리족 사이에 뿌리내리는 것을 막기 위해 재정관 마르쿠스 안토니우스에게 비브락테에 있던 자신의 월동 진지를 맡기고, 자신은 12월 31일 기병대의 호위를 받으며 아이두이족의 국경에서 멀지 않은 비투리게스족의 영토에 주둔하고 있던 제13군단의 진지를 향해 출발했다. 그리고 근처에 주둔하고 있던 제11군단도 합류시켰다. (2) 그는 2개 대대가 뒤에 남아 무거운 짐을 지키게 한 다음 나머지 병력을 이끌고 비투리게스족의 영토 중에 가장 비옥한 지역으로 향했다. 비투리게스족은 영토도 넓고 도시도 많아 월동 진지에 주둔 중인 1개 군단 병력으로는 그들이 전쟁을 일으키려고 음모를 꾸미는 것을 막을 수 없었다.

3 (1) 카이사르가 불시에 들이닥치자 뿔뿔이 흩어진 채 미리 대비하지 못한 적에게 일어날 수 있는 일이 일어났다. 비투리게스족은 안심하고 들판에서 일하다가 도시들로 피난하기 전에 로마군 기병대의 공격을 받았다. (2) 카이사르는 그들에게 농가를 불태우는 등 침입을 알리는 통상적인 신호조차 보내지 않았으니, 불을 지르면서 앞으로 계속 진군할 경우 군량과 꼴이 달리고 비투리게스족이 놀랄 텐데 이를 미리 막기 위해서였다. (3) 수천 명이 포로로 잡히자 비투리게스족은 공포감에 휩싸였다. 그리고 아군의 첫 번째 공격에서 용케 벗어난 자들은 개인적인 친분관계를 믿거나 또는 모두가 로마군에 맞서 연합한 만큼 당국자들이 보호해줄 줄 알고 이웃 부족들에게로 달아났다. (4) 그러나 소용없는 짓이었다. 카이사르가 강행군하며 곳곳에 나타나 어떤 부족에게도 자신들이

아닌 남들의 안전을 생각할 겨를을 주지 않았기 때문이다. 그는 이런 신속한 행동으로 우호적인 부족들은 우방으로 남고, 동요하는 부족들은 놀라서 평화조약을 맺게 했다. (5) 비투리게스족은 카이사르의 관용이 자기들에게 다시 그의 친구가 될 수 있는 길을 열어주고, 이웃 부족들도 인질들을 잡힌 뒤 벌 받지 않고 다시 그의 친구가 되는 것을 보자 자신들도 그러한 선례를 따랐다.

4 (1) 아군 병사들이 혹한기에 더없이 어려운 행군과 참기 어려운 추위를 꿋꿋하게 참고 견디며 맡은 바 임무를 다하자, 카이사르는 그 보답으로 그들에게는 전리품 대신 각자 2백 세스테르티우스씩을, 백인대장들에게는 각자 2천 세스테르티우스씩을 약속했다. 그러고 나서 그는 군단들을 그들의 월동 진지로 돌려보내고, 자신은 40일 만에 비브락테로 돌아갔다. (2) 그곳에서 그가 재판하고 있을 때 비투리게스족의 사절단이 도착하여 카르누테스족이 자기들을 공격했다고 호소하며 도움을 청했다. (3) 그런 보고를 받자, 카이사르는 비브락테에 돌아온 지 18일밖에 안 되었지만 앞서 말했듯이 군량 조달을 위해 아라르 강변의 월동 진지에 주둔하고 있던 제14군단과 제6군단을 소환한 다음 이들 2개 군단을 이끌고 카르누테스족을 응징하러 출동했다.

5 (1) 로마군이 진격해온다는 소문을 듣고 카르누테스족은 다른 부족들이 겪은 재앙을 기억하고는 마을과 도시를 버리고 사방으로 뿔뿔이 달아났다. 그들은 최근의 패배로 많은 도시를 잃은 까닭에 겨울을 나기 위해 도시에 급조된 임시 거처에서 살고 있었다. (2) 카이사르는 마침 그때 세차게 일기 시작한 폭풍에 병사들을 내맡기고 싶지 않아 카르누테스족의 도시인 케나붐에 진을 치고, 병사들의 일부는 갈리족의 집에서, 일부는

천막에 급히 이엉을 인 숙소에서 묵게 했다. (3) 하지만 그는 적군이 달아나 숨었다는 소문이 들리는 곳에는 어디든 기병대와 증원부대를 파견했는데 성과가 없지 않았다. (4) 아군 병사들은 대부분 전리품을 많이 노획하여 돌아왔으니 말이다. 카르누테스족은 겨울 추위에 시달리며 공포감에 휩싸여 있었다. 고향에서 쫓겨난 그들은 어느 한곳에 오래 머무를 용기가 나지 않았고, 그런 혹한기에는 숲도 충분한 은신처를 제공해주지 않았기 때문이다. 그래서 그들은 결국 인구의 대부분을 잃고 이웃 부족들 사이로 뿔뿔이 흩어졌다.

6 (1) 이때는 1년 중 가장 힘든 계절인지라, 카이사르는 모여드는 적군을 흩어버리기만 해도 적대행위의 재발을 막기에 충분하다고 생각했다. 아무리 따져봐도 여름이 시작될 때까지는 심각한 전쟁이 일어날 가능성은 없어 보였다. 그래서 그는 자신이 이끌던 2개 군단을 가이유스 트레보니우스에게 맡기며 케나붐에 주둔하게 하고, (2) 자신은 다음 사태에 대처했다. 레미족이 몇 차례 사절단을 보내, 갈리족과 벨가이족을 통틀어 가장 용감하기로 이름난 벨로바키족이 이웃 부족들과 연합하여 벨로바키족인 코르레우스와 아트레바테스족인 콤미우스의 지휘 아래 병력을 동원하고 집결시키고 있는데, 그들의 의도는 전군을 동원하여 레미족에게 조공을 바치는 수엣시오네스족의 영토를 침공하는 것이라고 경고했다. 카이사르는 로마를 위해 열심히 봉사한 동맹국들을 재앙으로부터 보호해주는 것은 자신의 명예를 위해서도 안전을 위해서도 중대한 일이라고 판단했다. (3) 그래서 그는 제11군단을 그들의 월동 진지에서 소환하고, 가이유스 파비우스에게 서찰을 보내 그의 2개 군단을 이끌고 수엣시오네스족의 영토로 출동하라고 지시하는 한편, 티투스 라비에누스 휘하의 2개 군단 가운데 1개 군단도 소환했다. (4) 이처럼 그는 월동 진지들의

위치와 작전상의 필요에 따라 원정의 노고를 여러 군단에 번갈아 지우면서도, 자신은 휴식을 취하는 법이 없었다.

7 (1) 일단 군대가 집결하자 그는 벨로바키족의 영토로 출동하여 그들의 영토에 진을 친 뒤 사방으로 기병대를 보내 포로들을 잡아오게 했으며, 포로들을 통해 적군의 작전을 알아냈다. (2) 기병대가 그의 명령을 수행하고 돌아와 보고하기를, 농가에 소수의 사람들이 남아 있는데, 나라 전체가 완전히 소개된 것으로 보아 이들도 농토를 경작하기 위해 뒤에 남은 것이 아니라 정탐꾼으로 되돌려 보내진 것이라고 했다. (3) 카이사르가 포로들에게 벨로바키족의 주력부대가 어디 있으며 그들의 의도가 무엇인지 묻자 포로들이 대답하기를, (4) 무기를 들 수 있는 벨로바키족은 모두 한곳에 집결해 있고, 암비아니족, 아울레르키족, 칼레테스족, 벨리오캇세스족, 아트레바테스족도 그들과 함께하고 있는데, 모두들 늪지대에 둘러싸인 숲 속 고지에 진을 치고 있으며, 무거운 짐은 모두 더 깊숙한 숲 속에 옮겨놓았다고 했다. (5) 반란 주동자는 여럿이며, 군사들이 가장 말을 잘 듣는 것은 그중 코르레우스인데, 그것은 그자가 로마라는 이름만 들어도 치를 떠는 것을 그들이 알기 때문이라고 했다. (6) 또한 며칠 전에는 아트레바테스족인 콤미우스가 엄청나게 많은 병력을 보유한 인근의 게르마니족에게 원군을 요청하기 위해 진지를 떠났다고 했다. (7) 벨로바키족은 지도자들이 만장일치로 찬성하고 부족민들이 열렬히 지지하는 가운데 만약 소문대로 카이사르가 3개 군단을 이끌고 진격해오면 싸우기로 결의했는데, 나중에 로마군 전체와 더 불리한 조건에서 더 힘겨운 전투를 하는 것을 피하기 위해서라고 했다. (8) 그러나 카이사르가 더 많은 병력을 이끌고 오면, 그들이 미리 점찍어둔 곳에 머무르며 매복 작전을 펼침으로써 로마군이 이 계절에는 귀하고 여기저기

흩어져 있는 꼴과 군량과 그 밖의 보급품을 조달하지 못하게 방해하기로 결의했다고 했다.

8 (1) 포로들을 심문한 결과 이처럼 대부분 같은 말을 하자, 카이사르는 적군의 작전 계획이 매우 신중하고 야만족의 조급한 성격과는 거리가 멀다고 판단했다. 그래서 그는 어떻게든 적군이 자신의 병력 수가 적다고 얕보고 빨리 싸움을 걸어오게 하기로 결정했다. (2) 그에게는 용맹무쌍한 고참병들로 구성된 제7군단, 제8군단, 제9군단이 있고, 한창 나이의 정예병들로 구성된 제11군단이 있었다. 이번에 여덟 번째 원정길에 나선 이 병사들은 아직은 다른 군단 병사들만큼 숙련되지도 못하고 용감하다는 명성을 얻지도 못했지만 카이사르는 이들에게 큰 기대를 걸고 있었다. (3) 카이사르는 군사회의를 소집하여 자기가 알아낸 사실을 모두 설명한 다음 병사들을 격려했다. (4) 그는 자기에게 3개 군단밖에 없는 줄 알고 적군이 싸움을 걸어오도록 유인하기 위해 제7군단과 제8군단과 제9군단이 무거운 짐들 앞에서 행군하게 했다. 그리고 제11군단은 그의 여느 원정 때와 마찬가지로 규모가 작은 수송대 뒤에 배치했는데, 이는 적군에게 그들이 맞서 싸우기를 바랐던 것보다 로마군의 수가 더 많다는 인상을 주지 않기 위해서였다. (5) 그래서 그는 사실상 방진(方陣)을 이루고² 적군의 예상보다 더 일찍 적군 앞에 모습을 드러냈다.

9 (1) 카이사르는 갈리족의 자신만만한 작전에 관해 보고받아 알고 있었지만, 갑자기 아군 군단들이 당장이라도 싸울 듯이 대열을 이루어 보무당당하게 접근해오는 것을 보자 적군은 진지 앞에 포진만 하고 있을 뿐 고지를 떠나지는 않았으니, 아마도 싸우는 것이 위험하다고 생각했거나 카이사르가 너무 갑작스레 도착했거나 아군의 작전이 무엇인지 기다려

보기로 작정한 듯했다. (2) 카이사르는 교전하고 싶었지만 적군의 병력 수가 많은 것에 놀라서, 넓다기보다는 깊은 편인 계곡을 사이에 두고 적진 맞은편에 진을 쳤다. (3) 그는 진지 주위에 12페스 높이의 방책을 구축하되 방책 높이에 맞춰 흉벽을 쌓고, 양면이 수직인 너비 15페스짜리 해자를 이중으로 파게 했다. 그리고 3층짜리 탑을 여러 개 만들어 바닥을 깐 통로들로 연결하고, 통로들의 앞쪽은 나뭇가지를 엮은 흉벽으로 가리게 했다. 그래서 아군은 이중의 해자와 이중의 방어선으로 적군을 물리칠 수 있었는데, (4) 통로 위의 첫 번째 방어선에 자리 잡은 병사들은 안전하고 높은 곳에서 안심하고 멀리 무기를 투척할 수 있었으며, 방책 위의 두 번째 방어선에 자리 잡은 병사들은 적군과 더 가까웠지만 떨어지는 무기들을 통로들이 막아주었다. 그리고 출입문들에는 문짝을 달고 더 높은 탑들을 세우게 했다.

10 (1) 이 방어시설에는 두 가지 목적이 있었다. 첫째, 카이사르는 적군이 이런 대규모 방어시설과 자신이 두려워하는 듯한 모습을 보고 자신감을 갖게 되기를 바랐다. 둘째, 꼴과 군량을 찾아 멀리 나갈 필요가 있을 때 진지를 요새화해두면 적은 병력으로도 방어할 수 있을 것 같았기 때문이다. (2) 그사이 양군의 진지 앞에 있는 늪지대를 사이에 두고 소규모 충돌이 벌어지곤 했는데, 늪지대 탓에 소규모 병력만이 양쪽 진지에서 출동할 수 있었기 때문이다. 그러나 때로는 우리 편 갈리족 또는 게르마니족 원군이 늪지대를 지나 적군을 맹렬히 추격하는가 하면, 때로는 적군이 아군을 멀찍이 몰아내기도 했다. (3) 또한 아군 병사들은 여기저기 흩어져 있는 농가에서 매일 조금씩 꼴을 구해와야 했기에 흩어져서 꼴

2 병력 수가 실제보다 적어 보이고, 언제든지 전투대형을 갖출 수 있도록.

을 구하러 다니던 대원들은 어쩔 수 없이 불리한 지역에 갇힐 수밖에 없었다. (4) 그래서 아군은 짐 나르는 가축과 종군 노예를 약간 잃었다. 그러자 야만족은 어리석은 희망에 부풀었는데, 앞서 말했듯이 게르마니족에게 원군을 요청하러 갔던 콤미우스가 약간의 기병들을 이끌고 돌아오자 특히 그러했다. 이들 게르마니족 기병은 5백 명을 넘지 않았지만 게르마니족 원군이 도착했다는 사실만으로도 야만족은 의기양양했다.

11 (1) 카이사르가 보아하니 적군은 며칠 동안 여전히 진지 안에 머물렀는데, 늪지대의 유리한 지형에 위치한 적진을 공략하자면 위험한 모험을 해야 하며, 포위공격하자면 더 많은 병력이 필요하다고 판단했다. 그래서 그는 트레보니우스에게 서찰을 보내, 부관인 티투스 섹스티우스의 지휘 아래 비투리게스족의 영토에서 겨울을 나고 있는 제13군단을 재빨리 소환한 뒤 모두 3개 군단을 이끌고 강행군하여 자기에게 합류하라고 지시했다. (2) 그사이 레미족과 링고네스족과 그 밖의 다른 갈리족에서 대규모 기병대를 차출한 그는 이들을 내보내 꼴을 구하러 다니던 대원들이 적군에게 기습당하지 않도록 호송하게 했다.

12 (1) 이런 일이 날마다 반복되자 그들은 주의를 게을리했는데, 같은 임무를 날마다 수행하다 보면 응당 그렇게 되기 마련이다. 벨로바키족은 아군 기병대가 날마다 머무르는 곳을 알아낸 뒤, (2) 숲이 우거진 곳에 정예병들을 매복시키고 나서 이튿날 그곳으로 자기들 기병대의 일부를 내보냈으니, 먼저 아군 병사들을 유인한 다음 포위공격하기 위해서였다. (3) 레미족이 거기에 걸려들었는데, 그들이 마침 그날 호송 임무를 맡았기 때문이다. 갑자기 적군 기병대가 나타나자, 수가 많은 그들은 수가 적은 적군을 우습게보고 맹렬히 추격하다 보니 어느덧 자신들이 적군

보병 부대에게 포위되어 있었다. (4) 그래서 큰 혼란에 빠진 그들은 여느 기병전 때보다 더 빨리 퇴각했는데, 그 와중에 자신들의 부족장이자 기병대장인 베르티스쿠스를 잃었다. (5) 베르티스쿠스는 나이가 많아 말을 탈 수 없음에도 불구하고 갈리족의 관습에 따라 나이를 핑계로 사령관직을 맡기를 거절하지도 않았고, 부족민들이 자기를 제쳐두고 싸우는 것도 허용하지 않았다. (6) 레미족의 족장과 지휘관이 전사하는 등 이번 전투에서 승리를 거두자 적군은 사기충천했고, (7) 반면 아군은 이번 패배로 부대를 배치하기 전에는 지형을 더 세심히 살펴야 하며, 퇴각하는 적군을 추격할 때는 더 신중을 기해야 한다는 교훈을 얻었다.

13 (1) 그사이 양쪽 진지의 가시거리 내에서 늪지대를 걸어서 건널 수 있는 지점들을 중심으로 매일같이 전투가 벌어졌다. (2) 이런 전투 중에 한 번은 카이사르가 자신의 기병대 사이에서 싸우게 하려고 레누스 강 동쪽에서 데려온 게르마니족 경무장보병들이 대담하게도 일제히 늪지대를 건너가 대항하는 갈리족을 몇 명 죽이고 나머지 적군을 집요하게 추격했다. 그러자 적군은 근접전에서 공격당하거나 날아다니는 무기에 부상당한 자들뿐 아니라 여느 때처럼 조금 떨어져 있던 예비 병력조차 혼비백산하여, (3) 수치스럽게 줄행랑을 치며 언덕을 차례차례 내주다가 자신들의 진지에 이르러서야 비로소 멈추어 섰다. 도망친 것이 창피해서 진지 앞을 지나쳐 더 멀리 달아나는 자들도 있었다. (4) 그들의 패배로 적군 전체가 공황상태에 빠지니, 사소한 성공으로 인한 그들의 오만이 지나친 것인지 아니면 사소한 패배로 인한 그들의 두려움이 지나친 것인지 사실상 판단할 수 없었다.

14 (1) 같은 진지에서 며칠을 보낸 벨로바키족 지도자들은 부관인 가이유

스 트레보니우스가 그의 군단들을 이끌고 다가오고 있다는 것을 알고는 자신들도 알레시아에서처럼 포위공격당할까 두려워 야음을 타서 노약자들과 무기가 없는 자들을 모두 내보내고, 그들의 무거운 짐도 딸려보냈다. (2) 그들이 겁에 질린 비전투원들의 무질서한 행렬을 정돈하고 있는데—갈리족이 간편한 차림으로 행군할 때도 수많은 짐마차가 뒤따른다—어느덧 날이 밝았다. 그래서 그들은 수송대가 멀리 가기 전에 로마군에게 추격당할 것에 대비해 진지 앞에 무장한 군사들을 포진시켰다. (3) 카이사르는 이들 적병이 버티고 있는 한 이들을 공격하는 것은 현명하지 못하다고 생각했으니, 가파른 언덕을 올라가야 했기 때문이다. 하지만 그는 야만족이 아군에게 위협당하지 않고 안전하게 철수할 수 없도록 자신의 군단들을 전진배치하기로 결정했다. (4) 보아하니, 양쪽 진지 사이의 늪지대는 건너기가 어려워 적군이 재빨리 추격해올 수 없을 것 같았다. 그러나 늪지대 저편에는 능선 하나가 적진 가까이 뻗어 있는데, 그 사이에는 작은 골짜기 하나밖에 없었다. 그래서 그는 늪지대 위에 다리를 놓게 한 뒤 군단들을 이끌고 건너가 양쪽을 모두 가파른 낭떠러지가 보호해주는, 능선 위 고지에 도착했다. (5) 그곳에서 부대를 재편성한 뒤 부대들이 능선 끝으로 나아가 전투대형을 갖추게 했다. 그곳에서는 몰려 있는 적군을 향해 발사기에서 무기를 날려보낼 수 있었다.

15 (1) 야만족은 자신들이 유리한 자리를 차지하고 있다고 믿고는 혹시라도 로마군이 언덕을 오르려 하면 일전을 불사할 태세였다. 그러나 그들은 병력을 소부대로 나누어 점진적으로 철수시키지 못했으니, 그럴 경우 병력이 분산되어 혼란에 빠질까 두려웠기 때문이다. 그래서 그들은 전투대형을 갖추고 그 자리에 그대로 서 있었다. (2) 그들이 움직이려 하지 않는다는 것을 알아차린 카이사르는 20개 대대를 전면에 포진시킨

다음 그들 뒤에서 부지를 측량해 진지를 구축하되 진지를 요새화하라고 명령했다. (3) 요새화 작업이 끝나자 카이사르는 전투태세를 갖춘 군단들을 방책 앞에 포진시키는 한편 기병대를 고삐 채운 말들과 함께 여러 초소에 배치했다. (4) 로마군이 추격할 준비를 하고 있는 것을 본 벨로바키족은 그곳에서 그날 밤을 위험 없이 지낼 수 없다고 보고 다음과 같이 철군 계획을 세웠다. (5) 그들의 진지에는 그들이 깔고 앉곤 하던 짚단과 나뭇단이 여느 때처럼 지천으로 널려 있었는데, 그들은 이것들을 손에서 손으로 전달하여 선두대열 앞에 쌓아두었다가, 해 질 무렵 신호가 떨어지자 거기에 한꺼번에 불을 질렀다. (6) 갑작스러운 불의 장막 때문에 그들의 군대 전체가 로마군의 시야에서 벗어나자, 야만족은 온 힘을 다해 뛰어 달아났다.

16 (1) 불길에 가려져 적군이 철수하는 모습은 보이지 않았지만, 카이사르는 그것이 그들의 도주를 은폐하려는 계략이라고 짐작하고 군단들과 기병대를 보내 추격하게 했다. 그러나 그는 적군이 버티고 서서 아군을 불리한 지형으로 유인하려 할 경우 매복 작전에 걸려들까 두려워 조심스럽게 전진했다. (2) 기병들은 대부분 짙은 연기와 불길 속으로 뛰어들기를 두려워했으며, 더러 용기를 내어 그 속으로 뛰어들었어도 자기가 타고 있는 말의 머리조차 분간할 수 없었다. 그래서 그들은 적군의 매복 공격이 두려워 벨로바키족이 방해받지 않고 철수하도록 내버려두었다. (3) 그리하여 적군은 공포감에 휩싸이긴 해도 기지를 발휘해 아무런 손실도 입지 않고 도주할 수 있었다. 그들은 10밀레 팟수스 이상을 행군하여 방어하기 매우 유리한 곳에 진을 쳤다. (4) 그리고 그곳에서 기병과 보병으로 구성된 복병을 계속 내보내, 꼴을 구하러 나간 로마군 소부대들에 큰 타격을 가했다.

17 (1) 그런 일이 자꾸 일어나자, 카이사르는 포로 한 명을 심문하여 벨로바키족의 지도자 코르레우스가 자신의 정예병 가운데 6천 명과 기병 가운데 1천 명을 뽑아서 양식과 꼴이 많아 로마군이 소부대를 보낼 만한 곳에다 매복해두었다는 사실을 알아냈다. (2) 적군의 이런 작전을 알게 된 카이사르는 평소보다 더 많은 군단 병사들을 이끌고 출동하면서, 기병대를 먼저 내보내 여느 때처럼 꼴을 구하러 나간 소부대를 호위하게 하고, 그 기병들은 경무장 보병들이 엄호하게 했다. 그리고 그 자신은 군단들을 이끌고 최대한 가까이 다가갔다.

18 (1) 적군은 매복 공격 장소로 둘레가 1천 밀레 팟수스밖에 안 되는 들판을 고른 뒤 울창한 숲과 깊은 강으로 둘러싸인 그곳을 몰이사냥할 때처럼 복병들로 에워쌌다. (2) 그러나 적군의 작전은 노출된 반면, 아군 기병들은 무기도 마음도 싸울 준비가 되어 있는 데다 군단 병사들의 지원까지 받는 터라 교전을 마다할 이유가 없어 소대별로 그곳을 향해 나아갔다. (3) 로마군 기병대가 도착하자 코르레우스는 이제야말로 결정타를 가할 기회가 왔다고 생각하고 처음에는 소수의 군사들을 이끌고 나타나 가장 가까운 로마군 소대들을 공격했다. (4) 아군 병사들은 그의 공격에 단호하게 맞섰지만 한데 집결하지는 않았으니, 기병전에서는 기병들이 밀집해 있다가 혹시 공황상태에라도 빠지게 되면 큰 인명 피해가 발생할 수 있기 때문이다.

19 (1) 아군 기병 소대들은 따로따로 자리 잡고 서서 소규모 병력으로 번갈아 싸우며 갈리족에게 포위되지 않도록 서로 측면을 엄호해주었다. 코르레우스가 싸우고 있는 동안 나머지 적군 기병대도 숲에서 뛰쳐나왔다. (2) 들판 곳곳에서 격전이 벌어졌다. 한참 동안 승부가 가려지지 않

앉으나, 마침내 대기하고 있던 적의 보병 주력부대가 숲에서 조금씩 나오자 아군 기병대는 퇴각하지 않을 수 없었다. 그러나 앞서 말했듯이 군단들보다 먼저 파견된 아군 경무장 보병 부대가 아군 기병대를 신속히 지원했으니, 그들은 아군 기병들 사이에 자리 잡고 서서 결연히 싸웠다. (3) 전투는 한동안 승부가 나지 않았다. 그러나 그런 전투가 으레 그렇게 되듯 적군의 첫 번째 기습적 매복 공격을 막아낸 아군 병사들이 드디어 전투에서 우세해지기 시작했으니, 경솔한 판단으로 말미암아[3] 매복해 있던 적군에게서 어떤 피해도 입지 않았기 때문이다. (4) 그사이 군단들은 점점 더 가까이 다가오고 있었고, 사령관[4]이 전투태세를 갖춘 부대들을 이끌고 와 있다는 급보(急報)가 아군과 적군에게 잇달아 날아들었다. (5) 이 소식을 들은 아군 병사들은 전투를 오래 끌면 군단 병사들이 지원할 것이라 믿고 더욱 분발해서 싸웠으니, 가능하면 군단 병사들의 지원 없이 전투에서 이겨 승리의 영광을 독차지하고 싶었기 때문이다. (6) 적군은 사기가 꺾여 사방으로 도망치려 했다. 그러나 소용없는 짓이었다. 로마군을 가두려던 험난한 지형에 되레 그들 자신이 갇히는 꼴이 되고 말았기 때문이다. (7) 적군은 병력을 반수 이상 잃고 주눅 들어 허둥지둥 달아났다. 더러는 숲으로 달아나고 더러는 강으로 달아났지만, 이들도 바싹 뒤쫓아온 로마군 추격대에게 도륙당했다. (8) 그러나 코르레우스는 이런 재앙에도 주눅 들지 않았다. 그는 전장을 떠나거나 숲 속으로 피신하지도 않았으며, 기회를 주겠다고 해도 항복하려 하지 않고 용감무쌍하게 싸우며 로마군 병사 여러 명에게 부상을 입힘으로써, 결국 승리자들이 분개하여 자신을 향해 무기를 던지게 만들었다.

---

[3] 18장 4절에서 언급된, 기병대가 한데 집결하지 않았던 일을 말하는 것 같다.
[4] 카이사르.

20 (1) 전투가 막 끝났을 때 카이사르가 군단들을 이끌고 도착했다. 그는 적군이 이런 참패를 당했다는 소식을 들으면 살육의 현장에서 8밀레 팟수스밖에 떨어지지 않았다는 그들의 진지를 떠날 것으로 예상했다. 그래서 그는 강을 건너기가 쉽지 않다는 것을 알면서도 군대를 도하시키고 계속 전진했다. (2) 그사이 부상당한 채 숲 속으로 도망쳐 목숨을 건진 몇 안 되는 도망병이 자기편 진지에 도착하여 참패했다는 소식을 처음으로 전했다. 모든 것이 실패로 끝났으며, 코르레우스도 죽고 기병대와 최강의 보병 부대도 잃었다는 말을 들은 벨로바키족과 그들의 동맹군은 로마군이 공격해오고 있는 줄 알고 나팔을 불어 당장 회의를 소집하게 하고는 카이사르에게 사절단과 인질들을 보내야 한다고 이구동성으로 주장했다.

21 (1) 이 제안이 만장일치로 가결되자 아트레바테스족인 콤미우스는 이번 전투에 원군을 파견해준 게르마니족에게로 달아났다. (2) 그 밖에 다른 자들은 당장 카이사르에게 사절단을 보내, 자신들은 이미 벌을 받았으니 그것으로 만족해달라고 간청하게 했다. 설사 그가 아직 패망하기 전의 그들을 벌줄 수 있는 위치에 있었다 해도, 그의 관대하고 온화한 성격으로 보아 이렇게 심하게 벌주지는 않았을 것이라고 주장했다. (3) 하거늘 벨로바키족의 군세는 기병전에서 분쇄되고 정예 보병 수천 명이 전사해, 소수만이 살아남아 참패했다는 소식을 전해주었다고 했다. (4) 그토록 큰 재앙을 당했지만 벨로바키족은 전쟁에서 한 가지 이익을 얻었으니, 그것은 다름 아니라 이 전쟁에 책임이 있는 민중선동가 코르레우스가 죽은 것이라고 했다. 그가 살아 있는 동안에는 무지한 민중이 원로원보다 더 나랏일을 좌지우지했기 때문이라고 했다.

22 (1) 사절단이 그렇게 애원하자, 카이사르는 그들에게 벨로바키족은 지난해에 다른 갈리족 부족들과 동시에 전쟁을 일으켰을 뿐만 아니라 다른 어떤 부족보다 더 집요하게 적대정책을 고수했으며, 다른 부족들이 항복한 뒤에도 여전히 정신을 차리지 못했던 사실을 상기시켰다. (2) 죽은 자들에게 책임을 떠넘기기는 쉽지만, 아무리 힘 있는 자라 해도 부족의 지도자들과 원로원과 모든 애국 시민들이 반대한다면 민중의 무력한 도움만으로는 전쟁을 시작하거나 수행할 수 없을 것이라고 그는 말을 이었다. 그렇다 해도 그는 벨로바키족이 자신들에게 내린 벌로 만족하겠다고 했다.

23 (1) 사절단들은 그날 밤 부족민들에게 카이사르의 답변을 보고하고 인질들을 모았다. 벨로바키족의 운명을 지켜보고 있던 다른 부족들의 사절단은 서둘러 회동을 가졌다. (2) 그들은 인질들을 잡히고 카이사르의 명령을 모두 이행했다. 그러나 콤미우스는 그렇게 하지 않았으니, 자기 목숨을 누구에게 맡기기가 너무 두려웠던 것이다. (3) 지난해에 카이사르가 이쪽 갈리아에서 순회재판을 주재하고 있을 때, 콤미우스가 여러 부족을 부추기며 카이사르에게 음모를 꾸미고 있다는 사실을 알아낸 티투스 라비에누스는 그런 배신자를 처단하는 것은 신의를 저버리는 짓이 아니라고 판단했다. (4) 콤미우스를 진지로 소환하는 것은 소용없는 짓이었다. 그자는 오지 않을 것이고, 자꾸 소환하면 그자에게 경각심만 심어줄 것이기 때문이다. 그래서 라비에누스는 가이유스 볼루세누스 콰드라투스를 보내 회담하자고 속여 그자를 죽이라고 했으며, 그런 목적에 적합한 백인대장 몇 명을 그에게 딸려보냈다. (5) 회담이 시작되자 볼루세누스가 각본대로 콤미우스의 손을 잡았으나, 콤미우스를 맨 먼저 칼로 찌른 백인대장이 그런 일에 익숙하지 않았기 때문이든 아니면 그자

의 친구들이 재빨리 막았기 때문이든, 그자를 죽이는 데 실패하고 머리에 중상을 입히는 것으로 그쳤다. (6) 그러자 양쪽 모두 검을 뽑았으나, 싸우기보다는 안전하게 달아나기 위해서였다. 로마군은 콤미우스가 치명상을 입었다고 생각했고, 갈리족은 자신들이 함정에 빠진 줄 알고 눈앞에 보이는 것보다 더 많은 위험이 어딘가에 도사리고 있다고 믿었기 때문이다. 그 뒤로 콤미우스는 다시는 로마인의 면전에 나타나지 않기로 결심했다고 한다.

마지막 교전: 욱셀로두눔의 함락(기원전 51년)

24 (1) 가장 호전적인 부족들을 정복했으니 카이사르가 보기에 이제 어떤 부족도 그에게 맞서 반란을 일으키지 못할 것 같았다. 그러나 적잖은 갈리족이 로마의 통치를 피해 도시와 농토를 떠나고 있는지라 그는 여러 지역에 군대를 파견하기로 결정했다. (2) 그는 재정관 마르쿠스 안토니우스와 제12군단은 자기 곁에 붙들어두고, 부관 가이우스 파비우스를 25개 대대와 함께 갈리아의 맨 서쪽 지역으로 파견했다. 그 지역의 몇몇 부족이 무장했다는 보고를 받았는데, 지금 그 지역에 주둔하고 있는 부관 가이우스 카니니우스 레빌루스 휘하의 2개 군단으로는 충분하지 못하다고 판단했기 때문이다. (3) 티투스 라비에누스는 자기 곁으로 불러들이고, 라비에누스와 함께 겨울을 나던 제15군단은 이쪽 갈리아에 있는 로마 시민들의 식민지들을 보호하게 했는데, 지난해 여름 테르게스테[5] 주민들이 야만족[6]의 갑작스러운 침입과 약탈로 겪어야 했던 것과 같은 재앙을 막기 위해서였다. (4) 카이사르 자신은 놀라 도망치는 바람에 복속시킬 수 없었던 암비오릭스의 나라를 약탈하고 초토화하기 위해 출동했다. 그는 자신의 위신을 세우는 차선의 방법은, 그자의 나라에서 주민들과 건물들과 가축 떼를 싹 쓸어버려 이런 재앙을 안겨준 그자가

요행히 살아남은 같은 부족민의 미움을 사게 함으로써 다시는 귀국할 수 없게 하는 것이라고 생각했다.

25 (1) 카이사르는 암비오릭스의 나라 곳곳에 군단과 증원부대들을 파견하여 살육과 방화와 약탈로 초토화했다. 많은 주민이 살해되거나 사로잡혔다. (2) 그 뒤 그는 라비에누스를 2개 군단과 함께 트레베리족의 영토로 보냈다. 게르마니족과 이웃해 있어 전투가 일상화된 이 부족은 야만적인 생활방식에서 게르마니족과 별 차이가 없었고, 군대가 강요하지 않으면 명령을 따르지 않았다.

26 (1) 한편 부관 가이유스 카니니우스는 부족의 일부가 반란을 일으켰는데도 여전히 로마인들의 친구로 남은 두라티우스가 보낸 서찰과 사자들을 통해 픽토네스족의 영토에 대군이 집결해 있다는 사실을 알았다. 그래서 그는 레모눔[7] 시로 향했다. (2) 그곳에 도착한 그는 포로들을 통해 더 정확한 정보를 입수했는데, 두라티우스는 안데스족의 지휘관 둠나쿠스가 이끄는 수천 명의 병력에 의해 레모눔 시 안에서 포위공격당하고 있다고 했다. 그래서 그는 병력이 정족수에 미달하는 군단들로 적군과 교전하는 모험을 하지 않고 안전한 곳에 진을 쳤다. (3) 카니니우스가 와 있다는 말을 들은 둠나쿠스는 자신의 전 병력을 군단들 쪽으로 돌려 로마군의 진지를 공격하기 시작했다. (4) 그러나 며칠 동안 계속 공격해도 수많은 군사들만 잃었을 뿐 로마군의 방어시설을 한 군데도 뚫지 못하

---

5 지금의 트리에스테(Trieste).
6 일뤼리쿰(Illyricum 지금의 달마티아와 알바니아) 지방에 살던 일뤼리이족(Illyrii).
7 지금의 푸아티에(Poitiers).

자, 그는 레모눔을 포위공격하려고 되돌아갔다.

27 (1) 부관 가이유스 파비우스는 몇몇 부족의 항복을 받고 그 담보로 인질들을 넘겨받았는데, 그때 가이유스 카니니우스 레빌루스가 보낸 서찰이 도착하여 픽토네스족 사이에서 어떤 일이 벌어지고 있는지 알게 되자 두라티우스를 도우러 출동했다. (2) 파비우스가 도착했다는 말을 들은 둠나쿠스는 외부의 로마군에 대항하는 동시에 도시 주민들을 엄중 감시해야 한다면 자기가 살아남을 가망이 없다고 보았다. 그래서 그는 군대를 이끌고 갑자기 그곳에서 철수했으며, 강폭이 넓어 다리로만 건널 수 있는 리게르 강 너머로 군대를 도하시키기 전에는 자신의 안전을 장담할 수 없다고 믿었다. (3) 파비우스는 아직 적군을 보지도 못하고 카니니우스와 합류하지도 못했다. 하지만 그는 그곳 지리에 밝은 자들에게서 얻은 정보 덕분에 적군의 진로를 예상할 수 있었는데, 놀란 적군은 실제로 그쪽으로 향하고 있었다. (4) 그래서 그는 둠나쿠스가 향하고 있던 바로 그 다리로 향했다. 그는 군단 병사들 앞으로 기병대를 먼저 내보내며 말을 지치게 하지 않는 범위 내에서 되도록 멀리 나갔다가 자기가 머무르게 될 진지로 돌아오라고 명령했다. (5) 아군 기병대는 명령받은 대로 추격에 나서서 둠나쿠스군의 후미를 공격했다. 무거운 짐을 운반하느라 애를 먹고 있던 갈리족이 놀라 도망치는 바람에 다수가 죽고, 많은 전리품이 노획되었다. 아군 기병대는 그렇게 승리를 거두고 진지로 돌아왔다.

28 (1) 그날 밤 파비우스는 기병대를 내보내며 적군의 전 대열을 공격하여 자기가 따라잡을 때까지 적군의 행군을 늦추라고 지시했다. (2) 남달리 용감하고 현명한 기병대장 퀸투스 아티우스 바루스는 그런 명령을 이행

하는 것이 얼마나 중요한지 병사들에게 각인시키고 나서 둠나쿠스의 대열을 따라잡은 뒤, 기병대의 일부 소대는 적당한 곳에 예비군으로 배치하고 남은 소대들로 적군 기병대와 전투를 벌였다. (3) 적군 기병대는 아주 용감하게 싸웠다. 갈리족 대열 전체가 멈추어 서는 바람에 그들의 보병 부대가 로마군 기병대에 맞서 그들의 기병대를 도우러 왔기 때문이다. (4) 그래서 격전이 벌어졌다. 아군 기병대는 전날 적군을 물리친 적이 있는지라 상대를 우습게보았으며, 군단들이 뒤따라오고 있다는 사실을 기억하고는 퇴각하기 창피스럽기도 하고 자력으로 전투를 끝내고 싶기도 하여 적군 보병 부대에 맞서 용전분투했다. (5) 한편 적군은 전날 입수한 정보에 따라 더 이상의 로마군 병력은 다가오지 않을 것이라 믿고는 로마군 기병대를 전멸시킬 기회를 잡았다고 생각했다.

29 (1) 격전은 한동안 계속되었다. 그래서 둠나쿠스가 기병과 보병이 서로 지원할 수 있도록 대오를 정렬시키자, 그때 갑자기 로마군 군단들이 밀집대형을 이루고 다가오는 것이 적군의 시야에 들어왔다. (2) 로마군 군단들을 본 야만족의 기병대와 보병 부대는 혼비백산하여 비명을 지르며 허둥지둥 달아났고, 수송대가 혼란에 빠지도록 내버려두었다. (3) 그러자 조금 전까지만 해도 적군의 완강한 저항에 고전하던 아군 기병대는 승리에 사기충천해 사방에서 함성을 지르며 퇴각하는 적군을 포위하고는, 말에 추격할 힘이 남아 있고 팔에 검을 휘두를 힘이 남아 있는 한 쉴 새 없이 적군을 도륙했다. (4) 그리하여 무장한 자들이든 놀라 무기를 던져버린 자들이든 적군은 1만 2천 명 이상이 죽었고, 수송대는 몽땅 노획되었다.

30 (1) 적군이 패주한 뒤 드랍페스라는 세노네스족이 패잔병들 중에서 2천

명이 넘지 않는 군사를 모아 속주로 향하고 있다는 소문이 들려왔다. 갈리아가 처음 반란을 일으킨 뒤부터 그자는 자유를 주겠다고 약속하여 노예들을 불러들이고, 여러 부족에서 추방당한 자들과 강도들을 환영하는 등 여기저기에서 범법자들을 끌어모아 로마군의 수송로와 보급로를 차단할 수 있었다. 카두르키족인 루크테리우스도 앞서 말했듯[8] 반란이 처음 일어났을 때 속주에 침입하려 한 적이 있었는데, 이자도 드랍페스와 공동보조를 취했다. (2) 그래서 카니니우스는 2개 군단을 이끌고 그자들을 추격하러 출동했으니, 이런 범법자들의 약탈행위로 속주가 타격을 입고 그 주민들이 놀라는 치욕을 예방하기 위해서였다.

31 (1) 이때 카니니우스와 합류한 파비우스는 나머지 병력을 이끌고 카르누테스족과, 둠나쿠스와의 전쟁 때 많은 병력을 잃은 것으로 믿어지는 그 밖의 부족들의 영토로 출동했다. (2) 이들 부족은 최근에 패배한 뒤로 더 고분고분해지긴 했지만 숨 돌릴 틈이 주어지면 또다시 둠나쿠스의 선동에 넘어갈 것이 확실시되었기 때문이다. (3) 파비우스는 이들 부족을 서둘러 복종시키려던 계획을 아주 성공적으로 수행했다. (4) 가끔 공격당해도 강화를 제의하지 않던 카르누테스족이 이번에는 인질들을 잡히고 항복했다. 그리고 갈리아의 맨 서쪽, 대서양 연안에 사는 아레모리카이족이라는 부족들은 파비우스가 군대를 이끌고 나타나자마자 카르누테스족의 선례를 따라 그의 명령에 복종했다. (5) 둠나쿠스는 나라에서 추방당한 뒤 은신처를 찾아 혼자서 떠돌다가 결국 갈리아의 가장 먼 지역으로 갔다.

32 (1) 그러나 파비우스가 군단들을 이끌고 추격해온다는 말을 들은 드랍페스와 루크테리우스는 추격하는 로마군을 뒤에 달고 속주에 들어갔다

가는 파멸을 면하기 어려울뿐더러, 마음대로 돌아다니며 노략질하기가 불가능하다고 생각했다. 그래서 그들은 루크테리우스의 동포들인 카르누테스족의 영토에 멈추어 섰다. (2) 루크테리우스는 베르킹게토릭스가 패하기 전에는 자기 부족민들 사이에서 세력을 잡았고, 반란의 주동자로서 야만족 사이에서 언제나 막강한 영향력을 행사했다. 그는 전에 자신의 지배를 받던 도시로 방어하기 유리한 곳에 자리 잡고 있는 욱셀로두눔[9]을 자신과 드랍페스의 군대로 점령하고는 그곳 주민들을 자기 군대에 편입시켰다.

33 (1) 가이유스 카니니우스가 강행군으로 그곳에 도착해서 보니, 가파른 암벽이 사방에서 도시를 방벽처럼 에워싸고 있어 설사 지키는 사람이 아무도 없다 해도 무장을 한 채 그곳에 오르기는 힘들어 보였다. 그러나 보아하니 도시에는 무거운 짐이 많이 있어서, 적군이 그것들을 챙겨 가지고 아군 기병대는 말할 것도 없고 군단 보병들의 공격을 받지 않은 채로 몰래 도시를 빠져나가기란 불가능할 것 같았다. 그래서 그는 자기 대대들을 세 패로 나누어 고지에 세 개의 진지를 구축하게 했다. (2) 그리고 이 진지들을 중심으로 병력 수가 허용하는 범위 내에서 점진적으로 도시 주위에 방책을 두르기 시작했다.

34 (1) 이것을 본 도시 주민들은 알레시아의 악몽이 되살아나, 자신들도 포위공격당하면 같은 운명을 당하지 않을까 두려워졌다. 특히 알레시아의 참극을 경험한 루크테리우스는 식량 조달을 위한 전략을 수립해야 한다

---

[8] 7권 7장 참조.
[9] 지금의 퓌디솔루(Puy d'Issolou).

고 그들에게 경고했다. 그래서 그들은 군대의 일부를 도시에 남겨두고 자신들은 경무장보병들을 이끌고 출동해 식량을 들여오기로 만장일치로 결의했다. (2) 이 계획이 승인되자 그날 밤 드랍페스와 루크테리우스는 2천 명의 군사를 도시에 남겨두고, 나머지 병력을 이끌고 도시에서 출동했다. (3) 그들은 며칠 안에 카두르키족의 영토에서 식량을 많이 모았는데, 그중 일부는 주민들이 자진해서 바친 것이고 일부는 강제로 거둔 것이었다. 그리고 그들은 밤에 몇 차례 로마군 진지들을 공격했다. (4) 그래서 가이우스 카니니우스는 도시 전체를 방어시설로 에워싸는 공사를 늦추었으니, 완성된다 해도 지켜낼 수 없거나 허약한 수비대를 띄엄띄엄 배치할 수밖에 없었기 때문이다.

35 (1) 식량을 충분히 확보하자 드랍페스와 루크테리우스는 도시에서 10밀레 팟수스도 안 떨어진 곳에 진을 쳤는데, 그곳에서 식량을 조금씩 도시로 들여가기 위해서였다. (2) 두 사람은 책임을 분담하여, 드랍페스는 일부 병력과 함께 진지를 지키기 위해 뒤에 남고, 루크테리우스는 짐 나르는 가축 떼를 몰고 도시로 향하기로 했다. (3) 그는 가는 길가에 군데군데 초소를 세우고 동트기 직전 좁은 숲길을 따라 식량을 도시로 운반하기 시작했다. (4) 적군 수송대가 지나가는 소음을 아군 초병들이 들었다. 그래서 파견된 정찰병들이 돌아와 무슨 일이 일어나고 있는지 보고하자, 카니니우스는 가까운 진지들에서 무장하고 있던 대대들을 불러 모아 동틀 무렵 적군의 식량 수송대를 급습했다. (5) 적군 수송대는 이처럼 기습당하자 혼비백산하여 적군 초소들로 달아났다. 아군 병사들은 무장한 적군 초병들을 보자 더욱 적개심에 불타 적군을 한 명도 생포하지 않고 모조리 죽였다. 루크테리우스는 약간의 군사들을 데리고 달아났으나 자신의 진지로 돌아가지는 못했다.

36 (1) 카니니우스는 승리한 뒤 포로들을 통해 적군의 일부가 드랍페스와 함께 그곳에서 12밀레 팟수스도 안 떨어진 곳에 진을 치고 있다는 사실을 알아냈다. (2) 여러 명이 이를 확인하자, 카니니우스는 적군 지휘관 가운데 한 명이 도망친 지금 나머지 적군을 겁주어 제압하기는 쉬울 것이라고 생각했다. 또한 그는 루크테리우스의 군사 가운데 아무도 진지로 살아 돌아가 드랍페스가 패했다는 소식을 전하지 못한 것을 뜻밖의 행운으로 여겼다. (3) 그는 자기가 기습을 감행해도 위험하지는 않을 것으로 내다보았지만, 그래도 기병대 전체와 발 빠른 게르마니족 보병 부대를 적진으로 먼저 내보냈다. (4) 적진에 접근한 그는 먼저 내보낸 정찰병들을 통해, 갈리족이 대개 그러하듯 드랍페스가 고지를 떠나 강가에 진을 쳤으며, 게르마니족과 기병대가 제대로 준비도 안 된 적군에게 갑자기 덤벼들어 교전하고 있다는 사실을 알게 되었다. (5) 그런 사실을 알게 된 카니니우스는 전투대형을 갖춘 군단 병사들을 이끌고 앞으로 나아갔다. 그리고 그의 신호가 떨어지자 그들은 갑자기 주위의 고지를 모두 점령했다. 일단 고지가 점령되자, 군단들의 기(旗)를 본 게르마니족과 기병대는 더욱 맹공을 퍼부었다. (6) 대대들이 사방에서 일제히 공격하자 적군은 모두 살해되거나 생포되었으며, 수많은 전리품이 노획되었다. 드랍페스도 전투 중에 포로로 잡혔다.

37 (1) 카니니우스는 부상병도 거의 없이 큰 승리를 거둔 뒤 욱셀로두눔 시를 포위공격하기 위해 돌아왔다. (2) 전에는 바깥에 있는 적군이 두려워서 초소들에 수비대를 나누어 배치하고 도시의 주민들을 방어시설로 포위하지 못했는데, 이제 바깥에 있는 적군이 궤멸된 터라 곳곳의 공성 공사를 완료하라고 명령했다. 이튿날 가이유스 파비우스의 군대가 돌아와 도시의 일부를 봉쇄하기 시작했다.

38 (1) 그사이 카이사르는 벨가이족에게 다시 반란을 일으킬 틈을 주지 않으려고 재정관 마르쿠스 안토니우스를 15개 대대와 함께 벨로바키족의 영토에 남겨두고, (2) 자신은 다른 부족들을 찾아가 더 많은 인질을 요구하는 한편 공포감에 휩싸인 그들을 안심시켰다. (3) 카르누테스족을 찾아간 그는, 이들이 앞서 말했듯[10] 대반란이 시작됐을 때 자신들이 맨 먼저 반란을 일으킨 장본인이라는 죄의식 때문에 안절부절못하는 모습을 보자, 부족 전체의 불안감을 빨리 해소해주기 위해 음모를 꾸며 전쟁을 일으킨 주동자 구트루아투스를 처벌할 것을 요구했다. (4) 그자는 자신의 안전을 동료 시민들에게 맡기지도 않았지만, 동료 시민들이 최선을 다해서 찾아내 카이사르의 진지로 데려왔다. (5) 카이사르는 구트루아투스를 엄벌에 처하고 싶지 않았으나, 병사들이 몰려와 이번 전쟁에서 자신들이 겪은 모든 위험과 손실을 그자 탓으로 돌리자 그자를 처형하지 않을 수 없었다. 그래서 그자는 죽을 때까지 매질을 당하다가 참수되었다.

39 (1) 그곳에 있는 카이사르에게 카니니우스의 서찰이 잇달아 날아와 드랍페스와 루크테리우스에게 일어난 일과, 포위당한 도시 주민들이 완강하게 저항한다는 소식을 전했다. (2) 카이사르는 수가 많지 않아 그들을 우습게보았지만, 그럼에도 그들의 고집을 엄벌로 다스릴 필요가 있다고 생각했다. 그러지 않으면 모든 갈리족이 로마군에게 저항하는 데 실패한 이유는 힘이 부족해서가 아니라 결의가 부족했기 때문이라고 생각할 것이고, 다른 부족들도 욱셀로두눔의 선례를 따라 자신들의 유리한 위치를 믿고는 자유를 회복하려고 노력할 것이기 때문이다. (3) 그는 모든 갈리족이 자신의 총독 임기가 이번 여름이 지나면 끝나며, 그래서 그때까지만 버티면 자기들이 두려워할 것이 하나도 없다고 생각한다는 것을

알고 있었다. (4) 그래서 그는 부관 퀸투스 칼레누스가 2개 군단을 이끌고 통상적인 행군 속도로 뒤따라오게 하고, 자신은 모든 기병대를 이끌고 전속력으로 카니니우스가 있는 곳으로 향했다.

40 (1) 카이사르가 모든 이의 예상을 뒤엎고 욱셀로두눔에 도착해보니, 도시는 공성시설로 봉쇄되어 있었으며 아군은 어떤 대가를 치르더라도 도시를 포위공격할 태세였다. 그는 또 탈주병들을 통해 도시 주민들은 식량 재고가 넉넉하다는 것을 알아냈다. 그래서 그는 적군의 급수를 끊기 시작했다. (2) 가파른 암벽들 위에 욱셀로두눔 시가 자리 잡고 있는 그 산을 감싸다시피 한 깊은 골짜기를 따라 강이 하나 흐르고 있었다. (3) 지형상 강물을 다른 데로 돌린다는 것은 불가능했다. 강물이 산기슭을 따라 깊이 흐르고 있어, 어디에서건 더 깊은 도랑을 파서 물길을 다른 곳으로 돌릴 수 없었기 때문이다. (4) 그러나 도시에서 강으로 내려오는 길은 가파르고 험해, 아군이 길을 막으면 적군은 목숨을 잃거나 부상당하는 위험을 무릅쓰지 않고는 강으로 내려올 수도 없고 가파른 비탈을 도로 기어올라갈 수도 없었다. (5) 그들의 이런 어려움을 알게 된 카이사르는 궁수와 투석병을 여러 곳에 배치하고, 내려오기 가장 쉬운 길들과 마주 보는 몇몇 지점에는 화살 발사대까지 설치하여 도시 주민들이 강물에 접근하는 것을 막았다.

41 (1) 그 뒤부터 도시 주민들은 모두 물을 구하기 위해 성벽 바로 밑에 있는 한 지점으로 모여들었다. 그곳에는 도시 쪽에 강으로 둘러싸이지 않은 약 3백 페스 너비의 공간이 있는데, 거기에서 수량이 풍부한 샘이 솟

---

10 7권 3장 참조.

아나오기 때문이다. (2) 모두들 그 샘에서 도시 주민들을 차단하고 싶었지만 카이사르만이 그 방법을 알고 있었으니, 그는 그 맞은편에서 비탈을 향해 이동식 방호벽들을 밀어붙이고는 계속 전투를 치르며 힘들게 토루를 쌓기 시작했다. (3) 도시 주민들은 높은 곳에서 달려내려와 멀찍이 떨어진 곳에서 아무 위험 없이 무기를 투척하여, 끈질기게 비탈을 오르던 로마군 병사 다수에게 부상을 입혔다. 그러나 아군 병사들은 그에 구애받지 않고 이동식 방호벽들을 앞으로 밀어붙이면서 힘들여 작업한 끝에 지형의 어려움을 극복할 수 있었다. (4) 그와 동시에 아군 병사들은 샘의 수로들과 원천을 향해 땅굴을 파기 시작했는데, 이 작업은 위험에 노출되지 않은 채 적군의 의심을 사지 않고 진행될 수 있었다. (5) 토루는 60페스 높이로 쌓였으며, 그 위에 10층 높이의 탑이 세워졌다. 그것은 성벽 높이에는 이르지 못해도(그것은 어떤 기술로도 불가능했다) 샘보다는 더 높았다. (6) 아군이 탑에 화살 발사대들을 설치해 무기를 쏘아대자 도시 주민들은 샘에서 안전하게 물을 길어갈 수 없었다. 그리하여 가축 떼와 짐 나르는 가축들뿐 아니라 도시 주민들 대부분이 갈증에 시달렸다.

42 (1) 이런 재난으로 공황상태에 빠진 도시 주민들은 수지와 역청과 나무 토막들이 가득 든 통들에 불을 붙여 로마군의 공성시설을 향해 굴리는 동시에 맹공을 가해왔는데, 로마군이 자신들을 방어하느라 불을 끄지 못하게 하기 위해서였다. (2) 갑자기 아군의 공성시설에서 큰 불길이 치솟았다. 비탈 아래로 투척된 것은 죄다 이동식 방호벽과 토루들에 부딪치며 이 장애물들에 불을 질렀기 때문이다. (3) 아군 병사들은 이런 위험한 전투 방식과 불리한 지형 탓에 고전을 면치 못했지만, 용감무쌍하게 대항하며 물러서지 않았다. (4) 이번 전투는 아군의 눈앞 높은 곳에서 치

러졌기 때문에 양쪽에서 큰 함성이 일었다. (5) 그래서 각자는 자신의 용기를 널리 알리려고 되도록 눈에 띄게 적군이 투척한 무기와 화염에 맞섰다.

43 (1) 적잖은 병사들이 부상당하는 모습을 본 카이사르는 대대들에게 도시를 향해 사방에서 비탈을 기어오르되 성벽을 공격할 것처럼 곳곳에서 함성을 지르라고 명령했다. (2) 그러자 겁에 질린 도시 주민들이 도시의 다른 곳에서는 무슨 일이 벌어지고 있는지 알 수 없어 로마군의 공성시설을 공격하던 군사들을 소환하여 성벽 위에 배치했다. (3) 그래서 아군 병사들은 전투를 중단하고 공성시설에 붙은 불을 끄거나 불타고 있는 부분을 잘라낼 수 있었다. (4) 그러나 도시 주민들은 다수가 갈증으로 죽었음에도 불구하고 여전히 완강하게 버티며 저항했다. 하지만 마침내 아군은 땅굴을 이용해 샘의 수로를 차단하고 물길을 딴 데로 돌릴 수 있었다. (5) 전에는 한 번도 마른 적이 없는 샘이 갑자기 마르자 절망에 빠진 도시 주민들은, 이것이 인간의 계략에 의해서가 아니라 신의 뜻에 의해 일어난 일이라고 생각했다. 그리하여 그들은 어쩔 수 없이 항복했다.

44 (1) 카이사르는 만약 갈리아 각지에서 비슷한 반란이 일어나도록 내버려둔다면 갈리아에서의 자기 사업이 성공적으로 마무리될 수 없다고 보았다. 또한 그는 자기가 너그러운 사람으로 널리 알려져 있기 때문에, 자신이 좀 가혹한 조치를 취해도 타고난 본성이 잔인해서 그런 것으로 비치지 않을까 염려할 필요는 없다고 생각했다. 그래서 그는 다른 부족들을 겁주기 위해서라도 욱셀로두눔 시를 방어하던 자들을 일벌백계로 다스리기로 결심했다. (2) 그는 자신에게 맞서 무기를 든 자들을 살려주

기는 하되 모두 손을 자르게 했으니, 범법자들이 어떤 벌을 받는지 보여주기 위해서였다. (3) 앞서 말했듯이, 카니니우스에게 포로로 잡힌 드랍페스는 며칠 동안 곡기를 끊고 지내다가 결국 굶어 죽었는데, 자신이 포박당한 것이 분하고 슬펐기 때문이거나 더 엄중한 벌이 두려웠기 때문일 것이다. (4) 한편, 앞서 말했듯이 싸움터에서 도주한 루크테리우스는 계속 떠돌아다녔는데, (5) 카이사르의 원수가 된 뒤로 한곳에 오래 머무르는 것은 위험하다고 생각했기 때문이다. 그래서 그는 자신의 목숨을 이 사람 저 사람에게 맡기다가 결국 에파스낙투스라는 아르베르니족의 수중에 들어갔다. (6) 그러자 로마 국민의 충실한 친구인 에파스낙투스가 당장 그를 포박하여 카이사르 앞으로 끌고 가게 했다.

45 (1) 그사이 라비에누스는 트레베리족의 영토에서 벌어진 기병전에서 승리를 거두고 다수의 트레베리족과 그들의 게르마니족 동맹군을 죽였는데, 이들은 로마에 대항해 싸우는 자들이라면 어느 누구에게도 도움을 거절하지 않았다. (2) 그는 또한 트레베리족 지도자들과 함께 수루스라는 아이두이족을 사로잡았는데, 수루스는 용기가 걸출한 명문가 출신으로 그때까지도 무기를 들고 싸운 유일한 아이두이족이었다.

46 (1) 이 소식을 접한 카이사르는 갈리아 전역에서 일이 순조롭게 진행되는 것을 보고 수년간의 원정 끝에 이제야 갈리아가 완전히 정복되었다고 판단했다. 그러나 아퀴타니아가 푸블리우스 크랏수스에 의해 부분적으로 정복되긴 했어도 직접 가본 적은 없기 때문에, 남은 여름을 그곳에서 지내려고 2개 군단을 이끌고 출발했다. (2) 이번 일도 다른 작전들처럼 신속하고 성공적으로 진행되었다. 아퀴타니아의 모든 부족이 카이사르에게 사절단을 보내고 인질들을 잡혔기 때문이다. (3) 그 뒤 카이사르

는 부관들을 시켜 군대를 월동 진지로 인솔하게 하고 자신은 기병대의 호위를 받으며 나르보로 향했다. (4) 4개 군단은 부관들인 마르쿠스 안토니우스, 가이우스 트레보니우스, 푸블리우스 바티니우스와 함께 벨기움에 파견하고, 2개 군단은 갈리아 전역에서 가장 영향력이 큰 아이두이족의 영토에 파견했다. 2개 군단은 카르누테스족과 경계를 맞댄 투로네스족의 영토로 파견했는데, 대서양 연안지역 전체를 통제하기 위해서였다. 나머지 2개 군단은 아르베르니족의 영토에서 멀지 않은 레모비케스족의 영토로 파견했다. 그리하여 갈리아에는 그의 군대가 주둔하지 않는 곳이 한 군데도 없었다. (5) 카이사르는 속주에 며칠 동안 머무르며 순회재판이 열리는 도시들을 재빨리 돌아다녔고, 정치적 분쟁을 조정했으며, (6) 유공자들을 포상했다. 갈리아 전체가 반란을 일으켰을 때 그는 속주의 충실한 지원 덕분에 진압할 수 있었는데, 이번 기회에 각자가 반란에 대해 어떤 태도를 취했는지 잘 알 수 있었기 때문이다. (7) 이런 일들이 처리되자 그는 군단들이 주둔하고 있는 벨기움으로 가 네메토켄나[11]에서 겨울을 났다.

47 (1) 그곳에서 카이사르는 아트레바테스족인 콤미우스가 로마 기병대와 교전했다는 말을 들었다. (2) 안토니우스가 월동 진지에 도착했을 때 아트레바테스족은 충성을 다하고 있었다. 그러나 앞서 말한 대로,[12] 부상당한 콤미우스는 같은 부족민들이 반란을 일으킬 음모라도 꾸미면 주동자로 나설 만반의 준비가 되어 있었다. (3) 그러나 이제 아트레바테스족이 로마에 복종하자 그자는 기병대를 조직하여 강도질로 자신과 추종자

---

11 지금의 아라스(Arras).
12 8권 23장 참조.

들의 생계를 유지하기 위해 길가에 매복해 있다가 로마군 진지로 향하는 수송대를 몇 차례 약탈했다.

48 (1) 가이유스 볼루세누스 콰드라투스는 안토니우스의 군단에서 겨울을 나도록 기병대장으로 배속되었는데, 안토니우스는 그를 파견하여 콤미우스의 기병대를 추격하게 했다. (2) 볼루세누스는 남달리 용감한 데다 콤미우스를 몹시 증오하던 터라 그만큼 더 기꺼이 안토니우스의 명령을 수행했다. 그래서 그는 콤미우스의 기병대를 매복공격하여 몇 차례 승리를 거두었다. (3) 결국 볼루세누스는 콤미우스를 사로잡고 싶은 마음에 여느 때보다 더 치열하게 싸우다가 부하 몇 명만 데리고 그자를 바싹 뒤쫓았다. 급히 달아나며 그들을 멀리 유인한 뒤, 볼루세누스의 적 콤미우스는 자기한테 음흉한 방법으로 부상을 입힌 자에게 반드시 복수할 수 있게 해달라고 갑자기 추종자들에게 도움을 호소하더니, 말 머리를 돌려 앞장서서 볼루세누스를 향해 돌진했다. (4) 그러자 그자의 추종자들도 모두 말 머리를 돌려 몇 안 되는 로마군 기병대를 돌려세우더니 뒤쫓기 시작했다. (5) 말에 박차를 가하며 볼루세누스와 나란히 말을 달리던 콤미우스는 있는 힘을 다해 창으로 그의 허벅지를 찔렀다. (6) 지휘관이 부상당하는 것을 본 아군 병사들은 당장 멈추어 서더니 말 머리를 돌려 적군을 격퇴했다. (7) 그 틈에 적군 몇 명이 아군의 맹렬한 공세에 넘어져 부상을 입었는데, 더러는 추격하는 아군의 말발굽에 짓밟히고 더러는 포로로 잡혔다. 콤미우스는 타고 있던 말이 날쌘 덕분에 그런 운명을 피할 수 있었다. 그렇게 아군 기병대는 전투에서 이겼지만 볼루세누스는 중상을 입고 진지로 후송되었는데, 아마도 치명상인 듯했다. (8) 콤미우스는 복수심이 충족되었기 때문인지 아니면 너무 많은 추종자를 잃었기 때문인지, 아무튼 안토니우스에게 사절단을 보내고 인질들을 잡

히며 앞으로는 정해준 곳에서 살며 시키는 대로 하겠다고 약속했다. (9) 그자의 유일한 요구는, 자기는 두려우니 어떤 로마인이든 그 로마인의 면전에 나타나도록 자기에게 강요하지 말아달라는 것이었다. 안토니우스는 그자의 요구가 정당한 두려움에서 비롯된 것이라고 판단해 그자를 용서하고 인질들을 받아들였다.

(10) 나는 카이사르가 해마다 한 권씩 수기를 작성한 것을 잘 알고 있다. 그러나 나는 그의 선례를 따르지 않기로 했다. 루키우스 파울루스와 가이유스 마르켈루스가 집정관이던 이듬해[13]에는 갈리아에서 큰 전투가 벌어지지 않았기 때문이다. (11) 하지만 그때 카이사르와 그의 군대가 어디 있었는지 모르는 사람이 없도록 나는 이 수기에 간단한 부록을 덧붙이기로 했다.

49 (1) 벨기움에서 겨울을 나는 동안 카이사르가 추구한 유일한 목표는 모든 부족과 우호관계를 유지하고, 누구에게도 반란을 일으킬 동기를 부여하지 않거나 반란을 일으키면 이득을 볼 것이라는 희망을 품지 못하게 하는 것이었다. (2) 그가 가장 바라지 않는 상황은 철군하기 직전에 또 다른 전쟁에 말려드는 것이었다. 그가 뒤에 전쟁을 남겨두고 철군하면, 당장의 위험이 사라져 갈리아 전체가 기꺼이 전쟁에 뛰어들까 두려웠기 때문이다. (3) 그래서 그는 여러 부족을 우대하고 부족 지도자들에게 푸짐한 선물을 제공했으며, 새로운 부담을 지우지 않았다. 그는 그런 방법으로 힘들이지 않고 그러잖아도 수많은 패배에 지칠 대로 지친 갈리족을 더 고분고분 말을 잘 듣게 만들었다.

---

13 기원전 50년.

내란의 먹구름이 드리우다

50 (1) 겨울이 지나자 카이사르는 여느 때와는 달리 되도록 빠른 속도로 이탈리아로 향했는데, 그곳의 자치시와 식민시들을 찾아가 사제 후보로 추천해둔 재정관 마르쿠스 안토니우스의 지지를 호소하기 위해서였다. (2) 그는 득표활동을 위해 먼저 내보낸 자신의 심복 안토니우스를 위해 기꺼이 영향력을 행사하고 싶기도 했거니와, 카이사르가 속주를 떠날 경우 그의 영향력이 약화되도록 안토니우스가 낙선하기를 바라는 소수 유력자들에게 맞서 싸우고 싶기도 했다. (3) 카이사르는 이탈리아에 도착하기도 전에 행군 도중 안토니우스가 복점관(卜占官)으로 선출되었다는 소식을 접했지만, 그럼에도 안토니우스를 전폭 지원해준 것에 고맙다는 인사도 하고 (4) 자신이 이듬해 공직[14]에 출마할 것이라는 뜻도 밝힐 겸 자치시와 식민시들을 방문하는 것이 좋겠다고 생각했다. 그의 정적들이 루키우스 렌툴루스와 가이유스 마르켈루스가 집정관으로 선출되어 카이사르의 위세를 꺾어놓았다고, 또한 세르비우스 갈바가 인기도 더 많고 지지자들도 더 많았지만 집정관이 되지 못한 이유는 그가 카이사르의 친구이자 부관이었기 때문이라며 우쭐댔기 때문이다.

51 (1) 카이사르가 도착하자 모든 자치시와 식민시가 믿을 수 없을 정도의 경의와 호의로 맞았다. (2) 그때 그는 갈리아 전체를 정복한 뒤 처음으로 그곳을 찾았기 때문이다. 카이사르가 지나가게 되어 있는 문과 길과 장소들을 장식하는 데서 한 치의 소홀함도 없었다. (3) 모든 주민이 그를 보러 아이들을 데리고 나왔으며, 곳곳에서 제물이 바쳐졌다. 장터와 신전들에는 연회용 긴 의자[15]가 가득 들어찼는데, 그토록 고대하던 승전의 기쁨을 미리 맛보기 위해서였다. 그만큼 부자들은 선심을 썼고, 가난한 사람들은 열의를 보였다.

52 (1) 카이사르는 이쪽 갈리아의 모든 지역을 서둘러 방문한 뒤 자신의 군대가 머무르고 있는 네메토켄나로 되도록 빨리 돌아갔다. 그리고 모든 군단이 월동 진지를 떠나 트레베리족의 영토에 모이게 한 다음 자신도 그곳으로 가서 군대를 사열했다. (2) 그는 티투스 라비에누스를 이쪽 갈리아의 사령관으로 임명했는데, 자기가 집정관에 출마할 경우 그곳 주민들의 지원을 확보하기 위해서였다. 또한 그 자신은 군단 병사들이 주둔지를 바꿈으로써 건강을 유지할 수 있다고 생각되는 범위 내에서만 행군을 계속했다. (3) 그가 그렇게 행군하는 도중 자신의 정적들이 라비에누스를 매수하려 하며, 소수의 음모꾼이 원로원의 결의를 이용해 자신의 군대 일부를 빼앗으려 한다는 소문이 자꾸 들려왔다. 그러나 카이사르는 라비에누스에 관한 소문을 믿지도 않았고 원로원의 결의에 대응 조치를 취할 필요를 느끼지도 못했으니, 만약 원로원 의원들이 자유롭게 투표할 수 있다면 자기에게 유리한 결정을 내릴 것이라고 판단했던 것이다. (4) 왜냐하면 카이사르의 이익과 지위를 옹호하던 호민관(護民官) 가이유스 스크리보니우스 쿠리오가, 누군가 카이사르의 무기가 두렵다면 폼페이유스의 독재와 군대도 로마에 적잖은 공포감을 불러일으키는 만큼 두 사람 모두 무기를 내려놓고 군대를 해산하게 해야 한다고 원로원에 가끔 제안하면서, 그래야만 로마가 자유롭고 독립을 유지할 수 있을 것이라고 주장했기 때문이다. (5) 쿠리오는 그렇게 제안하는 데 그치지 않고 실제로 표결에 부쳐 원로원의 결의를 이끌어내려 했다. 그러나 집정관들과 폼페이유스의 추종자들이 개입해 지연작전을 펴서 그

---

14 집정관직.
15 큰 축제 때는 귀족들이 주민들을 위해 연회용 의자들에 음식을 차려 내놓았는데, 그리스·로마인들은 꼿꼿이 앉아서 식사를 한 것이 아니라 긴 의자에 반쯤 누운 채 먹고 마셨다.

의 계획을 무산시켰다.

53 (1) 이것은 원로원 전체의 태도를 분명히 말해주는 것으로, 원로원의 종전 행동과도 일치했다. 지난해 마르쿠스 마르켈루스는 카이사르의 지위를 공격하려고 폼페이우스와 크랏수스의 법[16]을 어기면서까지 카이사르의 속주들에 관한 안건을 미처 때가 되기도 전에 원로원에 상정한 적이 있었다. 원로원에서 토의가 끝난 뒤, 카이사르를 향해 반감을 불러일으키는 것으로 정치적 입지를 굳히려던 마르켈루스가 표결에 부쳤으나 원로원 전체가 그의 발의에 반대표를 던졌다. (2) 그러나 카이사르의 정적들은 이에 굴하기는커녕, 원로원이 자신들의 결정을 승인하지 않을 수 없는 더 유리한 환경을 조성할 필요를 절감했다.

54 (1) 그 뒤 폼페이우스와 카이사르에게 파르티아 전쟁을 위해 1개 군단씩 내놓을 것을 명하는 원로원의 결의가 통과되었다. 이는 분명 한 사람에게서 2개 군단을 차출하는 것을 의미했다. (2) 그나이우스 폼페이우스가 내놓은 제1군단은 카이사르의 속주에서 모병하여 카이사르에게 파견했던 것이니 사실은 카이사르의 군단이었기 때문이다. (3) 카이사르는 정적들의 의도를 훤히 꿰뚫고 있었지만 그럼에도 그 군단을 폼페이우스에게 돌려주었으며, 자신의 병력 중에서는 이쪽 갈리아에 주둔하고 있던 제15군단을 원로원의 결의에 따라 내놓았다. 그 자리를 메우기 위해 그는 제13군단을 이탈리아로 보내 제15군단이 철수하는 기지들을 지키게 했다. (4) 그는 군대에 월동 진지를 배정했는데, 가이우스 트레보니우스는 4개 군단과 함께 벨기움에 주둔하게 하고, 가이우스 파비우스는 같은 수의 군단과 함께 아이두이족의 영토로 파견했다. (5) 카이사르는 갈리아의 안전을 확보하는 최선의 방법은 가장 용감한 벨가이족과 가장 영

향력 있는 아이두이족을 군대의 통제 아래 두는 것이라고 생각했던 것이다. 그 자신은 이탈리아로 향했다.

55 (1) 이탈리아에 도착한 그는 자신이 원로원의 결의에 따라 파르티아 전쟁에 파견되도록 돌려보낸 2개 군단이 집정관 가이유스 마르켈루스에 의해 그나이우스 폼페이우스에게 넘겨진 뒤 이탈리아에 붙들려 있다는 사실을 알았다. (2) 이로 미루어 카이사르에 대해 어떤 계획이 세워지고 있는지 명명백백하게 드러났지만, 그럼에도 그는 법에 따라 문제를 해결할 희망이 남아 있는 한 무력에 호소하기보다는 은인자중하기로 결심했다.

---

16 카이사르와 함께 제1차 삼두정치의 주역이었던 폼페이우스와 크랏수스가 집정관일 때 카이사르의 갈리아 총독 임기가 기원전 54년 3월 1일부터 기원전 49년 3월 1일까지로 5년 더 연장되었다.

로마의 주화와 도량형

I 화폐

10아스(as) 또는 4세스테르티우스(Sestertius) = 1데나리우스(denarius)

1,000,000세스테르티우스 또는 250,000데나리우스 = 1데키에스(decies)

II 길이/거리

1페스(pes) 약 30센티미터

1팟수스(passus) 약 1.5미터

1밀레 팟수스(mille passus) 약 1.5킬로미터

로마군 편제

마리우스(Marius)의 개혁 이후 로마군 편제는 다음과 같다. 그러나 실제 병력 수는 명목상의 병력 수보다 현저히 적은 편이다. 카이사르는 기원전 48년 그리스 파르살로스에서 폼페이유스와 결전을 벌일 때 자신의 병력 수가 80개 코호르스에 2만 2천 명이었다고 말하는데(『내전기』 3권 89장 2절 참조), 그렇다면 코호르스의 평균 병력 수는 480명이 아니라 275명인 셈이다.

1켄투리아(centuria) = 80명, 백인대장(centurio)이 지휘
1코호르스(cohors '대대'로 번역) = 6켄투리아
10코호르스 = 1군단(legio), 4천8백명

로마의 통치구조

I 공공단체

1. 원로원(senatus)

원로원은 왕정 시대에는 왕을 자문하는 귀족 단체였으나 공화정 시대에는 민회와 고위 관리들과 더불어 중추적인 통치기구였다. 원로원은 전직 고위 관리로 이루어졌으며 무보수 종신직이었다. 공화정 초기에 300명이던 인원이 술라 시대에는 600명으로, 카이사르 시대에는 900명으로 늘어났으나 아우구스투스가 다시 600명으로 감축했다. 사실상 로마의 부유하고 유력한 귀족들로 구성된 원로원이 고위 관리들의 자문에 응하는 형식으로 '원로원 결의'(senatus consultum)라는 결정을 내리면 법적 구속력은 없었지만 강력한 영향력을 행사했다. 그러다가 제정 시대에 이르러 점점 권위는 있으나 실권은 없는 유명무실한 기구가 되었다.

2. 민회(comitia)

민회는 로마 평민의 이익을 대변하는 단체로, 관리들이 제출한 안건에 표결권을 행사했다. 로마의 평민은 쿠리아(curia 로마에는 초기에 각 트리부스마다 10개의 쿠리아가 있었다), 켄투리아(centuria 로마 군단의 최소 단위로 100명으로 구성된다. 흔히 '백인대'라고 한다), 트리부스(tribus '부족'이라는 뜻으로, 로마에는 초기에 3개의 트리부스가 있었다)로 나누어졌다. 그래서 민회도 쿠리아 민회(comitia curiata), 켄투리아 민회(comitia centuriata), 트리부스 민회(comitia tributa, 일명 평민 집회concilium plebis)의 세 종류가 있었다. 특정 집단이 아니라 평민 전체가 소집될 때는 총회(contio)라고 했다.

■ 쿠리아 민회_왕정 시대부터 로마 평민은 30개의 쿠리아('구역'으로 번역할 수 있을 것이다)로 나뉘었는데, 이들의 집회는 입법권은 없고 자신들의 구역에 관계되는 사안을 경청했다. 형식적이지만 왕위 계승이나 선전포고 같은 주요 사안을 비준했으며, 공화정 시대에는 신임 고위 관리의 권력 이양을 비준했다. 그 밖에 유언이나 입양 같은 문제에 증인이 되기도 했다. 후기로 갈수록 점점 권한이 축소되었다.

■ 켄투리아 민회_이 민회는 기원전 450년 이후 부유한 계급에게 더 많은 권한을 부여하기 위해 생긴 것으로 원래는 군대의 집회였다. 따라서 이들의 집회는 시내가 아니라 티베리스 강변의 마르스 들판(Campus Martius)에서 열렸다. 공화정 시대에는 이들이 모든 고위 관리를 선출했고, 선전포고 권한이 있었으며, 집정관과 그 밖에 명령권(imperium)을 가진 다른 고위 관리의 발의에 따른 입법권을 행사했고, 사형이 선고된 사건의 항소 법정 노릇도 했다. 이들이 가결한 법안은 원로원이 부결할 수 있었으나, 나중에는 이러한 제한도 사실상 철폐되었다.

■ 트리부스 민회 또는 평민 집회_이 민회는 트리부스별 평민 집회로 호민관들(tribuni plebis)의 주재 아래 개최되었으며, 귀족들은 참석할 수 없었다. 그들의 결의, 이른바 평민 결의(plebiscitum)는 점점 구속력이 강해져 기원전 287년 이후에는 평민뿐만 아니라 귀족에게도 구속력이 있는 것으로 인정되었다. 이들은 호민관과 평민 조영관들(aediles plebi)을 선출했다.

II 고위 관리

고위 관직 또는 고위 관리는 마기스트라투스(magistratus)라고 하는데 집정관·독재관·법정관·조영관·재정관·호민관·감찰관이 여기에 속한다. 독재관 이외에는 모두 복수로 선출되었으며 연임(連任)은 금지되었다. 기원전 180년 호민관 루키우스 빌리우스의 발의로 통과된 '빌리우스 연령 법'(lex Villia annalis)과 기원전 81년 독재관 코르넬리우스 술라의 발의로 통과된 '코르넬리우스 법'(lex Cornelia)에 따라 관직의 순서(cursus honorum)와 최저 연령은 다음과 같이 정해졌다. 고위 관리가 되려는 사람은 먼저 군복무를 마친 뒤 재정관에서 출발하여 조영관, 호민관, 법정관을 거쳐 집정관이 되었으며, 최저 연령은 재무관은 31세, 조영관은 37세, 법정관은 40세, 집정관은 43세였다. 그러나 비상시에는 이런 규정이 무시되었는데, 예컨대 소(小)스키피오는 제3차 포이니 전쟁 때 37세로 집정관이 되었다. 제정 시대에는 황제가 관직을 수여하게 됨에 따라 이러한 규정도 바뀌어 25세에 재정관이 될 수 있었다.

1. 집정관(consul)

로마 공화정의 최고 관리로, 군 통수권을 행사했다. 기원전 509년 왕정이 폐지되면서 동등한 권한을 가진 2명의 집정관이 왕의 명령권(imperium), 즉 통수권과 사법권을 물려받았다. 그들은 매년 켄투리아 민회에서 2명씩 선출되었는데, 기원전 4세기 중엽부터는 2명 중 1명은 평민 출신이어야 했다. 감찰관 같은 새로운 관직이 생기면서 집정관의 권한은 점점 축소됐으나 원로원을 소집하여 회의를 주재할 권한과 통수권은 그대로 유지되었다. 나중에 집정관은 임기가 끝난 뒤에도 전직 집정관(proconsul)으로서 통수권을 행사하거나 속주를 통치할 수 있었다. 로마의 달력에서는 마땅한 기원(紀元)이 없어 '아무개 아무개가 집정관이던 해'라는 식으로 연대를 표시했다. 제정 시대에는 집정관직이 유명무실한 명예직이 되면서 임기도 두 달 또는 넉 달로 줄어들었고, 1월 1일에 취임한 집정관만이 그해에 자기 이름을 주었다.

2. 독재관(dictator)

독재관은 선출되지 않고 비상시에 한하여 최고 6개월 임기로 원로원의 발의에 따라 집정관이 임명했다. 임무를 완수하고 나면 그전에라도 직책에서 물러났다. 독재관은 혼자서 통수권과 사법권을 행사했으며, 아무도 여기에 거부권을 행사할 수 없었다. '보병 대장'(magister populi)이라고도 하는 독재관은 임명되자마자 '기병 대장'(magister equitum)을 조수로 임명하여 필요할 때 자신의 권한을 대행하게 했다. 다른 관리들은 독재관에 종속되어 업무를 수행했다. 기원전 3세기에는 독재관직의 의미가 퇴색되었다. 그러나 기원전 82년 술라는 '공화정을 회복하기 위해', 즉 무기한으로 독재관에 임명되었다. 율리우스 카이사르도 기원전 49년에 기원전 48년도 선거를 관리한다는 특수 목적으로 독재관에 임명되었다가 기원전 48년 다시금 독재관으로 임명되고, 기원전 46

년에는 10년 임기로, 마지막으로 기원전 44년에는 종신 집정관으로 임명되었다. 이런 집정관직은 초기의 집정관과는 의도가 다른 것이다. 기원전 44년 카이사르가 암살당하고 종신 집정관직은 폐지되었으며, 그 뒤로는 다시 부활되지 않았다.

3. 감찰관(censor)

기원전 443년경부터 5년마다 전직 집정관들 가운데 2명의 감찰관이 켄투리아 민회에서 선출되었다. 그들은 18개월 동안 임무를 수행한 뒤 정화의식으로 임무 수행을 마감했다. 그들은 과세와 징병을 위해 인구조사(census)를 하고 시민들의 재산 정도를 재심사했으며 재산 규정에 어긋나거나 도덕적으로 결함이 있는 원로원 의원들을 제명하고 보충하는 일도 했다. 또한 그들은 공공사업과 징세청부, 국유지 임대를 위한 계약을 맺기도 했다. 공화정 초기와 중기에 절정에 달했던 그들의 권위는 술라가 원로원의 권한을 강화하면서 축소되었다. 제정 시대에는 원로원을 통제하기 위해 황제들이 감찰관의 권한을 행사했다.

4. 법정관(praetor)

법정관은 로마 공화정에서 집정관 다음으로 높은 관리이다. 두 집정관의 업무 부담을 덜어주기 위해 기원전 367년부터 매년 켄투리아 민회에서 선출된 프라이토르 우르바누스(praetor urbanus '도시의 법정관'이라는 뜻)가 로마 시민들 사이의 재판을 관장했다. 기원전 242년에는 프라이토르 페레그리누스(praetor peregrinus '외국의 법정관'이라는 뜻)가 선출되어 외국인이 관련된 재판을 관장했다. 로마의 영토가 확장됨에 따라 기원전 227년에는 시킬리아와 사르디니아를 통치하기 위해 2명이 증원되었고, 기원전 197년에는 히스파니아를 통치하기 위해 또 2명이 증원되어 모두 6명이 되었다. 이를 또 술라가 8명으로, 마지막으로 카이사르가 16명으로 늘렸다. 법정관은 집정관과 마찬가지로 명령권(imperium)이 있었고, 대개 속주의 총독으로 근무했으며, 배심단의 단장 자격으로 특별 법정을 주관했고, 경우에 따라서는 독자적인 군사 작전도 수행했다. 법정관직은 집정관이 되고 이어서 원로원에 들어가기 위한 발판 노릇을 했다. 전직 법정관(propraetor)도 전직 집정관과 마찬가지로 속주의 총독이 될 수 있었다.

5. 조영관(造營官 aedilis)

조영관은 일종의 경찰 업무를 맡아보는 관리로, 평민 집회에서 2명씩 선출되었다. 관직 순서(cursus honorum)에서 조영관직은 필수 과정은 아니었지만 적어도 조영관을 지낸 사람이라야 원로원에 진출할 수 있었다. 조영관의 라틴어 aedilis(복수형 aediles)는 평민들이 즐겨 모이는 곳인 케레스 여신의 신전(aedes Cereris)에 보관되어 있던 평민계급의 기록을 그들이 관장했던 데서 유래한 것으로 추정된다. 그들의 업무는 도로, 신전, 시장, 급수, 급량(給糧), 공공 경기를 감독하는 일이었다. 조영관들은 평민 중에서 선출되었으나 기원전 367년부터는 귀족 중에서도 2명이 추가로 선출되었는데, 평민 출신 조영관들이 아이딜레스 플레베이(aediles plebei)라고 일컬어진 데 견주어 이들은 쿠룰레스 아이딜레스(curules aediles 단수형 curulis aedilis)라고 한다. 쿠룰리스는 '고관이 앉는 상아를 박은 안락의자'라는 뜻의 sella curulis라는 말에서 유래한 것이다.

6. 재정관(quaestor)

재정관은 공화정 초기에는 집정관이 임명하는 2명의 관리로, 법무 행정에서 집정관들을 보좌했으나 기원전 447년부터는 해마다 트리부스 민회에서 선출되었다. 재정관은 주로 귀중한 문서를 관장하고, 조세와 벌금을 징수하고 전리품을 매각함으로써 재정을 맡아보았다. 기원전 421년에는 4명으로 늘어났으며 그중 2명은 국고(國庫)를 책임지고 나머지 2명은 집정관과 함께 출전하여 집정관의 업무 수행을 보좌했다. 로마의 영토가 확장됨으로써 속주에도 재정관이 필요해지자 술라는 그들의 수를 20명으로 늘렸다. 술라는 또 재정관직을 관직의 순서에 필수 과정으로 포함시키며 재정관의 최저 연령을 30세로 정하고 재정관을 지낸 사람은 자동으로 원로원에 진출하게 했다.

7. 호민관(tribunus plebis)

호민관은 평민의 이익을 대변하는 관리들로, 기원전 494년부터 해마다 평민 집회에서 선출되었으며 평민들의 집회를 소집할 수 있었다. 기원전 450년에는 그 수가 10명으로 늘어났다. 그들은 신성불가침했고(sacrosanctus) 반드시 평민 출신이어야 했다. 귀족은 평민 가정에 입양된 후에야 호민관이 될 수 있었다. 그들의 임무는 독재관을 제외한 다른 관리들의 조처와 원로원 결의(senatus consultum)에 맞서 평민의 생명과 재산을 보호하기 위해 거부권을 행사하는 것이었다. 기원전 287년부터는 그들에게 법안을 발의하고 원로원을 소집할 수 있는 권한이 주어졌다. 그락쿠스 형제 때부터는 그들의 거부권이 축소되었다. 술라는 일단 호민관이 된 자는 더 이상 고위 관직에 취임하지 못하게 하고 그들의 입법권과 사법권을 제한했다. 그러나 기원전 70년대에 이러한 특권들이 부활하여 카이사르가 갈리아 총독으로 가 있는 동안 호민관들은 로마에서 그의 이익을 보호해주는 역할을 했다. 제정 시대에는 황제가 호민관의 권한을 행사한 까닭에 실제 호민관들은 유명무실한 존재가 되었다.

III 사제들

로마의 왕정이 공화정으로 바뀌면서 기원전 509년 왕이 행사하던 명령권, 즉 통수권과 사법권은 집정관들이 맡고, 왕이 주관하던 종교의식은 사제들이 맡았다. 세속적인 관리들이 맡던 사제직은 기원전 300년까지는 귀족들의 몫이었다. 그 뒤 4명의 평민 출신 사제(pontifex)와 5명의 평민 출신 복점관(卜占官 augur)이 추가되어 사제는 모두 8명이 되고 복점관은 9명이 되었다. 또 원로원의 명을 받아 시빌라(sibylla)의 예언서에 조언을 구하는 특별 사제들도 있었는데, 그들의 수는 2명에서 기원전 367년에는 10명으로, 술라 시대에는 15명으로 늘어났다. 그 밖에 귀족 중에서 선출되는 페티알레스(fetiales)라는 사제들이 있었는데, 이들은 외국과 조약을 맺거나 선전포고를 할 때 전통적인 의식을 주관했으며 종신직이었다.

기원전 3세기까지 사제들과 복점관들은 각각 자신들의 조합에서 선출되었으나, 나중에는 35개 부족 가운데 제비에 뽑힌 17개 부족에 의해 선출되었다. 사제들에는 플라멘(flamen)도 포함되는데, 이들은 제우스의 플라멘(flamen Dialis), 마르스의 플라멘(flamen Martialis), 퀴리누스(로물루스의 다른 이름)의 플라멘(flamen Quirinalis) 같은 주요 플라멘을 위시하여 모두 15명이었으며 귀족 중에서 임명되었다. 대사제(pontifex maximus)는 사제 조합의 수장으로서 국가 종교를 통할할 뿐 아니라 태양력에 맞추기 위하여 로마의 태음년(太陰年)에 윤달을 삽입하는 일을 맡아보았다. 한 해가 시작되면 대사제는 그해의 각종 행사를 적어 자신의 관저 밖에 게시했다. 복점관은 종신직으로 처음에는 3명이었으나 나중에는 9명으로, 술라 시대에는 15명으로 늘어났다. 복점관만이 전조(auspicium)를 읽을 자격이 있었는데, 전조를 읽는 것은 미래사를 밝히려는 것이 아니라 어떤 계획을 신들이 승인하느냐 여부를 알기 위해서였다. 전조는 꿈, 우연히 들은 말, 천둥 번개 같은 기상 현상, 제물로 바친 가축의 내장 생김새, 독수리 같은 맹금류의 날아가는 방향이나 울음소리 등에서 읽었는데, 새들의 경우 그리스인들은 오른쪽을 길한 방향으로, 왼쪽을 불길한 방향으로 여겼던 것과 달리 로마인들은 대개 왼쪽을 길한 방향으로, 오른쪽을 불길한 방향으로 여겼다. 키케로는 복점관이었음에도 자신의 저서 『예언에 관하여』에서 예언의 가능성을 부인하고 있다.

IV 기사계급(ordo equester)

참고로, 기사계급은 로마 육군의 기병대를 구성했던 부유한 시민들로 말[馬]은 공급으로 지급받았다. 기사가 되려면 40만 세스테르티우스(sestertius)의 재산이 있어야 했다. 그들은 경우에 따라 원로원의 하위 그룹으로 진출할 수도 있었다. 그러나 기원전 218년 호민관 퀸투스 클라우디우스(Quintus Claudius)의 발의로 통과된 클라우디우스 법(lex Claudia)에 따라 원로원 의원들은 상행위를 할 수 없게 되자, 많은 기사들이 속주에서 공공사업을 위한 계약을 체결하고 조세 징수 업무를 맡는 등 이권 사업에 뛰어들어 재력가가 되었다. 기원전 1세기 초 이탈리아인들에게도 로마 시민권이 주어지면서 기사계급의 수는 급속히 늘어났다. 그들은 원로원에 버금가는 세력 집단이 되어 행정의 요직에 진출했는데, 특히 키케로가 활동하던 시대에 그들의 세력은 절정에 이르렀다. 키케로는 기사계급에 속하면서도 원로원 상층부의 입장에서 원로원과 기사계급을 결합시켜 '계급 간의 화목'(concordia ordinum)을 도모하려고 했다.

율리우스 카이사르 연보

(이하 모두 기원전)

100년	7월 12일 가이유스 율리우스 카이사르와 아우렐리아의 아들로 태어나다
87년	당시 승승장구하던 고모부 마리우스에 힘입어 윱피테르의 사제(flamen Dialis)로 선출되다
86년	마리우스 죽다
84년	루키우스 킨나의 딸 코르넬리아와 첫 번째 결혼. 킨나 죽다
81년	술라가 독재관이 되다
78년	그나이우스 돌라벨라를 횡령죄로 고소하다
76년	해적에게 납치되다
72년	연대장으로 선출되다
70년	폼페이유스와 크랏수스가 집정관으로 선출되다
69년	재정관으로 선출되어 '저쪽 히스파니아'로 파견되다. 코르넬리아가 율리아를 낳고 죽다
67년	술라의 손녀 폼페이야와 두 번째 결혼
65년	조영관(curulis aedilis)으로 선출되다
63년	키케로가 집정관으로 선출되다. 카틸리나의 음모가 발각되자 주동자들을 재판 없이 처형하는 것에 반대하다. 대사제(pontifex maximus)로 선출되다
62년	클로디우스와의 추문이 떠돌자 폼페이야와 이혼하다

61년	전직 법정관으로서 '저쪽 히스파니아' 총독에 임명되다. 루시타니족에게 몇 차례 승리를 거두다
60년	폼페이우스, 크랏수스와 더불어 제1차 삼두정치의 주역이 되다
59년	비불루스와 함께 집정관으로 선출되다. 전직 집정관으로서 59년 3월 1일부터 54년 2월 28일까지 5년 동안 '이쪽 갈리아', '저쪽 갈리아', 일뤼리쿰의 총독으로 임명되다. 루키우스 칼푸르니우스 피소의 딸 칼푸르니아와 세 번째 결혼. 폼페이우스가 카이사르의 딸 율리아와 결혼하다
58~51년	갈리아, 게르마니아, 브리탄니아 원정
56년	루카에서 삼두정치의 주역들이 회동하다. 카이사르의 갈리아 총독 임기를 49년 2월 말까지 5년 더 연장하기로 합의하다
55년	폼페이우스와 크랏수스가 집정관으로 선출되다
54년	율리아가 죽다
53년	크랏수스가 파르티아 원정에 나섰다가 카르라이에서 전사하다
51~50년	카이사르의 지휘권과 집정관 출마를 두고 원로원에서 찬반 격론이 벌어지다
49년	카이사르가 군대를 해산할 것을 원로원이 결의하다. 카이사르가 루비콘 강을 건너자 내전이 일어나다. 11일 동안 첫 번째로 독재관에 선출되다
48년	두 번째로 집정관에 선출되다. 그리스 텟살리아 지방의 파르살루스 시에서 폼페이우스군을 격파하다. 이집트로 도주한 폼페이우스가 살해되다. 알렉산드리아 시를 점령하고 클레오파트라와 만나다
47년	두 번째로 독재관에 선출되다. 클레오파트라를 왕위에 앉히다. 폼페이우스의 잔존 세력을 격파하다
46년	세 번째로 집정관에 선출되다. 탑수스에서 폼페이우스의 잔존 세력을 격파하다. 세 번째로 10년 임기의 독재관에 선출되다. 우티카에서 카토가 자살하다. 카이사르의 4중 개선식
45년	네 번째로 종신 독재관에 선출되다. 네 번째로 단독 집정관에 선출되다. 에스파냐 문다 시에서 폼페이우스의 아들들이 이끄는 군대를 격파하다. '조국의 아버지'(pater patriae)라는 칭호를 받다
44년	다섯 번째로 집정관에 선출되다. 2월 15일 루페르칼리아 제(祭) 때 안토니우스가 왕관을 바치자 거절하다. 3월 15일 암살되다

참고문헌

I 텍스트

C. Iuli Caesaris, *Commentarii de bello Gallico*, ed., R. du Pontet, Oxford 1900(Oxford Classical Texts).

Caesar, *The Gallic War*, ed., with an English translation by H. J. Edwards, Harvard University Press ²2006 (Loeb Classical Library).

C. Iulius Caesar, *Der Gallische Krieg*, lateinisch-deutsch, herausgegeben u. übersetzt von Otto Schönberger, Artemis & Winkler Verlag ⁷2009.

주석과 번역은 '일러두기' 참조.

II 연구서

(자세한 참고문헌은 아래 Gesche의 책 참조)

F. E. Adcock, *Caesar as Man of Letters*, Cambridge 1956.

E. Badian, *Roman Imperialism in the Late Republic*, Cornell University Press 1968.

B. Cunliffe, *The Celtic World*, New York 1979 (McGraw-Hill).

M. Gelzer, *Caesar: Politician and Statesman* (Eng. trans. of the 6 1960 German edition) Oxford 1968.

H. Gesche, *Caesar*, Darmstadt 1976 (Erträge der Forschung 51).

Fr. Gundolf, *Caesar—Geschichte seines Ruhms*, Berlin 1925. translated by J. W. Hartmann, *The Mantle of Caesar*, London 1929.

T. R. Holmes, *Caesar's Conquest of Gaul*, Oxford ²1911.

Th. Mommsen, *Römische Geschichte*, Bd. 3: *von Sullas Tod bis zur Schlacht von Thapsus*, Berlin ¹³1922.

M. Rambaud, *L'art de la déformation historique dans les commentaires de César*, Paris 2 1966.

P. Salway, *Roman Britain*, Oxford 1981.

O. Seel, *Caesar—Studien*, Stuttgart 1967.

G. Walser, *Caesar und die Germanen*, Wiesbaden 1956.

찾아보기

(가)

가룸나(Garumna 지금의 가론 Garonne 강) I 1

가룸니족(Garumni 아퀴타니족의 지파) III 27

가발리족(Gabali 아르베르니족의 보호를 받던 켈트족) VII 7, 64, 75

가비니우스(Aulus Gabinius 기원전 58년 집정관) I 6

가테스족(Gates 아퀴타니족의 지파) III 27

갈루스 '트레비우스' 참조

갈리아 ① (이쪽 갈리아 Gallia citerior 북이탈리아) I 24, 54; II 1, 2; VIII 23, 54 (또는 Gallia cisalpina) VI 1 (또는 Gallia togata) VIII 24, 52 (또는 citerior provincia) I 10

② (저쪽 갈리아 Gallia ulterior '속주'를 제외한 지금의 프랑스) I 7, 10 (또는 Gallia transalpina) VII 1, 6

③ 속주(Gallia provincia 지금의 프로방스 지방. 기원전 27년부터는 Gallia Narbonensis) I 19, 28, 35, 44, 53; III 20; VII 77 (또는 ulterior provincia) I 10 (또는 provincia) I 6

갈리족(Galli 켈트족. 갈리아에 거주하던 3대 종족 중 하나) I~VIII 곳곳에

갈바(Galba 수엣시오네스족의 왕) II 4, 13

게나바(Genava 알로브로게스족의 요새도시. 지금의 제네바) I 6, 7

게르고비아(Gergovia 오베르뉴 Auvergne 고원에 있던 아르베르니족의 요새도시. 카이사르가 참패한 곳) VII 4, 34~45, 47, 59

게르마니아(Germania 라인 강, 다뉴브 강, 비스툴라Vistula 강, 발트 해-북해 사이의 지방) IV 4; V 13; VI 11, 24, 25, 31

게르마니족(Germani 게르마니아 지방과 라인 강 서쪽 일부에 거주하던 종족) I 1, 28~52; II 1~4; III 7, 11; IV 1~8, 11~19; V 27~29, 41 55; VI 2~12, 21~42; VII 63~79, 80; VIII 7, 10, 13, 25, 36, 45

게이둠니(Geidumni 네르비이족의 지배를 받던 벨가이족) V 39

고르고비나(Gorgobina 중부 프랑스 알리에 Allier 강과 루아르 Loire 강 사이에 있던 보이이족의 요새도시) VII 9

고반니티오(Gobannitio 베르킹게토릭스의 숙부) VII 4

구트루아투스(Gutruatus 카르누테스족의 반란 주동자) VIII 38

군단(legio) (제1군단) VIII 54 (제6군단) VIII 4 (제7군단) II 23, 26; III 7; IV 32; V 9; VII 62; VIII 8 (제8군단) II 23; VII 47; VIII 8 (제9군단) II 23; VIII 8 (제10군단) I 40~42; II 21, 23, 25, 26; VII 47, 51 (제11군단) II 23; VIII 2, 6, 8 (제12군단) II 23, 25; III 1; VII 62; VIII 24 (제13군단) V 53; VII 51; VIII 2, 11, 54 (제14군단) VI 32; VIII 4 (제15군단) VIII 24, 54

그라이오켈리족(Graioceli 켈트계 고산족) I 10

그라이키아(Graicia 그리스의 라틴어 이름) VI 24

그루디이족(Grudii 네르비이족의 지배를 받던 벨가이족) V 39

(나)

나르보(Narbo 갈리아 나르보넨시스의 수도. 지금의 나르본 Narbonne) III 20; VII 7; VIII 46

나수아(Nasua 킴베리우스의 형. 수에비족의 공동 지도자) I 37

난투아테스족(Nantuates 론 Rhône 강 상류 스위스 서남부에 살던 부족) III 1, 6; IV 10

남네테스족(Namnetes 루아르 강 북쪽에 살던 켈트족) III 9

남메이유스(Nammeius 헬베티이족의 사절) I 7

네르비이족(Nervii 중부 벨기움에 살던 강력한 벨가이족) II 4, 15~19, 23, 24, 28, 29, 32; V 24, 38, 39, 41, 42, 48, 56, 58; VI 2, 3, 29; VII 75

네메테스족(Nemetes 게르만족) I 51; VI 25

네메토켄나(Nemetocenna 아트레바테스족의 요새도시. 지금의 아라스 Arras) VIII 46, 52

노레이야(Noreia 남부 오스트리아의 도시. 지금의 노이마르크트 Neumarkt) I 5

노리쿰(Noricum 지금의 오스트리아) I 5
노비오두눔(Noviodunum) ① (루아르 강변의 아이두이족 도시. 지금의 느베르 Nevers) VII 55
　　② (중부 프랑스 비투리게스족의 도시) VII 12, 14
　　③ (지금의 수아송 Soissons 근처에 있던 수엣시오네스족의 요새) II 12
누미디아(Numidia 지금의 동알제리와 튀니지. 이곳 출신들은 카이사르 군대에서 궁수와 투석병으로 복무했음) II 7, 10, 24
니티오브리게스족(Nitiobriges 아퀴타니족의 지파) VII 7, 31, 46, 75

(다)

다누비우스(Danuvius 지금의 다뉴브 강 상류) VI 25
다키족(Daci 지금의 루마니아에 살던 부족) VI 25
달의 여신(Luna) VI 21
대서양(Oceanus) I 1; II 34; III 7, 9, 13; IV 10, 29; VI 31, 33; VII 4, 75; VIII 31, 46
데케티아(Decetia 아이두이족의 도시. 지금의 드시즈 Decize) VII 33
도미티우스(Lucius Domitius Ahenobarbus 기원전 54년도 로마 집정관으로 카이사르의 정적) V 1
돈노타우루스 '발레리우스' ② 참조
두라티우스(Duratius 픽토네스족의 친로마적 지도자) VIII 26, 27
두로코르토룸(Durocortorum 레미족의 요새도시. 지금의 랭스 Reims) VI 44
두루스 '라베리우스' 참조
두비스(Dubis 쥐라 산맥에서 발원하는 손 Saône 강의 지류로 지금의 두 Doubs 강) I 38
둠나쿠스(Dumnacus 안데스족의 지도자) VIII 26~29, 31
둠노릭스(Dumnorix 로마에 적대적인 아이두이족으로 디비키아쿠스의 아우) I 3, 9, 18~20; V 6, 7
드랍페스(Drappes 세노네스족의 지도자) VIII 30, 32, 34~36, 39, 44
드루이데스(Druides 켈트족의 사제계급으로 사법권도 행사했음) VI 13, 14, 16
디비코(Divico 헬베티이족의 지도자) I 13, 14
디비키아쿠스(Diviciacus) ① (친로마 성향의 아이두이족으로 둠노릭스의 형) I 3, 16~20, 31, 32, 41; II 4, 5, 10, 14, 15; VI 12; VII 39
　　② (수엣시오네스족의 왕) II 4
디스(Dis 이탈리아 신화에서 저승의 신) VI 18

디아블린테스족(Diablintes 아울레르키족의 지파로 베네티족의 동맹군) III 9

(라)

라베리우스(Quintus Laberius Durus 두 번째 브리탄니아 원정 때 전사한 연대장) V 15

라비에누스 '아티우스' ② 참조

라우리키족(Raurici 지금의 스위스 바젤 Basel 시 근처에 살던 켈트족) I 5, 29; VI 25; VII 75

라토비키족(Latovici 지금의 오스트리아/스위스 국경지대에 살던 켈트족) I 5, 28, 29

레기누스 '안티스티우스' 참조

레누스(Rhenus 지금의 라인 강) I 1, 2, 5, 27, 28, 31, 32, 35, 37, 43, 44, 53, 54; II 3, 4, 29, 35; III 11; IV 1, 3, 4, 6, 10, 14~17, 19; V 3, 24, 27, 29, 55; VI 9, 24, 29, 32, 35, 41, 42; VII 65; VIII 13

레누스 강 동쪽의 게르마니족(Germani transrhenani) V 2 (또는 transrhenani) II 35; IV 16; V 2; VI 5

레누스 강 서쪽의 게르마니족(Germani cisrhenani) II 3, VI 2

레도네스족(Redones 프랑스 브르타뉴 Bretagne 해안지대에 살던 부족) II 34; VII 75

레만누스 호(Lemannus lacus 제네바에 있는 지금의 레만 호) I 2, 8; III 1

레모눔(Lemonum 픽토네스족의 요새도시. 지금의 푸아티에 Poitiers) VIII 26

레모비케스족(Lemovices 오베르뉴 산맥 서쪽에 살던 켈트족) VII 4, 75, 88; VIII 46

레미족(Remi 지금의 랭스 시 근처에 살던 강력한 벨가이족) II 3~7, 9, 12; III 11; V 3, 24, 53~56; VI 4, 12, 44; VII 63, 90; VIII 6, 11, 12

레바키족(Levaci 네르비이족의 지배를 받던 벨가이족) V 39

레빌루스 '카니니우스' 참조

레우키족(Leuci 뫼즈 Meuse 강과 모젤 Moselle 강 사이에 살던 켈트족) I 40

레폰티이족(Lepontii 알프스 고산족) IV 10

렉소비이족(Lexovii 노르망디 Normandie 해안지대에 살던 켈트족) III 9, 11, 17, 29; VII 75

렌툴루스 '코르넬리우스' ② 참조

로다누스(Rhodanus 지금의 론 강) I 1, 2, 6, 8, 10~12, 33; III I; VII 63

로마 ① (Roma) I 17, 31; VI 12; VII 90

② (urbs) I 7, 39; VI 1

로스키우스(Lucius Roscius Fabatus 카이사르의 부관 중 한 명. 기원전 49년 법정관. 내

란 때 카이사르 편을 들었음) V 24, 53

루고토릭스(Lugotorix 브리탄니아군 지휘관) V 22

루카니우스(Quintus Lucanius 백인대장) V 35

루크테리우스(Lucterius 카두르키족의 지도자) VII 5, 7, 8; VIII 30~35, 39, 44

루테니족(Ruteni 남부 프랑스에 살던 켈트족) I 45; VII 5, 7, 64, 75, 90

루테티아(Lutetia 파리시이족의 요새. 센 강의 시테 섬 île de la Cité에 있던 파리의 도심) VI 3; VII 57, 58

루틸루스 '셈프로니우스' 참조

루푸스 '술피키우스' ① 참조

리게르(Liger 지금의 루아르 강) III 9; VII 5, 11, 55, 56, 59,; VIII 27

리스쿠스(Liscus 아이두이족의 최고위 공직자) I 16~18

리키니우스 ① (Marcus Licinius Crassus 제1차 삼두정치의 주역 중 한 명. 기원전 70년과 55년 집정관. 기원전 53년 파르티아 전쟁에서 전사) I 21; IV 1; VIII 53

② (Marcus Licinius Crassus ①의 장남. 기원전 54년 재정관. 기원전 54~53년 갈리아 지방에서 카이사르 밑에서 근무) V 24, 46, 47; VI 6

③ (Publius Licinius Crassus ①의 차남. 갈리아 원정 초기 카이사르의 장교 중 한 명. 기원전 53년 아버지와 함께 파르티아 전쟁에서 전사) I 52; II 34; III 7~11, 20~27; VIII 46

리타빅쿠스(Litaviccus 아이두이족 귀족 출신 젊은이) VII 37~43, 54, 55, 67

링고네스족(Lingones 중부 프랑스 랑그르 Langres 시와 디종 Dijon 시 근처에 살던 켈트족) I 26, 40; IV 10; VI 44; VII 9, 63, 66; VIII 11

(마)

마르스(Mars 이탈리아 신화에서 전쟁의 신) VI 17

마르켈루스 '클라우디우스' ② 참조

마르코마니족(Marcomani 카이사르 때는 독일의 마인 Main 강 남쪽에 살던 게르만족) I 51

마리우스(Gaius Marius 민중파 지도자. 카이사르의 고모부. 기원전 107~86년에 7번 집정관으로 선출됨. 기원전 102/1년 킴브리족과 테우토니족을 격퇴함. 로마군을 시민군에서 직업군인 집단으로 바꾸는 데 결정적인 역할을 함) I 40

마트로나(Matrona 센 강의 지류로 지금의 마른 Marne 강) I 1

마티스코(Matisco 손 강변에 있던 아이두이족의 요새도시. 지금의 마콩 Mâcon) VII 90

만두브라키우스(Mandubracius 트리노반테스족의 지도자) V 20, 22

만두비이족(Mandubii 지금의 디종 시 북서쪽에 살던 켈트족) VII 68, 71, 78

말리우스(Lucius Mallius 또는 Manlius 기원전 78년 '저쪽 갈리아'의 총독) III 20

메나피이족(Menapii 남부 네덜란드에 살던 벨가이족) II 4; III 9, 28; IV 4, 22, 38; VI 2, 5, 6, 9, 33

메디오마트리키족(Mediomatrici 모젤 강변에 살던 켈트족) IV 10; VII 75

메르쿠리우스(Mercurius 이탈리아 신화에서 상업의 신. 신들의 전령) VI 17

메티오세둠(Metiosedum 파리 남동쪽 센 강의 섬에 있던 세노네스족의 요새) VII 58, 60, 61

멜디족(Meldi 마른 강가에 살던 켈트족) V 5

멧살라 '발레리우스' ⑥ 참조

멧티우스(Mettius 카이사르가 아리오비스투스에게 보낸 사절) I 47, 53

모나(Mona 아일랜드와 잉글랜드 사이에 있는 지금의 맨 Man 섬) V 13

모리니족(Morini 지금의 벨기에와 북부 프랑스 해안지대에 살던 벨가이족) II 4; III 9, 28; IV 21, 22, 37, 38; V 24; VII 75, 76

모리타스구스(Moritasgus 세노네스족의 왕으로 카바리누스의 형) V 54

모사(Mosa 북해로 흘러드는 프랑스 북동부의 강으로 지금의 뫼즈) IV 9, 10, 12, 15, 16; V 24; VI 33

무나티우스(Lucius Munatius Plancus 카이사르의 부관 중 한 명. 기원전 44/3년 '저쪽 갈리아'의 총독을 지내며 지금의 리옹 Lyon 시 창건. 처음에는 안토니우스를 지지하다가 나중에 옥타비아누스 Octavianus 편이 되어 기원전 27년 그에게 아우구스투스 Augustus라는 칭호를 수여하자고 제안함) V 24, 25

미네르바(Minerva 이탈리아 신화에서 수공예의 여신) VI 17

미누키우스(Lucius Minucius Basilus 로마의 기병대장. 기원전 45년 법정관) VI 29, 30; VII 90

(바)

바루스 '아티우스' ① 참조

바칼루스(Vacalus 지금의 네덜란드 왈 Waal 강) IV 10

바케니스 숲(Bacenis silva 독일 바이에른 Bayern 주 북부의 숲) VI 10

바쿨루스 '섹스티우스' 참조

바타비족(Batavi 왈 강과 뫼즈 강 사이에 살던 게르만족) IV 10

바티니우스(Publius Vatinius 카이사르의 부관 중 한 명. 기원전 59년 호민관으로서 카이사르에게 '이쪽 갈리아'와 일뤼리쿰 지방을 맡기자는 안을 통과시킴. 기원전 47년 집정관) VIII 46

발레리우스 ① (Gaius Valerius Caburus 헬베티이족의 유력인사로 기원전 84년 로마 시민권을 획득함. ②와 ④의 아버지) I 47; VII 65

② (Gaius Valerius Donnotaurus ①의 아들) VII 65

③ (Gaius Valerius Flaccus 기원전 83년 '저쪽 갈리아'의 총독) I 47

④ (Gaius Valerius Procillus ①의 아들로 카이사르의 통역관) I 19, 47, 53

⑤ (Lucius Valerius Praeconinus 카이사르의 부관 중 한 명) III 20

⑥ (Marcus Valerius Messalla 기원전 61년 집정관) I 2, 35

발레아레스 제도(Baleares 지중해 서부 에스파냐령 섬들) II 7

발레티아쿠스(Valetiacus 아이두이족의 행정장관) VII 32

발벤티우스(Titus Balventius 수석 백인대장) V 35

발부스 '코르넬리우스' ① 참조

방기오네스족(Vangiones 독일 마인츠 Mainz 시 남쪽에 살던 게르만족) I 51

베네티아(Venetia 베네티족의 나라) III 9

베네티족(Veneti 브르타뉴 해안지대에 살던 강력한 부족) II 34; III 7~9, 11~14, 16~18; VII 75

베넬리족(Venelli 노르망디 해안지대에 살던 부족) II 34; III 11, 17~19, ; VII 75

베라그리족(Veragri 알프스의 켈트족) III 1, 2

베루클로이티우스(Verucloetius 헬베티이족의 사절) I 7

베르비게누스(Verbigenus 헬베티이족의 네 구역 중 하나) I 27

베르캇시벨라우누스(Vercassivellaunus 아르베르니족의 지도자로 베르킹게토릭스의 사촌) VII 76, 83, 85, 88

베르킹게토릭스(Vercingetorix 아르베르니족의 지도자로 기원전 52년 켈트족 반군의 총사령관. 게르고비아에서 이긴 뒤 알레시아 포위공격 때 항복함. 기원전 46년 카이사르의 개선식 때 처형당함. 제2차 세계대전 때 프랑스 저항운동의 상징적인 인물이 됨) VII 4, 5, 8, 9, 12~21, 26~89

베르티스쿠스(Vertiscus 레미족의 족장이자 기병대장) VIII 12

베르티코(Vertico 탈주한 네르비이족 귀족) V 45, 49

베손티오(Vesontio 지금의 브장송 Besançon 시) I 38, 39

벨가이족(Belgai 갈리아의 세 종족 중 하나) I 1; II 1~7, 9~11, 14~19; III 7, 11; IV 38;

V 24; VIII 6, 38, 54

벨기움(Belgium 벨가이족이 살던 북부 프랑스, 벨기에, 남부 네덜란드, 라인 강 서쪽의 독일 일부) V 12, 25; VIII 46, 49, 54

벨라니우스(Quintus Velanius 카이사르 휘하의 장교) III 7, 8

벨라비이족(Vellavii 아르베르니족의 보호를 받던 켈트족) VII 75

벨라우노두눔(Vellaunodunum 중부 프랑스 세노네스족의 요새도시. 오를레앙 Orléans 시와 상스 Sens 시 사이에 있는 지금의 몽타르지 Montargis 시?) VII 11, 14

벨로바키족(Bellovaci 북부 프랑스 보베 Beauvais 시 주변 지역에 살던 강력한 벨가이족) II 4, 5, 10, 13, 14; V 46; VII 59, 75, 90; VIII 6, 7, 12~23, 38

벨리오캇세스족(Veliocasses 센 강 하류 근처의 노르망디 지방에 살던 부족) II 4; VII 75; VIII 7

보두오그나투스(Boduognatus 네르비이족의 총사령관) II 23

보레누스(Lucius Vorenus 백인대장) V 44

보세구스 산(Vosegus mons 프랑스 북동부 지금의 보주 Vosges 산맥) IV 10

보이이족(Boii 헬베티이족과 함께 서쪽으로 이주하여 중부 프랑스에 정착한 강력한 켈트족) I 5, 25, 26, 28, 29; VII 9, 10, 17, 75

보카테스족(Vocates 아퀴타니족의 지파) III 23, 27

보콘티이족(Vocontii 론 강 동쪽의 프로방스 지방에 살던 켈트족) I 10

복키오(Voccio 노리쿰의 왕. 아리오비스투스의 처남) I 53

볼루세누스(Gaius Volusenus Quadratus 연대장. 카이사르 휘하의 기병대장) III 5; IV 21, 23; VI 41; VIII 23, 48

볼카이 아레코미키족(Volcae Arecomici 로마의 속주 중 피레네 산맥에서 지금의 나르본 시에 이르는 지역에 살던 켈트족) VII 7, 64

볼카이 텍토사게스족(Volcae Tectosages 볼카이 아레코미키족보다 더 동쪽으로 님 Nîmes 시 주변에 살던 켈트족) VI 24

볼카티우스(Gaius Volcatius Tullus 카이사르 휘하의 장교) VI 29

북서풍(Caurus) V 7

불카누스(Vulcanus 이탈리아 신화에서 불의 신) VI 21

브라투스판티움(Bratuspantium 아미앵 Amiens과 보베 사이에 있던 벨로바키족의 요새도시) II 13

브란노비케스(Brannovices 센 강 하류와 루아르 강 하류 사이에 살던 아울레르키족의 지파) VII 75

브루투스 '유니우스' 참조

브리탄니아(Britannia 영국 본토) II 4, 14; III 8, 9; IV 20~30, 37, 38; V 2, 6, 8, 11~14, 21, 22; VI 13; VII 76

블란노비이족(Blannovii 아이두이족의 피보호 부족) VII 75

비게르리오네스족(Bigerriones 아퀴타니족의 지파) III 27

비로만두이족(Viromandui 센 강 북쪽에 살던 벨가이족) II 4, 16, 23

비리도마루스(Viridomarus 로마인들에게 살해당했다는 아이두이족 귀족 출신의 젊은 이) VII 38~40, 54, 55, 63, 76

비리도빅스(Viridovix 기원전 56년 반군을 지휘하던 베넬리족 지도자) III 17, 18

비브락스(Bibrax 엔 Aisne 강 북쪽에 있던 레미족의 도시) II 6

비브락테(Bibracte 오툉 Autun 시 서쪽에 있던 아이두이족의 수도) I 23; VII 55, 63, 90; VIII 2, 4

비브로키족(Bibroci 브리탄니아 남동부에 살던 부족) V 21

비엔나(Vienna 론 강변에 있던 알로브로게스족의 요새도시. 지금의 비엔 Vienne) VII 9

비투리게스족(Bituriges 프랑스 중서부 지금의 부르주 Bourges 시 주변 지역에 살던 켈트족) I 18; VII 5, 8~15, 21, 29, 75, 90; VIII 2~4, 11

(사)

사마로브리바(Samarobriva 암비아니족의 요새도시. 지금의 아미앵 시) V 24, 47, 53

사비누스 '티투리우스' 참조

사비스(Sabis 뫼즈 강의 지류로 지금의 상브르 Sambre 강) II 16, 18

산토니족(Santoni 가론 강 하구 북쪽에 살던 켈트족) I 10, 11; III 11; VII 75

세고박스(Segovax 영국 켄트 지방의 왕) V 22

세곤티아키족(Segontiaci 영국 남동부에 살던 부족) V 21

세구시아비족(Segusiavi 아이두이족의 보호를 받던 켈트족) I 10; VII 64, 75

세그니족(Segni 게르만족과 벨가이족의 혼혈족) VI 32

세노네스족(Senones 파리 남동쪽, 지금의 상스 Sens 시 근처에 살던 강력한 켈트족) II 2; V 54, 56; VI 2~5, 44; VII 4, 11, 34, 56, 58, 75

세두니족(Seduni 론 강 상류 서쪽에 살던 켈트계 고산족) III 1, 2, 7

세두시이족(Sedusii 지금의 라인란트팔츠 Rheinplandfalz 지방에 살던 게르만족) I 51

세둘리우스(Sedulius 레모비케스족의 지도자) VII 88

세르토리우스(Quintus Sertorius 기원전 83년 '이쪽 히스파니아'의 총독. 그곳에서 로

마에 반란을 일으켰으나 기원전 73년 암살당함) III 23

세콰나(Sequana 지금의 센 강) I 1; VII 57, 58

세콰니족(Sequani 프랑스 동부 손 강, 보주 산맥, 쥐라 산맥 사이에 살던 켈트족) I 1~12, 19, 31~35, 38, 40, 44, 48, 54; IV 10; VI 12; VII 66, 67, 75, 90

섹스티우스 ① (Publius Sextius Baculus 고참 백인대장) II 25; III 5; VI 38

② (Titus Sextius 카이사르의 부관 중 한 명) VI 1; VII 49, 51, 90; VIII 11

셈프로니우스(Marcus Sempronius Rutilus 카이사르 휘하의 장교) VII 90

손티아테스족(Sontiates 아퀴타니족의 지파) III 20, 21

수감브리족(Sugambri 라인 강 동쪽 루르 Ruhr 강과 지크 Sieg 강 사이에 살던 게르만족) IV 16, 18, 19; VI 35

수루스(Surus 아이두이족 귀족) VIII 45

수에비족(Suebi 주로 독일 마인 강과 란 Lahn 강을 중심으로 광대한 지역에 거주하던 강력한 게르만족) I 37, 51, 54; IV 1, 3, 4, 7, 8, 16, 19; VI 9, 10, 29

수엣시오네스족(Suessiones 지금의 수아송 Soissons 시 근처에 살던 벨가이족) II 3, 4, 12, 13; VIII 6

술라 '코르넬리우스' ③ 참조

술피키우스 ① (Publius Sulpicius Rufus 카이사르의 부관 중 한 명) IV 22; VII 90

② (Servius Sulpicius Galba 카이사르의 부관 중 한 명) III 1~6; VIII 50

스칼디스(Scaldis 지금의 벨기에 셸트 Scheldt 강) VI 33

스크리보니우스(Gaius Scribonius Curio 기원전 54년 재정관. 기원전 52년 호민관. 처음에는 카이사르의 정적이었으나 내란 때는 카이사르를 지지함) VIII 52

시부자테스족(Sibuzates 아퀴타니족의 지파) III 27

실라누스 '유니우스' ② 참조

실리우스(Titus Silius 카이사르 휘하의 장교) III 7, 8

(아)

아게딩쿰(Agedincum 파리 남동쪽 상스 시 자리에 있던 세노네스족의 도시) VI 44; VII 10, 57, 59, 62

아나르테스족(Anartes 다뉴브 강 하류에 살던 부족) VI 25

아두아투카(Aduatuca 에부로네스족의 요새도시. 위치는 확실치 않음) VI 32, 35

아두아투키족(Aduatuci 뫼즈 강 서쪽에 살던 게르만족 부족) II 4, 16, 29~31; V 27, 38, 39, 56; VI 2, 33

아드마게토브리가(Admagetobriga 세콰니족의 영토에 있던 도시로, 기원전 61년 아리오비스투스와 갈리족이 싸운 곳. 위치는 확실치 않음) I 31

아디아툰누스(Adiatunnus 손티아테스족의 지도자) III 22

아라르(Arar 지금의 손 강) I 12, 13, 16; VII 90; VIII 4

아레모리카이 부족들(Aremoricae civitates 노르망디와 브르타뉴 지방 해안지대에 살던 부족들) V 53; VII 75; VIII 31

아레코미키족(Arecomici=볼카이 아레코미키족) VII 7, 64

아르두엔나 숲(Arduenna silva 남부 벨기에에서 프랑스와 룩셈부르크로 뻗어 있는 울창한 숲으로 지금의 아르덴 Ardennes 숲) V 3; VI 29, 31, 33

아르베르니족(Arverni 지금의 프랑스 중남부 오베르뉴 지방에 살던 강력한 켈트족) I 31, 45; VII 3~5, 9, 34~39, 64, 66, 75~77, 88, 90; VIII 46

아르피네이유스(Gaius Arpineius 로마의 기사계급) V 27, 28

아리스티우스(Marcus Aristius 연대장) VII 42, 43

아리오비스투스(Ariovistus 게르만족인 수에비족의 왕) I 31~50, 53; IV 16; V 29, 55; VI 12

아바리쿰(Avaricum 비투리게스족의 요새도시. 지금의 부르주 Bourges 시) VII 13~19, 29~32, 47, 52

아우룽쿨레이유스(Lucius Aurunculeius Cotta 카이사르의 부관 중 한 명으로 에부로네스족에게 살해당함) II 11; IV 22, 38; V 24~37, 52; VI 32, 37

아우스키족(Ausci 아퀴타니족의 지파) III 27

아울레르키족(Aulerci 센 강 하류와 루아르 강 하류 사이에 살던 부족들) II 34; III 29; VII 4, 57; VIII 7

아이두이족(Aedui 또는 Haedui 루아르 강과 손 강 사이의 중부 프랑스에 살던 강력한 켈트족으로 로마의 주요 동맹국) I 3 외 곳곳에; II 5, 10, 14, 15; V 6, 7, 54; VII 곳곳에; VIII 45, 46, 54

아이밀리우스 ① (Lucius Aemilius 기병대장) I 23

② (Lucius Aemilius Paulus 기원전 50년 집정관) VIII 48

아퀴타니아(Aquitania 가론 강과 피레네 산맥 사이의 프랑스 남서부 지방) I 1; III 11, 20, 21, 23; VII 31; VIII 46

아퀴타니족(Aquitani 아퀴타니아 지방에 살던 종족) I 1; III 11, 21, 26, 27

아퀼레이야(Aquileia 아드리아 해 북단에 있는 '이쪽 갈리아'의 도시) I 10

아트레바테스족(Atrebates 프랑스 북부 아라스 Arras 시 근처에 살던 벨가이족) II 4,

16, 23; IV 21; V 46; VII 75; VIII 7, 47

아트리우스(Quintus Atrius 카이사르 휘하의 장교) V 9, 10

아티우스 ① (Quintus Atius Varus 기병대장) VIII 28

② (Titus Atius Labienus 갈리아 원정 때는 카이사르의 가장 유능한 부관이었지만 내전 때는 카이사르에게 맞서 싸우다가 전사함) I 10, 21, 22, 54; II 1, 11, 26; III 11; IV 38; V 8, 11, 23, 24, 27, 37, 46~48, 53, 56~58; VI 5, 7, 8, 33; VII 34, 56~62, 86, 87, 90; VIII 6, 23~25, 45, 52

아폴로(Apollo 이탈리아 신화에서 치료와 예언의 신) VI 17

악소나(Axona 프랑스 북부 지금의 엔 Aisne 강) II 5, 9

악코(Acco 세노네스족의 지도자) VI 4, 44; VII 1

안데스족(Andes 루아르 강 하류 북쪽에 살던 켈트족) II 35; III 7; VII 4; VIII 26

안데콤보리우스(Andecomborius 레미족의 지도자) II 3

안토니우스(Marcus Antonius 갈리아 원정 때 카이사르의 심복 장군. 내전 때 카이사르 편이 되어 그리스의 파르살로스에서 폼페이유스를 패배시키는 데 기여함. 카이사르의 사후 레피두스 Lepidus, 옥타비아누스 Octavianus와 함께 제2차 삼두정치의 주역이 되어 로마 세계를 호령했으나 기원전 31년 악티움 Actium 해전에서 패하고 그 이듬해에 자살함) VII 81; VIII 2, 24, 38, 46~50

안티스티우스(Gaius Antistius Reginus 카이사르의 부관 중 한 명) VI 1; VII 83, 90

알레시아(Alesia 디종 시에서 서쪽으로 50킬로미터쯤 떨어진 몽 오수아 Mont Auxois에 있던 만두비이족의 요새로 지금의 알리스생트렌 Alise-Sainte-Reine. 카이사르가 베르킹게토릭스에게 대승을 거둔 곳) VII 68~84; VIII 14, 34

알로브로게스족(Allobroges 속주의 북쪽 론 강과 이제르 Isére 강 사이에 살던 강력한 켈트족) I 6, 10, 11, 14, 28, 44; III 1, 6; VII 64, 65

알페스(Alpes 지금의 알프스) I 10; III 1, 2, 7; IV 10

암바르리족(Ambarri 론 강과 손 강 사이에 살면서 아이두이족의 보호를 받던 부족) I 11, 14

암비바레티족(Ambibareti 또는 Ambivareti 아이두이족의 피보호부족) VII 90

암비바리이족(Ambibarii 북부 브르타뉴 지방에 살던 켈트족) VII 75

암비바리티족(Ambivariti 뫼즈 강 근처에 살던 벨가이족) IV 9

암비아니족(Ambiani 아미앵 시 근처 솜 Somme 지역에 살던 벨가이족) II 4, 15; VII 75; VIII 7

암비오릭스(Ambiorix 에부로네스족의 지도자. 로마군 장군들을 거짓말로 속여 막대한

피해를 줌) V 24~41; VI 2~9, 29~43; VIII 24, 25

암빌리아티족(Ambiliati 베네티족의 동맹부족. 거주지는 확실치 않음) III 9

앙칼리테스족(Ancalites 영국 남동부에 살던 부족) V 21

에라토스테네스(Eratosthenes 기원전 3세기의 그리스 수학자이자 지리학자) VI 24

에부로네스족(Eburones 뫼즈 강과 라인 강 사이에 살던 벨가이족) II 4; IV 6; V 24, 26, 28, 29, 39, 47, 58; VI 5, 31~35

에부로비케스족(Eburovices 아울레르키족의 지파) III 17; VII 75

에수비이족(Esubii 노르망디 해안지대에 살던 켈트족) II 34; III 7; V 24

에파스낙투스(Epasnactus 친로마 성향의 아르베르니족) VIII 44

에포레도릭스(Eporedorix) ① (아이두이족의 지도자) VII 67

② (카이사르의 기병대에서 근무하던 아이두이족 귀족 출신 젊은이) VII 38~40, 54, 55, 63, 64, 76

엘라베르(Elaver 루아르 강의 지류로 지금의 알리에 강) VII 34, 35, 53

엘레우테티족(Eleuteti 아르베르니족의 피보호부족) VII 75

엘루사테스족(Elusates 아퀴타니족의 지파) III 27

오르게토릭스(Orgetorix 헬베티이족 귀족) I 2~4, 9, 26

오르키니아 숲(Orcynia silva 헤르퀴니아 Hercynia 숲의 그리스어 이름. 독일 슈바르츠발트에서 체코, 슬로바키아, 폴란드, 우크라이나, 루마니아에 걸쳐 있는 카르파티아 Carpathia 산맥으로 이어지는 중부 유럽의 거대한 숲에 대한 총칭) VI 24

오시스미족(Osismi 브레스트 Brest 시 근처 브르타뉴 해안지대에 살던 부족) II 34; III 9; VII 75

오켈룸(Ocelum 이탈리아 북서쪽의 국경도시) I 10

옥토두루스(Octodurus 스위스 남서부 마르티니 Martigny 시 근처에 있던 베라그리족의 도시) III 1

올로비코(Ollovico 니티오브리게스족의 왕 테우토마투스의 아버지) VII 31

우비이족(Ubii 라인 강 동쪽 지크 강과 마인 강 사이에 살던 게르만족) IV 3, 8, 11, 16, 19; VI 9, 10, 29

우시페테스족(Usipetes 기원전 55년 갈리아에 침입한 게르만족) IV 1, 4, 16, 18; VI 35

욱셀로두눔(Uxellodunum 프랑스 남서부에 있던 카두르키족의 요새도시) VIII 32, 37, 40

유니우스 ① (Decimus Iunius Brutus Albinus 기원전 56년에는 베네티족에게 맞서 함대를 지휘하고 기원전 49년 내전 때는 맛실리아에서 함대를 지휘함. 그 공로로 기원전 48~46년 '이쪽 갈리아'의 총독이 됨. 카이사르의 암살자 가운데 한 명. 기원전 43년 안토니우스의 명령에 따라 처형당함) III 11, 14; VII 9, 87

② (Marcus Iunius Silanus 카이사르의 부관 중 한 명) VI 1

③ (Quintus Iunius 카이사르에 의해 사절로 고용된 에스파냐 출신자) V 27, 28

유라(Iura 프랑스와 스위스 사이의 산맥. 지금의 쥐라 Jura) I 2, 6, 8

율리우스 ① (Gaius Iulius Caesar 이 책의 저자) I 7 외 곳곳에

② (Lucius Iulius Caesar ①의 친족. 기원전 64년 집정관. 기원전 52년 ①의 부관 중 한 명) VII 65

윱피테르(Iuppiter 이탈리아 신화에서 최고신) VI 17

이탈리아(Italia 대개 '이쪽 갈리아'의 속주, 즉 북부 이탈리아를 가리킴) I 10, 33, 40; II 29, 35; III 1; V 1, 29; VI 1, 32, 44; VII 1, 6, 7, 55, 57, 65; VIII 50, 54, 55

이티우스 항(Itius Portus 카이사르의 두 번째 브리탄니아 원정대가 출항했던 지금의 불로뉴 Boulogne) V 2, 5

익키우스(Iccius 레미족의 지도자) II 3, 6, 7

인두티오마루스(Indutiomarus 트레베리족의 지도자. 사위인 킹게토릭스의 정적) V 3, 4, 26, 53~58; VI 2, 8

일뤼리쿰(Illyricum 아드리아 해의 북동 해안지방) II 35; III 7; V 1

(카)

카니니우스(Gaius Caninius Rebilus 기원전 52년 카이사르의 부관 중 한 명) VII 83, 90; VIII 24~39, 44

카두르키족(Cadurci 프랑스 남서부 가론 강 우안에 살던 켈트족) VII 4, 64, 75; VIII 34

카르누테스족(Carnutes 파리 남서쪽 센 강과 루아르 강 사이에 살던 켈트족) II 35; V 25, 29, 56; VI 2~4, 13, 44; VII 2, 3, 11, 75; VIII 4, 5, 31, 38, 46

카르빌리우스(Carvilius 영국 켄트 지방의 왕) V 22

카물로게누스(Camulogenus 아울레르키족의 지도자) VII 57, 59, 62

카바리누스(Cavarinus 세노네스족의 지도자) V 54; VI 5

카바릴루스(Cavarillus 아이두이족의 보병 부대 지휘관) VII 67

카부루스 '발레리우스' ① 참조

카빌로눔(Cabillonum 손 강 우안에 있던 아이두이족의 요새도시) VII 42, 90

카스티쿠스(Casticus 세콰니족의 지도자) I 3

카이로이시족(Caeroesi 게르만족) II 4

카이사르 '율리우스' 참조

카타만탈로이디스(Catamantaloedis 세과니족의 왕으로 카스티쿠스의 아버지) I 3

카투리게스족(Caturiges 프로방스 지방 동쪽에 살던 고산족) I 10

카투볼쿠스(Catuvolcus 에부로네스족의 공동 왕) V 24, 26; VI 31

칸타브리족(Cantabri 에스파냐 북부 해안지대에 살던 부족) III 26

칸티움(Cantium 지금의 영국 켄트 지방) V 13, 14, 22

칼레누스 '푸피우스' 참조

칼레테스족(Caletes 프랑스 북동부에 살던 벨가이족) II 4; VII 75; VIII 7

칼푸르니우스 ① (Lucius Calpurnius Piso 기원전 112년 집정관. 기원전 107년 티구리니족에게 살해당함) I 12

② (Lucius Calpurnius Piso Caesoninus 기원전 58년 집정관. ①의 손자로 카이사르의 세 번째 부인 칼푸르니아Calpurnia의 아버지) I 6, 12

캇시족(Cassi 영국 남동부에 살던 부족) V 21

캇시벨라우누스(Cassivellaunus 카이사르의 두 번째 원정 때 브리탄니아 저항군의 총사령관) V 11, 18~22

캇시우스(Lucius Cassius 기원전 107년 집정관. 티구리니족에게 살해당함) I 7, 12

케나붐(Cenabum 카르누테스족의 요새도시. 지금의 오를레앙) VII 3, 11, 14, 17, 28; VIII 5, 6

케노마니족(Cenomani 아울레르키족의 지파) VII 75

케니마그니족(Cenimagni 영국 남동부에 살던 부족) V 21

케루스키족(Cherusci 독일 엘베 Elbe 강과 베저 Weser 강 사이에 살던 게르만족) VI 10

케벤나(Cevenna 프랑스 남부 론 강 서쪽의 산맥. 지금의 Cévennes) VII 8, 56

케우트로네스족(Ceutrones) ① (프로방스 지방의 고산족) I 10

② (네르비이족의 지배를 받던 벨가이족) V 39

켈타이족(Celtae 켈트족. 갈리아의 3대 종족 가운데 하나로 라틴어로는 '갈리족') I 1

켈틸루스(Celtillus 베르킹게토릭스의 아버지) VII 4

코르넬리우스 ① (Lucius Cornelius Balbus 에스파냐 출신의 로마 기사계급. 카이사르의 친구. 기원전 40년 집정관. 히르티우스는 그의 요청에 따라 『갈리아 원정기』 8권을 집필했다고 주장하고 있음) VIII 머리말

② (Lucius Cornelius Lentulus Crus 기원전 49년 집정관. 카이사르의 정적) VIII 50

③ (Lucius Cornelius Sulla Felix 기원전 82~80년 독재관) I 21

코르레우스(Correus 벨로바키족의 지도자) VIII 6, 7, 17~21

코코사테스족(Cocosates 아퀴타니족의 지파) III 27

코투스(Cotus 아이두이족 귀족) VII 32, 33, 39, 67

코투아투스(Cotuatus 카르누테스족의 지도자) VII 3

콘드루시족(Condrusi 벨기움에 자리 잡은 게르만족) II 4; IV 6; VI 32

콘빅톨리타비스(Convictolitavis 아이두이족의 행정장관) VII 32, 33, 37, 39, 42, 55, 67

콘시디우스(Considius 로마군 장교) I 21, 22

콤미우스(Commius 카이사르에 의해 아트레바테스족의 왕으로 임명되었으나 나중에 카이사르를 배반함) IV 21, 27, 35; V 22; VI 6; VII 75, 76, 79; VIII 6, 7, 10, 21, 23, 47, 48

콧타 '아우룽쿨레이우스' 참조

콩콘네토둠누스(Conconnetodumnus 카르누테스족의 지도자) VII 3

콰드라투스 '볼루세누스' 참조

쿠리오 '스크리보니우스' 참조

쿠리오솔리테스족(Curiosolites 브르타뉴 해안지대에 살던 켈트족) II 34; III 7, 11; VII 75

크랏수스 '리키니우스' 참조

크레타(Creta 지중해의 섬) II 7

크리토그나투스(Critognatus 알레시아가 포위되었을 때 인육을 먹을 것을 제안한 아르베르니족의 귀족) VII 77, 78

클라우디우스 ① (Appius Claudius Pulcher 기원전 54년 집정관) V 1

② (Gaius Claudius Marcellus 기원전 50년 집정관) VIII 48, 55

③ (Gaius Claudius Marcellus 기원전 49년 집정관. ①의 사촌) VIII 50

④ (Marcus Claudius Marcellus 기원전 51년 집정관) VIII 53

클로디우스(Publius Clodius Pulcher 클라우디우스 ①의 아우. 기원전 58년 호민관) VII 1

키케로 '툴리우스' 참조

킴베리우스(Cimberius 형 나수아와 함께 수에비족의 공동 지도자) I 37

킴브리족(Cimbri 게르만족. 기원전 2세기 말 테우토니족과 함께 남하하며 로마군에게 막대한 타격을 가했으나 기원전 101년 마리우스가 이끄는 로마군에게 대패함) I 33, 40; II 4, 29; VII 77

킹게토릭스(Cingetorix) ① (트레베리족의 지도자) V 3, 4, 56, 57; VI 8

② (영국 켄트 지방의 왕) V 22

(타)

타루사테스족(Tarusates 아퀴타니족의 지파) III 23, 27

타르벨리족(Tarbelli 아퀴타니족의 지파) III 27

타메시스(Tamesis 지금의 영국 템스 Thames 강) V 11, 18

타스게티우스(Tasgetius 카르누테스족 귀족) V 25, 29

탁시마굴루스(Taximagulus 영국 켄트 지방의 왕) V 22

테르게스테(Tergeste 아드리아 해 북단에 있는 지금의 트리에스테 Trieste 시) VIII 24

테르라시디우스(Titus Terrasidius 카이사르 휘하의 장교) III 7, 8

테우토니족(Teutoni 게르만족. 기원전 2세기 말 킴브리족과 함께 남하하며 로마군에게 막대한 타격을 가했으나 기원전 101년 마리우스가 이끄는 로마군에 대패함) I 33, 40; II 4, 29; VII 77

테우토마투스(Teutomatus 올로비코의 아들로 니티오브리게스족의 왕) VII 31, 46

텡크테리족(Tencteri 라인 강 하류 지방의 게르만족) IV 1, 4, 16, 18; V 55; VI 35

톨로사(Tolosa 프랑스 남서부 도시. 지금의 툴루즈 Toulouse) III 20

톨로사테스족(Tolosates 지금의 툴루즈 근처에 살던 부족) I 10; VII 7

투로네스족(Turones 또는 Turoni 루아르 강 하류, 지금의 투르 Tours 시 근처에 살던 켈트족) II 35; VII 4, 75; VIII 46

툴루스 '볼카티우스' 참조

툴리우스(Quintus Tullius Cicero 웅변가이자 정치가인 마르쿠스 툴리우스 키케로의 아우. 기원전 54~52년에는 카이사르 휘하에서 복무했으나 내란 때는 폼페이유스 편이 됨. 기원전 43년 형과 마찬가지로 안토니우스의 명령에 따라 처형당함) V 24, 27, 38~42, 45, 48, 49, 52, 53; VI 32, 36; VII 90

툴링기족(Tulingi 독일 남부 바덴 Baden 지방에 살던 게르만족) I 5, 25, 26, 28, 29

트레베리족(Treveri 라인 강 서쪽, 지금의 독일 트리어 Trier 시를 중심으로 모젤 강 주위에 모여 살던 게르만족과 켈트족의 혼혈족) I 37; II 24; III 11; IV 6, 10; V 2~4, 24, 47, 53, 55, 58; VI 2~9, 29, 32, 44; VII 63; VIII 25, 45, 52

트레보니우스 ① (Gaius Trebonius 카이사르 휘하의 장교) VI 40

② (Gaius Trebonius 기원전 55년 호민관. 기원전 55~50년 카이사르의 부관. 카이사르 암살에 가담) V 17, 24; VI 33; VII 11, 81; VIII 6, 11, 14, 46, 54

트레비우스(Marcus Trebius Gallus 카이사르 휘하의 장교) III 7, 8

트리노반테스족(Trinobantes 지금의 영국 남동부 에섹스 Essex 주에 살던 부족) V 20~22

트리보케스족(Triboces 또는 Triboci 지금의 알자스 Alsace 지방 스트라스부르 Strasbourg 시 근처에 살던 게르만족) I 51; IV 10

티구리니족(Tigurini 헬베티이족의 지파) I 12

티투리우스(Quintus Titurius Sabinus 카이사르의 부관 중 한 명. 기원전 54년 암비오릭스의 거짓말에 속아 부대를 이끌고 이동하다가 살해당함) II 5, 9, 10; III 11, 17~19; IV 22, 38; V 24, 26~33, 36~41, 47, 52, 53; VI 1, 32, 37

(파)

파두스(Padus 이탈리아의 포 Po 강) V 24

파리시이족(Parisii 지금의 파리 시 근처에 살던 켈트족) VI 3; VII 4, 34, 57, 75

파비우스 ① (Gaius Fabius Maximus 카이사르의 부관 중 한 명) V 24, 46, 47, 53; VI 6; VII 40, 41, 87, 90; VIII 6, 24, 27, 28, 31, 37, 54

② (Lucius Fabius 제8군단의 백인대장) VII 47, 50

③ (Quintus Fabius Maximus Allobrogicus 기원전 121년 집정관) I 45

파울루스 '아이밀리우스' 참조

파이마니족(Paemani 라인 강과 뫼즈 강 사이에 살던 게르만계 벨가이족) II 4

페디우스(Quintus Pedius 카이사르의 조카로 그의 부관 중 한 명. 기원전 43년 집정관) II 2, 11

페트로니우스(Marcus Petronius 제8군단의 백인대장) VII 50

페트로시디우스(Petrosidius 로마군 기수 旗手) V 37

페트로코리이족(Petrocorii 프랑스 서남부, 지금의 페리괴 Périgueux 시 근처에 살던 켈트족) VII 75

폼페이유스 ① (Gnaeus Pompeius Magnus 기원전 70년 · 55년 · 52년 집정관. 카이사르 · 크랏수스와 더불어 제1차 삼두정치의 주역. 내란 때 파르살루스에서 카이사르에게 패한 뒤 이집트로 도주했으나 살해당함) IV 1; VI 1; VII 6; VIII 52~55

② (Gnaeus Pompeius 사비누스가 채용한 통역관) V 36

푸피우스 ① (Quintus Fufius Calenus 카이사르의 부관 중 한 명. 카이사르 사후 안토니우스 편이 됨. 갈리아 나르보넨시스의 총독으로 있다가 기원전 40년 그곳에서 사망함) VIII 39

② (Gaius Fufius Cita 케나붐 시에서 살해된 로마의 기사계급) VII 3

푸피우스(Marcus Pupius Piso 기원전 61년 집정관) I 2, 35

풀로(Titus Pullo 백인대장) V 44

퓌레나이이 산맥(Pyrenaei montes 지금의 피레네 산맥) I 1

프라이코니우스 '발레리우스' ⑤ 참조

프로킬루스 '발레리우스' ④ 참조

프티아니이족(Ptianii 아퀴타니족의 지파) III 27

플랑쿠스 '무나티우스' 참조

플레우목시이족(Pleumoxii 네르비이족의 지배를 받던 벨가이족) V 39

피루스타이족(Pirustae 아드리아 해 북동쪽, 지금의 달마티아 Dalmatia 지방에 살던 부족) V 1

피소 ① '칼푸르니우스'와 '피소' 참조
　② (아퀴타니족 귀족) IV 12

픽토네스족(Pictones 프랑스 서해안 루아르 강 남안에 살던 켈트족) III 11; VII 4, 75; VIII 26, 27

(하)

하루데스족(Harudes 지금의 함부르크 Hamburg 시 근처에 살던 게르만족) I 31, 37, 51

헤르퀴니아 숲(VI 24, 25) '오르퀴니아 숲' 참조

헬베티이족(Helvetii 지금의 스위스에 살던 켈트족) I 1~30, 40; IV 10; VI 25; VII 75

헬비이족(Helvii '저쪽 갈리아' 속주에 살던 켈트족) VII 7, 8, 64, 65

히르티우스(Aulus Hirtius 갈리아 원정 때 카이사르의 막료. 기원전 46년 법정관. 기원전 43년 집정관. 『갈리아 원정기』 8권의 저자) VIII 머리말

히베르니아(Hibernia 지금의 아일랜드) V 13

히스파니아(Hispania 지금의 에스파냐) I 1; III 23 '이쪽 히스파니아' Hispania citerior; V 1, 13, 26, 27; VII 55

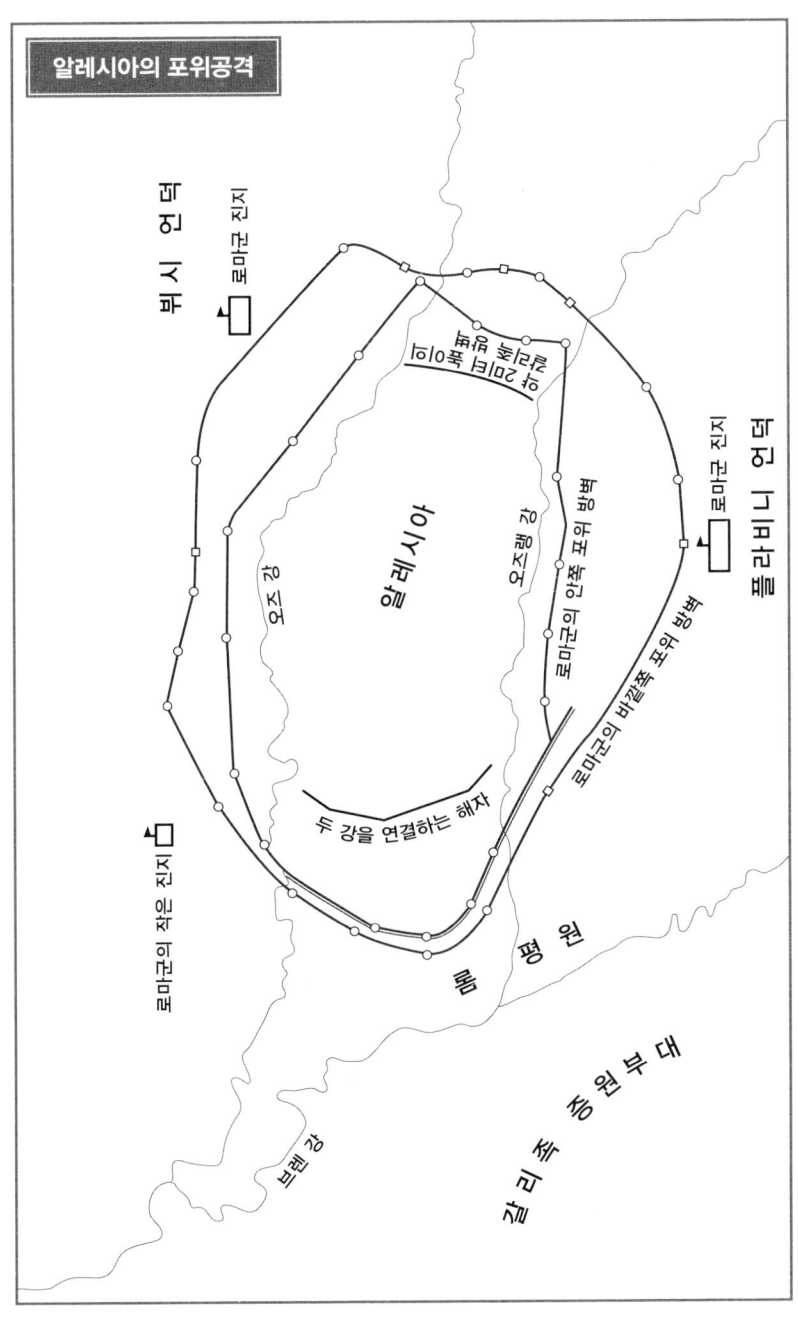

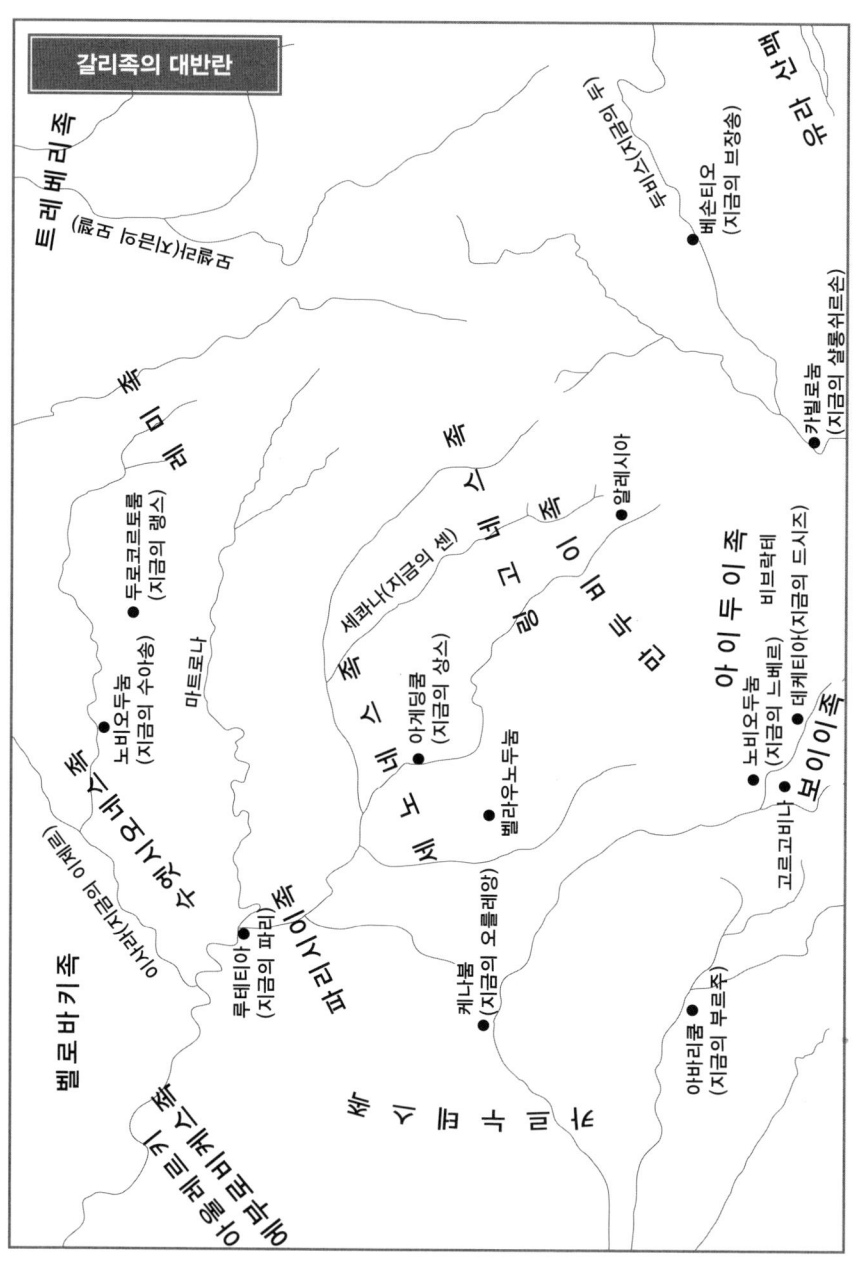

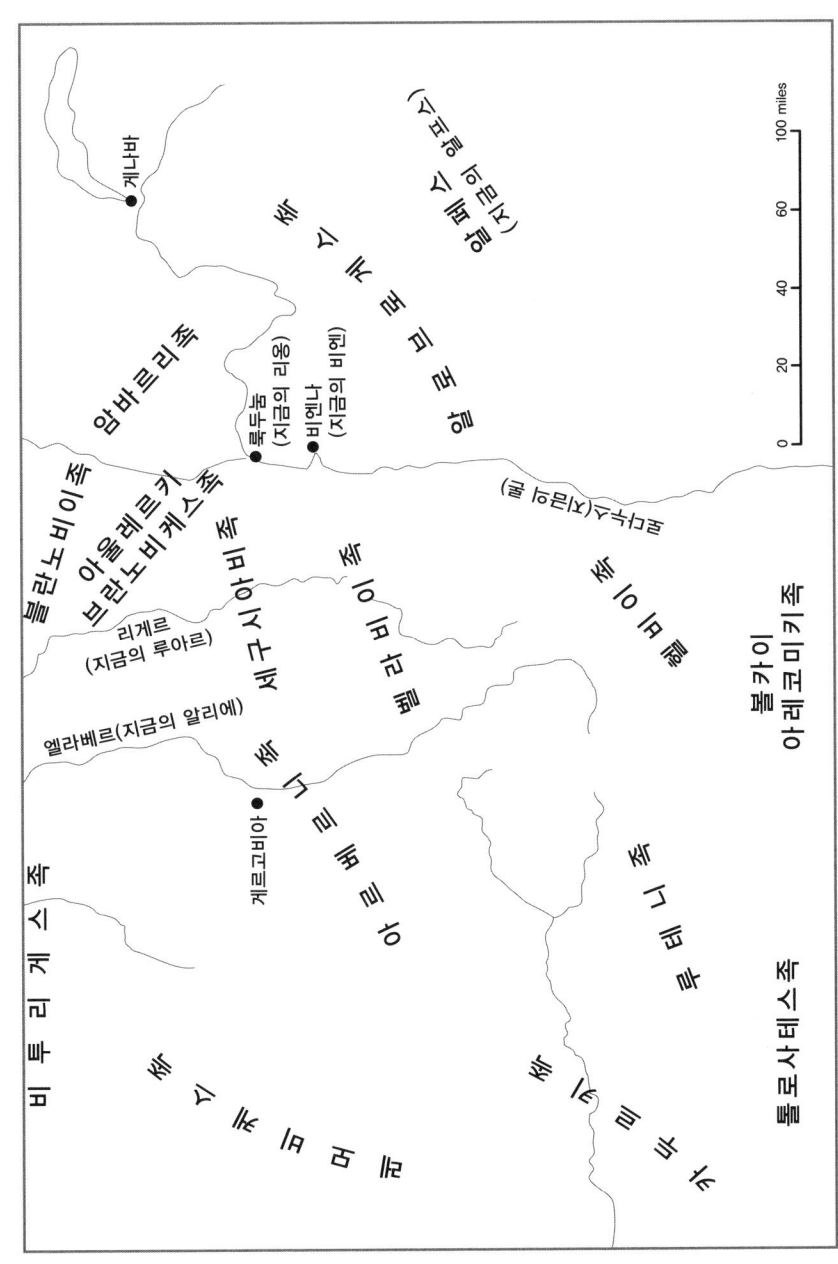